清宫秘史

清馨◎编著

中国华侨出版社

北京

图书在版编目（CIP）数据

清宫秘史 / 清馨编著 . —北京：中国华侨出版社，2014.1 （2021.1重印）

ISBN 978-7-5113-4406-9

I.①清… Ⅱ.①清… Ⅲ.①宫廷—史料—中国—清代—通俗读物 Ⅳ.① K249.09

中国版本图书馆CIP数据核字（2014）第023141号

清宫秘史

编　　著：清　馨

责任编辑：思　源

封面设计：阳春白雪

文字编辑：李翠香

美术编辑：宇　枫

经　　销：新华书店

开　　本：720毫米×1020毫米　　1/16　　印张：24　　字数：346千字

印　　刷：北京德富泰印务有限公司

版　　次：2014年5月第1版　2021年1月第4次印刷

书　　号：ISBN 978-7-5113-4406-9

定　　价：45.00元

中国华侨出版社　北京市朝阳区西坝河东里77号楼底商5号　　邮编：100028

法律顾问：陈鹰律师事务所

发 行 部：（010）88866079　　　　　传　　真：（010）88877396

网　　址：www.oveaschin.com　　　　E－m a i l：oveaschin@sina.com

如发现印装质量问题，影响阅读，请与印刷厂联系调换。

前言

　　作为中国最后一个封建王朝，清朝有着说不尽的故事：爱新觉罗家族有着古老而又神秘的传说，传说草莽英雄努尔哈赤以十三副盔甲起家，与大青马和黄狗结下了不解之缘；皇太极在众多皇子中脱颖而出登上皇位，与海兰珠上演了一段感天动地的旷世恋情；顺治帝不爱江山爱美人，因为深爱董鄂妃而在其死后出家为僧；康熙帝计擒鳌拜，削藩平叛定江山，开创了康乾盛世的百年基业，晚年又对太子两废两立，掀开了九龙夺嫡的一出大戏；雍正帝背负篡位之说，死因又是众说纷纭；乾隆帝号称"十全老人"，他的身世却是一个无法解说清楚的谜团；嘉庆帝一生就做了一件大事，那就是铲除了巨贪和珅；道光帝除了节俭毫无可取之处；咸丰帝无远见、无胆识、无才能、无作为，死在了避暑山庄，致使政权落在慈禧手中；同治帝流连花丛短命而亡，死因沸沸扬扬；光绪帝虽有心变法图强，怎奈时不我与，最终落得个被囚的下场，他的死因更是涉及一桩谋杀案；宣统帝即位仅三年，便在内忧外患中宣告退位。至此，清朝十二帝轮番登场，在历史的舞台上走完了自己的一生后谢幕。

　　清宫的女子，那些雍容华贵、母仪天下的后妃们，虽然深居后宫，却往往不甘寂寞，或为争宠，或为掌权，明争暗斗，在冰冷的宫墙内把自己的心计智谋发挥到了极致，有的甚至走到了前台，玩百官于股掌之上，专国事于珠帘之后，秉生杀于喜怒之间。她们狠辣、幽怨、狡诈、娇弱、挣扎，每一张面孔都在时时变换。英明果断的孝庄太后，唯一的一位汉族公主孔四贞，还有从低层秀女爬上统治者高位的慈禧太后……个个散发出自己独特的光辉，她们人生的精彩丝毫不逊于男人。

　　出生于帝王家的凤子龙孙们，看似出身华胄、锦衣玉食，其实每时每刻都活在钩心斗角、尔虞我诈之中，稍有不慎就会落得囚死高墙、身葬孤坟的凄惨境地。公主格格以千金之躯被迫下嫁、远嫁来平衡各方势力，成了政治联姻的牺牲品，结果不是卷进争宠的旋涡，就是空房独守、郁郁而终。

满朝文武中，总有一些领军人物吸引所有人的目光，他们或是手握权柄的重臣，或是名垂青史的名士，或者挟天子以令诸侯，或是鞠躬尽瘁、死而后已，而在伴君如伴虎的历史规则下，他们的种种下场也让人不胜唏嘘。

伴随着帝国的兴衰，不管是朝堂上，还是军政时局中，都有相应的特征出现：权力场中的官吏胡为、黑牢狱内的冤假错案、农民起义的起伏不断、外来侵略者的步步紧逼、丧权辱国的求生苟活、开明人士的维新自强，这一幕幕传奇往事，造就了大清整个帝国的时代特色。

秘史就是指未向世人公开，甚至不便公开的内部秘密历史，多数是统治者为了政治的需要而把真实的情况隐而不宣，或者进行了修饰、篡改，还有一部分遗失在时间的变迁里。清朝这个将皇权斗争、宫闱情仇演绎到极致的王朝，也是一个将官场倾轧、奇案冤案浮沉于权势之内的王朝。不论是皇帝、后妃，还是王公大臣、太监宫女，都生活在这样一个复杂的环境中，其间更是经历了许多难以向外人说道的事情。

虽然清朝是离我们最近的朝代，按说我们对它的了解与认识应该愈加真实与全面，但事实恰好相反，它距离今天太近，使得我们拥有更多的来源不同与角度不同的历史记载，这些记载总会因为考证与分析见地的不同，而存在多种矛盾之处，让人们分不清孰真孰假，再加上被人为地修饰、篡改、隐匿，更使得人们越来越远离真相。

本书汇集了大量关于清宫历史悬而未决的事件真相，在综合历史研究成果的基础上，对诸多民间的秘闻传说进行了整理，是历史之外的历史。书中以时间为线索，自努尔哈赤起兵开始至宣统退位结束，以清朝十二帝为主，连带讲述名臣重臣、后宫嫔妃，以宫廷秘史为主，连带讲述其所涉及的一系列奇闻秘事，揭示了重大历史事件的来龙去脉，并将一些鲜为人知的细节、内幕公诸于世，填补了正史留给人们的空白与缺漏。生动流畅的叙述语言、逻辑严密的分析推理，独特的视角，探索的眼光，深层次挖掘事件或现象背后的真相，引导读者探隐寻幽，撩开历史的神秘面纱，发现历史真相，参悟历史的玄机。

目录

探秘清朝十二帝

探秘清宫风云

探秘清朝十二帝

第一章

清朝第一帝——努尔哈赤

神鸟？红果？谁才是努尔哈赤的祖先

传说中的故事

很久以前，在东北长白山上有一座布库里山，山上有一个湖泊，叫布勒瑚里湖。已经久远得忘记了是何年何月，天宫里的恩古伦、正古伦、佛库伦三位仙女突然心血来潮，想要到凡间去玩玩。于是，她们想办法躲过了天庭守卫的法眼，偷偷地溜到人间，来到布勒瑚里湖畔。

湖水分外清冽晶莹，对三个终日里闷在天庭的仙女有着莫大的吸引力。她们合计一番，打算先在湖里洗个澡，再痛快地玩去。

正在这三位仙女玩得开心之时，一只喜鹊突然飞了过来，在三仙女中最小的佛库伦头上久久盘旋不止。佛库伦感到很奇怪，伸出手去想要摸摸这只看起来十分可爱的喜鹊。没想到，喜鹊恰巧将口中衔着的一枚朱果吐到了她的手中，随后长鸣着展翅飞远，不见了踪影。

细看喜鹊留下来的这枚朱果色泽红艳，散发着一股诱人的香气，让佛库伦爱不释手。见两位姐姐都有穿衣服离开的意思，佛库伦忙把朱果放在嘴里，匆忙着衣。忙中出错，一不留神却把果子囫囵着吞进肚里。没过多大一会儿，佛库伦便感到小腹有下坠的异状，像是怀孕的征兆，当两位姐姐要飞走时，自己的身体却已经沉重不堪，无法再驾云飞升。

两位姐姐见妹妹神色不对，便问妹妹怎么了，得知事情的来龙去脉之后，安慰她道："我们早已长生不老，时间的流逝对我们来说没有任何意义。你就在这里把孩子生下来吧，等身子轻了再飞回去也来得及。"

就这样，佛库伦独自一人留在了布库里山上，等待婴儿的降生。

没过多久，一个长相奇异的男孩呱呱落地。奇异的是他竟然生下来就会说话，迎风就长，没用多长时间，便已经长大成人。佛库伦给他起了个名字：爱新觉罗·布库里雍顺，并将自己的身世和他诞生的经过详细地讲与他听，并告诉他："你是上天安排出生的人，你的使命就是平息天下的战乱。现在，你沿着这条溪水一直往下游走，那里有你成名立业的地方。"说完这番话，佛库伦便消失不见了。

布库里雍顺划着母亲留下来的一叶用桦树做的独木舟，顺流而下，来到长白山东南一个叫鄂谟辉的地方，在溪水边用柳枝和野蒿搭起一座窝棚，暂时居住了下来。

在布库里雍顺居住的地方，有一座鄂多理城，也就是今天的吉林省敦化市。城里有三姓人家，各以姓为派别，形成三派，终日里为了争夺鄂多理城的控制权而打个不休。但三家实力差不多，谁也没本事把另外两家吃掉，却也不甘心就此沦为人后。正因为如此，这座小小的城里终日上演着刀光剑影的闹剧。

一天，城中有人去提水，发现溪边起了一座窝棚。由于那个时候的交通极为不便，陌生人很少见，所以他很是惊讶。走近一看，见里面住着个相貌奇异、举止不凡的年轻人——布库里雍顺。

当下，布库里雍顺便向来者友善地介绍了自己，也将自己的使命告知对方。来者一听，满心欢喜，连忙奔回城里，找到仍在械斗的三家首领，将情况一一讲明，并说："我想他会公平解决我们之间的争斗的，为什么不去问问他呢？"三家首领听罢，又惊又喜，忙率一干人等来到了布库里雍顺的窝棚前。

布库里雍顺进行了自我介绍。三家首领一商议，决定结束争斗，让这个上天派下来的使者担任城中领袖。于是，众人用手臂结成人轿，抬起布库里雍顺，浩浩荡荡地走回城中。

从此以后，布库里雍顺便成了鄂多理城之主，娶了城中如花似玉的百里氏之女为妻，称其国号为满洲。鄂多理城终于迎来了安定、平静的日子。

然而好景不长。布库里雍顺死后没过几代人，鄂多理城再次陷入危机之中。在一次极大的叛乱中，布库里雍顺的子孙几乎被斩杀殆尽，只有一个名叫樊察的小男孩逃出生天。当他逃到荒野时，身后的追兵越来越近，眼见就要被擒，几只乌鸦突然落在他的肩膀上。追兵误以为樊察是一段枯树，从他的身边呼啸而去。就这样，樊察方才侥幸逃脱，将爱新觉罗氏唯一的血脉传承了下去。

这就是爱新觉罗氏始祖起源的故事。现在，当我们看到这则故事时，大多会毫不怀疑地将之归入神话传说中去。但这却是正大光明记载于《清实录》《清史稿》等重要史料中的"历史"。那么，爱新觉罗氏的始祖到底是何方神圣？

布库里雍顺存在的证据

大多数人认为，布库里雍顺虽然不是什么仙女之子，但可以肯定他就是爱新觉罗氏的始祖。其证据在于，历史上确实存在过布库里雍顺这个人物。在史料记载中，此人乃元代首任斡朵里万户府万户，而据《元地理志》记载，斡朵里确实设有万户一职，这就与传说中布库里雍顺在鄂多理（与斡朵里谐音，应当是不同时代的音译问题）城起家相符合。

传说中的鄂多理城三姓家族，即为"（布库里雍顺）所居之地为元代合兰府水达达等路之斡朵里。夫合海府领混同江南北两岸之地，以今三姓地为其中心，则《清实录》所谓雍顺往定三姓之乱者，亦不无关合"。也就是说，元代时的鄂多理其实是三个行政单位交界之处，在传说里转换成了"三姓"，这也正符合布库里雍顺的故事。

一个存在的人，一个未定的祖先

可以肯定的是，布库里雍顺是一个被神化了的人物。布库里雍顺的传说其实是整个女真人的传说，在女真人的神话体系里，布库里雍顺是整个女真的始祖，而非爱新觉罗氏所独有。然而努尔哈赤将之据为己有，到底是出于什么目的？

这其实是中国历史的通病。比如说，汉高祖刘邦在未参加起义军时，不过是一小小的亭长（相当于今天的村一级保安队长），但登上宝座，便声称自己是刘累之后。刘累并不是什么帝王将相，却是夏朝时期给孔甲帝养龙的人，跟帝王略有关系，所以刘邦这个皇上当得也就名正言顺。

不仅是平民出身的皇帝如此，就连祖上声名显赫的帝王亦是如此。如唐朝的开国皇帝李渊本是官宦世家出身，其祖、父，乃至母亲都是在前朝名气在外的人，但后来还是攀上了老子李聃的高枝，对外宣称自己是老子之后。而在史料中，对于李氏先祖是谁，有据可查的只有东晋末期的凉武昭王李皓。至于李皓与老子之间是否存在着血脉关系，恐怕连李皓自己也不知道。所以，李氏帝王认老子为祖，不过是让自己的登基显得理所当然一些罢了。

作为一朝的开国之君，努尔哈赤的祖先自然也要找个有头有脸的人物。然而，祖辈生活在辽东地区的爱新觉罗氏为满洲人，不像大汉民族那样历史悠久，名人辈出，不愁寻一个声名显赫的同姓之人为祖先。满洲人的前身是女真，女真的前身是黑水靺鞨，靺鞨再往前推，推到头也不过是夏商周时期的肃慎。加之在努尔哈赤之前，满洲人并没有自己的文字，无法证明祖上曾经出过声名显赫的人物。如此，从民间传说入手，去寻找一个能够让后人信服、能够赢得后人崇敬的祖先也就不足为奇。

当然，我们不能像日本学者那样，因为一字之差便将布库里雍顺这个人从历史上抹去。布库里雍顺可能是一个真实存在，但他究竟是爱新觉罗氏如假包换的始祖，还是后世牵强附会认的先人，仍然悬而未决。

努尔哈赤到底姓什么

众所周知中隐藏的疑问

努尔哈赤和他的继任者姓爱新觉罗，这似乎是一个不争的事实。在满语中，爱新觉罗为"像金子般高贵神圣的觉罗族"之意，"爱新"意为"金子"，"觉罗"是地名，在今天黑龙江省依兰一带，是清太祖努尔哈赤祖先最早居住的地方。也就是说所谓的爱新觉罗，即是指发祥于觉罗，也就是依兰这个地方的一个部落。

但据传说，爱新觉罗的始祖布库里雍顺出生于长白山一带，即今天的吉林省境内，他所起家的鄂多理城即今天的敦化，亦属于吉林，与依兰这个地方在地理位置上毫无瓜葛。这也可以当作布库里雍顺并不是爱新觉罗氏始祖的一个佐证吧。

换句话说，如果布库里雍顺的始祖之说是真的，那么，努尔哈赤其实并不姓爱新觉罗，这就是一个矛盾所在。如此便产生了一个疑问，努尔哈赤到底姓什么？

爱新觉罗姓氏的由来

古时的女真族人对自己的姓氏并不看重，只是简简单单地将部族名当作姓而已。例如很多姓完颜者属于完颜部，而叶赫部的属民基本上以叶赫为姓。爱新觉罗氏的远祖其实姓夹古，隶属于爱新（即旧女真族的"按出虎部"，满语金的意思）部族，是其远支，故称觉罗（满语远支的意思）。所以部族属民也就跟着部落的名称姓爱新，又因为该部落是远支，两者合为一体，便出现了爱新觉罗这个姓氏。

等到清太宗皇太极建国，改后金为大清之后，便效仿汉族的体制，将大宗和远支之间的区别取消，使爱新觉罗成为一个独立的姓氏。

这个说法也是最常用的关于努尔哈赤姓氏的解释。

大明与朝鲜中的"童"和"佟"

努尔哈赤姓"童"或"佟"的说法出现于明朝和其附属国朝鲜的历史文献中。据记载，清太祖努尔哈赤曾经袭父官，身为大明王朝的建州左卫指挥，八次入京向万历皇帝朝贡。对此，明朝乃至明末清初的学者都留下了大量的记载，均表示努尔哈赤姓佟。由于努尔哈赤所掌控的辽东地区与朝鲜接壤，故在朝鲜的历史文献中也留下了与努尔哈赤有关的记载。在朝鲜南部主簿申忠一所绘的《建州纪程图记》中记到：万历二十四年（1596年）正月，努尔哈赤在给朝鲜国王的回信中有"女真国建州卫管束夷人之主佟奴尔哈赤禀"的字样。在这个记载中，努尔哈赤自称姓佟。

作为朝鲜南部主簿的申忠一在辽东曾经受到过努尔哈赤的接见，并居住过一段时间。回国之后，他将在辽东时的所见所闻汇编成了《建州纪程图记》一书，这是一份比较可信的历史文献。至于努尔哈赤给朝鲜国王的那封回信，则是申忠一亲自带回朝鲜并转交给朝鲜国王的，因此可以将之看作第一手资料。但在朝鲜的历史文献中，"佟"字一般都被写作"童"字。

实际上，"童"也好，"佟"也罢，都是女真人假借汉人之姓。这两个姓氏的主要用途是一旦成为部落酋长之后，便可改姓为佟或童，再以此姓与朝廷联系。

清末民初学者章炳麟在《清建国别记》一书中认为，女真人之所以使用"佟"或"童"这两个汉人姓氏，实际上是在避讳自己的少数民族身份。

由此可见，女真部落的酋长及贵族们，当然也包括努尔哈赤在内，可以随时改本姓为"佟"或"童"。这两个姓，也就成为女真贵族们的公有姓氏。

朝鲜人眼中的"雀"或"崔"

除了"佟"或"童"之外，在朝鲜的记载中，努尔哈赤还有姓"雀"或"崔"的说法。对此，有人解释说努尔哈赤是因为其母亲吞下一枚雀卵才有孕在身并生下了他，不过无论是哪一部清代史料，对此都没有明确的记载，只说努尔哈赤的母亲喜塔腊氏怀了十三个月的身孕才生下的他。无疑这是将努尔哈赤的诞生与布库里雍顺的传说混为一谈。

第二种解释则是布库里雍顺的传说。仙女佛库伦吞下了一枚神鸟衔来的红果生下这位清朝皇帝始祖，因此努尔哈赤便有姓"雀"的可能。同时，女真族人的部落图腾为乌鸦和喜鹊，这也为女真贵族们姓"雀"提供了可能。

关于努尔哈赤姓"崔"的这个说法，有学者认为崔姓其实是对于"觉罗"误读。因为"崔"在朝鲜语的发音中，介乎于汉语"缺"和"吹"之间，同时又和"觉罗"中"觉"字有着相近的发音。

另外还有一个努尔哈赤姓"金"的说法。在些某些史料的记载中，努儿哈赤的六世祖、清肇祖猛哥帖木儿姓金，"爱新"若使用音译的方式来翻译，也正是"金"字。

努尔哈赤到底姓什么

努尔哈赤的本姓到底是什么？迄今为止，除了爱新觉罗这个比较公认的之外，其他几种说法，至少还没有为当今的时代所接受。但这并不意味着就可以盖棺定论了。历史永远是后人的认识。起码从目前来说，根据我们所能掌握的史籍资料，爱新觉罗这个姓还不能成为定论。

努尔哈赤是养子还是奴隶

决定一生的战役

明万历元年（1573年），明抚顺游击（游击是边区守军之将，无品级、无定员的一种官称）裴承祖带着数十个随从来到建州右部都指挥使王杲（满语名为喜塔腊氏·阿突罕）的古勒城（今辽宁新宾）中。"羊入虎口。"裴承祖叹了一口气说道，并义无反顾地走进了城去。

裴承祖此行是来向王杲讨要被绑架的大明人质的。在这段时期，大明王朝在辽东采用的是对女真人分而治之的政策，一方面以海西女真哈达部贝勒王台压制建州王杲，却又并不正式向王杲授以官职。这就引起了王杲对朝廷的极大不满，经常纵容部落之人抢掠汉人牲畜。

在裴承祖入辽东的三年前，朝廷为了息事宁人，特意在抚顺城设立抚夷厅，在周边地区开辟贸易，"自此开原以南，抚顺、清河、瑷阳、宽甸，皆有市场，奉明约束"。朝廷想要借此来让王杲安分些，哪怕王杲经常用羸弱不堪的瘦马、病马来充当"贡马"，朝廷也忍气吞声，依旧用高价收购。殊不知王杲并不领情，抚夷厅内，索酒抢酒不说，还每喝必醉，酒醉之后又大肆闹事，抚夷厅的明朝官员也不敢管，只得任他骂街耍酒疯。曾经有一个新上任的边官贾汝翼坚持要察看王杲带来的"贡马"质量，王杲大为不满，怀恨而去。不久便再次对汉人进行掠夺。软弱的明朝廷不仅没有对此采取有效的反击，反而撤掉了贾汝翼的职务。这下，王杲更加有恃无恐。

两年之后的秋天，王杲部将来力红属下奈尔秃等四人入关降明。来力红前来索人时，被抚顺游击裴承祖拒绝，随后却又在朝廷的施压下将奈尔秃等人送了回去。但来力红仍旧对朝廷恨之入骨，于是出兵攻入抚顺城，率人掠去明军五人。对此，右金都御史巡抚辽东张学颜上奏朝廷：

"汝翼却杲馈遗，惩其违抗，实伸国威。苟缘此罢斥，是进退边将皆敌主之矣。臣谓宜谕王杲，送还俘掠。否则调兵剿杀，无事姑息以畜祸。"

张学颜的这番措辞极为强硬，朝廷则以此宣谕王杲，敦促其放人。然而王杲并没有把这份旨意放在眼里，依旧我行我素。裴承祖这才不得不"单刀赴会"，亲身前往。

同样是向对方索要俘虏，当王杲的部将来力红等全身而退投降时，裴承祖也没难为他；可裴承祖此番亲自来向王杲要人，却等于是自闯地狱。

王杲不仅没有将五个被俘的明军士兵还给裴承祖，反而将这个送上门来的冤家剖腹剜心处死，裴承祖所带来的数十名随从也无一幸免，尽皆命丧辽东。

明朝廷对王杲之所作所为的忍耐已到了极限，青萍之末的微风迅速化为逆转宇宙的狂飙，战争一触即发。

明万历二年，辽东都督金事李成梁率领六万大军奉旨征讨王杲部落。除前因外，李成梁又声称王杲"负不赏之功，宁远相其为人，有反状，忌之"。李成梁乃一员名将，善于用兵。即使王杲采用"深沟坚垒以自固"的防御手段，坚守古勒城，依然没有挡住李成梁的一把大火，致使全军覆没。王杲运用李代桃僵之计，转移了明军视线，带着一干家眷侥幸逃脱，向蒙古方向狂奔而去。

古勒城破之时，李成梁部本已斩首1104名女真人，但李成梁在对一个16岁的少年挥刀时，却把手垂了下来。这个少年就是努尔哈赤。

王杲是努尔哈赤的外祖父。10岁的时候，努尔哈赤三兄弟不受继母待见，父亲便将他们送到王杲部做人质。照理说都是血脉至亲，外孙子的到来应当是给王杲增添天伦之乐的，根本抬不到人质的高度上。但由于努尔哈赤之父、大明建州左卫指挥塔克世当时是明朝的官，与王杲这个部落首领正是对头，翁婿俩因此闹得很僵，王杲便就迁怒于外孙子，将自己的这几条血脉当作奴隶。

虽然努尔哈赤在外公家是奴隶，但好歹外公家也是个落脚之处，不至于无家可归。然而古勒城一战，王杲部落彻底覆灭，努尔哈赤再次陷入孤苦无依的境地。眼见李成梁对自己动了杀心，努尔哈赤连忙跪倒于地，抱住李成梁所骑战马的腿，放声大哭，再三请死。

如果努尔哈赤不去痛哭请死，李成梁是一定要斩草除根的；结果他请杀之言一出口，李成梁反倒于心不忍了。动了恻隐之心的李成梁偏腿下马，把努尔哈赤带到抚顺城中的总兵府当养子养了起来。

年纪轻轻的努尔哈赤凭借以退为进之术，保全了自己的性命不说，投身李成梁后，因"身长八尺，智力过人，隶成梁标下。每战必先登，屡立功，成梁厚待之"，真可谓是"塞翁失马，焉知非福"。

大明军中能征善战的女真士兵

按照明代管葛山人《山中见闻录》的记载，来到明军军中的努尔哈赤属于一名上阵打仗的士兵，因善于打仗而受到李成梁的器重。

在辽东地区，明军中存有各个少数民族的士兵是很正常的事，单是大明王朝所面临的局势便决定了在其军队中须为少数民族士兵保有一席之地。这个时候的明王朝正处于内忧外患之中：东南沿海倭寇作乱，虽有俞大猷、戚继光等优秀将领率军抗倭，然而沿海局势在日本倭寇与中国海盗的勾结下依然分外紧张，牵扯了大量的兵力；北方的蒙古，即使在北京保卫战之后有所收敛，但依旧对这片曾被其祖先征服过的辽阔沃土投来了觊觎的目光；朝鲜半岛，尽管自古是中国的附属国，但眼见大明王朝国势日衰，便起了另投强主的心思，也不得不分兵防范。朱明王朝统治下的汉人虽多，但总不能来个全民皆兵。因此，在以汉人为主的军队中加入少数民族士兵也是加强团结、巩固力量的正常之为，努尔哈赤就是这样的一员。

再加上努尔哈赤之祖、父，都是隶属于大明王朝的官员，因此，努尔哈赤在李成梁军中服役的说法也就讲得通，而不会被抵触了。

被收为养子的女真少年

努尔哈赤是李成梁养子的这个说法比较普遍。包括后来的努尔哈赤脚上有七颗红痣的故事也与此有关。实际上，这是不太可能的事。因为李成梁有九个儿子，个个都很能成器，没必要把一个来自女真部落的少年当儿子养活。何况从根本上追究，努尔哈赤还是大逆不道之徒王杲的亲外孙呢。

关于努尔哈赤是李成梁养子的这个说法，多半来自于姚希孟所著的《建夷授官始末》中的记载："时奴儿哈赤年十五六，抱成梁马足请死，成梁怜之，不杀，留帐下卵翼如养子，出入京师，每挟奴儿哈赤与俱。"

不过，姚希孟记载的是"如养子"，而不是"是养子"。这也许是后人对此言的误读。纵览当时的各类史书，均未提及"养子"或"义子"之说法，倒是民间的传闻甚多，甚至还有努尔哈赤其实是李成梁的私生子之说，这恐怕是清军入关之后，前明的遗老遗少对清朝贵族的一种污蔑吧。

辽东总兵府中的奴隶

自从战国时期，中国自奴隶社会进入封建社会以来，奴隶制度便消失于中原大地上，奴隶也随之而成为历史。但此时居住在辽东地区的女真部落，仍处于奴隶社会。直到努尔哈赤称汗、建立大金政权（史称后金）之后方才开始向封建社会过渡。因此，在战争中战败一方的被俘者，尤其是领导者及其家眷，多被收为奴隶。李成梁虽然是大明总兵，但也"入乡随俗"，收在古勒山之战中被俘的努尔哈赤兄弟为奴隶。其证据在下文中有所讲述，暂且不提。

除了这几个身份之外，还有努尔哈赤曾经做过李成梁的书童、侍卫、侍卫长等一系列说法，但都没有不可辩驳的证据来证明，最多是历史记载中的孤证，形不成一条完整的证据链。所以，按照目前的研究来看，努尔哈赤是为李成梁的奴隶一说，相对而言还是比较可信的。这也因此而引发了另一个争说纷纭的故事。

用十三副铠甲起兵的传说

向朝廷申请国家赔偿

京师，紫禁城。

万历皇帝朱翊钧面前的龙案上摆放着两份奏折，一份让人感到兴奋，那是李成梁上奏剿灭辽东大患阿台部的捷报；另一份则让人感到头疼，同样是李成梁所奏，但却是因古勒城一战，属于明军一方的觉昌安和塔克世被杀，其后代努尔哈赤向明朝廷索要赔偿的奏折。

以明廷眼下的国力，向努尔哈赤做赔偿只不过是九牛一毛而已。此时大明内阁首辅、创建并实行一条鞭法的张居正刚刚辞世不久，明王朝的下坡路还没那么明显，国家实力仍在，真要是赔偿并不是什么大不了的事。然而，以天朝上国之身份向辽东的"化外之民"做赔偿实在是好说不好听。若是置之不理呢？谁又会知道那些人将会闹出多大的乱子来。万历皇帝左右为难，干脆把这事交给新上任不久的内阁首辅申时行去犯愁吧。

申时行不是张居正，他没有前任乾纲独断的魄力，也没有雷厉风行的勇气。为了保证边疆的稳定，申时行起草了一份兼顾双方的旨意，请皇上准奏。万历皇帝也觉得申时行的主意不错，就痛快地下诏给"债主"努尔哈赤了。

其实努尔哈赤并不指望朝廷会对其祖、父之死做出什么赔偿。对大明王朝来说，一个小小的建州左卫指挥，哪怕是父子两条性命，也根本不会在意。他们虽然做的是大明的官，但还有另一个身份，就是建州女真的部落首领，这种身份才是大明王朝所忌讳的。王杲、阿台都是明摆着的例子。即使没有犯边的意思，但朝廷仍会严加防范。这种环境下，朝廷怎么会"礼贤下士"？

祖、父之仇自然要报，但自己的实力远远不够，强大如阿台者，固若金汤也没有抵挡住明军的刀锋，因此，伺机而动才是道理。他之所以向明朝索赔，实质上是在向朝廷表态：我努尔哈赤是朝廷的人。朝廷希望我们女真人自相残杀，以免势力坐大，那我就自相残杀给你们看看。而这个背后，则需要朝廷的支持。在朝廷颁给努尔哈赤的圣旨中，他见到了这个希望。

明覆曰：汝祖、父实是误杀，遂以尸还，仍与敕书三十道，马三十匹，复给都督敕书。

——清·佚名《满洲实录》

归还遗体，30道敕书，30匹马，这就是觉昌安和塔克世两条性命换来的国家赔偿。马，对于辽东地区来说并不是什么稀罕物，这些赔偿中，最值钱的就是敕书。

在明代，敕书是明朝政府发给女真各部酋长的一种换信。女真各部酋长凭此"敕书"，才可以到马市进行商品交将活动。到了万历年间，只准敕书持有者才允入京朝贡贸易，发放的敕书数就是朝贡的限额，朝贡贸易由此真正成为敕书贸易。明代的敕书几乎是一次性发放，因此属于稀罕物。最初发放时，建州女真总共才500道（海西女真有1000道），这次一下子给了努尔哈赤30道敕书，无异于给其部落一个生财之道，一个以辽东特产换钱、壮大自己的机会。

虽然朝廷已经用"误杀"一词来解释觉昌安和塔克世之死，也算是做出了很有"诚意"的赔偿，但这并不能消除努尔哈赤的复仇之心，因为在复仇心之上，他还有更大的野心。复仇，仅仅是他的第一步。

第一步向谁复仇？目标自然不可能是明朝。努尔哈赤现在的全部家当只有30匹马、一个龙虎将军的虚衔，外加父亲塔克世留下来的十三副盔甲，用这点装备对明朝宣战，无异于以卵击石。他先将报复的目标锁定在了诈开古勒城门的女真族图伦城城主尼堪外兰身上。

最初，努尔哈赤希望借明军的力量来处置尼堪外兰，《满州实录》中记载了他曾对明军边将说的话："杀我祖、父者实尼堪外兰唆使之也，但执此人与我，即甘心焉。"然而边将则称："尔祖、父之死，因我兵误杀故，以敕书马匹与汝，又赐以都督敕书，事已毕矣。今复如是，吾即助尼堪外兰筑城于嘉班，令为尔满洲国主。"话说得很不客气，并且警告努尔哈赤，尼堪外兰即将是满洲的领导，你努尔哈赤也不过是他的一个子民罢了。

努尔哈赤气急败坏地往回走，途中偏又遇到了尼堪外兰这个冤家。不但对尼堪外兰的质问没有得到结果，反而被其奚落了一顿。这下更加深了努尔哈赤对尼堪外兰的仇恨。回到其地，努尔哈赤联合起沾河寨主常书等百余人，加上自己的30来人，于万历十一年（1583年）四月三十日晚，趁着夜色，向尼堪外兰所据的图伦城（今辽宁省新宾县汤图）发起了进攻。

十三副铠甲的来历

关于努尔哈赤起兵之时的十三副铠甲的来历，有一个民间传说。

相传，抚顺有一大户人家姓佟，是前金时遗留下的女真人，经过元明两代的演变后已经汉化了。佟氏在抚顺的家是非一般富户能比。他们不仅有良田千顷，牛马羊千余头，还开了很多店铺，买卖非常红火。据说，当年抚顺城有三大富豪，即佟百万、王八斗、艾半城。佟家有百万资产，王家有八斗金银，艾家有半城房宅等。明朝在修建抚顺城时，明边吏非逼这三家出钱修城不可。老佟家很不情愿，就顶着不想再拿钱。由于佟氏是抚顺富户，势力也很大，明边吏也不敢招惹他们，于是就想出了一个以官办的一处经营不善，将要倒闭的当铺来诈钱的办法。无奈，佟家只好花大价钱顶下这个当铺，给了明边吏一大笔修城的款子才算了事。

当铺开张以后，由于佟家经营有方，生意还算兴隆。有一天，一个明朝边吏喝醉了酒，也输了钱，就跑到当铺来撒酒疯，借着酒劲向当铺借钱。当铺伙计说："我们这里是当铺，不是钱庄，只当不借。"边吏说："你先给我拿钱，以后我再给你拿东西送来。"伙计说什么也不肯借，气得边吏真想动手抢，但是碍于佟氏的势力，只好扫兴地走了。

不一会儿，这个边吏扛着十四副铠甲来到当铺，气哼哼地，一进门就冲着伙计喊："老子这些铠甲能当多少钱？"本来，铠甲这东西送到当铺就要成为"死当"，不可能有谁来赎回它。伙计还要推辞，不想要这玩意儿，但是，他看到这个明边吏喝得酩酊大醉，腰里还挎着大刀，心里有些害怕。无奈，他拿出一百两银子，打发明军走了。边吏这一走，就再也没来当铺赎回他的铠甲。这样，这十四副铠甲真的变成了死当，被永远地抛在了佟家的仓库里，再也无人问津。

过了好多年，佟家雇了一个长工，名叫努尔哈赤。努尔哈赤从小离开家，在外闯荡谋生，脑力、体力活样样都行，而且人既聪明又勤快，干啥像啥。自从努尔哈赤来到佟家做了帮手以后，佟家掌柜的塔木巴颜高兴得不得了。他感到家中有很多事在努尔哈赤的打理下件件都井井有条，自己也省了很多心。经过一段时间的观察后，塔木巴颜看出，这个努尔哈赤绝非等闲之辈，于是，便另眼看待，很多重要事情都叫他去做。开始先叫他下乡收收税，后来看他会打算盘就叫他当管账先生。这样，努尔哈赤就更加卖力气了，他不能辜负主人对他的信任。日久天长，努尔哈赤的才智愈加发挥得出色了。塔木巴颜非常欣赏努尔哈赤的才干，就把自己的孙女哈哈纳扎青嫁给了他，努尔哈赤就这样被佟家招为入赘孙女婿。

又过了几年，努尔哈赤带着媳妇哈哈纳扎青回到了自己的老家赫图阿拉城。回到家后，刻薄的后母纳拉氏，看到努尔哈赤带着妻子回来极为恼怒，吵着要让努尔哈赤分家另过，并将他们夫妻两个赶出家门，只给一点家产。这样，他们来到了离赫图阿拉不远的北砬背居住下来，过着日出而作、日落而息的平民生活。

不久，努尔哈赤的父、祖被明军所杀，努尔哈赤一怒之下，为报父、祖之仇含恨起兵，打起了统一女真、推翻明朝的旗号。努尔哈赤刚起兵时需要一些武器和装备，塔木巴颜想起了家中的当铺里有十四副铠甲，其中有一副已经坏了，他勉强把这副坏掉了的铠甲凑够半副，这样，他就把这十三副半铠甲装上马车，亲自押送到了北砬背，送给了孙女婿努尔哈赤，这为汗王起兵创造了条件。

这只是一则传说，实际上的起兵之事是否真的如此，还难以分说。要知道，仅用十三副铠甲起兵，其难度可想而知。图伦城并不是纸老虎，区区十三副铠甲，百来个人，哪怕是突袭也罢，根本无法打下拥有数千人、易守难攻的图伦城。这件事也仅仅是记载在清朝的官方史书上，为其开国之君脸上增光添彩的可能性很大，就如同仙女生下清朝始祖布库里雍顺的传说一样。

至于努尔哈赤起兵之际到底拥有多少兵马，目前尚无定论，真相还有待进一步的考证。

堂堂天命汗的糊涂死因

向仇人吊孝的袁崇焕

后金天命十一年（1626 年），盛京。天命汗努尔哈赤的葬礼。一位喇嘛、一位突如其来的吊唁者，引起后金国的一片混乱——奉袁崇焕之命的使者——谁也没有想到这个置天命汗于死地的仇人竟然派人来至灵前。是惺惺相惜还是另有他图？即使是努尔哈赤的继任者、在政治智商上更胜努尔哈赤一筹的皇太极，也看不出这个冤家的真实念头。

袁崇焕并不是上演《卧龙吊孝》的诸葛亮，并没有与后金握手言和的打算，更不会与努尔哈赤有英雄相惜之意。之所以派使者前来吊唁，实际上是要来探察一番努尔哈赤死讯的真假，因为这关系到明军下一步的军事行动。

不过，努尔哈赤确实是死了。

努尔哈赤死于疾病

努尔哈赤的死因究竟是什么？史学界众说纷纭。大致上分为两种：一是正史的记载——即《清史稿》和《清太祖武皇帝实录》中所说，他因病于天命十一年（1626 年）八月十一驾崩于瑷福陵隆恩门鸡堡（今沈阳市于洪区翟家乡大挨金堡村）；另一种说法则是丧命于宁远之战时明军的红衣大炮下。

七月二十三日，帝不豫，诣清河温泉沐养。（八月）十三日（应当是八月初七，原文如此）大渐，欲还京，遂乘舟顺代子河而下，遣人请后迎之，于浑河相遇。至瑷鸡堡，离沈阳四十里，八月十一日庚戌未时崩，在位十一年，寿六十八。

——清·鄂尔泰《清太祖武皇帝实录》

秋七月，上不豫，幸清河汤泉。八月丙午，上大渐，乘舟回。庚戌，至爱鸡堡，上崩，入宫发丧。在位十一年，年六十有八。

——民国·赵尔巽《清史稿·太祖本纪》

鄂尔泰并没有明确指出努尔哈赤是患何病而死，赵尔巽的《清史稿》中，也大同小异，同样没有指出努尔哈赤的死因，只是说"不豫"，颇有种讳忌莫测的味道。结合后世对几位清朝帝王的临终记载来看，更使得努尔哈赤之死变得扑朔迷离。

正史上的记载总会有"为尊者讳"的顾虑，纂史者碍于身份不能信口开河，大多数情况下只能三缄其口。因此，努尔哈赤之死，绝不仅仅是因病而死那么简单。也正因此便产生了另一种怀疑的说法，即死于袁崇焕之手。

被大炮轰死的后金大汗

宁远大战时，手中只有两万余人、一座孤城的袁崇焕之所以能够击溃十三万大军的后金军，除了用在战前所做的八条动员令来鼓舞士气外，更重要的是他所使用的 11 门红衣大炮（本为红夷大炮，是从葡萄牙采购而来，因清朝以少数民族入主中原，忌讳"夷"字，故称红衣大炮）等火器给了毫无精神准备的后金军以沉重的打击。

袁崇焕所使用的红衣大炮为英国制造的早期加农炮，炮身长、管壁厚、射程远、威力大，特别是击杀密集骑兵具有强大火力，是当时世界上最先进的火炮，正是后金军最大的克星。

据《清太祖武皇帝实录》记载，"帝即令军中备攻具，于二十四日以战车覆城下进攻。时天寒土冻，凿城破坏而不堕。军士奋力攻打，宁远道袁崇焕、总兵满桂、参将祖大寿婴城固守，枪炮药罐雷石齐下，死战不退，满洲兵不能进，少却。次日复攻之，又不能克，乃收兵。二日攻城共折游击二员，备御二员，兵五百"。可谓是伤亡惨重。

威力如此巨大的红衣大炮，让后金军付出惨重代价，那么，亲临城下督战的后金军统帅努尔哈赤，在此役中受没受到来自红衣大炮的威胁呢？这个问题在明朝的史籍中语焉不详，后金以及后来的清代官方资料里更是只字未有，而野史中却给出了一个答案。明朝的张岱在《石匮书后集·袁崇焕列传》中说：

"炮过处，打死北骑无算；并及黄龙幕，伤一裨王。北骑谓出兵不利，以皮革裹尸，号哭奔去。"

红衣大炮打死敌人不计其数，还击中了"黄龙幕"，伤一"裨王"。后金军出师不利，只得用皮革裹着尸体，伴随着一路号哭匆匆撤退。

无独有偶，在《明熹宗实录》中同样记载了类似的事件：明兵部尚书王永光在汇报宁远之战的战况时奏称，明军前后伤敌数千，内有头目数人，"酋子"一人。高第则奏报，后金军队攻城时，明朝军队曾炮毙一个"大头目"，后金军用红布将这个人包裹起来抬走了，一边走一边放声大哭。

一个人的死能够让一支十三万人的军队悲痛撤退的，还会有谁？恐怕只有努尔哈赤。

然而，在宁远之战后，史料记载，努尔哈赤还曾于"夏四月丙子，征喀尔喀五部，为其背盟也，杀其贝勒囊奴克，进略西拉木轮，获其牲畜"，如果说努尔哈赤死于明军的炮火之下，那么这个人又是谁？或者说，这几处来来自于明朝方面的记载，又有多少可信度？

如果说努尔哈赤真的死在了明军的炮火之下，那么首先，他不可能"死而复生"在数月后又去攻打蒙古。其次，击毙努尔哈赤，对于明朝方面来说是一个重大胜利，无论是袁崇焕，还是朝廷上下、文武百官都会将对此事书以浓墨重笔，以激励军民的士气。但是，无论是袁崇焕本人报告宁远大捷的奏折，还是朝廷表彰袁崇焕的圣旨，抑或朝臣祝贺袁崇焕宁远大捷的奏疏，对努尔哈赤被击毙之事都是只字未提。

因此，可以得出这样的一个结论，即使是那个"酋子""大头目"确实是努尔哈赤，但也没有让他死去。

重伤不治身亡

朝鲜人李星龄记载，在与后金作战之时，朝鲜曾派了一支军队配合明军抵抗后金军的进攻。随军的朝鲜翻译官韩瑗在一次偶然的机会中遇到袁崇焕，并博得了袁崇焕的好感。宁远之战，袁崇焕也将他带在身边。可以说，韩瑗亲眼目睹了宁远之战的全过程。

据韩瑗事后回忆：宁远告捷以后，袁崇焕派了一名喇嘛携带礼物到后金营寨中向努尔哈赤"表示歉意"："老将（指努尔哈赤）横行天下久矣，今日见败于小子（指袁崇焕），岂其数耶！"努尔哈赤"先已重伤"，这时备好礼物和名马，对袁崇焕的礼物表示"回谢"，请求约定再战的日期。结果未等再战，努尔哈赤便"因懑恚而毙"。从这条史料中可以看出，努尔哈赤确实是在宁远一役中身受重伤，最后郁郁而终。

努尔哈赤在宁远战场上受伤，随后被"小子"袁崇焕冷言讥讽，回到盛京后一直耿耿于怀，二月壬午，上还沈阳，语诸贝勒曰："朕用兵以来，未有抗颜行者。袁崇焕何人，乃能尔耶！"心中怒火无处发泄，伤势也便无从复原；更由于后来亲征蒙古等一系列军事行动，让伤口难以愈合。待到七月份前往清河洗汤浴，致使伤口进一步恶化，终于引起"痈疽"这样的并发症而死。

由此可见，宁远城下的炮伤可能是导致努尔哈赤去世的最重要原因。大清王朝的一代开国君主竟丧命于一个进士出身的"小子"手中，清王朝的颜面何在？古今中外在用兵之上，为了稳固军心，隐瞒、迟报主将伤亡乃是常用伎俩。因此，可以说，努尔哈赤是在宁远之战中受伤后致死。而清政府为了自己的颜面，"忘记"将之写入史书罢了。

第二章

多情皇帝——皇太极

皇太极为何与敌人握手言和

皇太极的恐惧

努尔哈赤葬礼上，袁崇焕所派使者的到来，引起了后金政权的一片哗然。任谁都会知道，这个冤家的到来，带来的绝不是悼念与眼泪，而是嘲讽和鄙视。更出乎所有人预料的是，就在大小贝勒们恨不得生食其肉时，后金新君皇太极对杀父仇人则坦然待之，并提出与明议和修好的建议。

皇太极害怕了？他究竟在做什么？

皇太极做出这个决定并非怯敌，而是综合考虑各种政治军事因素的结果。

首先，从努尔哈赤与袁崇焕宁远城楼的一战中，皇太极看到了大明王朝虽然内部已经腐如朽木，但外围仍有道坚固的"长城"需要突破，袁崇焕就是其一。即使能够突破，两强相争，损耗也极大。而此时，左右两边又有明朝的附国朝鲜和虎视眈眈的蒙古，与明直接以硬撼硬并非明智之举。

其次，努尔哈赤后期，特别是进入辽河平原以后，实行的那些错误政策，使得民族矛盾十分尖锐，有组织的武装暴动此起彼伏。面对辽东汉民的反抗，努尔哈赤继续执行高压政策，结果矛盾进一步激化，人口逃亡、丁壮锐减、田地荒芜、民不果腹、盗寇横行，使得后金的经济大打折扣。所以，必须争取一段休养生息、调整治理的时间。

最后，则是皇太极谋取大明江山的战略问题。皇太极认为明朝已然是一棵败坏腐朽的大树，与其强力伐之，不如待其内部朽蚀，则唾手可得。这从他后期提出的"取燕京如伐大树，须先从两旁斫削，则大树自扑，朕今不取关外四城，岂能即克山海（关）？今明国精兵已尽，国势已衰，我兵力日强，若四围纵略，从此燕京可得矣"（《清太宗实录》）的理念就可看出，对于取明朝，他早已成竹在胸。

"伐木人"的举措

"伐木人"皇太极利用争取到的宝贵时间，开始他层层递进的"伐大树"行动。

皇太极即汗位后，不满足于守成，不满足于发一隅。他看到了满洲人的强大力量，也看到了明王朝的腐朽，深知自己正逢入主中原、为后世子孙开创基业的绝好时机。不过他也明白，要做到独霸天下，仅凭此时的后金绝无可能——不论是内部还是外部，都存在着深重的危机。为了改变这种内外交困的现实，使后金政权得到巩固和发展，睿智的皇太极终于下决心走改革创新之路。

为了纠正努尔哈赤后期时的统治弊端，稳定后金统治，加强对汉族人的管理，皇太极认为"治国之要，莫先安民"，于是他即位后颁布的第一道上谕，就是对努尔哈赤在辽沈地区实行的制度、政策改弦更张。

针结汉族人大量逃亡，他规定无论汉官汉民从前有欲潜逃者，还是与明廷往来者，即使被告发，也概不论处，唯以后不得再犯；针对汉族人的不满情绪，他规定凡审拟罪犯，差徭公役满汉勿致异同。满汉贵族、官员及其下人，不许擅自掠取庄民的牲畜，也不准勒索汉官财物，违者责罚；针对粮食不足，他规定停止修筑城郭边墙，以恤民力，专勤田亩，专心务农，发展生产。

这些措施中最重要的是对汉民的管理。皇太极把从前每十三丁编为一庄、依满族官位品级配给为奴的编制革除，重新规定：按品极每备御给壮丁八人、牛二头以备役使，其余人分屯别居，不与满族人杂处，编为民户，用汉官得理。天聪五年，皇太极颁布《离主条例》，其中规定：凡奴隶主犯有私行采猎、擅杀人命、隐匿战利品、奸污属下妇女、冒功滥荐、压制申诉等罪，许奴仆告发，准其离主。这一条例，限制了满洲贵族的某些特权，有利于奴仆改变自己的身份和地位。经过几年努力，农业有了较大的发展，粮食基本上能够自给，社会矛盾得到缓和。这些措施在实际贯彻过程中并没有全部得到应有的落实，汉族人的处境有所改善，但逃民问题未能根本解决。

通过对旧制度旧政策的变更和改革，后金社会秩序略有好转。崇德元年（1636 年），皇太极建国号为"清"，改年号为"崇德"。是年，他依据汉官的建议，实行开科考试、荐举人才、设置都置院，写服饰、明尊卑，等等。汉官熟悉明朝典章制度，洞悉明廷的弊端，皇太极充分发挥他们的作用，并赏赐汉官奴仆、马匹。调动了汉官的积极性，竭力施展才华以报答皇太极。

对于先进的汉族文化，皇太极也表现出孜孜以求的浓厚兴趣。他即位不久便设立文馆（内三院前身），把文臣分为两班，一班记注本朝政事，以究其得失；一班则专事翻译汉文典籍，以汲取和借鉴汉族统治政权的经验，将《刑部备要》《要素》《三略》，以及《孟子》《三国志》《资治通鉴》等译成了满文。同时，皇太极对其本民族长期存在的"婚娶则不择族类，父死子妻其母"等陋俗也严令禁止。

皇太极的建国方略，是在强调"满汉一体"和治国在于安民的方针下制定的。皇太极大胆地使用汉族、蒙古族文臣武将，适时地解放奴隶，实行满、汉、蒙共同治国治军，并注重吸收汉族的先进文化，对满洲政权的汉化起到了促进作用。

但有一点可惜的是，皇太极对这些改革措施的监督不力，致使一些好的改革措施没能得到落实。

在皇太极大力加强中央集权，推行汉化政策的过程中，范文程成为皇太极身边不可缺少的人物。他虽不在议政大臣之列，但几乎能参与所有重要机密，对内对外方针政策的制定，国家机构的建立和完善，各级官员的任命，范文程都有广泛的影响和权力。皇太极晚年随着权力的集中，性格越来越暴躁，许多亲王、大臣动不动就被削爵，或被罢官，而对范文程却始终宠信不衰。每次召见，"必漏下数十刻始出；或未及食息，复召人"。每当议论大事，必问："范章京（文程）知否？"即使范文程有病告假，对一些事情的处理也"待范章京病愈裁决"。

皇太极将范文程视若心腹，但对自己的兄弟却没那么慈悲。他深知，自己的皇位得来地不那么光明正大，手足觊觎之心不可不防。这不仅仅关系到皇位易主的事宜，更与政权的稳定息息相关。皇太极深知，在强敌环伺的环境下，唯有把大权握于自己的手中，方能实现先帝未竟的遗愿。

大清缘何为"大清"

皇太极建立大清政权

一系列大刀阔斧的改革与军事行动，皇太极终于使后金政权趋于稳定。恰在此际，多尔衮献上"传国玉玺"。皇太极以为"天赐至宝，此一统万年之瑞气也"，改元崇德，改国号清。天聪八年（1634年）冬，皇太极祭告汗父努尔哈赤，文曰：

甲戌年十月二十七日，嗣位孝子皇太极，敬昭告于皇考之灵曰：臣受命以来，管八旗之子孙，合志同谋，夙夜忧勤，唯恐不能仰承先志，于兹八年。幸蒙天地之鉴，臣等一德同心，着顾默佑，伏皇考积德之威灵，臣等与诸国习之以兵，怀之以德，四境敌国，归附甚众。谨取数年行师奏凯之事，上慰神灵：朝鲜稽首纳贡，喀尔喀五部举国来归，招降阿鲁诸部落，以及科尔沁、土默特部落，无不臣服。察哈尔兄弟先归附者半，察哈尔汗摧其余众避我西奔，未至汤古特部落，殂于西喇卫古尔部落之打草滩地方，其执政大臣，各率所属来归。今为敌者，唯有明国，天下之事业，俱已就绪。凡此皇考之素志，后人踵而行之也。伏冀神灵始终默佑，以廓疆域，以成大业，唯在明鉴。不胜感怆，谨上告。（《清太宗实录》）

一篇祭文，皇太极将数年来所取得的成就向努尔哈赤总结了一番：收朝鲜，招降蒙古部分部落，不仅稳固了努尔哈赤打下来的江山，更获得了一批强有力的外援，削弱了明朝的军事实力。皇太极也在祭文中承认，努尔哈赤取明朝而代之的梦想尚未得到实现，此时仍是后金最大的对手。不过他信心百倍地向九泉之下的努尔哈赤许诺，虽然明朝一时尚无法被纳入囊中，但只是时间问题而已。

其实，皇太极的这篇祭文并不是写给努尔哈赤的，而是在说给天下人听，尤其是说给后金贵族们听的。皇太极以努尔哈赤第八子的身份继承汗位，来自于兄弟的压力可想而知。他必须要用功绩来证明自己的继位不是个错误。虽然暂且没有实现努尔哈赤终生的梦想——取明朝而代之，但也迈出了相当重要的一步。同时，他也在为自己上尊号，正式称帝做一个舆论上的准备。

天聪十年（1636 年）四月，诸贝勒大臣以远人归服、国势日隆为理由，请求为皇太极上尊号，皇太极未允。后来萨哈廉让诸贝勒检讨过去，表示今后忠诚效力，皇太极答应可以考虑。

然后皇太极又以"早正尊号"征询汉官儒臣的意见，鲍承先、宁完我、范文程、罗绣锦等都表示赞成。萨哈廉又召集诸贝勒各书誓词，向皇太极效忠。"外藩"诸贝勒闻讯也请求上尊号，皇太极同意了。上尊号的准备活动至天聪十年三月末大体就绪。

四月五日，满洲诸贝勒、固山额真，蒙古八固山额真，六部大臣，孔、耿、尚，外藩蒙古贝勒及满蒙汉文武官员齐集。大贝勒代善及内外诸贝勒、文武群臣共上表，分别以满、汉、蒙三种文字书写。多尔衮捧满字表、巴达礼捧蒙字表、孔有德捧汉字表各一道，率诸贝勒大臣文武各官赴宫门跪下，皇太极在内楼，御前侍卫传达，皇太极命满、蒙、汉三儒臣捧表入，诸贝勒大臣行三跪九叩头礼，左右列班候旨。三儒臣捧表至御前跪读，文曰：

诸贝勒大臣文武各官，及外藩诸贝勒，恭维皇上承天眷佑，应运而兴。当天下混乱之时，修德礼天，逆者威之以兵，顺者抚之以德，宽温之誉，施及万方。征服朝鲜，统一蒙古，更获玉玺，内外化成，上合天意，下协舆情。以是臣等仰天心，敬上尊号，一切仪物，俱已完备伏赐愈尤，勿虚众望！（《清

太宗实录》)

　　表中简单地回顾了一下皇太极的功绩，并且指出该功绩足以让皇太极顺应天命，加皇帝之尊号。而且一再强调，加皇帝尊号其实是天意使然，不可推辞。这个理由让皇太极正好顺水推舟，表示同意，并发誓倍加乾惕，忧国勤政。

　　消息由儒臣传出，众皆踊跃欢欣，叩头而出。四月十一日，皇太极正式祭告天地，受"宽温仁圣皇帝"尊号，建国号大清，实际是把后金改为大清，改元崇德，即天聪十年为崇德元年。祭告天地完毕，在坛前树鹄较射。从此中国历史上名副其实的清朝诞生了，就是这个封建王朝统治全中国 268 年，跨古代、近代两个历史时期。在此之前一年，皇太极下令国中之人皆称满洲原名，禁止称诸申（即女真），一个少为世人所知的满族因而扩大为举世闻名的中华民族重要成员。

用来笼络人心的"大清"

　　关于大清国号的意义，一种说法是在改国号的前一年，也就是 1635 年，皇太极便废除了族号"女真"，改称"满洲"。在满语中，"满洲"的发音与"曼殊"相似。"曼殊"一词来自佛教，本是一尊佛的名字，意思是"清之帝王"。皇太极用"清"代"金"作为国号，对于取代明王朝和笼络各族人心，都比"大金"或"后金"这两个称呼所能起到的作用大得多。

迎合统治的需要

　　另一种说法恰与上面的说法相反，乃是舍去"清"的本意而用其发音。满语中的"清"与"金"属谐音字，在发音上，汉语的"清"与满语的"金"发音相同，把"金"改为"清"，只是改了一个发音相同的汉字而已，满文中却无须改动。这样做的目的只是处于对明朝进攻、对汉人的统治需要罢了。

传国玉玺引申出来的国号

　　具体哪一种说法是正确的，现在史学上尚无定论，以至于还有多种说法流传：例如皇太极曾经得到一方据说是夺自元顺帝之手的传国玉玺，皇太极因此改国号"金"为"清"。至于传国玉玺与"清"有什么关系，那就不得而知了。

反间计，皇太极的阴谋

打不动的袁崇焕

袁崇焕虽然书生意气，擅杀毛文龙，但他仍不失为一员忠心耿耿，智勇双全的猛将。著名的宁远大捷就是在袁崇焕的指挥下取得胜利的。面对小小的宁远城，后金甚至赔上了努尔哈赤的性命。然而宁远却始终未能攻克。面对这种状况，皇太极便动起了绕道进攻关内的心思。而袁崇焕对后金的这一计谋也早有预防。他曾经多次向崇祯帝上奏，指出"蓟门单弱，敌所窥窥。臣身在辽，辽无足虑，严饬蓟督，峻防固御，为今日急著"，要求加强对河北其他前线地区的防御。但这一建议并没有得到崇祯帝的充分重视，甚至袁崇焕派出的援军也被遣还。就在这时，皇太极开始行动了。

崇祯二年（1629 年）十月，皇太极亲率十万大军绕道内蒙古，越过喜峰口攻入长城，兵分三路，进入河北一带，包围遵化。毫无防备的北京城顿时直接暴露在后金的铁蹄之下。袁崇焕得此噩耗，"心焚胆裂，愤不顾死"，连忙率军星夜兼程返回北京勤王救驾。彼时，后金军已攻陷多处隘口，准备进攻通州，但袁崇焕用兵神速。竟然抢在后金军之前返回通州，准备守城战。皇太极得知这一消息，大惊失色，以为山海关的通路已经被明军严密封锁，无奈只得放弃通州，向西进攻北京。

后金军围困北京原本只是被迫无奈的权宜之举，然而却歪打正着地点中了明廷的死穴。大惊失色的崇祯帝连忙调集兵马进京护驾。袁崇焕也没有料到皇太极竟然会棋高一招，只好亲率 9000 骑兵赶赴京师。眼看兵凶战危，袁崇焕竟然忘记了明廷祖制"非禁卫军不得入京畿"，率兵直抵广渠门外并在此扎营。由于袁崇焕治军有方，赏罚分明，士兵战斗力和士气都十分高涨。在广渠门外与清军大战一日，暂时击退了后金军的围城态势。

见战不下袁崇焕，后金军便退至京郊一带，肆意烧杀抢掠，企图以此激怒袁崇焕兴兵进攻，孤军深入。不料袁崇焕虽然对此不予理睬，但朝内不少官员却纷纷中计。他们的田宅庄园大多在城外，后金军此举让其大受损失，痛心疾首之余也将一腔邪火转移到了袁崇焕身上，认为正是其处置失当，才让后金军兵临城下。更有甚者，将此事与毛文龙的死联系起来。居心可谓颇为险恶。

袁崇焕尽管身处如此不利局面，却依然不为所动，坚持战斗。数日之后，后金军又卷土重来，在左安门一带展开攻击。在袁崇焕的抵抗下又是无功而返，反而被明军的火枪手夜袭得手。

袁崇焕组织的几次战斗，给明王朝赢得了喘息的时间。各地勤王保驾的军队纷纷赶到，在数量上对后金军也形成了威胁。皇太极见势不妙，便决定将袁崇焕先行除掉，为此假意做出退兵议和的姿态，暗中却定下了一条毒辣的"反间计"。

史籍中记载的反间计

不少史书中都记载了这条"反间计"的过程，例如《明史·袁崇焕传》是这样记载的："会我大清设间，谓崇焕密有成约，令所获宦官知之，阴纵使去，其人奔告于帝，帝信之不疑。十二月朔再召对，遂缚下诏狱。"

《明通鉴》的描写则更为详细：

先是大军获宦官二人，令副将高鸿中等守之。太宗文皇帝因授密计，鸿中等于二宦官前故作耳语云："今日撤兵袁巡抚有密约事可立就矣。"时杨太监佯卧，窃闻其言，纵之归，以所闻告于上。上遂信之不疑，再召见崇焕及大寿于平台，诘崇焕以杀毛文龙之故，责其援兵逗留，缚付诏狱。

《大清实录》中亦有相似的记载：

先是获明太监二人，付与副将高鸿中参将鲍承先宁完我榜式达海监收。至是回兵，高鸿中鲍承先遵上所授密计，坐近二太监作耳语云："今日袁巡抚有密约，此事可立就矣。"时杨太监者佯卧窃听，悉记其言。庚戌，纵杨太监归，杨太监将高鸿中鲍承先之言详奏明帝遂执袁崇焕下狱。

蒋良骐也曾在《东华录》中记载此事：

以上几条记载大同小异，应该是皇太极指使后金军官讨论关于袁崇焕通敌卖国的虚假消息，又故意让被俘获的太监听到，并假意疏忽让其逃跑。太监自然将这些虚假消息带回给崇祯帝。使崇祯帝对袁崇焕谋反深信不疑。

为了加强这条计策的效果，皇太极还耍了一个小小的花招。在之前的战斗中，后金军故意使用之前缴获的袁崇焕所部使用的箭矢作战，射伤了明军将领满桂。可以想象，满桂在治疗箭疮时，发现箭头居然是袁崇焕部的，心中该做何感想。再加上满桂是蒙人，生性憨直，根本想不到是皇太极做的手脚，反而坚决认为是袁崇焕陷害自己，便进宫对崇祯大叫大嚷，要求公道处事。

后金的计策可谓阴险毒辣，而此时朝廷内的一部分阉党余孽对袁崇焕不满，也在大肆给袁崇焕泼污水，造谣说他通敌卖国。如此种种事情同时发生，确实让人几乎不得不相信袁崇焕的谋反行为证据确凿。当然，倘若遇到的皇帝是雄才大略，用人不疑之辈，则事情尚有转机；不幸的是，崇祯帝是著名的刚愎自用，生性多疑之辈。崇祯自认为"朕非亡国之君，臣皆误国之臣"，把身死国灭的责任一股脑儿推到臣下身上。他在位17年，换了50个大学士、14个兵部尚书。竟然先后杀死督师与总督10人、巡抚11人。虽然不能说他昏庸无能，却的确称不上有道明君。原本因为毛文龙之死，他就对袁崇焕心存芥蒂，如今有大量"证据"显示袁崇焕是"汉奸"，他自然更是深信不疑了。

崇祯帝自毁长城

可叹袁崇焕对于此事一无所知，还在积极准备对后金的作战；而那边崇祯皇帝却早已准备动手了。崇祯二年十二月初一，崇祯帝声称要商议军饷筹集之法，将袁崇焕等人召至宫中。全无防备的袁崇焕刚一进宫，便被锦衣卫拿下，崇祯帝严厉斥责袁崇焕，历数他种种"罪恶"，并将他投入锦衣卫大牢，将其所有职务移交给满桂等人管理。袁崇焕所部闻此噩耗，几乎哗变；其得力干将祖大寿，干脆率袁部返回了山海关。

皇太极见诡计得逞，立刻回兵卢沟桥，与明军在永定门大战数日。没有了袁崇焕的指挥，明军明显不是后金军的对手。高级军官或战死殉国，或被生擒活捉，后金军一鼓作气突破了明军的防守阵地，攻到了北京城下。恼怒的崇祯帝干脆又杀了兵部尚书王洽，但这对于改变危机的局势丝毫于事无补。

正在这危在旦夕的时刻，又是袁崇焕将个人待遇置之度外，给祖大寿手书一封，要求他放下儿女情长，以国家大局为重，回兵与后金作战。祖大寿得此书信，深为袁崇焕所感动，便回兵京师，重新击退了后金军的攻势。

此时，各地的勤王军队也纷纷与后金军展开了激战。前文已经提到，在秦良玉等军的共同作战下，后金军死伤甚众，攻克北京眼见得是不可能完成的任务了。皇太极无奈，只好撤军。祖大寿，秦良玉等部乘胜追击，杀死杀伤无数。北京保卫战算是以明军的全面胜利告终。

祖大寿因其战功被崇祯帝大加封赏，但奇怪的是，对于袁崇焕，崇祯帝却没有任何的表示，他不仅不领袁崇焕召唤祖大寿的情，相反还奇怪地认为，大明朝文官武将人才济济，没有你袁崇焕，我崇祯一样可以平定天下。如果说，这之前他还心存一丝无人可用的忧虑的话，那么在后金退兵以后，他反而坚定了诛杀袁崇焕的决心。

皇太极是怎么死的

皇太极暴死

正当大清国运如日中天，入关夺取中原指日可待、天下唾手可得之时，皇太极的身体却一天不如一天。崇祯十六年（1643年）八月初九日，皇太极和往常一样地来到崇政殿，处理日常的国政，并无任何的异样，身体也没有表现出任何的不适。他端坐在崇政殿的书案前，聚精会神地批阅各地呈上的奏章，发出一道道递送边关的文书，为他入主中原的霸业而殚精竭虑，日夜操劳着。当日亥时许（即九点钟至十点钟），在毫无征兆的情况下死神却骤然降临在了他的身上，年仅五十有二的皇太极就这样带着些许的不甘和遗憾悄然地离开了人世。他走得太突然，出师虽捷身先死，长使后世之人慨叹不已。皇太极死后葬于沈阳昭陵。庙号太宗，谥号应天兴国弘德彰武宽温仁圣睿孝敬敏昭定隆道显功文皇帝。

关于皇太极之死，后世有着不同的猜测。官方史书也记载不一，民间更是流传着多种版本，绘声绘色，有如亲见。

官方史书上的含含糊糊

《清帝外记》记："崇德八年八月，上御崇政殿，回宫，是夜无疾坐南榻而崩。"据《清史稿》所载："（崇德八年八月）庚午，上御崇政殿。是夕，亥时，无疾崩，年五十有二，在位十七年。"而《清实录》也有类似的记载："（崇德八年）八月庚午，是夜亥刻，上无疾，端坐而崩。"《盛京通志·神功圣德碑文》中却对死因讳莫如深，没有任何的记载，只是简单地说其"崩"，原文载："（皇太极）以崇德八年八月庚午崩，圣寿五十有二，在位十有七年。"而《沈馆录》更是说皇太极是暴死的，即突然死亡，至于是何原因，则并无说明，原文记："八月二十六日状启：本月初九日夜半后，皇帝暴死。"

民间传说中的谋杀

在民间，皇太极之死更是被传得神乎其神，经过小说家和茶馆酒肆中说书人的加工、渲染，便有了皇太极死于多尔衮之手之说。还有人说是多尔衮和庄妃合谋将皇太极毒死。

皇太极是被多尔衮或多尔衮与庄妃合谋害死的是毫无根据，不值一提。而官方史料对皇太极的死因更是讳莫如深，一口咬定其是无疾而终，显然也是站不住脚的。可以被认为是为了稳定军心、巩固统治、避免众兄弟觊觎皇位而互相征伐的权宜之计。至于他真正的死因，很大可能是死于心血管病。

罪魁祸首：心血管疾病

据《清史稿·太宗本纪一》记载："上仪表奇伟，聪睿绝伦，颜若渥丹寒而不慄。"根据这段文字不难看出，皇太极身体肥胖，因为瘦人肯定不会寒而不慄的。而且据传，年逾中年的皇太极，身体越发肥胖起来，他一生酷爱两匹战马，一匹唤作大白，另一匹叫作小白。由于他的身体过于肥胖，以至于他骑大白的时候一天仅能行走五十里，而骑小白的时候才能勉强行一百里。其肥胖的程度可见一斑。而胖人更易罹患心血管类的疾病。贵为九五之尊的皇太极也未能幸免，最终因为病发而亡。而绝不是官方所载的"无疾而终"。

并不健康的身体

崇德五年（1640年）开始，在清朝的官方密档中便屡次出现"圣躬违和"或"圣躬不豫"的字样。表明皇太极身体并非健康，而似乎有种慢性病，且经常复发。

崇德五年农历七月二十七日，皇太极率领大军进攻锦州，攻城不久皇太极就病倒了。档案中第一次出现了"圣躬违和"的记录。这次病来得很突然也很急，身边侍从急忙传唤御医。御医建议皇太极去安山温泉疗养。不久，皇太极就动身出发了。《清史稿》载："崇德五年七月，上幸安山温泉。"

第二年八月，皇太极率军围困锦州已近一年光景，双方处于胶着状态。为挽救辽东危局，明廷遣洪承畴率领精锐十三万、马四万来援，集结宁远，来解锦州之围。皇太极得知明援兵已到，便调集各路人马，亲率大军从盛京赶来赴援，亲自前往前线坐镇指挥。原本定于农历八月十一日出发，不巧的是就在大军开拔之际，他患上了鼻出血，血流不止，不得不将出发的日期一拖再拖。史载"上行急，鼻衄不止，承以碗"。

八月十四日，前线吃紧，各路报急文书齐集京师，但此时，皇太极的病情并未好转，出血仍未缓解。面对此情，皇太极决定抱病出征，遂大军集结即刻出发，一路急行军，赶往锦州支援。在松山大败明军，生俘洪承畴。此役为后来清朝灭明征服天下奠定了基础。

战事刚有缓和，便从盛京城传来了宸妃病危的消息。宸妃海兰珠是皇太极最宠爱的女人。当他惊闻宸妃病危的消息后，立即兼程赶回盛京，当他进入宸妃所居的关雎宫时，宸妃已经驾返瑶池了，终年33岁。

为表示对爱妃的悼念，皇太极为宸妃举行了隆重的丧礼，赐谥号为敏惠恭和元妃，这是清代妃子谥号中字数最多的。皇太极对宸妃这种真情笃意，在历朝皇帝中都是少见的。皇太极和他父亲努尔哈赤一样，都是多情之人。皇太极的母亲孟古去世时，努尔哈赤痛哭不止，一月不食荤腥，以示哀悼。海兰珠去世后，皇太极比他父亲有过之而无不及。他悲恸欲绝，寝食俱废，乃至昏死过去，吓得满朝文武全都乱了手脚。

数月之后，他仍然沉湎于悲痛中而不能自拔，后经诸大臣力劝才有所好转。他惭愧地说："天之生朕，原为抚世安民，今乃过于悲悼，不能自持。天地祖宗知朕太过，以此示警。朕从今当善自排遣也。"随即，他接受了大臣们的建议，出城狩猎，以排解心中的忧伤。

但偏偏老天爷和他开了个玩笑，就在回宫途中，他恰好从宸妃墓路过，不禁触景生情，使略微释怀的他又一次陷入悲痛之中。

宸妃的去世，极大地摧残了皇太极的身心，从此，他的身体状况便经常出现问题。皇太极似乎对自己的身体状况有所预感，曾独自感伤地说："山峻则崩，木高则折，年富则衰，此乃天特贻朕以忧也。"

崇德七年（1642年）农历十月二十日，皇太极旧病复发，且似乎更显严重。据《清史稿》载："圣躬违和，肆大赦。凡重辟及械系人犯，俱令集大清门前，悉予宽释。"可见这次皇太极的病来得更急更猛，以至于他甚至采用了大赦的方式，来祈求上苍的眷佑。而且七日后，汉官都察院参政祖可法、张存仁的官员们还上书建议：皇上不必事必躬亲，可让各旗、六部诸大臣处理一些日常事务，至军国大事再向皇太极奏闻，以减轻政事活动，得以静心休养。

明显感到力不从心的皇太极在阅读完奏疏后立即朱笔御批：

"所奏良是。朕之亲理代办处机，非好劳也，因部臣不能分理，是用躬自裁断。今后诸务可令和硕郑亲王，和硕睿亲王，和硕肃亲王，多罗武英郡王合议完结。"

这段话足以说明皇太极确实病得不轻。此外，从这段话中可以看出，皇太极在对待国事上，皆"躬自裁断"，"好劳"，以致身心健康受到了极大的影响。同时，我们还能看到这是清朝前期的一次重大体制变革。通过这次变革，皇太极基本交出了处理日常行政事务的大权。换句话说，从今以后除"军国大事方可奏闻"外，其他的一切琐碎之事，便全部交由三个亲王和一个郡王全权处理。这次变革看似恢复了天命年间四大贝勒轮流执政的旧制，但实则却有着天壤之别。这次放权是建立在皇权巩固、中央官僚体制日臻完善的基础之上的，因此，他用不着再担心有人胆敢向他至高无尚的权威提出挑战。

同年农历十二月，皇太极接受了祖可法、张存仁的主张，率众前往叶赫狩猎。当大队人马抵达一个叫作开库尔的地方时，皇太极又"圣躬违和"。随同前往的诸王、贝勒、大臣都请求停止行猎返回盛京，但因为皇太极认为此行没有达到预期的目的，不肯空手而归。

就在大臣们左右为难的时候，皇太极年仅五岁的皇九子福临射中了一只狍。皇太极不禁想起了自己当年曾一箭射穿黄羊时的场景，心中大喜。在称赞了福临后，方才与众人启驾回宫。

崇德八年（1643年）开始，"圣躬违和"的次数越来越频繁，这说明皇太极的病连续发作。正月初一日，这一天是每年一次的新年大典。但正是在这样隆重的节日当天，皇太极又因"圣躬违和"而免去群臣的新春朝贺礼。后又命令和硕亲王以下、副都统以上的大臣们前往堂子，代替自己向上天和历代祖先行礼祈祷。

同年，农历三月十七日，皇太极再次因"圣躬违和"而宣布大赦天下："死罪以下皆赦之。"农历四月初一日，因皇帝"圣躬违和"而连续两天向盛京城及境内各地的寺庙祷告，施白金。此后一段时间，皇太极的病情似乎得到了缓解，他的身体状况也相对平稳，以至于官方正史中才有了"无疾而终"的说法。

第三章

痴情皇帝——顺治

六岁小儿如何脱颖而出

皇太极身后的皇位之争

皇太极死得突然，由于他生前未能指定皇位继承人，按旧制应由八王共举"贤者"。宗室贵族，人人觊觎。于是，满洲贵族内部围绕帝位继承问题，展开了一场激烈的斗争。

皇太极有 11 个儿子。肃亲王豪格为长子，当时 34 岁，为皇太极继妃所生。豪格早在太祖、太宗时期就曾领兵南征北战，颇有战功，实力很强。其他皇子当时年龄都还小，最大的也不过十六七岁，他们既没有战功，也没有地位，毫无竞争能力；另外，多尔衮和其弟多铎，因战功卓著，封为睿亲王和豫亲王，其兄阿济格封为英亲王，极具竞争力。努尔哈赤死时，多尔衮因为年幼，母亲被逼殉葬，皇位为皇太极所得。现在皇太极死了，他正当盛年，如以兄终弟即的方式入承大统，从情理上是可以说得过的。资历最老的大贝勒代善，因年老体弱，已没有继位之想，可他也有相当的实力。他在观望着，谁继位对自己更有利，自己好坐收渔利。可以说，当时最有能力继承皇位的，就是豪格和多尔衮。

双方实力如何呢？皇太极曾亲自统率的正黄、镶黄两旗拥立豪格，豪格本人又统正蓝旗，在满洲八旗中，他已拥有三旗的力量，索尼、鳌拜等大臣也支持他。多尔衮拥有的力量是两白旗，他还得到了多铎、阿济格的支持。

双方势均力敌，为继承皇位各不相让，和不可得，拼则两伤。在此情况下，福临又如何得到了皇位：是谁在幕后推波助澜？

多尔衮的意见

按照清太祖努尔哈赤规定的皇位继承《汗谕》，由满洲八旗贵族共议嗣君。时亲王、郡王共有七人：礼亲王代善、郑亲王济尔哈朗、睿亲王多尔衮、肃亲王豪格、武英郡王阿济格、豫郡王多铎和颖郡王阿达礼。

有学者认为福临继位之议出自多尔衮，其主要依据是朝鲜《沈阳状启》或《沈馆录》中的一段记载：

十四日，诸王皆会于大衙门。大王发言曰："虎口，帝之长子，当承大统云。"则虎口曰："福少德薄，非所堪当！"固辞退去。定策之议，未及归一。帝之手下将领之辈，佩剑而前，曰："吾属食于帝，衣于帝，养育之恩与天同大，若不立帝之子，则宁死从帝于地下而已。"大王曰："吾以帝兄，常时朝政，老不预知，何可参于此议乎？"即起去。八王亦随而去。十王默无一言。九王应之曰："汝等之言是矣。虎口王既让退，无继统之意，当立帝之第三（应作九）子。而年岁幼稚，八高山军兵，吾与右真王，分掌其半，左右辅政，年长之后，当即归政。誓天而罢云。

上述文字，时间记为癸未年（1643年）八月二十六日，即大衙门秘密会议后的第十二天。文中的"大王"为礼亲王代善，"虎口"为肃亲王豪格，"八王"为英郡王阿济格，"九王"为睿亲王多尔衮，"十王"为豫郡王多铎，"右真王"为郑亲王济尔哈朗。

在上述引文中，有两句重要的话，不应该被忽视。这就是"九王应之曰"和"汝等之言是"十个字。在整段文字中，"九王应之曰"——此前为议论，此后为结论；"汝等之言是"——承上而启下，接前而转后。

但反对者对其提出了三点疑问。

首先，"九王应之曰"，就是说在九王多尔衮发表当立帝之第九子福临以前，诸王们有一番议论，而被《秘密状启》的作者，或出于重点在启报新君为谁而省略繁文，或对当时秘议不甚了了而断简阙载。不管出于何种原因，其前都有一番争论。因是最高机密会议，外人不可得知而详。这段记载，十分可贵，有所罅漏，不必苛责。

其次，"汝等之言是"，就是说在九王多尔衮发表当立帝之第九子福临以前，诸王们有人提出立福临，故多尔衮才"应之""是之"，否则何应之有、何言之是！上述《秘密状启》，记于当时盛京。《秘密状启》记载疏略，"汝等之言"断简，于是给人一种信息误导，似乎福临继位是由多尔衮提出的。睿亲王多尔衮权势倾朝，功劳归于己，罪祸嫁于人。这样，多尔衮就把拥立福临的功劳归于自己。

最后，"九王应之曰"与"汝等之言是"，萧一山《清代通史》在转述上面引文时，做了通俗节录："睿亲王多尔衮曰：'诸将之言是也。豪格既退让无续继意，则当立帝之三子福临，若以为年稚，则吾与郑亲王济尔哈朗分掌其半，以左右辅政，年长之后，再当归政。'因誓天而散，福临方六岁云。"这里虽省略"九王应之曰"，却将"汝等之言是"诠释为"诸将之言是也"。

由上可见，福临继位之议出自多尔衮的直接史料未见一条，而所据之《沈阳状启》言辞含糊，且存疑点。

济尔哈朗的首倡

另有一种说法认为，拥立福临继承皇位之议首先出自郑亲王济尔哈朗，理由如下。

第一，四大亲王态度。当时最有影响的四位和硕亲王——礼亲王代善抱明哲保身态度，以年老多病为由，不想卷进这场政治旋涡，肃亲王豪格与睿亲王多尔衮角立，互不相让，双方僵持，所以只有郑亲王济尔哈朗比较超脱而能起协调作用。郑亲王济尔哈朗是努尔哈赤胞弟舒尔哈齐之子，在这场宫廷斗争中扮演着重要的角色。因为：一则，济尔哈朗虽是舒尔哈齐之第六子，但自幼为伯父努尔哈赤养育宫中；二则，济尔哈朗小皇太极七岁，两人情谊如同胞；三则，阿敏被夺旗后，济尔哈朗成为镶蓝旗的旗主贝勒；四则，济尔哈朗屡经疆场，军功显赫；五则，济尔哈朗年四十五，序齿仅亚于代善，比多尔衮年长十三岁；六则，济尔哈朗受清太宗信任依重，被封为和硕郑亲王；七则，济尔哈朗既是多尔衮的兄长，又是豪格的叔辈，便于两方协调。八则，济尔哈朗表面憨厚而内心机敏，在关键时刻提出重要政议。所以，郑亲王济尔哈朗在大衙门议商皇位继承而陷于僵局之时，提出了一个折中方案——让皇子福临继位。

第二，济尔哈朗辅政。郑亲王济尔哈朗因倡立福临继位之功，而得到担任辅政王的政治回报。辅政亲王的政治地位，较和硕亲王更高一层。当时为何不由代善、豪格，而由济尔哈朗辅政？

显然，代善在这场严重而激烈的政治斗争中，没有作出有利于胜利一方的贡献。豪格则与多尔衮对立，如二人同时辅政，会出现两虎相争的局面。至于济尔哈朗之所以为摄政王，主要原因是：他提出了福临继位这一折中方案，侄子继统，皇叔摄政，理所当然，众王接受。他私下曾表示拥立豪格，而为两黄旗王大臣所接纳。并且，他同代善父子无恶，而为两红旗王大臣所认允。而且，他非帝统血胤，对多尔衮兄弟构不成政治威胁，而为两白旗王大臣所接受。但是，济尔哈朗不久便被多尔衮撤其辅政王。这是多尔衮对济尔哈朗不拥立自己而拥戴福临的一个政治报复，也是多尔衮独揽朝纲的一项举措。

第三，睿亲王权衡利弊。睿亲王多尔衮在两黄、两红和两蓝六旗不支持的情势下，若自己强行登极，只有两白旗支持，明显不占优势，还势必引起两白旗与两黄旗的火并，其后果可能是两败俱伤。解决皇位继承难题的途径不外三条：一是强自为君，得不到两红、两蓝旗的赞同，还会引发两黄旗的强烈反对；二是让豪格登基，自己既不甘心，还怕遭到豪格报复；三是让年幼的皇子福临继位，而自己同济尔哈朗摄政，可收一石三鸟之利——打击豪格，摄政掌权，避免内讧。显然，在上述三种解决办法中，以第三种解决办法比较切实可行，两黄、两白、两红、两蓝各方都可以接受。睿亲王多尔衮，能知时务，聪睿机智，权衡利弊后，才赞同立先帝第九子福临。

第四，证据，顺治帝的肯定。福临当时尚在冲龄，不了解继位政争内幕。后来逐渐知道当年的故事。待多尔衮病死、自己亲政之后，即对皇叔济尔哈

朗表彰其当年功绩,赐予其金册金宝。《清世祖实录》顺治九年二月庚申记载:

> 我太祖武皇帝肇造鸿基,创业垂统,以贻子孙。太宗文皇帝继统,混一蒙古,平定朝鲜,疆圉式廓,勋业日隆。及龙驭上宾,宗室众兄弟,乘国有丧,肆行作乱,窥窃大宝。当时尔与两旗大臣,坚持一心,翊戴朕躬,以定国难。……睿王心怀不轨,以尔同摄朝政,难以行私,不令辅政,无故罢为和硕亲王。及朕亲政后,知尔持心忠义,不改初志,故锡以金册金宝,封为叔和硕郑亲王。

在此,顺治帝福临明确表明:济尔哈朗在诸王议立自己为帝时,有首议之功。福临的这番话,说出了当时的内情。郑亲王之功,在拥立福临。顺治帝对其他的亲王、郡王,在决定自己继位的功绩上,都没有进行过表彰,而只有对济尔哈朗表彰此事。这从一个侧面证明济尔哈朗在大衙门诸王贝勒会议上有拥立福临继位的特殊功勋。

因此可以说,郑亲王济尔哈朗在大衙门诸王贝勒皇位继承会议上,鉴于豪格与多尔衮争夺皇位陷于僵局,能从大局出发,平衡各旗利益,提出折中方案,首议由福临继承皇位,得到多尔衮的回应,也得到诸王贝勒公议。清太宗皇太极遗位争夺的结果,既不是角立一方的肃亲王豪格,也不是角立另一方的睿亲王多尔衮,而是由第三者六岁的福临继承。这个方案与结果,对礼亲王代善无利无弊,睿亲王多尔衮有利有弊,于肃亲王豪格无利大弊,于郑亲王济尔哈朗则有利无弊。

所以,皇太极遗位由福临继承,得益最大的四个人是:福临、孝庄太后、济尔哈朗和多尔衮。

庄妃的推波助澜

另有一种说法,是顺治皇帝的生母庄妃在其中起到了重要的作用。

皇太极死后,庄妃在悲痛之余,已感到争夺皇位的剑拔弩张之势,听到磨刀霍霍之声,她想,难道太祖、太宗创立的大清基业,就在这自相残杀中毁掉吗?

庄妃知道迟早会有这场斗争的爆发,只是没想到会来得这样快、这样猛,她不能再在沉默中等待了！在清宁宫的权力还没有完全丧失之前，她要运用这个权力，为自己的命运去搏斗一番。她想到了福临，自己的命运要靠儿子来改变。她冷静了许多，一边客观地分析着形势，一边精心筹划着计策。

经过几个昼夜仔细认真地思索，庄妃终于想好了一个折中方案：她要把福临推上皇位。推出福临，可以使双方白热化的矛盾降温，再说福临的背后，有忠于皇太极、忠于后妃的两黄旗，还有科尔沁的支持。庄妃的性格、才智、勇敢促使她去进行一次冒险的尝试。

这个冒险是以生命为赌注，如果福临在争位之中失败，势必会为成功之人所残杀，庄妃自己，也会落得殊途同归的结局；但这个冒险又是值得的，自己身为先皇身边最宠爱的妃子，又协助其处理政事，势必会引来一些人的不满与怀恨之心，不能成为太后，只作为先帝遗孀，无权无势、无位无名，正给了这些居心叵测之人以可乘之机，性命难免不保。两相权衡，还莫不如铤而走险、险中求生呢！幸运的是，这个以母子性命为代价的赌局，庄妃笑到了最后。

庄妃决定之后，立即找皇后商量，她要靠皇后这棵大树的庇护。在向皇后分析了目前的形势以后，皇后深感害怕：不管豪格还是多尔衮谁继位，都要发生一场血战，结果都是不堪设想的。再三思量之下，她决定支持庄妃，让福临继位，以保住清宁宫的特权，避免相互残杀的悲惨局面的出现。再然后，皇后和庄妃一起劝说豪格支持这个方案。豪格虽然明白这个道理，却总觉得委屈。

豪格回到家中后，对侍候在身边的爱妻心灰意冷地道："我德小福薄，不堪继位。让皇九子继位还可以，如果让多尔衮继位，我绝不允许。"

几乎与此同时，急不可耐的多尔衮在三官司庙召大臣索尼询问册立之事。索尼道："先帝有皇子在，必立其一。其他的我不知道。"

"必立其一？"除豪格外，还会是哪个皇子呢？多尔衮在沉思。

代善年高望重，又有实力，争取他的支持很重要。说通豪格后，庄妃和皇后立即召大贝勒代善入宫，争取代善的支持。代善害怕豪格与多尔衮反目为仇，自相残杀。可当皇后提出要立福临时，他沉默了。他想，如果立福临，庄妃不就听政了吗？大清国说什么也不能掌握在一个女流手中！庄妃似乎看透了他的心思，诚恳地对代善道："大贝勒素以国事为重，请放心，福临继位后，我退居后宫，深居简出，决不参政。"代善终于默认了。

抓住这个时机，庄妃决定面见多尔衮。当她来到睿亲王府时，多尔衮吃了一惊，庄妃微微一笑，开门见山，单刀直入地道："我来睿亲王府，是和你商议嗣君事宜的。论功劳地位，你是有资格登大位的。但先帝有子，头一个豪格就不会甘心。先帝其他年长的儿子，以及代善一支，都会反对你。到那时，国中岂不就大乱了吗？"

"先皇在日，就有立我的说法。我整整等了17年。"多尔衮无不愤慨地道。

庄妃为了平息多尔衮的火气，语气非常缓和，道理却十分中肯，只听她缓缓地道："王爷要以国家为重。大清基业初定，宏图尚未成功，我怕兄弟反目，有愧两代先王。清宁宫决意不会拥立肃亲王豪格。他虽然是太宗皇帝的长子，为人又忠厚直爽，但只知其武，不知其文。今后大清要叩关而入，问鼎中原，这副担子他挑不起来。"多尔衮听到后宫不再拥立豪格，松了一口气。

"我有一个主意，特来和王爷商量。"庄妃接着道。

庄妃以前虽然也见过，但没有现在这么近的距离，可谓咫尺之间看得这样从容，这样清楚，多尔衮看她比自己妻子美丽多了。他对她有相当的好感，憋在心里的气也没有了，道："皇嫂说出来听听。"

庄妃见时机已到，忙道："我儿福临，年方六岁，可以让他继承皇位，以王爷为摄政王，全权负责军国大事。这样安排，诸王贝勒不好公开反对，而王爷又能控制实权。国家不会发生内乱，王爷大权在握，也实同皇帝。不知王爷意下如何？"

多尔衮见庄妃说得合乎情理，言语中不仅表现出对自己的关怀，更分配了自己的权力。终于决定服从皇嫂的意见，不再争当皇帝，并表示全力协助其侄福临登上皇位。

经过五天五夜紧张激烈的明争暗斗，八月十四日，诸王贝勒大臣会议召开，讨论嗣君问题。会议由大贝勒代善主持，他年长德高，理所当然。大臣索尼首先讲话，强调必须立皇子。代善则进一步说明，应当立豪格。而豪格的讲话中则有些谦让，他说自己"德小福薄，非所堪当"，中间退出会场。

这时，阿济格、多铎趁机提出让多尔衮继位。对此，两黄旗大臣坚持反对，甚至佩剑向前，表示若不立帝子，宁愿跟从皇太极死于地下。而两白旗大臣又坚决反对立豪格。双方剑拔弩张，弄不好会导致一起流血冲突。在这千钧一发之际，多尔衮提议拥立皇太极的第九子六岁的福临为帝，由他和济尔哈朗（努尔哈赤弟）共同辅政，等福临长大后归政。这一折中方案，立即得到会议主持者代善的支持，很快被会议通过成为决议。这是一个解决择君危机的折中方案，照顾了各方面的利益，维护了满洲贵族的团结，以求入主中原。多尔衮与豪格的主动退让，在一定程度上反映了对这种共同利益的认识。

崇德八年（1643 年）八月二十六日，福临在沈阳继承帝位，第二年改元顺治，是为清世祖。

几种说法各有理据，在究竟是谁把六岁的顺治托到帝位上去的这个未解之谜上，还有很长的研究之路要走。

他披上的是寿纱还是袈裟

年轻帝王撒手人寰

顺治十八年（1661 年）正月初六，人们还依然沉浸在"年"的喜悦中时，孝庄太后却在经历她这一生中最难熬的一个春节，因为她年仅 24 岁的儿子福临即将永远地离开她、离开那个龙椅、离开这个世界。顺治帝的突然死亡也给世人留下了诸多谜团。因为之前从来就没有顺治帝有病在身的说法，身为帝王不比寻常百姓家，一向都是养尊处优的，怎么就能如此易折了呢？而且是伤心黯然毫无留恋地离开。这些可以在顺治帝临死时留下的遗诏中看出。遗诏中除了对大清以及母后的愧疚之外，就是即将要得到解放的解脱之情。

据史书记载，顺治十八年（1661年）正月初二福临患病，正月初七驾崩于养心殿。《清世祖实录》对顺治帝患病的经过、去世前的活动、死亡情况等是这样记载的：

"顺治十八年，辛丑，春正月，辛亥朔，上不视朝。免诸王文武群臣行庆贺礼。孟春时享太庙，遣都统穆理玛行礼。壬子，上不豫。……丙辰，谕礼部：'大享殿合祀大典，朕本欲亲诣行礼，用展诚敬。兹朕躬偶尔违和，未能亲诣，应遣官恭代。著开列应遣官职名具奏。'尔部即遵谕行。上大渐，遣内大臣苏克萨哈传谕：'京城内，除十恶死罪外，其余死罪，及各项罪犯，悉行释放。'丁巳，夜，子刻，上崩于养心殿。"

疑点重重的官方记载

从《清实录》中的详细记载可以看到，顺治帝患病是在初二日，而到初六日已经"大渐"，就是病情急剧加重而且很危险，到初七日凌晨就去世了。而对死亡情况的记述却仅有11个字："丁巳夜子刻，上崩于养心殿"，并未对其病因提及半字。

正是基于《清实录》所载，顺治帝病发突然，死因不明，后人不免产生了怀疑：为什么关乎皇帝生死的大事，只以寥寥数字敷衍了事，并且对死因只字未提？顺治帝正当人生盛年，并没有听说患什么病，怎么突然就撒手人寰了呢？

顺治遗诏中的密码

另外，顺治帝的遗诏也引起了人们的怀疑。

顺治十八年，正月初六，年仅24岁的顺治皇帝爱新觉罗·福临撒手人寰。辞世前一天，他召礼部侍郎兼翰林院掌院学士王熙入养心殿面谕遗诏。遗诏云：

朕自弱龄即遇皇考太宗皇帝上宾，教训抚养，惟圣母皇太后慈育是依，大恩罔极，高厚莫酬，惟朝夕趋承，冀尽孝养，今不幸子道不终，诚恫未遂，是朕之罪一也。

皇考宾天时，朕止六岁，不能衰绖行三年丧，终天抱恨，惟事奉皇太后，顺志承颜，且冀万年之后，庶尽子职，少抒前憾，今永违膝下，反上厪圣母哀痛，是朕之罪一也。

宗皇诸王贝勒等，皆系太祖、太宗子孙，为国藩翰，理应优遇，以示展亲。朕于诸王贝勒等，晋接既正东，恩惠复鲜，以致情谊睽隔，友爱之道未周，是朕之罪一也。

满洲诸臣，或历世竭忠，或累年效力，宣加倚托，尽厥猷为，朕不能信任，有才莫展。且明季失国，多由偏用文臣，朕不以为戒，反委任汉官，即部院印信，间亦令汉官掌管，以致满臣无心任事，精力懈弛，是朕之罪一也。

朕夙性好高，不能虚己延纳，于用人之际，务求其德于己相侔，未能随材器使，以致每叹乏人。若舍短录长，则人有微技，亦获见用，岂遂至于举世无材，是朕之罪一也。

设官分职，惟德是用，进退黜陟不可忽视，朕于廷臣中，有明知其不肖，刀不即行罢斥，仍复优容姑息，如刘正宗者，偏私躁忌，朕已洞悉于心，乃容其久任政地，诚可谓见贤而不能举，见不肖而不能退，是朕之罪一也。

国用浩繁，兵饷不足，然金花钱粮，尽给宫中之费，未常节省发施，及度支告匮，每令会议，即诸王大臣会议，岂能别有奇策，只得议及裁减俸禄，以赡军需，厚己薄人，益上损下，是朕之罪一也。

经营殿宇，造作器具，务极精工，求为前代后人所不及，无益之地，糜费甚多，乃不自省察，罔体民艰，是朕之罪一也。

端敬皇后于皇太后克尽孝道，辅佐朕躬，内政聿修，朕仰奉慈纶，追念贤淑，丧祭典礼概从优厚，然不能以礼止情，诸事太过，岂滥不经，是朕之罪一也。

祖宗创业，未尝任用中官。且明朝亡国，亦因委用宦寺。朕明知其弊，不以为戒。设立内十三衙门，委用任使，与明无异。致营私作弊，更逾往时，是朕之罪一也。

朕性闲静，常图安逸，燕处深宫，御朝绝少，以致与廷臣接见稀疏，上下情谊否塞，是朕之罪一也。

人之们事，孰能无过，在朕日御万几，自然多有违错，惟肯听言纳谏，则有过必知。朕每自恃聪明，不能听言纳谏。古云，良贾深藏若虚，君子盛德，容貌若愚。朕于斯言，大相违背，以致臣士缄然，不肯进言，是朕之罪一也。

朕既知过，每自尅责生悔，乃徒尚虚文，未能者改，以致过端日积，愆戾逾多，是朕之罪一也。

太祖、太宗创垂基业，所关至重，元良储嗣，不可久虚，朕子玄烨，佟氏妃所生也，年八岁，岐嶷颖慧，克承宗祧，兹立为皇太子，即遵典制，持服二十七日，释服，即皇帝位。特命内大臣索尼、苏克萨哈、遏必隆、鳌拜为辅臣，伊等皆勋旧重臣，朕以腹心寄托，其勉天忠尽，保翊冲主，佐理政务，而告中外，咸使闻知。

在这份遗诏中，顺治帝列举了自己平生的14条罪行，比如对自己渐习汉俗、早逝无法尽孝、与亲友隔阂等，均充满了自责之语。为什么顺治帝会对自己所作所为如此内疚自责？这样的自责似乎很不符合一代少年天子离开人世时的最后心情。因此有人怀疑这份遗诏并非出自顺治帝本人，而是出自顺治帝的母亲孝庄皇太后之手，因为自责的内容，多是皇太后对顺治帝的不满之处。这自然加深了人们对顺治帝之死的更深一层的怀疑。

天花要了少年天子的命

顺治帝之死和遗诏的可疑，引起了后人的各种猜测。清史学者孟森先生经过详细考证，发现顺治帝是死于天花，而不是离宫出家，这一点见于他的《清初三大疑案考实》之二《世宗出家事实考》。孟森的论据来源于顺治时的礼部侍郎兼翰林院掌院学士王熙所撰的《年谱》。

《年谱》上明确记载顺治帝对他说："朕患痘势将不起，尔可详听朕言，速撰诏书。"由此，孟森先生认为王熙作为顺治帝的宠臣，且在顺治帝病亡之前一直侍奉其左右，其《年谱》并非官方史书，没有必要避讳隐瞒，其上所言可信。他还进一步发现，当时的兵部督捕主事张宸在所撰的《青集》中也提到了这一点："辛丑正月，世祖章皇帝宾天，予守制禁中二十七日，先是初二日，上幸悯忠寺，观内吴良庸祝发。初四日，九卿大臣问安，始知上不豫。初五日，又问安，见宫殿各门所悬神对联尽出。一中贵问各大臣耳语，甚仓惶。初七日，释刑狱诸囚一空。传谕民间勿炒豆，毋燃灯，毋泼水，始知上疾为出痘。"张宸与王熙一样，都是顺治帝病逝前后的亲身经历者、目睹人，都说顺治帝是死于天花，这些事实似乎都确凿无疑地证明顺治帝确实死于宫中。

至于史书上没有明确记载顺治帝患天花而死的原因，孟森先生认为，由于当时人们谈"天花"而色变，为了稳定人心，避免引起朝野恐慌，才对这一病因秘而不宣。后来的史学者出于避讳，也没有在史书上说明。

有关专家还分析认为，从顺治帝的感情基础和思维方式分析，遗诏中的自责并非不合情理。入主中原后，顺治帝所面临的环境是完全不同于他的先祖们的，可以说是相当陌生的，他不但要尽力去熟悉与适应新情况，有时还要背离满族原有的习俗，这难免会使他陷入一种困惑与矛盾之中。另外，顺治帝曾经一度笃信基督教，也可能会形成感恩所得、自我忏悔的性格。在这种情况下，顺治帝因自己不能很好地解决新问题而自责是完全可能的。事实也是这样，他在位期间曾屡次下诏自责，并要求各种文书不能称自己为"圣"，甚至还常把各种灾害或者动乱归于自己的"政教不修，经纶无术"。在《清世祖实录》中还有一些记载：顺治十六年（1659年）正月，讨平李定国后，顺治帝认为这些成就并不是自己的德行所能实现的，拒绝贺礼；顺治十七年（1660年），在祭告天地、宗庙时，他对自己在位的17年作过简单的总结，通篇是自遣自责之词，并且下令暂时终止官员上给自己的庆贺表章。这《遗诏》中自我责备也是符合顺治帝性格的。

退一步来说，就算这份诏书有伪造的嫌疑，也可能是顺治帝在病重期间，神志不清，无法口授遗诏，而根据太后之意由大臣们草拟而成。再说，据记载，顺治帝临终还遗命："祖制火浴，朕今留心禅理，须得秉炬法语。如善果、隆安法喜有素，可胜此任；若森和尚不日能至，法次长於两寺，可转命也。"最终于四月十七日，由赶到京城的茚溪森和尚主持，在景山寿皇殿为顺治帝遗体秉炬火化。这件事在茆溪森死后，由他的徒弟们编纂的《敕赐圆照茆溪森禅师语录》中有记载，足以证此事不假。

《清圣祖实录》卷一中还记载有：安放顺治帝遗体的梓宫（棺材），在顺治十八年（1661年）二月初二日被移放到景山寿皇殿。其后，继位的康熙皇帝在所有应该致祭的日期都前往致祭。卷二中又记载，在四月十七日这一天，康熙皇帝来到安放着顺治帝梓宫的景山寿皇殿，在举行了百日致祭礼以后，将顺治帝的神位奉入了乾清宫，以等待选择吉日奉入太庙。二十一日，则举行了"奉安宝宫礼"。"宝宫"二字的意思，是骨灰罐，这说明，二十一日时顺治帝已经被火化。所以说，顺治帝驾崩于养心殿是顺治十八年正月初七日的子刻，病因可能是天花。据《清圣祖实录》卷九记载，该"宝宫"在康熙二年（1663年）四月二十四日黎明，被起程移奉孝陵，在六月初六日的戌时，同孝康皇后和端敬皇后的宝宫一起，被安放在地宫的石床上，并掩上了石门。

从上面的分析看，顺治帝患天花而死，似乎是最接近历史真相的答案。但是也有学者并不认同这一说法，并提出了质疑。首先，据医书记载，人患天花后，痘疮成浆之时精神倦怠，神思昏沉，不省人事，呼之不应，自语呢喃，如邪祟状。从医理上看，患天花的人死前根本不可能神志清醒，就是皇帝也不例外，还怎么可能口授遗诏？因而，《年谱》中记载的关于顺治之死的一些内容是不太真实的。再说，史料上对于顺治帝得病的时间也是自相矛盾的：《清世祖实录》记载，初二那天顺治感到身体不适；《青集》却说初二顺治到悯忠寺看太监吴良辅剃度；《年谱》记载王熙初一到初三连续三天进宫请安，都没有说顺治生病。《年谱》是最让人怀疑的：如果顺治真的染上了天花，他不可能在初二发病初期冒着高烧到悯忠寺看太监吴良辅剃度，更不可能在初三那天还和王熙讨论事情。

对于此，民间广为流传着另一种说法，称顺治帝根本没有死于天花，而是到五台山出家当了和尚。孝庄太后为了顾及大清的声名，只好对外宣布顺治帝驾崩，由顺治帝八岁的皇子玄烨即位，即康熙帝。

第四章

千古一帝——康熙

康熙登基，为何让外国人参与其中

清政府里的德国人

中国历史从秦始皇开始，就从来没有在皇位继承的问题上被别人干涉过。但当历史的脚步前行到清朝的顺治十八年（1661 年）时，该谁当皇帝，这件原本该是中国人自己拿主意的事，却被一个德国人硬生生地横插一竿子。

这名德国人的插手居然改变了中国历史，让本来排不上号的三阿哥玄烨成为下一任帝王，这才有了长达 61 年的康熙王朝，有了康乾盛世。这个德国人历经明清两朝的更替，先后侍奉过崇祯、顺治、康熙三位帝王，并且康熙的名字还是他给起的，他就是传教士汤若望。

汤若望之所以能影响到玄烨的继位，主要得益于他杰出的口才。顺治皇帝被他说服，信奉基督教，从而影响顺治的思想。

汤若望与皇室的渊源可以说是一个传奇。明朝末年，西方国家走上了全球殖民扩张的道路，扩张之前，他们先派传教士到国外去探路，打探情况，汤若望就是在这样的背景下进入中国。

说起这位传教士，就不得不提他的出身背景。1592 年，汤若望出生于德国科隆的一个贵族家庭，他从小就接受了良好的教育，而且成绩优异，后来被保送到罗马的日耳曼学院研修神学，从而成为上帝的使者，做了一名专业的传教士。

1619 年，汤若望在法国神甫金尼阁的带领下到达澳门，三年后进入广东，过一年，又转到了北京，他所掌握的西方科学知识，深得明朝政府的户部尚书张问达赏识，被聘任为政府专员。汤若望就这样进入仕途，他与当地百姓结下不错的人缘，凭着自己带来的西洋玩意儿，让人们对他产生了好奇、喜爱之心。

作为一个外来者，汤若望十分敬业，他编写了科学文论，译著历书，推步天文，翻译德国的矿冶书籍，给明朝带来丰富的新知识。同时，汤若望还不忘宣传他的基督教义，只可惜汤若望来得太晚，他还没有说服崇祯信奉基督教，崇祯就被逼死在煤山上了。

明亡清始，汤若望换了个主子接着宣扬基督教义，与崇祯不同的是，顺治皇帝对汤若望宣讲的知识颇感兴趣，不但尊称他为"玛法"（"玛法"在满语里是爷爷的意思），还对汤若望言听计从。

为了支持基督教的传播，顺治皇帝拨款又拨地，在宣武门外建造一处天主堂，即北京南堂。不但顺治对汤若望尊崇有加，就连当时的老祖宗孝庄太后也将汤若望视为座上宾，这个外国人就这样获得了皇宫的高度信任。

顺治十年，汤若望被顺治皇帝赐予"通玄教师"封号，顺治十四年（1657年），顺治皇帝又为汤若望御撰《天主堂碑记》一文，赐予了"通玄佳境"的堂额。而在顺治十一年三月十八日（1654 年 5 月 4 日）康熙出生。在康熙出生前后几年，"玄"字在顺治皇帝的心目中十分重要，给汤若望的赐物里两次带有"玄"字，自己的儿子名字里也带有"玄"字。"玄"这个字的意思包含汤若望所讲授的天文、历法、机械等在内的一整套学说。

汤若望推出康熙帝

顺治二十四年（1667 年），皇帝病重，继承人成了关键问题。康熙作为顺治皇帝的三皇子，虽然大皇子已死，但还有二皇子福全。按照长幼排序，无论如何也轮不上他。但此时汤若望说出来一个谁也无法反驳的理由——玄烨出过天花，对这种可怕的疾病有了终身免疫力，再也不会出了，而福全还没出过，难保以后不会出，为了保证国家将来不会因为皇帝突然病逝而出现动乱，应当选择玄烨来当皇帝。

汤若望的这番话彻底改变了中国历史，让本不该登基的玄烨登上宝座。应该说，没有这个外国传教士，便不会有后来的康乾盛世。

汤若望为何力保玄烨

玄烨出过天花，这似乎是一个无可辩驳的理由。但仅仅因为这样便否定了皇帝自选继承人的意见，好像还有些说不过去。因此另有一说，扶康熙登基，是孝庄太后的主意。而汤若望的话正是孝庄太后所授。

爱新觉罗·玄烨生母佟佳氏。但佟氏却不受顺治宠爱，因此，玄烨也遭到了顺治的冷落。

然而，玄烨的祖母孝庄太后却对玄烨母子格外钟爱。她派自己的侍女苏麻喇姑协助保姆照看玄烨，教他读书写字。还经常亲自对玄烨加以教诲。祖母的教诲，犹如春风化雨注入幼年玄烨的心田，这不仅在一定程度上补偿了他所渴望的父爱，更重要的是培育了他日后作为帝王不可缺少的品质。

玄烨六岁时，同哥哥福全、弟弟常宁一同进宫拜见顺治。向父皇请安完毕，顺治便问儿子们有何志向。常宁年仅三岁，不会回答。福全为庶妃所生，年纪长但地位低，他答道："愿意做一个贤王。"

而玄烨则高声回答："效法皇父，勤勉尽力。"

这很明显是孝庄教他的话。否则一个六岁的孩子是说不出这样铿锵有力的话来的。

孝庄为何要选择玄烨？仅仅是因为他的聪明吗？未必。要知道，玄烨年仅八岁，尚无法亲政，那么权力的真空由谁来填补呢？孝庄可是一位服侍过两代帝王的女政客，答案不言而喻。

智除鳌拜，有无其事

康熙智擒鳌拜的传说

满族人热衷于涉猎骑射等一些激烈的运动，摔跤也是被人们看好的运动之一。满族人的摔跤十分有意思，常被作为一种游戏来进行。两名选手身着窄袖短衫，为了能够在动作的时候不至于碍手碍脚，也为了更加方便，短衫要用七八层布严密缝好，使人在撕扯扭打中不至于松散开来。游戏开始后，两名选手并不急于马上就置对手于败地，不加考量地出手往往会适得其反，二人缠在一起攻防中需要努力寻找战机，在扭结、相撩中，首先仆地者为败。虽然游戏的规则很简单，但是十分考验一个人的力量和爆发力，在年轻人中很受欢迎。这就是满语中的布库。

鳌拜是满洲的巴图鲁，自然也精通摔跤等运动，但是这一介武夫没想到最终会败在自己最擅长的摔跤中，而康熙也成功地运用了祖宗留下来的东西为列祖列宗的江山制服了这个权臣。

鳌拜可以说是康熙执政以来扎在心中的第一根刺，也是最难拔的一根。他的专横跋扈已经让康熙到了忍无可忍的地步，不得不迫使自己宁可冒着破釜沉舟的危险也要放手一搏的为自己争取一点生机，脱离傀儡的角色。而令康熙无须再忍的原因还有各种反对鳌拜实力的团体纷纷集到康熙周围以寻求政治保护。可见鳌拜并不是一个十分出色的政治家，根基并不是特别稳妥的情况下也敢挑战这个不甘趋于人下的少年天子。就在鳌拜整天沉迷于权势旋涡中时，他根本就不会知道康熙时时刻刻都在想着如何推翻他这个辅政大臣，尽早让自己亲政，如何夺回原本就属于自己的权力，如何能够亲自掌握整个国家。给康熙又加了一把油的是，满洲贵族中鳌拜一代已经老去、逝去，新的一代已经形成，他们对鳌拜曾经辉煌的战绩毫无印象，只是对他的专横跋扈记忆犹新，也就是新生的这一代，成了年轻皇帝的心腹和可倚重的力量。

让康熙坚决下定决心除去鳌拜的是自己身边的一些侍卫。

这些整天跟在皇帝身边的侍卫，对鳌拜的惧怕甚至大过了对皇上权威的惧怕；也有侍卫对鳌拜崇拜得无以复加，甚至还有人追捧鳌拜为"圣人"。显然，怕鳌拜和捧鳌拜的两类人明显都不是无权的康熙能够依靠的了。他只能另起炉灶，训练出一支值得信任、专为自己效忠的禁卫队。当然，这里少不了孝庄太后的推波助澜，他们共同密谋、挑选了一批忠实可靠的年少有力、善扑营、又不能为鳌拜所收买的亲卫队。这时期，索尼已经归顺于康熙，并让自己的儿子索额图亲自统领这些精挑细选出来的少年们，每天在宫中练习布库，伴随着抓蝈蝈、追迷藏，康熙以玩乐的行为麻痹了鳌拜一天又一天，一直到自己有足够的实力能够对付得了鳌拜为止。

这群少年侍卫练习时就算是碰见了鳌拜也并不回避，越是防范敌人就越能引起敌人的疑心。玩闹中带着无比认真地专心练习。鳌拜并没有想到这场游戏其实是为他而准备的，有兴致的时候，身为满族第一"巴图鲁"的他还会亲自示范，指点一二。他只以为康熙年幼无知，天性好玩，心里不免更加得意、坦然，希望康熙再放纵一些，更别说产生提防之心了。

自以为高枕无忧的鳌拜还美滋滋地享用着无人之上的待遇之时，康熙也逐渐地准备好了一切。

康熙与索额图等设下计谋，传鳌拜入宫，趁他不警惕之时用摔跤这个游戏将他拿下。事后看来，康熙赢就赢在了鳌拜的对他的轻视和鳌拜自己的疏忽大意上。这擒拿的过程确实也十分顺利。

1669年6月14日，已经无法无天、目中无人的鳌拜接到传他入宫的圣谕，他还像往常一样坦然单身入宫。只是没有想到，再从宫中出来，将要面对的情景便是天上地上的差别了。康熙隐忍到现在，终于有机会能出口恶气，康熙大声痛斥鳌拜，细数其过去的种种罪状。鳌拜早已看惯了软弱可欺的康熙，不曾料到还有这样凌厉的一面，心中不由一怔，心知不妙。但他毕竟在朝中专横跋扈久了，打心里就没看重这个年轻的皇上，很快又恢复了镇静，和康熙对峙起来。

令他意想不到的是，如今的康熙已经完全没有了平日中的忍耐力，把他平时的罪状通通细数一遍：违背先帝嘱托、结党私营、肆意妄为、残害忠良、欺君罔上、罪大恶极……

鳌拜到了这时才发觉自己可能掉进了圈套，恐怕在劫难逃，心一横，攥紧拳头，向康熙扑去。事先埋伏在暗中的布库群起而攻之，怎能让鳌拜近皇帝的身。鳌拜当年冲锋陷阵，横扫千军如卷席，骑马如入无人之境，哪里会把这几个布库放在心上，岂知这些少年早已经练得武功精湛，又早有准备，一拥而上，将鳌拜掀翻在地，最后一根绳索结束了鳌拜的冉冉气焰。

史籍中的记载

智擒鳌拜，真的是惊心动魄，然而，史籍中的记载却大相径庭。

"康熙八年（1669年），上以鳌拜结党专擅，勿思悛改，下诏数其罪，命议政王等逮治。康亲王杰书等会谳，列上鳌拜大罪三十，在兵部左侍郎潘湖叟黄锡衮的率领下，王弘祚配合黄锡衮密助康熙主政于朝，逮鳌拜有功。王弘祚晋兵部尚书、潘湖叟黄锡衮升东阁大学士兼兵部左侍郎。论大辟，并籍其家，纳穆福亦论死，上亲鞫俱实，诏谓：'效力年久，不忍加诛，但褫职籍没。'纳穆福亦免死，俱予禁锢。鳌拜死禁所，乃释纳穆福。"

《清史稿·鳌拜传》中的这段话压根没提布库之事。而是称，王弘祚配合黄锡衮，将鳌拜绳之以法。不过，同是在《清史稿》中"圣祖本纪一"中却有着不一样的记载："上久悉鳌拜专横乱政，特虑其多力难制，乃选侍卫、拜唐阿年少有力者为扑击之戏。是日，鳌拜入见，即令侍卫等掊而絷之。于是有善扑营之制，以近臣领之。"这段记载是说官吏侍卫和拜唐阿在"布库"游戏中擒扑了鳌拜。同样一本书却出现了前后不一样的记载，到底哪一个才是符合史实的？不过，关于"布库兵"，在几本文人的书中却有着相同的记载。

"羽林士卒"擒扑说

康熙帝指挥羽林军智擒鳌拜。昭梿《啸亭杂录》记载："数日后，伺鳌拜入见日，召诸羽林士卒入，因面问曰：'汝等皆朕股肱耆旧，然则畏朕欤，抑畏拜也？'众曰：'独畏皇上。'帝因谕鳌拜诸过恶，立命擒之。声色不动而除巨慝，信难能也。"

"选小内监"擒扑说

康熙帝统率小内监戏擒鳌拜。姚元之在《竹叶亭杂记》载述："帝在内，日选小内监强有力者，令之习布库以为戏（布库，国语也，相斗赌力）。鳌拜或入奏事，不之避也。拜更以帝弱且好弄，心益坦然。一日入内，帝令布库擒之，十数小儿立执鳌拜，遂伏诛。"

"亲王子弟"擒扑说

康熙帝统率亲王子弟擒鳌拜。《清史通俗演义》叙述得活龙活现：康熙帝"到慈宁宫内去见太后，泣述鳌拜不法情状。太后女流，无计可施，只用好言抚慰。究竟圣明天子，别有心思，他向各王邸中，选了百名亲王子弟，年纪多与康熙帝仿佛，一班儿练习武艺，研究拳术，将门之子，骨种不同，不到一年，都学得拳术精通，武艺高强，连康熙帝也得了一点本领。于是康熙帝不动声色，先封鳌拜为一等公，歇了数日，单召鳌拜入内议事。鳌拜欣然前往，到了内廷，见康熙帝端坐上面，两旁站立的，便是一班少年贵胄。鳌拜昂着头，走至康熙帝前……"。于是，鳌拜就被擒扑了。

"内侍健童"擒扑说

康熙帝在南斋（后为南书房），召鳌拜入。内侍请鳌拜坐在三条腿椅子上，而以一位内侍在其后扶着椅子。命赐茶，先把茶碗煮于热水，上茶时，鳌拜接茶，茶碗烫手，砰然坠地。靠椅子的内侍乘势一推，鳌拜扑倒在地。康熙帝呼曰："鳌拜大不敬。"健童群起，擒扑鳌拜，交部论罪。这段摘自《南亭笔记》的记载，透露了一个细节，就是康熙帝擒扑鳌拜在内廷的书斋里，即后来的南书房。但有学者指出，这种"三条腿椅子"的说法纯属讹传。

可见，康熙帝这支"布库兵"是真实存在过的，各书记载相同，鳌拜应该是被"布库兵"所擒，不过各书记载的"布库兵"的成分却不同，是羽林军、是宫内太监、是亲王子弟，还是宫廷侍卫与拜唐阿，已经很难考证。但分析起来：其一，清朝没有羽林军；其二，清朝不许太监习武；其三，不会组织亲王子弟。那么，《清史稿·圣祖本纪》记载的由宫廷侍卫和拜唐阿组成的"布库兵"，趁鳌拜受召，独入内廷，毫无戒备，加以擒扑，既合乎情理，也比较可信。

康熙帝驾崩之说

圣祖之死

康熙六十一年十一月十三日晚，69 岁的康熙皇帝在畅春园龙驭宾天。

十一月戊子，上不豫，还驻畅春园。甲午，上大渐，日加戌，上崩，年六十九，即夕移入大内发丧。

——《清圣祖实录》

然而，这几句看似平淡的话背后，却隐藏着一桩波谲云诡的历史疑案。自康熙四十七年起，皇太子初次被废，继而九子夺嫡，宫廷之中暗流涌动。最终，号称"天下第一闲人"的四阿哥雍亲王胤禛脱颖而出，几乎是出乎所有人的意料登上大宝。自此之后，关于雍正帝皇位来路不正的说法层出不穷，而围绕着这一中心论点，又生发出无数雍正为达成目的不择手段的议论。甚至连康熙之死也因此未能盖棺论定，反而引出了关于雍正是否弑父夺位的争论。

这种争论的产生要从康熙的病情说起。

康熙大帝一生奔波劳碌，从8岁懵懵懂懂被推上皇位开始，诛鳌拜，平三藩，收台湾于南海，退沙俄于东北，一生文韬武略。到了五十而知天命的年纪，康熙帝本以为四海初平，霸业初定，于是六下江南，享享清福。谁料祸起于萧墙之内，不争气的太子胤礽废而复立，立而复废，从此储位虚悬，引发九子夺嫡，宫廷之内刀光剑影，血雨腥风。儒家有修齐治平之说，可叹康熙大帝，空有治国平天下的雄才大略，却短于齐家，不得已与诸皇子斗智斗勇，难免心情郁闷，元气大丧，疾病缠身。

这一点在《清圣祖实录》有明确的记载。康熙四十七年冬天之后，他的健康状况就每况愈下了。具体症状有心悸、眩晕、腿脚水肿，"手颤头摇"，另外似乎还有中风偏瘫的迹象：右手也不听使唤了。

康熙变成这个样子，完全可以理解，他深深地担心自己那些为了皇位争得头破血流、杀红了眼睛的儿子，更担心他们会把方兴未艾的大清王朝搞得一塌糊涂。他曾经不无悲哀地说："日后朕躬考终，必至将朕置乾清宫内，尔等束甲相争耳！"

此后的十几年中，康熙一直忍受着各种慢性疾病的折磨，拖着病体夙兴夜寐地处理政务军务。到康熙六十一年冬，康熙帝在南苑行猎时，出现了大风降温天气。俗话说得好，来时风火去时病。年届古稀的康熙帝受寒病倒，出现了疑似肺炎的症状。病情来势凶猛，康熙帝迅即返回畅春园静养，经过两天的调理，病情似乎有所好转。然而就在一天之后，即康熙六十一年十一月十三日，康熙帝猝然离世。

弑父传闻

那么在康熙皇帝生命最后几天这个紧要的关头，未来的雍正皇帝，当时的雍亲王四阿哥胤禛在做什么？

根据史料记载，在这期间，康熙皇帝命他做了一件似乎意义极为重大的事情：赴天坛代行祀天大典。

古人云："国之大事，惟祀与戎。"从代行祀天大典一事中，似乎可一窥康熙皇帝对这个四儿子是颇为信任的；然而，当时仍然有另一位负责"戎"的大将军王十四阿哥胤禵在西宁出兵走马与罗卜藏丹增斗得不亦乐乎。因此似乎也不能简单断定康熙皇帝圣心已然默定。

值得注意的是，康熙皇帝在驾崩的当天，在病榻上曾经三次召见雍亲王入宫问安。据《清圣祖仁皇帝实录》记载："皇四子胤禛闻召驰至。已刻，趋进寝宫。上告以病势日臻之故。是日，皇四子胤禛三次进见问安。"

从这段记载看来，这一天康熙帝的病情似乎趋于稳定，健康状况一度好转，而雍亲王也颇为尽孝，看上去似乎其乐融融，父慈子孝，一副风平浪静的模样。

但是傍晚时分，大变陡生。皇宫内苑传来凄厉的呼号之声，人们来来往往都神色惊惶，似有不安之状。士兵们严加戒备，举止慌乱，如临大敌。

当时在中国传教，任职于清廷的意大利传教士马国贤在其回忆录中有如下的文字：

1722年12月20日，在我们居住的国舅别墅中吃过晚餐，我正与安吉洛神甫聊天。突然，仿佛是从畅春园内，传来阵阵嘈杂声音，低沉混乱，不同寻常。基于对国情民风的了解，我立即锁上房门，告诉同伴：出现这种情况，或是皇帝死了，否则便是京城发生了叛乱。为了摸清叛乱的原因，我登上住所墙头，惊讶地看到，无数骑兵在往四面八方狂奔，相互之间并不说话。

观察一段时间后，我终于听到步行的人们说，康熙皇帝死了。我随后被告知，当御医们宣布无法救治时，他指定第四子雍正作为继承人。雍正立即实施统治，人们无不服从。这位新帝首先关心的事情之一，是给他死去的父亲穿衣。当夜，他骑马而行，兄弟、孩子及戚属们跟随着，在无数佩戴出鞘利剑的士兵护卫下，将其父亲的尸体运回紫禁城。

这并不是正常的情况，然而，无论是当时还是以后的官方文件中都没有提到此种异状。

其实从现代医学的角度来看，康熙皇帝的直接死因，应该是长期的心脑血管疾病在肺炎的刺激下突然发作。对于一个风烛残年的老人来说，此类并发症无疑是致命的。但是，受到当时的医疗水平所限，康熙皇帝的猝死，显得极其神秘，难免会议论纷纷，再加上畅春园周边不寻常的景象，雍正用不正当手段弑父夺权的传闻自然不胫而走。

在雍正七年的曾静谋反案中，曾静曾经招供说，他听说"圣祖皇帝畅春园病重，皇上进一碗人参汤，圣祖就驾崩了"。

当时，民间对这一事件众说纷纭，曾静的说法仅是其中的一种而已，另外有一种流行的说法则是这样的：

胤禛遂以一人入畅春园侍疾，而尽屏诸昆季，不许入内。时玄烨已昏迷矣。有顷，忽清醒，见胤禛一人在侧，询之。知被卖，乃大怒，投枕击之，不中，胤禛即跪而谢罪。未几，遂宣言玄烨死矣。胤禛袭位，改元雍正。以后凡宫中文牍，遇数目字，饬必大写，亦其絜矩之一端也。

这种说法见于晚清时革命党人的著作中，彼时反清兴汉之思潮甚浓，因此这故事只能是聊备一格，不能过于当真。而有趣的是，在这个故事的有些版本中，康熙砸向雍亲王的并不是枕头，而是手上的玉佛珠；而雍亲王则将计就计，将玉佛珠说成是康熙传位于自己的证明。

总之，雍正弑父的说法越传越烈。尽管雍正对这一指控矢口否认，但他即位以后的种种行为却让人疑窦丛生，简直是在用实际行动向世人证明他弑父的合理性。

雍正辟谣之中的疑点

雍正在即位后曾经多次在不同场合提到先帝爷对自己的慈爱之情和培育之恩，甚至不无自豪地声称自己是康熙最看好的儿子，在他的描述中，他和康熙之间父慈子孝，关系至为亲密。然而，在实际行动中他却似乎处心积虑地要处处避开康熙曾经工作生活过的地方。无论是远离康熙所住的畅春园而另起圆明园，还是驾崩后葬于清西陵，都是如此。笃信佛教的雍正是一个相信怪力乱神的人，因此，他的这些举动似乎可以有一种解释，就是他自感对不起康熙皇帝。

另外，雍正在即位之后对亲信和亲戚的处理，难免让人有兔死狗烹之感。年羹尧和隆科多都是其股肱之臣，在野史和民间传说中，亦是帮助雍正在皇位争夺中胜出的重要人物，然而均被雍正罢职削官，甚至处死；而雍正的骨肉凉薄也是出了名的。康熙驾崩后留下的十几个成年皇子在雍正治下动辄得罪，特别是曾经参与皇位争夺的几位阿哥更是不得好死，这甚至涉及了雍正的亲弟弟和子息。更有甚者，民间甚至流传着雍正其母被其所逼撞柱而死的传闻。

总之，康熙就这么驾崩了，雍正在重重迷雾中走来，登上了大清帝国的皇位。

第五章

勤政皇帝——雍正

雍正帝继位之谜

改诏篡位说版本众多

认为雍正帝是改诏篡位的人很多，并且说法也各有不同。有人说，康熙帝在弥留之际，留下遗诏："传位十四子"，交给国舅隆科多。而执掌当时京城兵权的隆科多，正是胤禛的心腹，二人勾结，将"十"字改为"于"字，于是，遗诏成了"传位于四子"，胤禛顺利当上了皇帝。还有人说，康熙帝在畅春园病重时，胤禛献上了一碗人参汤，他喝了以后就归天了，然后他和隆科多勾结，伪造遗诏顺利继位。也有人说，康熙帝晚年已决定将皇位传给十四子胤禵。康熙帝病重时，传旨急召胤禵返回，但是，这道圣旨被隆科多截留，没能传出去。因此，康熙帝死时，胤禵还远在千里之外的西北，隆科多假传圣旨，立雍正为帝。

除了以上几种说法，野史中还有一种传说：康熙帝临终时急召大臣入内，久无人至。后睁眼一看，发现皇四子胤禛立在跟前，康熙帝大怒，抽出枕边的玉如意向胤禛掷去……并不久崩驾。胤禛拿出早已篡改的遗诏，顺利登基。

不管是哪种说法，都认为雍正帝是通过改诏或者捏造诏书而篡夺皇位的。支持这种观点的人认为，雍正帝之所以能够成功，一方面源于隆科多掌握着京城兵权和宫廷禁卫军，康熙帝驾崩后，立即把京城中诸皇子监视了起来，控制了京城局面；另一方面，当时康熙帝准备传位的皇十四子胤禵还远在西北边疆，受到了手握重兵的四川总督、胤禛的另一死党年羹尧的牵制，无法兴师反击。而隆科多是雍正帝的亲舅舅；年羹尧则是雍正帝的妻兄，他们帮助雍正帝完全在情理之中。

当然这只是野史所言，史书上对雍正帝的继位则是这样记载的：康熙帝临终，召诸皇子及文武大臣，宣布"皇四子人品贵重，深肖朕躬，著继朕登基，即皇帝位"。持雍正帝改诏篡位说的学者普遍认为正史上的记载，全系伪造，并不可信。有关学者还通过研究，列举了一系列雍正帝即位的可疑之处，作为自己的论据。

从有关史料看，康熙帝对胤禛并不十分看好，几乎从没有派他做过什么大事。康熙帝生前甚至对他喜怒不定、遇事急躁的缺点十分反感。虽然他后来说佛谈道，戒急用忍有所改正，但是爱民如子的康熙帝仍会考虑是否把一个国家托付给一个"喜怒无常"的人。而康熙五十四年，重新崛起的蒙古准噶尔部进兵西藏，威胁甘、北、滇等西北、西南大片领土时，康熙帝派胤禵出任抚远大将军，统筹西北事务，明显表现已经心仪由胤禵为继承人。胤禵出征西北，直到康熙帝病逝，都仍是朝中一等一的大事。可是《清实录》中对此记载极少，这很让人怀疑是雍正帝继位后，大量删除康熙帝时记录的结果。即便如此，仍能从中看出康熙帝让胤禵担任如此要职，确实含有提高他在群臣中威望的意思。甚至在战事后期，康熙帝病情加重，曾指示胤禵通过和谈暂时休战，迅速返京，但和谈尚未结束，康熙帝突然驾崩，给雍正帝制造了机会。从朝中大臣和诸王子的反映来看，也都倾向于皇十四子继位，这至少也代表了部分人心所向。

《清圣祖仁皇帝实录》中记载康熙帝临终的当天，"皇四子胤禛闻召驰至。巳刻（早上九点到十一点），渐进寝宫。上告以病势日臻之故。是日，皇四子三次进见问安"。这段记载，说明康熙帝当时还十分清醒，一天内曾三次召见了胤禛。如果这些事实为真，恰恰证明康熙帝并无意传位于他，否则为什么三次见面都没当面告诉由他继承大统呢？其中正史还记载，康熙帝在临终的当天（十三日），寅刻（夜里三点钟到五点钟），召皇三子、皇七子、皇八子、皇九子、皇十子、皇十二子、皇十三子共七位阿哥和理藩院尚书隆科多进宫,向他们宣谕:"皇四子胤禛,人品贵重,深肖朕躬,必能克承大统,著继朕登基,即皇帝位。"这难免让人疑问,这么重要的事情,为什么却不告诉皇位继承人本人呢?再说,如果真有其事,诸位皇子还至于在得知雍正帝继位后,个个失态,吃惊不已吗?还至于雍正帝自己出来写什么《大义觉迷录》为自己的继位辩护吗?所以这些记载,很可能根本就是无中生有的谎话,是雍正帝继位后编造出来的。

还有一个疑问,康熙帝病逝后为什么由隆科多单独向胤禛宣布遗诏?并且这么重要的遗旨,在宣布时为什么不召集王公大臣和其他皇子到场?这种明显的"暗箱操作",怎能不让人怀疑?有的学者就认为:这个康熙帝遗旨是篡改的,是假的。另外"康熙帝遗诏"自然应该在康熙帝去世前就已经定稿并经过康熙帝审定,也自然应该在康熙帝逝世后马上宣读,为什么到十六日才公布?不管怎样解释,都难以自圆其说。还有康熙帝驾崩的噩耗传出后,京城九门关闭6天,诸王非传令旨不得进入大内。这是为什么呢?如果确实有康熙帝遗诏在手,明确指明由皇四子继位,至于如此吗?

其实,野史笔记中的某些说法,也并非全是捕风捉影,无稽之谈。比如皇子的书写格式,在雍正帝以前,都写成四皇子、十四皇子的格式;自雍正帝以后,改为了皇四子、皇十四子,这说明了什么?由此,传说把"传位十四皇子",是完全可以改为"传位于四皇子"的。当时隆科多掌握着禁卫军,完全有可能勾结雍正帝,里应外合篡改诏书,假传圣旨,甚至不排除在康熙帝的饮食中下毒。历史上,秦朝宦官赵高不就成功篡改诏书,拥立胡亥当了皇帝吗?以雍正帝后来对待兄弟的残忍看,这种可能完全存在。

雍正帝对待诸兄弟的残忍,仅以他缺乏宽大之心是解释不通的。联系康熙帝临终时的情景看,很可能康熙帝逝世后,由隆科多出面召诸皇子入畅春园并将他们软禁,随后雍正帝装着不知情的样子从外面匆匆赶来,隆科多宣皇四子入内,宣告篡改的遗诏。由于诸皇子在畅春园受到了隆科多的武力危胁,或者他们发现了雍正帝继位的许多可疑之处,诸皇子怨言四起,表示出强烈的不满或者不服。正因此，雍正帝才痛下杀手，对诸兄弟残酷地杀害或者监禁，借以杀人灭口。

年羹尧、隆科多与雍正帝的关系也颇多可疑之处。从史料上看，雍正帝继位后，隆、年二人位置极尊，权力很多，当时任官有"隆选""年选"便是由隆、年二人任命。由此，可以看出雍正帝与这二人关系之密切。年羹尧早期在致胤禛的一封信中写道："今日之不负圣上，他日不负王爷。"这证明他早就是胤禛的死党，并且把康熙帝和仅仅还是雍亲王的胤禛并列，完全可以看出二人非同寻常的关系。雍正帝登基时，胤禵不敢轻举妄动，是认真考虑了年氏手下大军的牵制作用的。但是随着雍正帝皇位的巩固，这两个可能知道雍正帝夺位内幕的权臣，渐渐为雍正帝所不能容。隆科多后来陆续将家产转移到亲朋家中，以防雍正帝抄家，他还说过这样一句话："白帝城受命之日，即是死期已至之时。"似乎对自己的命运有所预感。不出所料，后来果被雍正帝宣布41条大罪，投入监狱致死。年羹尧也被雍正帝找借口杀掉了。

雍正帝死后不埋在顺治帝和康熙帝所在的清东陵，而是埋在清西陵也颇值得玩味。雍正帝为什么要另辟葬地呢？有人认为雍正帝之所以不"子随父葬"，是自觉得位不正，不愿意、也没脸面与地下的皇父相见，因此才另建了清西陵。

经过清史专家王钟翰等通过比较存世的几份满文和汉文诏书，进一步确定《康熙帝遗诏》是参照康熙五十四年（1715年）十一月二十一日谕旨加以修改而成的。康熙帝曾说过："此谕已备十年，若有遗诏，无非此言。"因而这份诏书可能确实为伪造。

但是，也有不少史学家提出了针锋相对的观点，认为康熙帝确实遗诏雍正帝继位，雍正帝继位名正言顺，并且将他的诸多恶名一一昭雪，彻底为雍正帝平反。

遗诏继位说

后世还有相当一部分人认为雍正帝本来就是康熙帝心仪的皇位继承人，

是遵遗诏即位的，根本不应该对此有什么疑问。

这样的结论是从康熙帝最后十年的有关情况分析中得出的。在康熙帝的诸位皇子中，前太子胤礽被废黜后，最有实力角逐皇位继承人的主要还有皇长子胤禔、皇四子胤禛、皇八子胤禩和皇十四子胤禵。其中胤禔在太子第一次被废后，曾竭力谋取储位，遭到康熙帝的严厉斥责，随后又发现他用厌胜术诅咒太子，甚至建议康熙帝杀掉胤礽，康熙帝对其彻底失望，下令将他永远囚禁。他由此失去了角逐皇位的机会。八子胤禩，聪明能干，有胆有识，党羽广布，在当时确实有成为继承人的可能。但是，操之过急的他，曾发动群臣在皇父面前举荐自己，从而弄巧成拙，引起了康熙帝的震惊和不满。其后，康熙帝知道胤禩也有谋杀太子的意图，斥责他"自幼心高阴险"，不守本分，"妄蓄大志"，不讲臣弟之道，甚至说他"想杀二阿哥（胤礽）未必不想杀朕"。这说明康熙帝对他已经感到恐怖和反感，他的爵位也一度被革除，争夺帝位已经无望。

皇十四子胤禵为胤禛同母弟，在康熙帝晚年，他的地位提升极快，在震抚西北动乱中，他出任抚远大将军，确实成为满朝瞩目的人物，也使他成为一个可以和胤禛匹敌的可能皇位候选人。但是，令人生疑的是，如果说康熙五十七年让胤禵到西北指挥对准噶尔的战斗，是为了让他建功立业，树立威信，那么为什么康熙六十年将立战功的胤禵召回北京述职后，第二年在自己体弱多病的情况下，又让他重返前线，这显然表明皇位不是要传给胤禵的，否则，以康熙帝之英明，怎么会料不到一旦自己驾崩，不管留下多长时间的权力真空，都有可能引发争夺帝位的内乱。所以，康熙帝器重皇十四子不假，要传位于他未必是真。

在这些人逐一被排除后，最有可能成为皇位继承人的便是胤禛。不管别人如何评价，雍正帝为了谋取皇位韬光养晦也好，费尽心机地表现也好，毕竟他确实赢得了康熙帝的称誉。他根据心腹戴铎的建议：适当展露才华，而又克制内敛，不露锋芒，以免引起皇父猜忌。并且友爱兄弟，"不拉帮""不结派"，对诸兄弟一视同仁。另外，他紧紧围绕"诚孝"皇父大做文章，如诸皇子为争夺皇位大打出手，磨刀霍霍时，他置身事外，一味表现出对皇父的"诚"和"孝"，如太子初次被废，康熙帝大病一场，他入内奏请太医并亲自监视药方，服侍皇父吃药治疗，并劝慰父皇。康熙帝后来就传谕表扬他："当初拘禁胤礽时，并没有一个人替他说话，只有四阿哥深知大义，多次在我面前为胤礽保奏，像这样的心地和行事，才是能做大事的人。"并说："四阿哥体察朕意，爱朕之心，殷勤诚恳，可谓诚孝。"再者，对于皇父交给自己的差事，他总是一丝不苟、兢兢业业地做好，并且做事雷厉风行，奖惩分明，严猛相济，效率极高。

这种鲜明的做事风格，对于校正康熙帝晚年政务废弛、积弊丛生的政治、经济局面是十分必要的。主张宽仁的康熙帝，在晚年选择严猛施政的雍正帝，正体现了一个明智的政治家的选择。最后，针对一次康熙帝提起他"喜怒不定"、遇事急躁的缺点，雍正帝很早就开始注意纠正，甚至通过谈佛论道，一心向佛的表现来证明自己。

康熙四十一年，当康熙帝旧事重提时，他央求皇父说："经父皇教诲已经改正，现在我已经30多岁了，请父皇开恩将谕旨中'喜怒不定'四字不要记载了吧。"康熙帝于是同意，因谕："此语不必记载！"由此雍正帝十分完美地在父皇面前回避了自己的弱点，彰显了自己的长处。康熙帝给雍正帝王爵赐号"雍亲王"中的"雍"字，含义极为丰富，大约就有和睦之意。雍正帝的治国之才，不结党、诚孝、有能力，完全符合康熙的太子标准，是诸王子中最有资格继承大统的。

康熙帝晚年，对胤禛的信任和器重与日剧增，生病期间，多次派他到天坛代行祭天大典，要知道康熙帝对祭祀，特别是祭天是十分重视的，历来视为国之大事，在身体允许的情况下，断不会委托他人。从派胤禛代替自己主持祭天，就足以看出对他的认可和信任。

另外，康熙帝作为一个多子多孙的皇帝，在众多的孙子中，最为宠爱胤禛的儿子弘历（即后来的乾隆帝）。据说，他晚年每次围猎都要带上这位聪明伶俐的孙儿。康熙六十一年，康熙帝见到弘历的生母，连连称她是"有福之人"。虽然说以康熙帝之英明，不可能仅仅因为想传位给心爱的孙子，而选择孩子的父亲为皇位继承人，但是至少可以说这也是促成雍正帝继位的有利因素。

至于雍正帝进献人参汤毒死了康熙帝，也是齐东野语之论。首先，康熙帝防人的警惕性很高。皇太子首次被废黜，就源于他在帐篷的缝隙里偷看康熙帝的动静，被康熙帝发现，认为有谋害自己的企图。此后康熙帝更是加强了自我保护，怎么可能让皇子随便害自己。其次，有资料证明，康熙帝认为北方人的身体，不适宜吃人参，并在多种场合说过这种话，胤禛作为善于猜测父皇之心的皇子，怎能不知道这一点。最后，按照清廷制度，皇子不能随意进宫，更不能进出皇上寝宫。即使被宣诏进入寝宫，也有太监在旁边，所以胤禛谋害父皇的可能性极小。

野史中说雍正帝勾结隆科多把康熙帝"传位十四子"的遗嘱，改成了"传位于四子"的说法，也是不大可能的。当时的繁体字的"于"写作"於"，"十"字很难改成"於"字。并且在清代，皇帝发布的官方文书都是满、汉文合璧，即使汉文的"十"字可以改成"于"，满文怎么改？况且，康熙帝病重诸皇子肯定都十分关注，甚至相对于远在天坛斋所的雍正帝来说，他们得到康熙帝驾崩的消息可能更早。事实上，等雍正帝赶到畅春园时，诸多皇子都已经赶到，他们不可能给时间让雍正帝和隆科多密谋并篡改诏书。再说，隆科多也是胤禩的舅舅，他不至于为雍正帝夺得皇位而冒险把"十"改成"于"，倒可能是受到康熙帝的临终嘱托，出来辅佐胤禛的。所以，说雍正帝勾结隆科多篡改遗诏的说法是站不住脚的。

《清圣祖仁皇帝实录》中明确记载，康熙帝临终前召见了6位皇子和隆科多等人，宣谕："皇四子胤禛，人品贵重，深肖朕躬，必能克承大统，著继朕登基，即皇帝位"应该是真实的。虽然有人说这是伪造的，但是也只是一种说法，并没有强有力的证据可以肯定它确实是不可信的。据说，康熙帝召见几个皇子的同时，下旨让雍正帝从天坛赶到康熙帝寝宫，显然是要把皇位交给他。另外，在皇子们还在世时，雍正帝不可能编造康熙帝召见皇子们的事，否则不一下子就被揭穿了吗？可至今也还没发现有人揭发他的档案材料。

至于康熙帝驾崩后关闭京城九门6天，也可能是因为以一纸遗诏继位不符合清朝的惯例，为了避免引起内部混乱和恐慌，才做出如此决定的。之所以遗诏没有在当天宣读也可能事出有因，但并不能以此作为雍正帝篡位的证据。

许多野史传说认为，雍正帝即位后杀兄屠弟的凶德恶行，正是出于掩盖篡位劣迹的考虑，这似乎也有待商榷。首先，皇长子胤禔、废太子胤礽都是在康熙帝的时候已经被囚禁了，雍正帝只是遵循康熙帝生前的谕旨办理。对于胤礽，雍正帝对他还是不错的，登基的时候就封他的儿子弘皙为郡王，允许他到康熙帝灵前哭祭。还派人给胤礽送去衣食和医药，令其大为感动。其次，雍正帝对皇八子胤禩、皇九子胤禟以及自己的同母弟皇十四子胤禵确实十分残酷，雍正帝之所以留下残害手足的恶名也并非冤枉。不过细细分析，这也是由多种原因造成的。这三个皇子在当时党羽广布，势力都很大，对雍正帝这位新君极不尊重。胤禩向朝臣亲友散布对雍正帝继位的置疑和不信任，公开说雍正帝会杀他，与新君对立的态度明显；胤禟的母亲宜妃不顾礼节，在雍正帝生母德妃之前跑进康熙帝灵堂，全然不把雍正帝放在眼里；胤禵对雍正帝继位更是大为不满，行为放肆，以至连胤禩都提醒他收敛点。在这种背景下，雍正帝显然敏感地意识到了他们对自己皇权的威胁，因此才相继对他们罗织罪名，囚禁或者杀害。

这也是对诸皇子多年来储位之争的总清算，再说这种骨肉相残可以上溯到清太祖时期，也并非雍正帝首开先河。

当然，雍正帝对胤禩、胤禟罗织重重罪名，又分别逼他们改叫"阿其那"（满语是狗的意思）和"塞思黑"（满语是猪的意思）的侮辱性名字，确实彰显了雍正帝的残暴、狭隘以及缺少宽容。但不管哪位皇子继位，出于对自己皇位的考虑，可能都会如此。因此，把雍正帝的凶德恶行归咎于他为了掩盖篡位之实，无疑也有"先验论"的嫌疑。

雍正帝杀掉隆科多和年羹尧是为了消灭篡位的活口，也只是一种推测的说法。其实，前面已经有所分析，隆科多与雍正帝合谋篡改遗诏的可能性极小，他的功劳主要也就是口传遗命，帮助雍正帝顺利登基，并在初期保护了雍正帝的安全。年羹尧虽然为雍正帝旧人，但关系也并非像传说的那样密切。至于说年羹尧在川陕总督任上，钳制了抚远将军胤禵，也并非事实。因为，胤禵离京千里，起初根本不知京中变故（因为隆科多在局面稳定以前，曾封锁京城，不准出入），后奉旨进京，当然不会发生兵变。雍正帝起初与这二人关系密切，完全是出于对权臣的笼络，并非传说的他们在篡位中立了大功。后来，年羹尧平定青海之后，持功自傲，骄横跋扈，在军队中竖立起了自己的绝对权威。他的举动让雍正帝起了疑心，这才是他在雍正二年被杀的直接原因。而隆科多则是众大臣共同揭发了 40 多条大罪，被软禁而死的，并非雍正帝故意杀他的。所以，这二人的死，并不能作为雍正帝篡位的证据。

至于把雍正帝没有遵循"子随父葬"的习俗，作为篡位旁证也是牵强附会的。比如皇太极的昭陵是在沈阳，而顺治死后就没有与他一起葬在昭陵；虽然雍正帝的墓在清西陵，其子乾隆帝的墓却在清东陵。况且如果雍正帝因篡位死后无颜见康熙帝，那他也不敢进太庙才对，因为太庙是皇帝祭祖的地方，那里供奉着清朝历代先帝的灵位，按当时迷信说法，在那里雍正帝不是还能见到康熙帝和他的祖先吗？

因此，通过以上分析，雍正帝继位合情合理，名正言顺。之所以后来会闹得满城风雨，除康熙帝未立太子以及以一纸遗诏继位不合传统外，可能还源于那些争夺皇位失败的皇子以及余党在社会上广布谣言，对雍正帝继位提出诸多质疑，从而使雍正帝非法继位的传言越来越多，真假莫辨。

当然雍正帝对诸兄弟的迫害以及杀害功臣的举动，使他的形象极为不好，这也促使了许多人倾向于雍正帝改诏篡位的说法。当然，这也只是一种说法而已。

无诏夺位说

说雍正帝改诏篡位，有许多矛盾无法解释清楚，难以自圆其说；说他奉诏继位，也没有真正有力的证据，并且漏洞百出。事实上，如果康熙帝真有遗诏传世，断不会弄得谣言四起，众说纷纭，诸皇子也不至于表现出如此不满的情绪。所谓的"康熙帝遗诏"很可能是后来伪造的。而雍正帝改诏通过上面分析可能性极小，并且很可能根本就没有遗诏，改什么呢？所以，康熙帝究竟是心仪皇四子还是皇十四子也不是问题的关键，也许他根本就没有想到自己会突然死去，也就根本没有明确表态由谁继位。在这种情况下，雍正帝凭着自身的优势，在隆科多这个关键人物的帮助下，抢得了皇位。由此，既不能说是雍正帝改诏篡位，也不能说是他奉诏继位，只能说在这场前前后后长达40余年的皇位争夺战中，他凭着自己的阴险狡诈（或者说智慧），取得了最后的胜利，并通过自己严酷的手段巩固了这份胜利。这种观点调和了前两种观点，似乎也有道理。

至于雍正帝继位的真实历史内幕恐怕很难说得清楚，如果是改诏篡位，作为胜利者的雍正帝，自然会销毁所有可能的证据；如果是正常继位，为何自他继位起，民间就开始广泛流传如此众多的非法继位的种种传说呢？他继位前后的一系列异常之举，也确实令人生疑。也正因此，雍正帝继位至今仍是难有定论的历史悬案，更是清朝历史上最耐人寻味、最扑朔迷离的难解之谜。

时至今日，这一历史疑案不但是史学界激烈争论的历史问题，更成为文艺界争相炒作的好题目。

从未踏出过北京城的雍正

史上最忙碌的皇帝

现存的雍正朝奏折共有41600余件，其中汉文奏折35000余件，满文6600余件。以他在位12年又8个月计算，平均每天批阅奏折约10件。除了奏折以外，还有六部及各省的大量题本，据估算统计，雍正朝共处置此类题本192000余件，每天平均处置40件以上。雍正对于这些奏折和题本并非看毕就算，而是要亲笔书写朱批，提出自己的意见和看法。有的朱批竟有数千字之多。除此之外，雍正还要处理各种军国政务，官吏任免、人民生活、农业工商等，雍正都要亲自过问，而且以他多疑、敏感的个性又不会找人代劳，只有烦累自己。这些完全可以说明雍正的工作量有多大。

平心而论，如果拨开围绕在雍正身边的层层历史疑云，将雍正作为一名政治家来看待，那么他绝对是配得上"伟大"二字。雍正自称"以勤治天下"，这绝非自夸之言。他于 45 岁的年龄登上皇位，正是年富力强之时，既有精力和魄力，又有资历和经验，而且雍正为人坚毅谨慎，做事果断利落，可以说具有优秀政治家的一切素质。

雍正的勤奋，可以用"朝乾夕惕，宵衣旰食，夙兴夜寐，夜以继日"来形容。这样的工作态度不要说皇帝，就是普通人也很难做到。而且，皇帝的事情是没有人督促的，做与不做全凭自觉，雍正不是一天这样做，他这样做了 13 年，坚持不懈，这就是他的可贵之处。

康熙末年，由于太平盛世，盛平已久，又兼之康熙以宽仁治国，导致吏治松弛，文恬武嬉，贪污腐败之风甚嚣尘上；国库常年亏损，边境战事频频，积累了大量社会矛盾。在"盛世"的一潭死水之下，隐藏着的是隐隐流动，对清朝统治构成威胁的潜流。雍正登上皇位时，面对的就是这样一副局面，应该说，压在他肩上的担子是十分沉重的。

整顿吏治、财政

在这种情况下，雍正帝以整顿吏治为切入点，清理国库亏空。雍正刚刚即位时，由于康熙晚年管理不利，官员贪污腐败，国库亏空多达 800 万两白银。雍正元年（1723 年）正月，雍正以迅雷不及掩耳之势，电光石火般连续颁布 11 道谕旨，严厉警告各级文武官员：

"不许暗通贿赂，私受请托；不许库钱亏空，私纳苞苴；不许虚名冒饷，侵渔贪婪；不许纳贿财货，戕人之罪；不许克扣运费，馈遗纳贿；不许多方勒索，病官病民；不许恣意枉法，恃才多事。"

这些谕旨，层层下发，中央查地方、后任查前任，就连老百姓也被牵涉进来，雍正告诉他们，谁也不许借钱给地方官员抵挡亏空，如此强大的力量和周全的措施，古未有之。为了切实推行政策，雍正又设立会考府，负责国库的审计并对其收支情况进行整顿。

在雍正的严厉打击之下，不少官吏因亏欠国库银两被革职抄家，甚至方面大员，皇亲国戚也绝不例外，例如曹雪芹的父亲江宁织造曹頫，以及和他有亲眷关系的苏州织造李煦均因此获罪。如此大规模，强力度的清欠工程收到了很好的效果。

《清史稿·食货志》曾记载："雍正初，整理财政，收入颇增。"乾隆时史学家章学诚也指出："我宪皇帝（雍正）澄清吏治，裁革陋规，整饬官方，惩治贪墨，实为千载一时。彼时居官，大法小廉，殆成风俗，贪冒之徒，莫不望风革面"。

到雍正末年，国库亏欠不仅完全弥补，还有数千万两余银。此外，雍正还创立"耗羡归公"的政策以预防官员腐败。"耗羡"是征税时附加的货币损耗费，这也是官员贪污的一个重要来源。雍正规定耗羡归公就是把征收的这一部分附加税归国库所有，作为"养廉银"，用来奖励清廉的、有政绩的官员，是吏治的一大进步。

雍正的性格和登上皇位的经历决定了他的执政风格：不会轻易相信任何人，要把权力紧紧抓在自己手里。在这一思路的指引下，在雍正时期，皇权得到了空前的加强。

例如除了六部之外，提升了其他中央政府机构的地位，如理藩院负责少数民族、藩部事务和对外交涉等。翰林院则掌管撰拟祝祭册诰文、编修书籍、经筵日讲及部分科举考试事务等。另外还有管理宫廷事务的内务府和掌管皇族事务的宗人府。内务府的官员主要由宦官（太监）担任。

鉴于明朝宦官专权的教训，清朝的宦官数量减少了很多，管理制度也非常严格，规定太监最高不能过四品，不能结交外臣，不得干预朝政。所有这些机构及其中下级机构的官吏任免均由皇帝一人认定，而且大小官员任命后都要进见皇帝才可上任，体现了清代政权的高度集中。

在地方上则设有直隶、省、东北、边疆少数民族、八旗等行政机构。省以下为府、县。省级最高长官为总督、巡抚，总督辖多省，一般不超过三个，巡抚只辖一省。总督、巡抚互不统属，前者管军事、后者管民事。省级行政机构还设布政司、按察史，主管民政、财政和刑事等。

此外，传统社会，土地和人丁分开纳税，土地称税，人丁称赋。赋对于多讲究多子多福的农民来说，是一笔颇为沉重的负担。因此历朝历代百姓为了逃赋，时常瞒报人口。康熙五十年（1711年），针对人口增多的情况，谕旨宣布"盛世滋生人丁，永不加赋"。将赋作为一笔固定的收入。雍正即位后，彻底取消了人头税，改为摊丁入亩，即将人丁税摊入地亩，地多者多纳，地少者少纳，无地者不纳。从而在法律层面上彻底取消了赋的征收，使大量没有土地的贫农获得了实际利益，减轻了他们的负担。不过，这一政策却也刺激了人口的急速增长。乾隆年间，清朝人口已达3亿人，道光年间又突破4亿人口大关。大量人口加重了社会负担，为盛世的衰落埋下了伏笔。

废除贱籍的举措

雍正为百姓做的另外一件大事是废除了贱籍。这种制度是从宋朝流传下来的，分军籍、民籍和贱籍，民籍是士农工商。贱籍则是在士农工商"四民"之外的户口，不得从事其他行业，更不能读书科举，并且世代相传不得变更。"贱民"社会地位极低，"丑秽不堪，辱贱已极"，为时人所轻视。究其源流，大多是从事特殊行业者，进而相沿成习，例如福建、两广沿海沿江一带的渔民，不事农桑，以捕鱼养鸭为业，生活漂泊无常，吃住都在船上，被禁止上岸居住。

又有苏州府的丐户，世代成群结队的行乞，首领称为团头，类似小说家言的"丐帮"。此外还有历史上被治罪的官员后裔沦为"贱民"的，例如绍兴的"惰民"，据说是宋元时期获罪之人的后代，这些人男性世代捕蛙、卖汤；女性做三姑六婆，贩卖珍珠。

雍正下令取消贱籍，把原来的贱民编入民籍，赋予他们和普通百姓一样的身份，权利和社会地位。取消贱籍，毋庸置疑，无论从观念还是从社会现实来说，这都是一种进步。

总的来说，雍正处在承上启下的关键阶段，康熙晚期已经出现了一些问题，如果他让这些问题继续恶化，清朝的末日也许会来得更早。但是，雍正做得很好。有人说，是因为雍正继位后，很多人不服气。他是为了向别人证明自己是有资格做这个皇帝的，所以才如此努力。或许有这方面的原因。不过，作为一代帝王来说，雍正为国家、为百姓做了很多实在的事情。他的努力也为后来乾隆的统治打好了基础，使乾隆可以坐享半个多世纪的太平盛世。虽然雍正帝的在位时间比康熙和乾隆要短许多，但是他把有限的时间都用在了治理国家上，使他这短短的 13 年变得无限丰盈。

雍正是吕四娘刺死的吗

暴死圆明园

雍正帝无疑是清朝 260 余年历史上，争议最大、留下疑案最多的皇帝，除了众说纷纭的继位之谜，他的死也同样备受关注。据记载，雍正十三年（1735 年）阴历八月二十三日凌晨，雍正帝突然暴死于圆明园中。雍正帝平时身体十分健康，又不是年老衰亡（年仅 58 岁），怎么突然死亡呢？由于雍正帝残暴多疑的性格，生前对诸兄弟和功臣们的残酷迫害以及难以自圆其说的继位之谜，使他长期以来就形象不佳，最后突然暴死的结局，引来后人的众多猜测。尤其是到了现代，小说、影视作品中对雍正帝之死的演义和附会愈来愈多，使这一本来就众说纷纭的历史悬案，更加扑朔迷离。

吕四娘的传奇故事

在关于雍正帝之死的各种传说中，以吕四娘刺杀雍正帝的说法流传最广，《清宫十三朝》《清宫遗闻》等书都有记载。

雍正八年，发生了吕留良一案，死难者共达 100 余人，吕留良和他的长子吕葆中虽然已死，仍被开棺戮尸，枭首示众；次子吕毅中被斩首；孙辈男女全部被发配到关外宁古塔为披甲人当奴隶；吕留良所著的文集、诗集、日记全部烧毁。此案还株连甚广，吕的学生严鸿逵被凌迟处死，沈在宽被斩首；其他吕氏门生以及刊刻、贩卖、私藏吕氏著作之人，或斩首，或充军发配，或杖责,下场都极为凄惨。

这是雍正朝一起极为残酷的"文字狱",在社会上造成了极恶劣的影响。

就因为这件事,雍正帝死后不久社会上便流传开了雍正帝是被吕留良的孙女吕四娘刺杀的传说。据说,雍正帝大兴文字狱,大肆株连时,吕留良的孙女吕四娘因不在家中,幸免于难。年仅13岁的吕四娘得知家中祖孙三代惨遭杀戮、迫害,义愤填膺。秉性刚强的她咬破手指书"不杀雍正帝,死不瞑目"九字。从此隐姓埋名,潜伏民间,拜师学艺,勤学苦练,练就了一身奇高的剑术,成为当时有名的女侠。

雍正十三年八月,吕四娘乔装打扮,混入宫内。此后,她找到合适的机会,乘机砍掉了雍正帝的脑袋。雍正帝被杀后,清廷为了掩盖事实真相,制造了雍正帝病死的假象,因雍正帝头被吕四娘带走,清廷秘密造了一颗金头下葬。

鱼娘协助吕四娘

与这一传说相近的,还有各种说法。比如,吕四娘的师傅是·僧人,为雍正帝当年的武林十二好友之一,武功盖世,剑术奇高,且有一项秘不外传的绝技。后来因看不惯雍正帝的阴险狡诈,不愿助纣为虐,愤然离去,遁隐山林。哪料,雍正帝深知其手段高超,怕他威胁自己的统治,派出御内高手四处寻找欲置他于死地而后快。最终这些人找到了高僧的藏身之所,并布下层层精兵。高僧见状,哈哈大笑,对雍正帝派来的人说:"我今天死了,你们的主人也不可能逃。一个月后,自然会有人为我报仇,你们等着瞧吧!。"说罢,自刎而死。雍正帝得报后,深知这位昔日好友的厉害,心中不免有点恐慌,遂布置大内高手小心提防。想不到一个月后仍被高僧的得意女弟子吕四娘用飞刀绝技削掉了脑袋;还有传说吕四娘刺杀雍正帝,得到了一个名叫鱼娘的女子的鼎力相助。吕四娘利用朝廷在全国选秀女的机会,以美貌混如宫女之列。一次,她和雍正帝的另一名侍女鱼娘一起侍奉雍正帝寝宿,鱼娘早已看出了吕四娘的用心,便帮她望风,协助四娘刺死了雍正帝。但鱼娘究竟是谁,为何如此却不知。

吕四娘刺死雍正帝的说法,在民间流传极广,随着时间的推移,情节也越来越奇特，各种野史都有记载。近代以来，这一传说更是被拍成了电影、电视剧，情节渲染得惊险刺激、引人入胜。

1981年，考古工作者发掘泰陵雍正帝地宫，虽因故最终未能打开便停止了，但是不久民间却传说雍正帝地宫被打开，雍正帝有尸身没有头的说法。这自然不可信。

不过，历史上是否确有吕四娘其人，雍正帝是否真的被她砍掉了脑袋呢？

查无实据，事出有因

有学者认为这种说法之所以广为流传，却也"事出有因"。首先，雍正八年雍正帝在给自己的亲信大臣、浙江总督李卫的奏折中有这样的批示："近闻有吕氏孤儿漏网之说，此事与卿关系非浅，尚须严为查办。"由此看来，吕氏有孤儿漏网的说法，早在雍正帝在世的时候就已经传入宫中。雍正帝让李卫深入调查，严加查办，看得出他本人也感到了一种深深的隐忧。这无疑成为这种说法的有力佐证。其次，雍正皇帝的猝死确实也有许多异常之处，例如，雍正帝平时身体十分健康，怎么会突然就驾崩了呢？并且据说鄂尔泰是雍正帝临终受命大臣之一，在袁枚为他所撰的《武英殿大学士太傅文端公行略》中，曾有这样一段描绘鄂尔泰驰入紫禁城传雍正帝遗诏的描写："（鄂尔泰）捧着诏书从圆明园赶往紫禁城。深夜无马，只好骑着骡子奔入宫里，宣旨弘历（乾隆）登基。这时，人们很惊讶地发现鄂尔泰左腿鲜血直流，才知道太仓促，被骡子给磨伤了。鄂尔泰竟没有察觉。"这难免让人生疑，如果雍正帝是正常死亡，鄂尔泰何至于如此惊惶？并且，乾隆皇帝在父皇死后的第二天，颁布了一道奇怪的上谕："朕受皇考鞠育……今忽遭大故，龙驭上宾。""忽遭大故"之语是何等语气！这种措词一般不会用来说皇帝死因，用在这里既可理解为暴病而死，也可理解为身遭仇杀，死于非命。由此种种疑点来看，雍正帝之死确实充满蹊跷，为吕四娘所杀的说法也非空穴来风。

皇帝死因何其多

被宫女缢死说

除了说雍正帝是被吕四娘刺杀的之外，民间还流传着几种雍正帝被害的传说。有人说雍正帝是被宫女缢死的。柴萼《梵天庐丛录》中记载：传说雍正九年（1731年），曾有宫女与太监吴首义、霍成合谋，企图用绳索把雍正帝勒死，但未能得逞，后被发现救活。不过，这种说法可能完全是张冠李戴式的误传。明嘉靖帝曾遇到过类似的事件，可能由于嘉靖帝和雍正帝的庙号都是"世宗"，所以才出现了这种附会，而事实上基本不可能有这回事。

曹雪芹下毒说

还有人传说，是曹雪芹和竺香玉合谋毒死雍正帝的。故事是这样的：一直以来，曹雪芹与竺香玉都是两情相悦，《红楼梦》中林黛玉的原型就是竺香玉。可是，在二人未结连理之前，雍正帝抢先霸占了竺香玉。曹雪芹思念竺香玉，就寻机混入了宫中与竺香玉用丹药毒死了雍正帝。毫无疑问，这仅仅是个无稽之谈。

卢氏夫人刺死说

另外，还有人说雍正帝是被湖南的卢氏夫人刺死的。相传，这位夫人的丈夫卢某因谋反被雍正帝所杀，其妻精于剑术，为了给丈夫报仇雪恨，她潜入圆明园刺死雍正帝，然后自刎。这个说法显然是吕四娘刺杀雍正帝的翻版。卢夫人刺死雍正帝显然也是不可能的事情。

总之，野史中关于雍正帝之死还有多种传说，大多都与吕四娘刺杀雍正帝的说法有几分类似。甚至有些小说、野史还把雍正帝描绘成武功高超的人物，说他发明了一种叫"血滴子"的武器，按动机关，数步之外，飞取人头，因而杀人无数。而事实上满族人习武为平常习惯，但雍正帝这方面本事平平，他几乎没有外出围过猎。

雍正如果不是被害而死，又是死于何因呢？

丹药中毒致死的说法

异人贾士芳，从宠臣到罪臣

最早提及雍正帝之死与服食丹药有关的，是清末民初清朝宗室子孙金梁著的《清帝外传》一书，上面曾有"世宗之崩，相传修炼饵丹所致，或出有因"的记载。不少清史专家，正是围绕这一说法进行了充分的论证。据考证，雍正帝在登基之前身体还是相当好的，根本看不到有关生病的记载，这也是他能够在激烈的储位之争中长期准备，最后赢得胜利的基本条件。继承皇位后，雍正帝勤于政务和处理政争，精神和体力必定耗费甚巨。登基之初，他的身体状况尚好，这可从他给大臣们奏折上回复的"朕安""朕躬甚安"等朱批中看出。但自雍正六年以后，随着皇位巩固，政局稳定，他的私生活开始放松，整日沉溺女色，加之年过五十，身体渐渐不好。到了雍正七年（1729年）冬天，他得了一场大病，雍正八年三四月份稍重，五月曾有好转，至六月曾一度病危，甚至连后事都做了安排。不过到了雍正九年夏他的病完全康复。就是在这场大病期间，雍正帝曾向心腹密臣发出谕旨，要他们推荐好医生、道士等。

他在大臣田文镜的一件奏折上曾批道："可留下访问有内外科好医生与深达修身养命之人，或道士，或讲道之儒士、俗家……一面奏闻，一面着人优待送至京城，朕有用处。"后来田文镜很快将"异人"贾士芳送到了北京。雍正帝经过贾的治疗后，颇有效果，后来几乎天天与其见面，听他讲长生不老之术。雍正帝在给鄂尔泰的一封信中，也曾说："朕躬违和，适得异人贾士芳调治有效。"贾士芳俨然成了雍正帝的宠臣，"异能"之士，身价陡增。

然而伴君如伴虎，两个月后雍正帝处死了贾士芳，据清廷档案解密，可能是因为贾士芳能够控制雍正帝的病情，让他能好能坏，贵为天子的雍正帝哪能如此受人摆布，因而借故杀了他。但雍正帝并没有因此失去对道士的信任，甚至更加热烈。贾士芳死后不久，他又召正一派道士娄近垣进宫，娄近垣既提倡修养，也主张炼丹。他小心谨慎侍奉雍正帝，深得雍正帝赏识。这次大病康复，可能多少与这些道士有点关系，此后他更加笃信道家长生不老之术。

他继续密令，地方官员为其推荐名医方士，高价悬赏长生不老之药。他还让川陕总督岳钟琪察访名为狗皮仙的道士，据说此人藏有防衰的秘方。岳报告说，那人类似疯子，又无德行，万不可信，他只好作罢。四川巡抚察访到一位"龚仙人"，据说有长生之术，86岁了还有生育能力，90多岁了还像年轻人一样。雍正帝立即谕令召进宫来，可就在这时，那个龚仙人升天死去了，为此，他感到极为惋惜。不过各地还是送来大批道士，雍正帝都养在宫中。

雍正帝在与道士们打得火热的同时，也开始了大规模的炼丹活动。早在做皇子的时候，雍正帝就对道士们炼的"功兼内外"的仙丹推崇备至，深信可以延年益寿。甚至还作了一首《烧丹》诗，称赞仙丹有"光芒冲斗耀，灵异卫龙蟠"的功效。

愈演愈烈的炼丹活动

雍正帝的炼丹活动愈演愈烈。他专门在皇宫禁苑中开辟场所，并提供炼丹所需的资金、原料、杂役人员配合炼丹活动。雍正八年的《活计档》中记载，他先后命人往圆明园中运入了4000余斤木柴煤炭和大量矿银等物，开始了大规模炼丹活动。经有关学者查证，从雍正九年到十三年（1731~1735年），雍正帝炼丹的记载越来越多。而自雍正八年十一月至雍正十三年八月，在这5年间，雍正帝下旨向圆明园运送炼丹所需物品157次，平均每个月都有两三次。累计算来，共有黑煤192吨，木炭42吨，此外还有大量的铁、铜、铅制器皿，以及矿银、红铜、黑铅、硫黄等矿产品，并有大量的杉木架黄纸牌位、糊黄绢木盘、黄布（绢）桌围、黄布（绢）空单等物件。所有这些物品，都是炼丹的必需之物。

雍正帝《御制文集》中的一些诗句也透露出他对炼丹的着迷和热衷。比如"铅砂和药物，松柏绕云坛""自觉仙胎热，天符降紫鸾"，等等。在圆明园为雍正帝炼丹的道士，主要有张太虚、王定乾等，这些人都会一套"修炼养生"方术，对"炼火之说"更有一番研究。在这期间更没有辜负雍正帝的期望，不断炼出了一炉又一炉的"金丹灵药"。

雍正皇帝沉迷于这些命名为"丹""丸"之类的药物的同时，他也忽略了一件事情，那就是炼丹所用的铅、汞、硫、砷等矿物质都是含有毒素的，对人脑五脏侵害相当大。可能正是这些丹药中的毒素日积月累，渐渐在雍正帝体内积聚、侵蚀，而最终要了他的命。

据《活计档》记载，就在雍正帝死前的八月初九日，总管太监陈久卿、首领太监王守贵一同传话，圆明园二所用牛舌头黑铅200斤。当天，这200斤黑铅便运入园子。黑铅是炼丹常用原料，更是一种有毒金属，过量服食可使人致死。雍正帝就是在服用这种丹药12天后在园内暴亡的。这不能说是偶然的巧合。

乾隆，驱逐炼丹道士的继承者

新皇帝乾隆帝登基后，对宫中炼丹道士的处理也颇有嫌疑之处。首先，雍正帝死后的第二天，乾隆帝就迫不及待地下令驱逐炼丹道士张太虚、王定乾等各归本籍，并要他们对宫中及先帝的一言一行，不准在外谈起，如有违者绝不宽贷。这不禁让人怀疑，如果不是他们惹下了什么弥天大祸，乾隆帝何至于在万事待理之际对这些道士大动肝火，并专门发布一道上谕呢？有人分析，可能因雍正帝死于丹药，乾隆帝迁怒于道士们，但又不能动杀机，因为那样不免有揭父之短的嫌疑，因此，只好将他们驱逐出去。再有，乾隆帝在谕旨中说："皇考（雍正）万岁余暇，闻外间有炉火修炼之说。圣心深知其非，聊欲试观其术，以为游戏消闲之具……圣心观之，如俳优人等耳，未尝听其一言，未曾用其一药。"这无疑是为父皇雍正帝辩解，尤其是"未尝听其一言，未曾用其一药"之说，难免有点不打自招，"此地无银三百两"之嫌。

此事发生后，乾隆帝郑重告诫宫内一干人等不许乱说乱传，以免生出"闲话"让皇太后不高兴。这就让人产生疑问了，"闲话"指的是什么？什么样的闲话会让皇太后不高兴？难道雍正帝真的死于丹药中毒，具体地说就是死于炼丹道士之手吗？

近年来，雍正帝服丹药致死的说法越来越引起史学家的关注和认同。美国学者A.W.恒慕义在20世纪40年代即指出："胤禛相信道教关于长生不老的说法，所以他服用各种各样的药物。正是这些药物，导致他的死亡。"海外学者杨启樵也推断雍正帝是"服饵丹药中毒而亡的"。冯尔康先生认为，雍正帝"死于丹药中毒，此说颇有合于情理处"。杨乃济先生则提出"雍正帝死于丹药中毒说旁证"。并且，随着雍正帝炼丹档案的进一步发掘，人们发现雍正帝的确有服丹致死的可能。不过，这也仅仅是一种推测，并非定论，事实真相是否如此仍有待论证。

第六章

十全皇帝——乾隆

乾隆帝生于何地

尴尬的十全老人

清高宗乾隆帝弘历，是中国有史以来最长寿的皇帝，也是历史上实际执政时间最长的皇帝。他在继承康熙帝、雍正帝两朝文治武功的基础上，继续致力于国家的大一统和多民族国家的巩固和发展。历史上著名的"康乾盛世"，就是在他的统治下达到了顶峰。乾隆帝一生南巡北狩，赋诗作词，御笔文墨遍布全国；并且娴熟武事，善喜用兵，夸耀"十全武功"，自称"十全老人"。然而，这位生前风光无限的封建帝王，死后却因为身世问题让人议论纷纷。生在何处？生母是谁？这些对于一般人来说一清二楚的事情，在乾隆帝这儿却离奇得真假难辨，这不能不说是这位"古稀天子""十全老人"最为尴尬和无奈的事情了。

生于雍和宫之说

按常理说，一个人生在何处，应该是一清二楚的事情，不应该有什么含糊。可这事儿在乾隆皇帝这里，却偏偏说不清、道不明，尽管他贵为龙子龙孙。

乾隆帝是雍正帝的第四个儿子，史书明确记载他出生于康熙五十年（1711年）八月十三日，可是关于他的出生地点却颇有争议，有人说他生在北京雍和宫，有人说他生在承德避暑山庄。乾隆帝本人一直认定自己出生在雍和宫。

位于北京城安定门内的雍和宫，在康熙帝时候，四皇子（雍正）的府第当时并不叫雍和宫。改名"雍和宫"是雍正帝登基后的事。乾隆帝继位后，把父亲雍正帝的画像供奉于雍和宫的神御殿，派喇嘛每天念经。

乾隆帝对雍和宫可谓是情有独钟，不但每年正月初七日都要到雍和宫瞻礼，就是平时路过这里也要进去小驻片刻。他还多次作诗或诗注表明雍和宫就是自己的生身之地：乾隆四十三年（1778年）新春，在《新正诣雍和宫礼佛即景志感》诗中，有"到斯每忆我生初"的诗句；乾隆四十四年（1779年），在《新正雍和宫瞻礼》的诗句中说"斋阁东厢胥孰路，忆亲唯念我初生"；乾隆四十七年（1782年）正月初七日，作《人日雍和宫瞻礼》诗注云"余实康熙辛卯年生于是宫也"；乾隆五十年（1785年）正月，曾作有"来瞻值人日，吾亦念初生"的诗句。

从以上诗句和注释来看，乾隆帝一直认为自己出生于雍和宫，并且还特别指出了是雍和宫的东厢房。

既然乾隆帝本人都这么说了，按道理是不应该有什么怀疑的，可是，却有人在乾隆帝在位时就提出了他出生于承德避暑山庄的说法。

生于避暑山庄之说

乾隆四十三年（1778年），军机章京管世铭在随乾隆帝到承德山庄打猎的过程中，先后写下了34首诗，其中的第四首写道："庆善祥开华渚虹，降生犹忆旧时宫。年年讳日行香去，狮子园边感圣衷。"管世铭在这首绝句的后面还加了注解："狮子园为皇上降生之地，常于宪庙忌辰临驻。"就是说，狮子园是乾隆皇帝的降生之地，因此乾隆帝常常在先帝雍正帝驾崩的忌日到那里小住几天。狮子园是承德避暑山庄外的一座园林，因为它的背后有一座形状像狮子一样的山峰而得名。康熙帝到热河避暑时，雍正帝作为皇子经常随驾前往，狮子园便是雍亲王一家当时在热河的固定住处。

那么，管世铭所言究竟有几分可信呢？据考证，管世铭虽然官职不高，但任军机章京多年，并且还和朝中的一些官员往来频繁，比如与当朝元老阿桂就关系非常。因此，他是完全可能了解一些宫廷掌故和秘闻的。作为军机章京，他随乾隆帝驻跸山庄、进哨木兰，对皇帝在避暑山庄的行动起居是比较了解的。再说，如果没有把握，他也断不敢把"降生犹忆旧时宫"以及"狮子园为皇上降生之地"的意思写入诗内，而且该诗集在当时就已刻板行世。由此来看，管世铭对这种说法是相当自信和有把握的。

大概是乾隆帝在晚年也听到了有关自己出生地的不同之音，因而才于四十七年在所写的诗注中，特别写道："余实康熙辛卯年生于是宫也"，就是说我确实是在康熙辛卯年出生在雍和宫的。这句话十足地包含着澄清事实的意味，显然是针对外面谣言而发的。

乾隆五十四年（1789年）正月初七，乾隆帝又作《新正雍和宫瞻礼》诗云"岂期莅政忽焉老，尚忆生初于是孩"，其下自注云："予以康熙辛卯生于是宫，至十二岁始蒙皇祖（康熙帝）养育宫中。"又一次强调自己确实生于雍和宫。

拿不定主意的儿子

然而令人生疑的是，乾隆帝的继承人，他的儿子嘉庆帝也认为乾隆帝生于承德避暑山庄。嘉庆元年（1796年）八月，乾隆帝86岁大寿，以太上皇身份到避暑山庄过生日。跟随到此的嘉庆皇帝写诗庆贺，诗的开头两句是："肇建山庄辛卯年，寿同无量庆因缘。"嘉庆帝在这两句诗文的后面注释说："康熙辛卯肇建山庄，皇父以是年诞生都福之庭……此中因缘不可思议。"意思是说，辛卯年（1711年），康熙帝亲题"避暑山庄"匾额，御制《避暑山庄三十六景诗》，山庄肇建，皇父乾隆帝恰好于这一年诞生在这诸福齐聚之地，这其中的缘由确实"不可思议"；嘉庆二年，乾隆帝又到避暑山庄过生日，嘉庆帝再次写诗祝寿，在诗文的注释中嘉庆帝把乾隆帝的出生地说得更明确了："敬惟皇父以辛卯岁诞生于山庄都福之庭。"嘉庆帝这两次写的诗和注释无意间都明确指明，"皇父"乾隆帝毫无疑问是生于承德避暑山庄的。

但是，十几年后，嘉庆帝却又放弃了这一看法，认同了"皇父"生在雍和宫一说。这是怎么回事呢？原来，清朝每一位皇帝登基以后，都要为先帝纂修《实录》（记载一生经历、言行和功业）和《圣训》（皇帝的训谕）。

嘉庆十二年（1807年），朝臣编修乾隆帝的《实录》和《圣训》，嘉庆帝在审阅时发现，在这两部非同小可的典籍中，编修官们都把"皇父"的出生地写成了雍和宫。嘉庆帝当即命令编修大臣认真核查。此后，翰林出身的文华殿大学士刘凤诰把乾隆帝当年的诗找出来，凡是乾隆帝自己说生在雍和宫的地方都夹上纸条，然后呈送嘉庆帝御览。面对皇父御制诗及注释，嘉庆帝开始感到问题的严重性。在这样一个事关皇父降生地的重大问题上，他总不能违背皇父本人的意见吧！于是，嘉庆帝断然放弃了皇父生于承德避暑山庄狮子园的说法，把乾隆帝的出生地写为雍和宫。这样，在撰修成书的《清高宗实录》中就成了这样的记载："高宗……纯皇帝，讳弘历。世宗（雍正）……宪皇帝第四子也。……以康熙五十年辛卯八月十三日子时，诞上于雍和宫邸。"这段故事很有意味，它表明直到刘凤诰拿出乾隆帝白纸黑字的御制诗之前，嘉庆皇帝一直都是坚信父皇是出生在承德避暑山庄的。其实，嘉庆帝接受这一说法也是很勉强的。

欲盖弥彰的道光帝

虽然嘉庆皇帝勉强接受了，但是乾隆帝的出生地之争，在嘉庆帝死时又出现了争议。嘉庆二十五年（1820年）七月二十五日，嘉庆帝突然在避暑山庄驾崩。御前军机大臣、内务府大臣马上撰写嘉庆帝遗诏，但是在遗诏中却再次提到乾隆帝的诞生地就是避暑山庄。当时遗诏是这样写的：皇父乾隆帝当年就生在避暑山庄，所以我死在这里也没有什么遗憾的了。

一看就知道，遗诏是以嘉庆帝的口气写的。可是，新继位的道光皇帝看过之后，却立即下令追回发往天下的遗诏。为什么呢？因为道光帝发现了问题，就是关于乾隆帝出生地问题。当时道光帝的谕旨是这样说的："昨内阁缮呈遗诏副本，以备宫中时阅，朕恭读之下，末有皇祖（即指乾隆帝）'降生避暑山庄'之语，因请出皇祖《实录》跪读，始知皇祖于康熙辛卯八月十三日子时诞生于雍和宫邸。"道光帝进而解释说，嘉庆帝突然驾崩，"彼时军机大臣敬拟遗诏，朕在居丧之中，哀恸迫切，未经看出错误之处，朕亦不能辞咎"。

从他的谕旨中我们不难发现，道光帝一直弄不准祖父究竟出生在什么地方，是专门"跪读"《实录》之后"始知"祖父生于雍和宫的，要不然怎会犯这样的低级错误。

被追回修改后的遗诏很牵强地说成乾隆帝的画像挂在山庄：

遗诏原本："古天子终于狩所，盖有之矣。况滦阳行宫为每岁临幸之地，我皇考即降生避暑山庄，予复何憾？"

遗诏修改本："古天子终于狩所，盖有之矣。况滦阳行宫为每岁临幸之地，我祖、考神御（即画像）在焉，予复何憾？"

遗诏把乾隆帝降生在山庄，改为画像挂在山庄，与"予复何憾"相接，实在有些牵强，难以成为嘉庆帝死在山庄而无所抱憾的理由。

此后，道光帝为了把皇祖乾隆帝生在北京雍和宫的说法作为定论确定下来，还做了一项根本性的举措，就是把嘉庆帝当年说乾隆帝生在避暑山庄的御制诗作都做了修改。不过，这一招确有点弄巧成拙，由于嘉庆帝的诗早已公开刊刻流行天下，这样大张旗鼓地修改诗文注释，结果是欲盖弥彰，反倒使乾隆帝的出生地更加令人疑窦丛生。

通过对这些大量异常情况的分析，我们发现乾隆帝出生于承德避暑山庄的可能性更大，否则管世铭怎么会提出这种说法？嘉庆帝和军机大臣们又怎么可能接连犯这种低级性错误呢？可以推断，乾隆帝出生于避暑山庄的说法早就盛行。不过，这也只是一种推断，乾隆帝到底生于北京雍和宫，还是承德避暑山庄，学术界至今还没有取得一致意见，仍是一桩历史疑案。

海宁换子是真事儿吗

海宁陈阁老之子

关于乾隆帝身世的问题，还有一个让人震惊的传说，即他是海宁陈阁老之子。

浙江海宁，在清朝时属杭州府，是滨临海边的一个小县。海宁地方虽小，却因为在这里能观看到气势磅礴的海潮而闻名于世。相传，康熙年间，皇四子胤禛与朝中大臣、来自海宁的陈大倌，也称陈阁老，关系很好，两家往来密切。那一年恰好雍亲王的王妃钮祜禄氏和陈阁老的夫人分别生了个孩子，而且是同年同月同日。不过，陈夫人遂愿生了个白胖小子，王妃却生下了个女儿。某日，雍亲王让陈家把孩子抱入王府看看。可是，当孩子送出来时，陈家的白胖小子竟变成了小丫头，陈家上下个个目瞪口呆。陈阁老知道是被掉了包，但素知雍亲王的手段，知道此事性命攸关，不敢前去理论，劝全家忍气吞声算了。

雍亲王之所以换陈家的孩子，是因他在争夺皇位中与诸兄弟势均力敌，但是当时自己只有一子，且懦弱无用，不为皇父所爱。因此他觉得自己在这一点上处了下风，有必要弥补这一缺憾，这才有换子之举。

而那个被雍亲王掉包的胖小子，据说就是乾隆皇帝。这种说法不知产生于何时，但在民间流传相当广泛，并且故事越说越真。还传说雍正帝登基后，特别擢升陈氏宗族数人，礼遇深厚，就与此有关。而乾隆帝当上皇帝后六下江南，竟有四次在陈阁老的私家园邸停驾暂住，目的就是到海宁探望亲生父母。

海宁民间更是盛传，陈家有乾隆帝亲笔题写的两块堂匾，一块是"爱日堂"，一块是"春晖堂"。"爱日"也好，"春晖"也罢，用的都是唐朝孟郊《游子吟》一诗中"谁言寸草心，报得三春晖"句子。乾隆帝若不是陈家之子，谈得上报答父母如春晖一般的深恩吗？

用女换男的奇闻

还有一种说法，说当年雍正帝所生为女，雍正帝自己并不知道，是王妃为了提高自己在诸妃中的地位，而暗中调换的。

当时还有人写了一首诗说此事："钜族盐官高渤海，异闻百代每传疑。冕旒汉制终难复，曾向安澜驻翠蕤。"诗中的高渤海指的是陈氏祖上原为渤海高氏，"冕旒"显然指身为皇帝的乾隆帝。所谓的恢复汉制和"安澜驻翠蕤"，指的就是穿汉服和南巡住在海宁陈家的事。

对于所谓的雍正帝或王妃换出去的那个女儿，在江浙一带的传闻中也有"交代"。据传，这位皇家的金枝玉叶，长大后嫁给了大学士蒋廷锡之子蒋溥。蒋家专门为她建造了一座楼，世称"公主楼"。

海宁换子的说法在民间产生于何时不得而知，不过，从有关资料来看，这种说法最早见诸于文字，是晚清天嘏所著的《清代外史》一书。这本书中有一个醒目的标题就是《弘历非满洲种》，文中说乾隆帝知道自己不是满族人，因此在宫中常常穿汉服，还问身边的宠臣自己是否像个汉人。从标题就能看出，当时这一说法带有强烈的反满情绪，对清朝皇帝的诋毁，带有浓厚的政治色彩。

随后，名噪一时的许啸天在所撰的《清宫十三朝演义》中，又对这种说法进行了淋漓尽致的发挥：乾隆帝原是陈阁老的儿子，被雍正帝妻子用掉包计换了来，乾隆帝长大后，从乳母嘴里得知隐情，便借南巡之名，去海宁探望亲生父母，但这时陈阁老夫妇早已去世，乾隆帝只能到墓前，用黄幔遮着，行了做儿子的大礼。许啸天自然生动、形象真切的描述，十分符合广大市民的胃口。随着《清宫十三朝演义》的风靡，这种说法愈加深入人心。

《书剑恩仇录》的推波助澜

近些年来，有关乾隆帝是海宁陈家之子的传闻更是接连不断地闯入文艺作品，愈演愈烈，其中影响最大的便是武侠小说大家金庸的《书剑恩仇录》。金庸先生是浙江海宁人，从小就听到了有关乾隆帝的种种传闻，所以他的第一部武侠小说《书剑恩仇录》也就紧紧围绕乾隆帝的身世之谜展开。书中写道，当时江湖最大的帮会——红花会的总舵主于万亭夜潜皇宫，将乾隆帝生母陈世倌夫人的一封信亲手交给乾隆帝，信中详述当年经过，又说他左腿有朱记一块为证。待于万亭走后，乾隆帝便把自己的乳母廖氏传来，秘密询问，知道了自己的身世。当年陈世倌的小孩被抱进雍亲王府，"哪知抱进去的是儿子，抱出来的却是女儿。陈世倌知是四皇子掉了包，大骇之下，一句都不敢泄露出去"。金庸还在书中写了陈世倌的三公子乾隆帝的亲弟弟陈家洛，继于万亭之后成为红花会会主后，期望激发哥哥乾隆帝的汉族意识，共同成就恢复汉家天下的宏业等情节，读来引人入胜，也使乾隆帝是海宁陈家之子的说法更加妇孺皆知。

传说这么多，传闻这么广，真有点"假作真时真亦假"的感觉，那么乾隆帝究竟是不是海宁陈阁老的儿子呢？

如果事实确实如此，乾隆帝便是海宁陈世倌的儿子，他完全是一个汉人皇帝！那么事实究竟如何呢？有人对这种说法产生的前前后后进行了考证，发现了一些问题。

没有必要的"狸猫换太子"

从雍正帝方面看，根据清室家谱《玉牒》记载，弘历诞生以前，雍正帝虽然长子、次子早殇，但第三子已经8岁，另一个王妃过了三个月又添了一个儿子。因此，根本没有必要偷换他人之子。再说当时雍正帝年仅34岁，还有生育能力（后来还有孩子诞生），也没有这个必要。退一步说，那时的雍正帝自己能不能登上皇位还在两可之间，他又凭什么知道陈家的儿子就是个大富大贵之人，就能讨得父皇欢心呢？再说，假设就是为了争夺帝位，偷换了一个汉人之子，以雍正帝的心机，也断不会把皇位传给他，让他稳坐大清江山，这种说法无疑把历史简单化了。

说雍正帝不知内情，是王妃擅作主张把女儿换成了男孩，也是不可能的。因为清代对皇子皇孙的诞生有一套严格的记录制度。皇孙诞生，会马上派遣本府太监报奏内务府奏事官，再有宗人府专折奏闻皇上，以备命名，根本不可能数月或数日之后才报告。况且生孩子时稳婆环列，御医侍候，还有不少宫女跑前跑后，是男是女众人皆知，岂能轻易掉包？

绝后的陈家无子可换

从陈家这方面看，更无这种可能。据考证，当时陈世倌并不在京城任官，即使夫人生下了一个孩子也不可能被雍正帝掉包。在这种情况下，人们又把怀疑的目光转到了海宁陈家另一个在京做官的人陈元龙身上。但是这也是不可能的。据《海宁渤海陈氏宗谱第五修》查知，陈元龙育有一子二女，其子于康熙三十三年（1694 年）早亡，17 年后乾隆帝才出世，陈家二女也早于乾隆帝 20 多年出生，根本就没有孩子可换。

至于那两块匾额，也与乾隆帝的身世毫无关系。据史学家孟森考证，清国史编撰的《陈元龙传》中说：康熙三十九年（1700 年）四月，康熙帝在便殿召见群臣，说："你们家中各有堂名，不妨当场写给我，我写出来赐给你们。"陈元龙奏称，父亲年逾八十，故拟"爱日堂"三字。《海宁州志》还提到，康熙五十四年（1715 年）六月，因陈元龙胞弟陈维坤的妻子黄氏守寡 41 年，康熙帝便御书"节孝"两字赐之，又赐以"春晖堂"匾额。这就是说，两方匾额的题词都是康熙帝根据臣下的请示书写的，与孝敬父母的意思根本没有任何联系。

正常的君臣关系

其实，乾隆帝与陈阁老属于正常的君臣关系，根本没有传说的那么神乎其神。事实上陈阁老在乾隆六年（1741 年）担任内阁大学士后不久，就因为起草谕旨差错被革了职，当时乾隆帝当面痛斥他："无参赞之能，多卑烦之节，纶扉重地，实不称职。"如此不留情面，哪有半点父子之情？

据档案记载，乾隆帝南巡到海宁，主要是为了视察耗资巨大的钱塘江海塘工程。作为农业立国的封建王朝，清朝的统治者对修造和维护水利工程十分重视，康熙帝时期就对黄河水患进行了大规模的治理，雍正帝以后水利建设的重点移到了东南海塘（沿海大堤）上。到乾隆帝时，海潮北趋，海宁一带潮患告急，而海宁大堤一旦冲破，苏州、杭州、嘉兴、湖州这一带全国最富庶的地区势必被淹，到那时将会严重影响国家的税收和漕粮的征收。因此，为了亲自视察海塘工程情况，乾隆帝仿效其祖父的做法，六下江南，四次亲临海宁，检查海塘工程，当时建造的某些工程，至今仍起着挡潮防患的作用。当年乾隆帝巡视时，作为偏僻的小县海宁的唯一名门望族，由陈家接驾是理所当然的。乾隆帝前后共在陈家住过四次，从未召见过陈家子孙，那么传说中的"升堂垂询家世"之事也就更加无从说起了。

至于蒋氏娶雍正帝公主之事，据考证，蒋溥先后有过三位夫人，其中第二位是个陈姓女子，但并非陈世倌或者陈元龙的女儿，只是陈家的远亲，更与雍正帝毫不相干。对于所谓的"公主楼"，史学家孟森曾专门前往当地进行了调查，结果当地人都说家乡没有什么"公主楼"。

"解铃还需系铃人"，我们看看把乾隆帝是海宁陈家之子的故事写得最深入人心，影响最大的金庸先生是怎么说的。金庸先生曾坦诚地告诉读者：《书剑恩仇录》中所谓的乾隆帝的弟弟"陈家洛这人物是我的杜撰"，他还明确声明："历史学家孟森作过考据，认为乾隆帝是海宁陈家后人的传说靠不住。"后金庸还俏皮地说："历史学家当然不喜欢传说，但写小说的人喜欢。"无可厚非，作为一位武侠小说大家，金庸更重视艺术的真实，而不是历史的真实。

虽然金庸作了如此说法，但毕竟历史已经离我们越来越远，真相如何恐怕谁也不好下个定论。

不过，此说法之所以会在民间如此盛行，原因倒是可以说个二三。首先，海宁陈家当时确实十分显赫，曾经"位居宰相者三"；康熙朝更有陈家三人同榜的荣耀，如此簪缨之族、显贵之家自然格外引人注意，也难免为好事者所热议。其次，乾隆帝六下江南，曾四次驾幸海宁陈家，在封建社会这是何等荣耀，也自然惹人遐想。再次，主要还在于早先这种说法迎合了汉族士大夫对清廷的仇视以及丑化的心理，与民间反满情绪的高涨密切相关，比如最早提出这一说法的时间正是晚清末年。最后，文人们的著书立说，对这种说法的传播更是起到了推波助澜的作用，这些也从一个侧面见证了民间俗文化的厉害。不过，至今海宁换子说仍旧深入人心，也仍被许多人所津津乐道。

乾隆生母到底是谁

大内秘档的暗示

据《清高宗实录》记载："高宗……纯皇帝，讳弘历，世宗……母孝圣……宪皇后钮祜禄氏，原任四品典仪官加封一等承恩公凌柱之女，仁慈淑慎，恭俭宽和，事世宗宪皇帝，……以康熙五十年辛卯八月十三日子时诞上于雍和宫邸。"清宫《玉牒》中也记载：乾隆帝"母孝圣……熹妃钮祜禄氏，系原任四品典仪官加封一等承恩公凌柱之女。"这大内秘档似乎可以证实，乾隆帝的母亲不是山庄宫女，而是熹妃钮祜禄氏。

钮祜禄氏，系满洲镶黄旗人，虽然姓氏高贵，实则出身寒微，父亲只是个四品典仪（后才加封一等承恩公）。康熙四十三年（1704年），年仅13岁的钮祜禄氏只是被赐给胤禛当侍女。当时胤禛已有三位福晋，其中嫡福晋更是出身名门的乌拉那拉氏。

钮祜禄氏出身寒微，只是个侍女，人长得也不漂亮，原本没有被雍亲王宠幸的可能，只因康熙四十九年（1710年）夏天，雍亲王得了一种传染病，福晋们都不愿去身边伺候，钮祜禄氏奉命接近胤禛，专心侍奉他。一连五六十天，她白天黑夜地侍奉病中的雍亲王，无微不至，十分体贴。雍亲王病好后，心存感激，"遂得留侍，生高宗"。

据史料记载，乾隆皇帝对母亲钮祜禄氏十分孝顺，他曾侍奉母亲三游五台，三上泰山，四下江南，并多次到塞外避暑山庄。乾隆帝的诗文中也有不少称颂钮祜禄氏养育之恩的诗句。如乾隆四十二年（1777年）正月初八，67岁的乾隆帝陪侍85岁的皇太后赏灯后作诗说："家宴观灯例节前，清晖阁里列长筵。申祺介寿那崇信，宝炬瑶檠总斗妍。五世曾元胥绕侍，高年母子益相怜。扶掖软榻平升座，步履虽康养合然。""高年母子益相怜"，这饱含深情的诗句，道出了乾隆帝母慈子孝的情怀。

钮祜禄氏去世后，乾隆帝怀念母亲，还别出心裁，命令宫中巧匠用3000多两黄金精心制作了一个金塔，专门用来存放太后生前梳头时掉下来的头发，所以叫"金发塔"。乾隆帝母子感情如此之深，也可从一个侧面证明了钮祜禄氏应该就是其亲生母亲。

难以自圆其说的观点

然而，从有关文献来看，有关乾隆帝生母的记载确实存在难以自圆其说的疑点。乾隆十七年（1752年），清人萧奭所著的《永宪录》卷二记载："雍正元年十二月丁卯（二十二日），午刻，上御太和殿。遣使册立中宫那拉氏为皇后。诏告天下，恩赦有差。封年氏为贵妃，李氏为齐妃，钱氏为熹妃，宋氏为裕嫔，耿氏为懋嫔。"萧还在书中提出："齐妃或云即今之崇庆皇太后（钮祜禄氏）。俟考。"就是说，在当时就有人对乾隆帝生母是谁提出了疑问，并且当时册封的王妃中，根本就没有钮祜禄氏，有的人认为齐妃李氏可能是乾隆帝生母，但有待考证。高阳先生在《清朝的皇帝》一书中，更是大胆认为：萧《永宪录》中，"这'俟考'二字，是一种暗示，是一隐笔兼曲笔的巧妙暗示；齐妃非高宗生母，而故意这样写，是曲笔；齐妃李氏，暗示高宗生母姓李，此为隐笔。"这样说来，乾隆帝生母为汉人女子李金桂似乎也有可能，这确实也是一家之言。

互相矛盾的官方记载

另外，清宫档案的记载也大有问题。清朝的《雍正朝汉文谕旨汇编》雍正元年（1723年）二月十四日记载："雍正元年二月十四日奉上谕：遵太后圣母谕旨，侧福晋年氏封为贵妃，侧福晋李氏封为齐妃，格格钱氏封为熹妃，格格宋氏封为裕嫔，格格耿氏封为懋嫔。该部知道。"

同一件事，成书于乾隆六年的《清世宗实录》卷四却在熹妃的记述上有了差异。其中写道："甲子（二月十四日），谕礼部：奉皇太后圣母懿旨，侧妃年氏封为贵妃，侧妃李氏封为齐妃，格格钮祜禄氏封为熹妃，格格宋氏封为懋嫔，格格耿氏封为裕嫔。"

通过这两则资料的对比可以发现，等到乾隆帝登基后，档案上才有了钮祜禄氏的记载，而先前的"格格钱氏"莫名其妙地变成了"钮祜禄氏"。

这两份清廷档案，对同一件事迥然不同的记载应如何解释呢？有人认为：格格钱氏与格格钮祜禄氏应该是一个人，因为都是同一天，奉太后懿旨受封为熹妃的，不可能是两个人。但这是说不通的，如果是一个人，怎么会写成两个人的名字。于是有人推理：由于雍正朝实行的是秘密立储的制度，起先并不知道谁是太子，因而也就没有注意到子以母贵的问题。可能是乾隆帝登基后，他的母亲总要一个高贵的出身吧，因此才将熹妃钱氏篡改为钮祜禄氏。有的学者更有创意性地猜想是"四品典仪凌柱"将钱氏认作了干女儿，从而使钱氏有了一个高贵的姓氏和出身，这样也就解决了身份与形式的难题。

出身贫寒的生母

与这种猜想近似，乾隆帝生母还有另一种说法。这种说法是由晚清一位著名的学者、诗人王运提出的。王运是曾国藩的幕友，做过大学士萧顺的家庭教师，了解到不少清廷掌故。他指出，乾隆帝的生母虽然是钮祜禄氏，但的确与避暑山庄有关。在所著《湘绮楼文集》里说：乾隆帝之母钮祜禄氏家居承德城中，家里很穷，雇不起仆人。七八岁的时候，她就跟着家里人到了市面上卖豆浆、酒以及各种饭食等谋生。后来开个小饭铺，因为为人热情，经营比较好，生意异常红火。到十三四岁的时候，钮祜禄氏到了北京，正好赶上选秀女，她就混到里头参加了选秀，结果就被选上了，再后来被分到雍亲王府做了粗使丫头。接着所说的雍亲王得病，她精心侍奉，后为雍亲王宠幸，生下了弘历的说法与前面所述一样。

这些说法都表明乾隆帝生母钮祜禄氏确实出身低微，并非多么显赫的大家闺秀。但是，清末民初的清朝遗老金梁等人写文章认为，清宫选秀女是相当严格的，不可能让承德这么一个女孩子混到里头选了秀女，于是对这种说法持否定态度。

乾隆帝诞生于何处，生母究竟是谁确实充满了疑窦。野史传闻虽然不可信，但是按正史记载，《雍正朝汉文谕旨汇编》与《清世宗实录》上关于熹妃钱氏与钮祜禄氏记载上的矛盾，至今仍不能自圆其说。其他的各种说法，虽然也有许多漏洞，但也并非全不可信。总之，乾隆帝的身世之谜，注定还要被继续争论下去。

第七章

悲剧皇帝——嘉庆

退而不让，太上皇和儿皇帝如何分工

不敢比肩祖父的乾隆帝

乾隆皇帝在位的时间仅比他的祖父康熙在位少一年，是中国历史上在位时间最长的皇帝之一。爱新觉罗·弘历身为雍正第四子而能够在雍正元年就被秘密立为太子，进而顺利继位称帝，与其祖父康熙的看重和称赞有很大关系。他12岁时就得康熙亲授书客，与祖父朝夕相伴，对祖父的感情极深，也非常尊敬。因此，1735年，也就是雍正十三年九月，时年25岁的弘历在即位时据说曾焚香立誓，表示自己如果能得上天保佑，在位六十年，一定立即传位给太子，不敢比肩、更不敢超过祖父康熙在位61年的时间。

即位的乾隆曾两次密定皇储，但所密定的皇储均早夭。1773年，乾隆三十八年，乾隆第三次密定皇储，立时年14岁的皇十五子颙琰为太子。1795年，正是乾隆六十年九月，85岁的乾隆皇帝将满朝王公、百官召集到勤政殿，开启密缄，正式册立颙琰为皇太子，宣布第二年改元嘉庆。

嘉庆元年正月初一，乾隆皇帝在太子颙琰陪侍下来到奉先殿堂，举行隆重的授受大典，并命人祭告太庙。随后，乾隆驾临太和殿，将御用印玺授予颙琰。颙琰自此正式即位，是为清仁宗，也就是通常所说的嘉庆皇帝。

退而不让的太上皇

天无二日，国无二主。嘉庆即位后，乾隆帝宣布退位为太上皇帝。虽然退了位，但是他仍用"朕"为自称，谕旨称为"敕旨"。按照道理来讲，"太上皇"是不应该过多干预政事的，但是乾隆帝规定，"寻常事件"由嘉庆自行处理，一旦有军国要事和涉及官员任免的事宜，则仍由他亲自指导，甚至是亲自进行处理，凡是新授府道以上官员，叩谢完皇上之后，还要前往太上皇那里磕头谢恩。此外，乾隆每天还对嘉庆进行"训谕"。《朝鲜正宗实录》就记载，乾隆曾对宠臣和珅说："朕虽然归政，大事还是我办。"和珅拟写政令奏请嘉庆批复，嘉庆也说："惟皇爷处分，朕何敢与焉。"由此可见，乾隆虽然号称归政于嘉庆，实则仍然掌握大权，嘉庆当时不过是个牵线木偶。

本来嘉庆即位改元后，全国上下、紫禁城内外，都应该统一使用嘉庆纪元，可宫廷中还是用乾隆年号。嘉庆帝即位后，钱币应该改铸"嘉庆通宝"。可乾隆龙驭上殡之前的那几年，乾隆、嘉庆两个年号的通宝各铸一半，同时流通。

据相关史料记载，退位后的乾隆帝，本应住在宁寿宫，把养心殿腾出来给新皇帝住，但他拒绝从象征着国家最高权力的养心殿中迁出，把嘉庆赶到毓庆宫去住，赐名"继德堂"。

每逢早朝，太上皇乾隆仍然经常端坐于御座之上接受百官朝贺，皇帝嘉庆则在一旁陪侍。朝鲜有使臣朝见大清皇帝，根据目击记述道：（嘉庆）侍坐太上皇，上喜则亦喜，笑则亦笑……（赐宴时，嘉庆）侍坐上皇之侧，只视上皇之动静，而一不转瞩。赵尔巽编写的《清史稿·仁宗本纪》也记载："（嘉庆）初逢训政，恭谨无违。"

乾隆虽然禅位，但仍把持大权，并且权利欲极重。嘉庆即位后，为了表示对儿子的祝贺和信任，乾隆本来打算召嘉庆的老师——时任广东巡抚的朱珪回京任大学士。朱珪为官素有清誉，当年在朝中就经常与恃宠弄权的和珅发生冲突。和珅认为朱珪一旦回京，将对自己构成极大的威胁。因此，他想方设法获得了嘉庆为朱珪而作的尚未写完的贺诗，拿给乾隆，声称嘉庆正迫不及待地培植自己的势力。乾隆深以为然，大为恼火，当即很不高兴地问身旁的军机大臣董诰如何处理。幸亏董诰是忠正之人，当即表示：嘉庆帝作的诗无非是向老师表示祝贺。身为学生，向即将得到升迁的老师表示祝贺，这是学生的本分，并无不当。乾隆这才不予追究，但也搁置了对朱珪的升迁。可见，乾隆皇帝对于身边臣子的信任已然超过嘉庆皇帝，嘉庆帝的一言一行都在太上皇的控制之内。

其实，乾隆对于自己的长寿早有预感，因此在选择接班人的时候也以对他言听计从为标准。乾隆之所以如此谨慎，也是吸取了历史的教训。

最是无情帝王家

政治的较量场上是不讲亲情的。老皇帝在位期间，已经形成了一个在大方向上比较一致的利益集团；新皇帝登基，需要他自己的班底，需要执行他的方针。这就是所谓的"一朝天子一朝臣"。在老皇帝驾崩、新皇帝继位的情况下，新老势力交替通常能够比较平稳的过度。而在老皇帝迟迟不死、退位为太上皇的情况下，一方面是中国封建社会推崇的父为子纲——太上皇对皇帝有无上权威；另一方面是中国封建社会推崇的君为臣纲，太上皇是前皇帝，此时的位置是臣，新皇帝是君，新皇帝对太上皇有无上权威。这就难于相处了。

因此，乾隆为了保证自己的地位，为了继续贯彻自己的施政方针，特意选择了生性忠厚老实、重视仁孝、对乾隆言听计从的颙琰为接班人。

颙琰其人平时比较用功，行为举止也颇为得体。从被秘密立储到正式登基，在漫长的20多年时间里，颙琰很好地通过了乾隆对他进行的种种考核，这才得以顺利继位。

当然，康乾盛世末期，清王朝已经开始国库空虚、朝政腐败、贪贿成风，亟须一位雷厉风行的雍正式皇帝来解决矛盾、化解危机。而颙琰的性格却是四平八稳、不思进取，是能守成而不能开拓、创新的君主。在25年的执政生涯中，嘉庆一件一件地解决了乾隆盛世留下的危机，却又使清王朝一步一步地陷入更深的危机。

大丧之日杀和珅，嘉庆帝为了钱还是为了人

不得不死的和珅

绣衣成巷接公衙，弯弯曲曲路不差。

莫笑此间街道窄，有门到达相公家。

——清·无名氏《咏补子胡同》

此诗意为，和珅和中堂每天入朝之时，文武百官夹道迎送，简直就形成了一个用人墙搭起来的胡同。和珅的位高权重，可见一斑。

和珅正式崛起于1776年，也就是乾隆四十一年，此后专权长达20多年。在此期间他外结封疆大吏、领兵大员，内掌吏部、户部、兵部，对刑部、工部、礼部等部门也颇具影响力，真正是权倾朝野，不可一世。在此期间，他疯狂搜刮民脂民膏，胆大妄为，已经到了不可饶恕的地步。

到乾隆驾崩之前，和珅身兼数个要职，影响着六部，堪称是百官之首，二人（乾隆和嘉庆）之下万人之上。在清王朝历史上，作为一个大臣，和珅曾经拥有的地位空前绝后，从清太祖努尔哈赤到末代皇帝宣统，是绝无仅有的。

尤其值得一提的是，就像祖父雍正一样，作为帝王中最节俭皇帝之一的嘉庆，最恨贪污。他认为朝廷许多矛盾的根源就在于官吏的贪腐。嘉庆所接手的是一个财政赤字严重的乱摊子，而据他所知，和珅却肥得流油。

不仅位高权重，而且贪婪成性。身具这两大为帝王所忌惮之特点的和珅自然是嘉庆要清洗的首要对象。

无论是替晚年腐败荒淫的乾隆给世人一个说法，还是为自己贪得无厌的官宦生涯做一个交代，或是为新皇帝的登基铺路，和珅都不能不死。

嘉庆帝幕后的高手

嘉庆对于除掉和珅是蓄谋已久的，因此，乾隆一死，锄奸行动就立即展开。和珅虽然预感到大事不妙，但对嘉庆的计划却一无所知。他对乾隆的心

思揣摩得不可谓不透彻，但对新皇帝嘉庆就知之甚少了。他根本不知道，在嘉庆的安排下，被他视为眼中钉肉中刺的朱珪已经悄悄到了京城，在靠紫禁城较近的东华门的一套小院藏身，指点和协助嘉庆的锄奸行动。

早在乾隆驾崩之时，嘉庆即令和珅守灵，把和珅软禁在乾隆的灵堂上。这样就切断了和珅同外面的所有联系，即使一生兵权在握，此时也无法调兵。很快，嘉庆就开始来处置和珅。他首先颁布了一道上谕：将南方白莲教战事责任归咎于和珅，紧接着，一个叫王念孙的人向朝廷上了奏章，列举和珅的种种罪状。嘉庆借机就免去了和珅大学士等重要职务，并把他软禁。在议定对和珅的处置时，直隶总督胡季堂首先表态说，和珅是罪大恶极，应当处置。他一带头，各地官员也纷纷表态，嘉庆就此得到舆论的支持。

得到臣子们的支持后，嘉庆命人查抄了和府，查获金银财物、房产、产业无数，据说总价值约9亿两白银，相当于乾隆年间两年半的税收，其中不乏各地进贡给皇上却被和珅私自窃取的贡品。嘉庆勃然大怒，当即宣布了和珅二十大罪状，谴责和珅辜负了先皇信任，愧对先皇的恩宠。因此，在大丧期间处置这位先皇的宠臣也就成了安慰先皇在天之灵的理所当然的事了。正月十八日，在京文武大臣奏请嘉庆帝将和珅立即正法，处以凌迟之刑。对和珅，嘉庆是非杀不可。但也还是要故作姿态，表示一下自己对先皇的尊敬、对大臣的恩典，也要顾及朝廷的脸面。因此，在让和珅多活了几个月后，嘉庆宣布：和珅虽然犯下种种罪行，但念其在先帝驾前多少有那么一点功劳，而且又是朝廷大员，新晋的公爵，朕不忍心让他遭受凌迟之苦，就赐他自尽吧！免于凌迟。和珅的同党福长安一直以来阿附和珅，此时也被削夺了职爵，判了斩监侯，也就是死缓。嘉庆特别命人将福长安押到和珅所在的牢房，跪在那看着和珅自尽。

和珅之死为何没有造成局势的动荡

在朱珪的指点下，嘉庆对和珅的处置显示出了极高明的政治手腕。和珅为官多年，党羽众多，阿附者甚众，甚至连传说中与和珅斗智斗勇的纪晓岚实际上都与和珅有较为密切的往来。因此，对和派如果连根拔起，不免让朝局动荡，政务瘫痪。因此，嘉庆虽然迅速处死和珅，却没有将事态扩大，也没有株连九族。和珅的弟弟当时早已经死了；和珅的儿子丰绅殷德因为是额驸，也就是驸马，也没有杀。嘉庆还留了一点房产让他们维持生活；乾隆朝重臣傅恒的儿子福长安本是和珅的死党，虽然判了斩监候，但最终还是没有杀，并予以任用；和珅府里养了一个先生，也是和珅的同党，常为和珅出谋划策，最终也只给了一个处分了事；其他经和珅推荐而得以任用的官员，没有因和珅倒台而被诛连，仍任原职。因此，虽然权势极大的和珅被除掉了，当时的清廷就仿佛只是下了一场短促的骤雨，保持了稳定。

当然，和珅之死没有造成清朝政局的巨大动荡，与和珅本人的为人也有关。和珅虽然贪得无厌，但也不像嘉庆宣布其罪状中所说的那样有不臣之心。他从未脱离过乾隆帝的控制，不过是靠着乾隆的信任而为自己敛财罢了。在他掌权期间，清王朝虽然不可避免地盛极而衰，开始走下坡路，但总体上还算是四平八稳。而清王朝之所以走下坡路，有封建王朝的必然性，也有乾隆皇帝好大喜功、奢侈荒淫的因素。

作为封建时代中国历史上数一数二的巨贪，和珅为官一生搜刮无数，最终却为他人作嫁衣裳，解决了正发愁国库空虚的嘉庆帝的燃眉之急。还搭上了自己的一条性命。正所谓"和珅跌倒，嘉庆吃饱"。清王朝财政的支出有了着落，一时间真是皆大欢喜。

嘉庆真是被雷劈死的吗

暴死避暑山庄的嘉庆帝

嘉庆帝虽然没有什么才能，但是他从小苦读，精通四书五经，继位之后，也算勤政。但是，一人之力总难力挽狂澜。朝政的繁杂，官员的腐败，宫廷内部的斗争，种种纷繁扰攘之事弄得嘉庆皇帝是焦头烂额，疲于应付。特别是他的同母弟庆亲王去世之后，嘉庆皇帝变得更为忧郁。

1820年，嘉庆二十五年七月，年过花甲的嘉庆皇帝，率领着大队人马第16次来承德避暑山庄避暑。嘉庆此次出巡，一路顺利。路上，好久没有骑马的皇帝，虽然已经61岁，体态肥胖，但仍颇有兴致地纵马奔驰过了广仁岭，尽管是剧烈运动，嘉庆丝毫没有疲倦和病态。按原定计划，嘉庆要在避暑山庄度过整个夏天，一直住到中秋后，然后到木兰围场举行秋狝大典后，再从避暑山庄返京。

抵达避暑山庄当天，嘉庆到永佑寺中祭拜了康熙、雍正和乾隆，然后回到烟波致爽殿，又处理了两件并不算紧急的公务，也就休息了。

次日上午，嘉庆突然感到痰气上涌，说话困难，头脑发胀。他身旁的皇子慌忙去请御医，并召大臣赛冲阿、托津等入室。谁知没过多久，嘉庆皇帝就不会说话了。太医们没有见过如此怪病，都感到束手无策。到了晚上八九点钟，天空中突然雷电交加，并有闪电击中嘉庆皇帝所在的烟波致爽殿。一阵电闪雷鸣过后，嘉庆皇帝被发现已死在龙床之上。嘉庆皇帝死后，热河行宫立即封锁了消息，避暑山庄大门紧闭，限制人员出入。嘉庆帝死得如此突然以至于连棺材都没有预备好，随行的王公大臣只好让人将北京宫中预备的寿棺连夜运到承德。嘉庆皇帝临死之前不会说话，也没有安排后事，他死了之后，人们在正大光明匾后面也没有发现装有继位诏书的小金盒。嘉庆随身携带的那个盒子也不知道放在哪儿了。无奈之下，在总管内务府大臣禧恩和皇太后的支持之下，只好宣布由皇二子旻宁继承皇位。由于这其中的种种变故，道光皇帝到了八月初二，才公开发布嘉庆驾崩的消息。嘉庆皇帝离开北京时还好好的，如此突然驾崩，驾崩之后又迟了这么久才对外公布消息。人们开始对嘉庆皇帝死因议论纷纷，难道这其中真的有不可告人的内幕？

嘉庆一生没有得过大病的记录。鉴于康熙、乾隆的高寿，以及自己身体状况的良好，嘉庆深信自己也是长寿之人，活个八九十岁是大有希望的。因此，在批评大臣操办嘉庆六十寿辰庆典太过破费的上谕中，嘉庆还表示他的七十、八十、九十寿辰都要从简办理。由此可见，嘉庆对自己的寿命是很乐观的。包括他本人在内，谁都没有想到身体好好的嘉庆居然暴病而亡，还不知道是得了什么病。

遭到天谴的帝王

据一些随行人员传闻，嘉庆皇帝可能是遭雷击而死。据说嘉庆帝一行人到了避暑山庄之后，稍事歇息，就率领大臣和侍卫们前往木兰围场围猎。结果回来的路上遇上了大雨，被困在荒郊野外，一时间雷电交加，大地震撼。忽然一道光亮之后嘉庆皇帝被雷电击落马下，当场身亡。还有人说，嘉庆皇帝不是死在野外，而是在避暑山庄内遭到雷击，触电身亡。

嘉庆被雷电烧得面目全非，已经无法收殓入棺。皇二子旻宁为维护皇家颜面，决定暂时封锁消息。并秘密地将一名与嘉庆皇帝相貌体材差不多的太监绞死，假扮嘉庆收殓棺中，而将皇帝的骸骨收在棺材底部，以掩人耳目。

心脑血管疾病致死

当然，被雷劈死只是一些传说。在宫廷正史之上都没有相关的记载，不过即使嘉庆皇帝真的是遭雷击而死，官方的记载也不敢提及此事。因为皇帝遭雷击而死，就等于是大逆不道，遭到天谴。谁写了这样的事情都会犯大忌讳。对于嘉庆皇帝的死因，官方的记载都说是病死的。后人根据嘉庆皇帝临死前的状况推测，嘉庆皇帝可能是在年高体胖的情况之下过度忧虑疲劳，在加上天气炎热，猝发心脑血管疾病而死。

但是，不管嘉庆皇帝是不是正常死亡的，由于他在避暑山庄西暖阁暴死，此后避暑山庄便开始闲置，亲历父亲暴亡的道光皇帝从这之后一次也没来过。

第八章

禁烟皇帝——道光

嘉庆为何选中了旻宁

弹弓打下来的皇位

自乾隆中后期起，阶级矛盾越来越尖锐，尽管乾嘉年间的白莲教大起义已被扑灭，但残余势力并没有被肃清，他们继续变换着名目在北方活动，寻找时机反击。打着反清复明旗号的天理教就是其中的一支。他们在京城活动十分活跃，主要目标就是伺机攻打紫禁城。活动的首领之一名为林清，经推算，确定嘉庆十八年九月十五为起事吉日，恰逢嘉庆皇帝去了承德，京城人心浮动，防守空虚。林清自感机不可失，便如期举事。

到了九月十五中午，近百名天理教徒分别突袭紫禁城的东华门和西华门。他们之前就买通了几个信奉天理教的太监做内应，得以顺利混入紫禁城中。但因为不慎，这些起义军在东华门暴露了身份，而从西华门而入的另外50多人则在前来接应的小太监的引领下顺利闯进宫门。但由于路上耽搁了时间，等他们冲到隆宗门时，清宫守门侍卫已经闻讯关闭了大门。

此时，皇子旻宁恰好在上书房读书。时年32岁的旻宁是嘉庆次子，原本陪着嘉庆一同去了承德，后来提前回京，正赶上这场事变。当时，宫内人心惶惶，后妃们吓得哭成一团，太监们四处逃窜，侍卫们不知所措，闻讯赶来的王公大臣也不知如何是好。在此紧要关头，旻宁挺身而出，命令各门戒严，并派人调集援军，自己站在养心殿前观察局势。

隆宗门紧闭，天理教徒分出一拨人撞门，又派五六人爬上养心殿对面御膳房的房顶，准备跳进去杀人开门。旻宁瞧见，当即举枪射击，一名教徒中弹坠墙而亡。当时都是火药枪，放完一枪需要重新装填。旻宁乍逢大事，心中也十分紧张，一时找不到弹丸，索性扯掉胸前的金扣子，装进枪膛再次射击，将另一名在屋顶上手持白旗的天理教小头目打落。其他教徒见状连忙退了回去。此时，增援的禁军也赶来了，射出羽箭，将教徒全部杀死。旻宁见危机稍缓，立即命禁军继续搜杀残余天理教徒，自己则到储秀宫安慰母后，同时命令西长街布置警戒，以防再出巨变。

嘉庆接到奏报后，对旻宁临变之时处变不惊的处置大加赞扬，夸赞自己的二儿子有胆有识，忠孝兼备，当即加封旻宁为智亲王，加俸银一万二千两，所用的火铳也被赐名为"威烈"。旻宁立了大功，却不张扬，表示自己当时心里也很害怕，有许多处置也不太恰当，请父皇恕罪。旻宁的这番表现让嘉庆更加满意。

代父祭祖，心知肚明的大臣们

嘉庆二十四年（1819 年）正月，嘉庆皇帝让旻宁代表他到太庙祭祖，这一举动使朝廷上下更有充分理由认定旻宁从嘉庆皇帝手里接过政权应该是势在必得。

旻宁自小文武双全。深得皇祖父和皇父喜爱。嘉庆皇帝共有四子，长子已夭折，旻宁排行第二，顺理成章被视为长子。并且，经过紫禁城平定天理教事件，立下大功，被封为智亲王，在三个兄弟中，爵位也是最高的。从这几个方面也能看出，旻宁继承大统的志在必得，顺理成章。

众人的支持

嘉庆二十五年（1820 年）七月二十五日，嘉庆皇帝驾崩。事出突然，群臣毫无准备。国不可一日无君，嘉庆暴亡，必须马上议定新君。

嘉庆因为是猝死，没有机会留下立储遗诏。他一共生有四子，选谁来继承皇位，关系到不同政治集团的利益，是一个重大问题。按照惯例，应该是长子继位。嘉庆的长子两岁时即暴病身亡，皇族宗室因此建议由二皇子旻宁来继位。孝和睿皇太后虽非旻宁生母，但非常赞成这个建议。

禧恩和孝和睿太后支持旻宁继承皇位的理由中，都提到了旻宁在紫禁城事件中的功劳，可见，此次事件不但使嘉庆皇帝对旻宁大为赞赏，也同样令群臣和后宫对旻宁这个文武双全的皇子刮目相看。这在他继承皇位的过程中起着至关重要的作用。

有宗室的支持，又有太后的懿旨，而且后来军机大臣托津、戴均元称在承德避暑山庄找到了嘉庆帝立储遗诏，称立皇次子旻宁继承皇位。这样一来，旻宁板上钉钉，成为清朝的第八位皇帝，年号道光，史称道光皇帝。

皇帝也有无奈

王朝内部的腐败

道光皇帝在位期间，清王朝的国家机器也已经运转了170余年，前朝五位皇帝留下的这片盛世江山，经济繁荣，人口众多。

虽说清王朝经历康乾盛世后已经由盛而衰，但是祖宗留下的基业依旧闪耀着光辉。道光帝在位时，大清王朝疆域广阔，他统治着一个面积超过1300万平方公里的世界第一大帝国，这时候，人口数量已到达了空前的四亿人，占全世界总人口近1/3。如果当时有"发达"这个词的话，当时的中国可谓是世界上最发达的国家，道光帝在世界上也拥有绝对的权威。

此时，大清王朝的力不从心的衰朽状态，官场因循懈怠、贪污腐化的程度也达到前所未有、闻所未闻的程度。这位39岁的皇帝从他的父亲手中接过的不仅是一片盛世，也是一个腐败到骨子里的烂摊子。

在封建社会，皇帝是九五之尊，是天子。然而正是这位至高无上，一呼百应的道光皇帝，自然是想要什么就有什么。岂不知皇帝实际上却被那些拿着大清俸禄的效忠于朝廷的腐败集团绑架了，作为一个皇帝，他无法抽身，更是力不从心，他徒有皇帝的风光，实际上他只是周围一大批人的傀儡，他痛恨腐败，痛恨贪官污吏，而正是这帮贪官污吏顶着他的名字捞自己的好处。

与天子比起来，这些官员只是一些无名小辈，却从统治集团中得到最大实惠。清朝的腐败到了道光时期可谓是达到了登峰造极的地步。当时有一句话：三年清知府，十万雪花银。字面上理解，就是清朝地方官是三年一个任期，一个知府一个任期就能搜刮十万两白银甚至更多，这是多么令人难以置信，又是多么荒唐的统治集团。

贪官污吏，历朝历代皆有，道光朝也有这种现象似不足为怪，但皇帝成为贪官搜刮民脂民膏、侵蚀钱粮的工具却无先例。道光这位一心想挽狂澜于既倒的皇帝，为他的臣下官员们充当着"洗钱"的机器。

整顿吏治的流产

道光帝登基之初就想通过改变大清前朝留下的陋规陋习来改变这种吏治腐败的现实，英和建议清查陋规，整顿吏治。他立即发布上谕：

箕敛溢取之风，日甚一日，而闾阎之盖藏，概耗于官司之削，民生困敝，职此之由。

清查的方针是，将所有的陋规查明，该保存的留下，该取缔的消除。道光帝实际是想承认一部分陋规，取消另一部分陋规，控制其发展。

新官上任三把火，道光帝整饬陋规是为初政之一，他也想励精图治，续写盛世，然而那帮既得利益者怎么舍得让他们搜刮到的财富变成非法的呢？由此，官吏们的贪婪却让道光无可奈何，最后只是说了一通空话：

各大吏正己率属，奖廉黜贪，如有苛取病民之事，立加黜革厘正，斯吏治澄清，民生日臻饶裕矣。

道光整顿吏治的新政流产了，预示政治不会有起色，陋规将越来越严重，吏治一发不可收拾。

道光皇帝一生力戒浮华，克勤克俭，在历史上来看也是一位数算得上节俭的皇帝，他批答奏章，日理万机，召见臣工，夜以继日的操劳国事，对国事可谓鞠躬尽瘁，又可谓是一位勤政的皇帝，可见他守成君主的兢兢业业。然而他改变不了王朝没落的大趋势，面对吏治腐败，他深恶痛绝却又无能为力。这位勤政节俭的皇帝一生都写着衰世之主的悲怆与无奈。

一死百了能解决问题吗

悲剧的角色

道光帝在位期间，做了不少有利国计民生的事情。然而，随着禁烟运动的失败以及鸦片战争的一声炮响，道光帝的一世英名付之东流。

39岁继位的道光帝，在他30年时间内，见证了一个万里帝国由盛转衰的悲剧，而他本人，虽然非圣主，却也不是个昏君。如果不是恰逢三千年唯有之大变局，他或许还可以做个安乐皇帝。

然而作为鸦片战争的头号当事人，道光无可避免地成了后世最具争议的人物之一。古往今来，以弱胜强，以少胜多的战例不胜枚举，然而碰到了性格疑虑犹豫、反复无常道光，则此战最终败北。在禁烟之时，严禁与驰禁犹豫摇摆；战争爆发时，道光又在主战与主和之间反复无常；用人当任时，道光又以一己好恶和宵小谗言，任贤与任奸功罪倒衡。在这场历史悲剧中，道光遂扮演了悲剧的主角。

鸦片战争胜负未分之时，林则徐便遭到了贬谪，随即，道光帝便派投降派琦善为钦差大臣去到广东，与英国谈判。临行之前，道光帝定下要求：上不失国体下不开边衅。意思是说，给英国割地赔款不行，与英国发生军事冲突也不行。按照道光的打算，是要让英国人竹篮打水一场空。

琦善无能，遂向英方让步，私下将香港划给了英国。这让道光帝大怒，在逮捕了琦善之后，遂派遣杨芳、奕山向英军进攻，结果却失败而归，绝望的道光帝只能投降，割地赔款。如此反复无常、左右摇摆的君主，如何能够让大清军士上下一心，把英军打回老家去呢？

此后，道光帝更是不思进取，不图改良，不知求富图强之道，致使西方列强步步紧逼。所以《清史稿·文宗本纪》论述道："论曰：宣宗恭俭之德，宽仁之量，守成之令辟也。远人贸易构衅兴戎，其视前代戎狄之患，盖不侔矣。当事大臣先之以操切，继之以畏葸，遂遗宵旰之忧。"鸦片战争的失败有臣属不尽责的原因，摇摆不定的道光帝也难辞其咎。

忠臣义士的失望

见林则徐这样的忠贞之士遭到贬谪边，愤懑的魏源铺纸提毫，奋笔疾书：

楼船号令水犀横，保障遥寒岛屿鲸。

仇错荆吴终畏错，闲晟赞普讵攻晟。

乐羊夜满中山夹，骑劫晨更即罢兵。

刚散六千君子卒，五羊风鹤已频惊。

一开始之时，林则徐倒还看得开：只道光帝励精图治，群臣上下一心，文武协力，这朗朗乾坤未尝不能扭转。然而，时局的发展大大出乎了林则徐的意料，道光皇帝竟然听信了首席军机大臣穆彰阿为首的投降派的谗言，将林则徐和邓廷桢革职充军。

时任户部尚书的王鼎，眼见国家危难，民族危亡，毅然将生死置之度外，多次怒斥穆彰阿"妨贤"、琦善"误国"，不惜让道光帝震怒，唯望能够唤醒道光帝，让他坚持抗战。当所有希望都变成失望，失望化作绝望之时，王鼎只能以死报国，道光二十二年（1842年）四月三十日，王鼎自缢而死，并留下遗书："条约不可轻许，恶例不可轻开，穆不可任，林不可弃也。"林则徐听闻王鼎尸谏的消息，悲痛万分，遂写下《哭故相王文恪公》诗：

甘载枢机赞画深，独悲时事涕难禁。

艰屯谁是舟同济，献替其如突不黔。

卫史遗言成永憾，晋卿祈死岂由心？

黄扉闻道犹虚席，一鉴云亡末易任。

为了维持现状，维护投降派的利益，在王鼎死后，穆彰阿的亲信、军机章京陈孚恩急忙去到王家成功骗取了遗书，在他的威胁利诱下，王鼎之子王沆被迫接受"代为改草遗书"。最终，道光帝只知王鼎"暴病而亡"，下诏悯恤优抚，追赠太保，谥文恪。王鼎之一片忠心，只能谋日月之昭彰了。

一死百了的道光帝

道光晚年，痛定思痛，逐渐抛弃了投降派，对那些有功的抗敌将领，想尽办法加以优待和保护。然而，他却总是顾此失彼，不想成为千古罪人的道光帝，竟然连选储君之时，也是举棋不定。当时，四皇子和六皇子都有资格，四皇子是长子，而且贤孝；六皇子虽是庶出，却天资聪颖。正当道光帝准备选择六皇子之时，竟然被一个太监偷窥到了，而且还被太监传了出去。道光帝很不高兴，遂一怒之下改立了四皇子，也就是后来的咸丰帝。

自然界的时令虽是初春时节，大清王朝的气数已是暮秋时候。于是，在紫禁城中，自然形成了一股伤春悲秋的自然与人文氛围，不堪忍受巨大孤独和压力，不堪忍受耻辱又不能改变命运，想要扭转乾坤却又不知从何着手的道光帝，终于闭上了他的眼睛。

第九章

四无皇帝——咸丰

让奕詝继位，道光帝老糊涂了吗

身患残疾的咸丰帝

文宗体弱，骑术亦娴，为皇子时，从猎南苑，驰逐群兽之际，坠马伤股。经上驷院正骨医治之，故终身行路不甚便……

——民国·赵尔巽《清史稿·文宗本纪》

据上述史料记载，四皇子奕詝，也就是后来的咸丰皇帝，在登基之前，一次狩猎时从马上摔了下来，经过太医的精心治疗，骨病虽然好了，却落下残疾，成了跛子。奕詝的这个身体缺陷本来是不为黎民百姓甚至是朝廷官员所知的。于是，为了掩盖他身体上的缺陷，奕詝刚一登基，便下了一道旨令，意思是说每次退朝后，文武大臣先退，皇帝后走，以免让文武大臣看到自己的跛脚。可是，在一次朝堂议事过后，由于过度气愤，他竟然忘记了自己曾经颁发过的这道圣旨，愤愤而去，比群臣先走。此刻，满朝官员才了解到自己侍奉的主子原来是个残疾人，后来这一秘密才被世人所知。奕詝还得过天花，脸上还有麻子。

那么，这么一个身有残疾的皇子是怎样赢得道光的宠信而登上大统之位成为天下之主的呢？

二选一的结果

皇四子奕詝出生时间为丑时，排行第四。他的父亲道光帝有9个儿子，当道光帝 65 岁时，也就是道光二十六年，大阿哥奕纬，二阿哥奕纲，三阿哥奕继此时都已死去，皇四子也就实居皇长子之位。道光考虑到自己年岁已达，身体又不好，立储之事成了当务之急。要知道，在皇朝政治中，确立皇储，是无可争议的头等大事。道光的儿子虽然只有六个，但想要在其中选出一个可以延续大清后世的继任者，并非易事。平常人家有一群孩子，可以把家产分了，哪怕一堆孩子中只有一个争气的，也可以光耀门楣。但皇太子却不能这么分配，毕竟皇位只有一个。一旦成为下一位君临天下的帝王，无论是什么样的人，都无可挽回。这就需要指定继承人的皇帝有一种非凡的识人能力。

当时，道光的五阿哥奕誴已经过继给了醇亲王绵恺为子，失去了继承大统的权利。六阿哥就是后来人称鬼子六的奕䜣。这一年，四阿哥奕詝 16 岁，奕䜣 15 岁，老七、老八、老九三子均不满 10 岁，无须考虑在内。所以能够考虑皇太子人选的，实际上只有奕詝和奕䜣。

还有一点特殊的地方就是，奕詝的母亲在他十岁时就已经去世，一直是由静贵妃，也就是奕䜣的母亲来照顾他，所以奕詝视静贵妃如同生母，视奕䜣如同胞弟。奕詝和奕䜣关系从小就一直很好，这就更增加了道光选择皇储的困难。

奕詝和奕䜣，这两个儿子之间到底选择哪个来继承祖宗的江山，道光帝犹豫不定。他举棋不定，难下决心。兹事体大！

那么怎么立的呢？奕詝和奕䜣因为只差一岁，都在上书房读书，但是，奕詝却不如奕䜣好，奕䜣不仅相貌出众，功课优异，刀枪骑射样样出众，能文能武，道光怎么选择？不仅是在当时，即便是在今天看来，道光帝确实是立错了储君。

诚然，即使是奕詝样样不如奕䜣，只要道光的谕旨一定，那就是铁定的事实，没有任何回旋和改变的理由，因为道光是皇上，立一个残疾人当储君尽管要考虑诸多因素，但最终还是按他的意志来定。也就是在封建皇权专制的社会中，立储之事只能出自圣裁。臣下的建言本已逾规，后宫干政更是不能容许的。若言而不中更有危险。

试看古今，多少皇子为了大位之争而反目成仇，你死我活。密建制度在一定程度上避免了众皇子为争夺皇位的纷争，避免了内外大臣互相勾结为拥立所亲近的皇子的纷争。到底谁是他们的新主子，在皇帝未死之前是绝对的秘密。因此，皇子欲被选为皇太子，只能靠自己的表现而赢得父皇的心。

"藏拙示仁"的妙计

立储不是儿戏，于是，道光帝便开始考察四阿哥和六阿哥的能力。首先，道光帝想考考这两位皇子的骑射功底。皇四子之师傅为杜受田，皇六子之师傅为卓秉恬。他们的老师都分别给自己的弟子出了主意。奕䜣的箭法在阿哥中当然是最好的，他捕获的猎物自然也是最多的。道光一看很是高兴，心想奕䜣确实是很有本事。而皇四子奕詝肯定是不如自己的六弟。这就显示了杜受田的政治智慧，他教奕詝索性一箭不发，自然也就没有任何收获了。道光看到奕詝如此无能，当然很是生气。奕詝却说："父皇恕罪，儿臣以为眼前春回大地，万物萌生之际，正是禽兽生息繁衍之期，儿臣实在是不忍心杀生，恐违上天的好生之德。"

这就是"藏拙示仁"的妙计，他猜中了道光在乎的，猜中了道光的心思，赢得了一块巨大的筹码。把自己的短处藏起来，来表示自己仁爱，道光觉得奕詝很符合儒家这个"仁"的思想。心中便暗暗地肯定了奕詝。

据史料记载，为了最终确定自己的选择，道光帝在一次病重时，召奕詝和奕䜣二皇子入对，将借以决定储位：二皇子各请命于其师。卓教恭王，以上（指皇上）如有所垂询，当知无不言，言无不尽。杜则谓咸丰帝曰："阿哥（清代称未成年皇子为阿哥）如条陈时政，智识万不敌六爷。惟有一策，皇上若自言老病，将不久于此位，阿哥惟伏地流涕，以表孺慕之诚而已。"如其言，帝大悦，谓"皇四子仁孝"，储位遂定。

这便是藏拙示孝的典故，可以说，奕詝能登上皇位，与恩师杜受田的政治智慧是分不开的。"藏拙示仁"，又"藏拙示孝"，在"仁"和"孝"这两个字上表现得比较突出，所以道光就选择奕詝做皇太子。可见，道光在选皇太子的时候，德才两个条件，没有考虑德才兼备，只考虑了德而没考虑才，实际上咸丰后来在德的问题上做的也是很不够的。杜受田的政治智慧让道光帝选择了一位没有治世才能的平庸皇子继承了大统。

即便是奕詝是个残疾人，无论是形貌表象，文才武功皆不如奕䜣，与奕䜣比起来，奕䜣更适合做一个皇帝，对社会、对国家民族都是一件好事，然而历史不容假设，他们的父亲是皇上，一言九鼎。正大光明牌匾后写的是奕詝的名字，奕詝就是正大光明的天下之主，九五之尊。

四无皇帝死于何病

千年国耻，火烧圆明园

1856 年，英法以修约为借口对中国发动第二次鸦片战争，攻占了广州。1858 年，英法联军攻占天津，进而向北京进犯。英法联军一边与清政府议和，一边继续进犯北京。在通州击败清军后，进攻北京。咸丰帝自圆明园仓皇逃亡热河，命恭亲王奕䜣留京议和。奕䜣代表清政府与英、法、俄签订了《北京条约》。

最令人痛心的是，英法联军进入北京后，一把火烧毁了举世闻名的皇家园林——圆明园。大火三天三夜不熄。中国园林艺术的精华和杰作，就这样被付之一炬。特别是园里面收藏的中华五千年的文物宝藏或者被焚毁，或者被抢掠。而圆明园收藏的这些文物宝藏个个都是价值连城，它不仅仅是收藏了清代文物，而是中华有史以来五千年文明的精华。可以说，圆明园被焚毁，被抢掠，是我们中华五千年文明史上最沉痛的浩劫。

有一天，两个强盗闯进了夏宫，一个进行抢劫，另一个放火焚烧。他们高高兴兴地回到了欧洲，这两个强盗，一个叫法兰西，一个叫英吉利。他们共同分享了圆明园这座东方宝库，还认为自己取得了一场伟大的胜利！

——法·雨果

正如法国著名作家雨果所描绘那样：火烧圆明园是英法两国携手制造的

世界艺术史上最大的一场灾难。

与此同时，英法联军等侵略者用武力闯进了皇宫，进了天坛，让天子脚下这块本来最安全的地方的老百姓遭受涂炭，这也是中华民族五千年的历史长河中外国侵略者第一次侵入北京，是中华民族五千年的空前浩劫。

避暑山庄还是避难山庄

面对这场浩劫，身为一国之主，身系天下苍生之安慰的咸丰帝却在外敌入京、义军蜂起、社稷多难、江山危急之时，逃跑了，而不是身守社稷。英法联军一打入北京，咸丰就暗示大臣，给他上奏章，让他去木兰围场打猎去，借这茬儿就到了承德避暑山庄，留下恭亲王奕䜣在北京主持这些事情。

在大敌入侵之时，他不尽职守，不守国门。既没有与英法联军决战的诏书，也没有作战决心，更没有周密的作战部署。

起初，当英军18000余人、法军7000余人陆续开赴中国侵略时，面对不足三万人的"远征军"，咸丰皇帝并没有发动起抵抗力量，甚至连一份诏书都没发。对于拱卫京畿的要地——天津大沽炮台、塘沽海口，也没有增派一兵一卒。最为荒唐的是，当侵略者隆隆的炮声响彻北京防线的时候，咸丰，这个一国之君，却在圆明园里大张旗鼓地庆祝30岁"大寿"。文武百官齐聚一堂，在圆明园的同乐园里连看了四天的庆寿大戏。

此时，英法联军在圆明园的一片欢声笑语中加紧了进攻。

堂堂的一个大清帝国，数以百万计官兵，敌不过数万侵略军，是不可能的。但咸丰皇帝还是跑了，躲在热河闭目塞听。

咸丰皇帝的死因

世人皆知，咸丰皇帝有四大癖好。

其一，咸丰贪恋美色，在避暑山庄，他依旧不问窗外风雨，今朝有酒今朝醉，只图自己逍遥快活。据书中记载：奕䜣置兵败于不顾，携妃嫔游行园中，寄情于声色既聊以自娱，又自我麻醉。据野史记载："山西籍孀妇曹氏，风流姝丽，脚甚纤小，喜欢在鞋履上缀以明珠。咸丰帝召入宫中，最为眷爱。国难当头，他却依然沉浸于美色，不思进取。

其二，贪丝竹，他把一个戏班挪到承德，上午唱叫"花唱"，下午要"清唱"，天冷在屋子里演，夏天在"如意洲"演出。每天乐不思蜀。

其三，贪美酒。咸丰贪杯，一饮即醉，而且大耍酒疯。野史记载："文宗嗜饮，每醉必盛怒。每怒必有一二内侍或宫女遭殃，其甚则虽所宠爱者，亦遭戮辱。幸免于死者，及醒而悔，必宠爱有加，多所赏赐，以偿其苦痛。然未几而醉，则故态复萌矣。"

其四，贪鸦片。咸丰继位不久，违背祖训，吸上鸦片，并美其名曰"益寿如意膏"。而且咸丰在热河期间常常吸食鸦片来刺激自己、麻醉自己。

咸丰如此折腾自己，自然就离死不远了。根据相关史料记载，早在北京时，咸丰帝就因为被酒色掏空了身子，面黄肌瘦，时常咳嗽不止。后来医生开出药方，说鹿血是纯阳之物，可以长期饮用，滋阴壮阳。于是咸丰帝就养了百余只鹿，每天取血引用。后来到了热河，鹿群留在北京，而他又不知休养生息，成天沉溺声色之中。

到咸丰十一年（1861年）七月，老毛病终于又犯了。这次没有鹿血滋补，咸丰帝终于走向了死亡的边缘。十五日，咸丰帝病重，临死前立载淳为皇太子，并命八名心腹重臣为顾命大臣。两天以后一命呜呼，结束了他年仅31岁的生命。

第十章

傀儡皇帝——同治

毫无国君风范的同治帝

不爱学习的皇帝

咸丰十一年（1861年），咸丰帝在热河驾崩，身后仅留下一子载淳。经过一场惊心动魄的宫廷政变，两宫皇太后掌握了实际权力，在恭亲王奕䜣的支持下，搞起了"垂帘听政"。大清国的最高权力，就落在了两个妇人之手。

幼稚无知的同治，懵懵懂懂被抬上了九五至尊的宝座，接受文武百官王公大臣的三跪九叩，山呼万岁。其实他什么也不懂，所有的军国大事，都由坐在身后的两位太后说了算，他也只是装装样子，每天的主要任务是到弘德殿读书。

清代皇子的教育是极为严格的，可是同治却是个例外。由于他从小就失去了父亲，而两位母亲又整日忙于国事无暇他顾，因此同治自小就和一帮太监宫女厮混在一起，正是所谓入鲍鱼之肆，久而不闻其臭。本来少年心性，贪玩好动，又没有得到严格的管教，同治逐渐养成了懒散不好读书的恶习。在清朝的所有皇帝中，他恐怕是唯一一个不爱学习的皇帝。

其实同治的老师不可谓不好，曾经教过他的老师都是朝廷重臣，饱学之士。例如礼部尚书祁寯藻，大学士翁心存，工部尚书倭仁，翰林院编修李鸿均、李鸿藻，咸丰朝状元翁同龢都曾经教过他。无奈同治脾气喜怒无常，"天威难测"，这些老师毕竟又都是臣子，并不敢过分要求，也只好睁一只眼，闭一只眼，得过且过。李鸿藻长年担任同治的老师，每天上课的时候不是陪他聊天，给他讲故事，就是下棋而已。而同治的几位伴读奕详、奕询等人都是他的叔叔辈，同治始终对其敬而远之，没法儿起到相互鼓励，彼此切磋的作用，除了代同治受过，给他当出气筒之外一无所用。后来恭亲王奕䜣的儿子载澄进宫伴读，载澄脑子好使，又能说会道，可是也不好好学习，反而带着同治成天玩耍嬉闹，成了同治的玩伴。同治在课堂上有精神的时候就打闹嬉笑，无所顾忌，没精神的时候就呵欠连连，瞌睡连天。《翁同龢日记》记载了同治十年（1871年）同治帝的学习情况：晨读懒洋洋，只是敷衍了事；作文腹内空空，几乎不能成篇；作诗吭吭巴巴，不忍卒读。完全就是一副老师最不喜欢的差学生模样。过了两年依然如此，连《大学》都背不下来。

看不懂奏折的同治

如此学问，同治的治国能力可想而知。同治亲政之后，甚至连奏折都看不懂，只得叫苦连天。曾经有一次，同治和翁同龢聊天，其间居然抱怨："当皇帝的差使太累了！"贵为一国之君，治国平天下本为份内之事。同治即使不能和他的先人雍正那样，视处理政务为日常生活的一部分；至少也应该和嘉庆道光一样，不求有功但求无过，勤恳办公。可他居然把皇帝的宝座看成一个差使，自己只不过是在当差。怀着这种做一天和尚撞一天钟的心态当皇帝，也难怪慈禧迟迟不肯把权力交给他。

强烈的排外情绪

不仅如此，同治的精神世界也极为抱残守缺。或者是著名的清流派首领倭仁、李鸿藻等人先后担任他的老师，或者是幼年时期随同父母出奔热河的经历给同治帝留下了浓厚的阴影，他虽然年纪不大，但却表现出强烈的排外情绪，有时候甚至强烈得令人生畏。据说当同治帝还是个小孩子的时候，就让太监用泥巴捏成洋人的样子摆在桌案上，他则拿小刀把这些泥偶的头一一割下来，一边割一边嘴里还念念有词："杀尽洋鬼子，杀尽洋鬼子。"待同治帝年纪稍大，他的排外情绪愈发高涨了。曾经给同治帝做伴读的兵部右侍郎夏同善有一块怀表，有一次拿出来看时间时，被同治帝看到了，便问他是何物？夏同善不敢隐瞒，便取出怀表呈给同治帝，说此物乃是西洋之物，可以计时。谁料同治闻言大大不悦，一把将怀表摔个稀烂，斥责道："没这玩意儿，你就不知道现在几点了吗？"等他亲政以后，更是对洋务运动不以为然，认为同文馆、方言馆、船炮制造局等都是没用的玩意儿。

沉迷游戏的帝王

同治一见书就头痛，但提到玩乐就两眼放光。他特别喜欢玩儿一种叫"掼跤"的游戏：这游戏据说是某太监发明的，拿一条板凳，躺在上面，让另一个人按着肚子，然后以此为圆心不停地转圈，有精通此道者，不用板凳，随便躺在地上就可以转起来，煞是好看。同治便非常喜欢这个游戏，他自己贵为天子，不能随便行动，便经常命令小太监表演给他看，他在一旁手舞足蹈哈哈直笑。可是这个游戏对身体素质要求极高，只有身材小巧灵活者才表演得了，年纪稍大一些便无能为力，时间一长，便头昏眼花，甚至因此毙命。可同治才不管那么多，只要他想看，就强令小太监掼跤，由此死者也不在少数。

同治遇到载澄以后，玩儿的花样更多了。载澄极力怂恿同治出宫游玩，在他看来，掼跤把人累个半死，有啥意思！京城里好玩儿的地方太多了。只要有两个小钱儿，就能痛饮美酒，抱得美人儿。好不容易当了皇帝，反而被关在紫禁城里，太没劲了。同治被他忽悠得一颗心扑扑乱跳，于是跟着载澄出宫寻欢作乐，从此竟然一发而不可收。

微服私访的轶事

清人曾有论认为，同治"跳荡游冶之遗传性，亦得之慈禧为多"；如此说来，咸丰贪酒好色的毛病，也一丝不差地全部传给了同治。继承了父母"优良基因"的同治频频出宫，北京城几乎每个角落都留下了他的身影，在清人的笔记中，记载了大量关于同治微服私行的轶事。

同治自幼养尊处优，甫一接触外面的花花世界，顿时目迷五色，甚至不知道买东西是要给钱的。饿了就吃，渴了就喝，吃饱喝足，掉头就走，摊贩虽然不满，但见他前呼后拥，如此做派，想来必然大有来头，只得自认倒霉，不敢声张。

不过天长日久，同治自然也有所觉察。有一次他吃饱喝足，看到别人结账，不明所以，便问老板为什么要给钱。老板哭笑不得，说道："我们做生意都是糊口，怎么能不要钱！哪儿像少爷您一看便不是凡人，我们是等着您一总赏下来呢。"

同治一听，也觉得不好意思，便说："我老来你这里吃吃喝喝，大概也欠了你不少了，不过我出门都不带钱，给你写个欠条你看如何？"说完便取纸笔，写了几个大字"饬广储司付来人银五百两。"这老板也不识字，不知道写的是什么，便拿给朋友看。朋友一见骇然，说这广储司是内务府的银库啊，敢让你从广储司领银子的，只有当今圣上啦。

老板一听顿时吓得半晕，说什么也不敢去，无奈朋友怂恿，只得硬着头皮去广储司一试。管事儿的一听这事儿，深感为难，不知如何是好，只得回禀慈禧。慈禧便叫来同治问可有此事，同治供认不讳。慈禧一笑，告诉管事儿的官员："皇上虽然是胡闹，可是也不能让老百姓觉得皇上说话不算数，这钱就赏下去吧。"

又有一次，同治出宫玩耍，不巧大雨滂沱，同治只得在一所寺院中避雨。可巧遇到一人，穷困潦倒。同治也是无聊，便上前搭话。二人攀谈起来，原来此人原是一大户人家的奴才，被主人赶了出来，无处容身，只得寄居在寺院中，苟活而已。同治听说如此，便问他想做什么。此人长叹一声，说要是能到广东海关当几年差使，就心满意足啦。

同治立刻取纸笔来写了一封信交给他，告诉他你只要拿着这封信去步军统领衙门，包你心想事成。此人半信半疑，第二天拿着信如此这般，步军统领一见此信，认得是皇上御笔，心知皇上又微服私访多管闲事，然而也无可奈何，只得安排此人赴广东就任。

同治亲政后的荒唐事

重修圆明园的闹剧

同治十二年（1873 年），同治开始亲政。由于他于第二年便遽尔驾崩，因此在这短暂的一年多时间并没有太多值得为人所称道之处，相反倒是惹出了一桩大风波。这位小主子在政务上的所作所为，只能让人徒呼可笑，就连记载此事的清人，也直言不讳地说"真是滑稽剧"。

同治十三年（1874年），刚刚亲政没多久的同治居然打算重修圆明园，消息传出，众臣无不瞠目结舌。虽说此时太平天国和捻军的起义已经被镇压下去，而西方列强与清廷也处于"和平友好"的局面，整个朝政有所恢复，然而毕竟是战乱之后，各项事业方兴未艾。此时同治帝放着一大堆的军务政务不处理，却一心要重修已经被英法联军一把火烧得七零八落的圆明园，这要花多少银子。

最着急的莫过于恭亲王奕䜣，他此时是领班军机大臣，又是皇上的叔父。见到自己的侄儿如此胡作非为，真是看在眼里，急在心头，他又想到眼下京城中风言风语，说同治帝时常从宫中偷跑出去，白龙鱼服微服私访，这一切都让他忧心忡忡。不得已，只好写奏折进谏了。于是他挥毫奋笔疾书奏折一封，提了八条建议：停园工、戒微行、远宦寺、绝小人、警宴朝、开言路、惩夷患、去玩好。写毕又怕自己的分量仍然不足以打动同治帝，于是又找来醇亲王奕譞、惇亲王奕誴、孚郡王奕譓、额驸景寿、奕劻、大学士文祥、宝鋆、军机大臣沈桂芬、李鸿藻等九名重臣一道联名上疏，希望以此让皇上憬然醒悟，迷途知返。

十大臣的奏折送上去了，然而却仿佛石沉大海一般杳无音信，并不见同治召见群臣商议此事。过了几天，几位大臣凑在一起合计，觉得这样不妥，万一同治帝年纪轻轻，不耐烦看这语重心长的奏折呢，还是十个人一起去面见圣上比较好。计策已定，正好过两天宫中要演戏，十大臣便决定趁此机会递牌子面见同治帝。

谁料进宫一看，同治皇帝坐在龙书案前，手中捏着奏折，面沉似水，气色不正。奕䜣心一沉，暗叫不妙，只得连忙率众人磕头。果然，同治帝也不等大臣们起来，便兀自大嚷起来："你们这些大臣好不饶舌！说说停工的事儿也便罢了，如何又说出其他的事来？"十大臣头也不敢抬，心中暗暗叫苦，不知这位小主子是何主张。

奕䜣贵为皇叔，毕竟地位高些。待同治怒气稍息，徐徐回复道："皇上，臣下所奏，确实不止停工一事，还有其他条陈，请容臣一一讲来。"说罢，也不待同治答应，便从袖中取出奏折的副本念了起来。

谁知还没念几句，同治"啪"的一声，将手中的奏折往地上一摔，站起来怒气冲冲地嚷道："别念了，你们不就是说我当不得皇帝吗？奕䜣，这位置我不坐了，让给你，你来！"

此言一出，十大臣顿时乱作一团。文祥闻听此言，连连叩头，眼前一黑，居然晕了过去。醇亲王奕譞痛哭流涕，泣不成声。其他大臣也纷纷落泪，连连叩头，七嘴八舌地苦苦劝谏。只有奕䜣黑着脸，低着头，不发一言，他是真的被这个侄子激怒了。

同治看着这些老臣，心中的怒火越烧越旺。又说道："你们说我微服私访，可有证据？竟敢污蔑我，实属可恶！"

奕䜣此时再也忍不住，抗声说道："陛下，据臣所知，某年月日，陛下曾经到过某处；又某年月日，陛下又曾到过某处……"他口讲指划，一一道来，竟是分毫不差。

同治被说中痛处，脸上一阵红一阵白，一时居然哑口无言。他咬着牙看了看兀自滔滔不绝的奕䜣，蹦出几个字："不错，你却是如何得知的？"

奕䜣此时也顾不得许多，直起身来说道："臣子载澄亲眼所见亲耳所闻。"

同治再也忍耐不住："奕䜣，你欺朕年幼，跋扈弄权，和你儿子一起把持朝纲，结党营私，莫非是要逼宫不成！朕……朕要重重地治你！来人，拟旨，革去恭亲王一切差事，降为庶人，交宗人府严行管束！其子载澄，一并处理。"

闻听此言，十大臣大惊之下竟然呆若木鸡。醇亲王反应过来，膝行几步连连叩头："陛下，请息雷霆之怒，收回成命。不然……臣只有一死以谢天下了……陛下……"明白过来的几位大臣也纷纷附和。只有奕䜣跪在旁边，木着脸一声不吭。

同治怒气更盛，向前一步，指着奕谖："好啊，你要以死相逼，朕就成全你。拟旨，革去醇亲王爵位，与奕䜣一体处理！"

正当闹得不可开交的时候。李莲英从殿外跑了进来，叩头道："皇上，两宫太后有旨，宣您速赴弘德殿见驾。"

同治一听要见母亲，只得把心中的火气勉强压了一下，向十大臣吼道："还呆着干什么？朕要去见太后！你们这些狗奴才，差使都别干了，回家听候发落！"说完袍袖一抖，气冲冲走了出去。

原来，同治与十大臣在养心殿闹得不可开交，两宫太后早就听报事的太监宫女说了个一清二楚。慈禧闻听此事心中十分不悦，尽管重修圆明园是同治的主意，但其实背后却是慈禧自己的意思，聪明如奕䜣者怎么会想不到这一点，定是蓄意和自己为难。回头一想，又深恨同治这个不争气的儿子不明事理，居然把此事弄得这么僵。慈禧回头看了看端坐不动，闭目养神的慈安，暗暗决定了善后之策：园子是不能修了，奕䜣当然更不能杀，至于皇帝，让他亲政实在是勉为其难，只好继续垂帘听政。

在慈禧的调停之下，这场闹剧总算草草收尾。在慈禧的斥责之下，同治痛哭流涕，从此再不敢自作主张。奕䜣官复原职，然而猜忌和怀疑的种子却已经种在慈禧心里。

差点处死奕䜣

同治十三年的这场风波闹得沸沸扬扬，尽人皆知，因此说法众多，不胜枚举，然而这些说法几乎都众口一词地指斥同治帝毫无体统，肆意妄为。

按照清宫祖制，皇帝原本应该穿明黄色的衣服，可同治帝不知为什么，偏偏喜欢穿黑色。恭亲王奕䜣看不过眼，仗着自己是皇叔，便婉言相劝同治帝换身衣服，不要丢了皇家的体面。谁知同治根本不把这位皇叔看在眼里，闻听此言，脸色一变，质问道："你说朕违反祖制，该当何罪啊？"

奕䜣一听，吓了一跳，连忙叩头表示，自己也就是这么一说，您贵为皇帝，怎么能有罪呢。同治不依不饶，反诘奕䜣道："我可是看见过，你儿子也经常穿黑衣服进宫来给我问安。你不好好管教他，反而来说我，什么意思啊？！"

这话太重了，吓得奕䜣再也不敢多嘴，落荒而逃。谁知刚出宫门，同治余怒未消，下了一道旨意：处死奕䜣！几位军机大臣实在看不过去了，只好跑到慈禧太后面前哭诉前情。

慈禧一听就火冒三丈，立刻让人把同治叫来，故意慢条斯理地问他："听说皇上要杀奕䜣，是为什么啊？"

同治本来就怕慈禧，而且又理亏，面红耳赤，一句话也说不出来，杀奕䜣的事儿也就不了了之。看来，"处死奕䜣"只是皇帝的一场闹剧，不过，通过此事，太后和大臣都觉得同治实在是少年心性，顽劣无比，做一国之君，也实在是为难他了。

同治自己可能也这样觉得，加之此时载澄已经患病身亡，同治想必感觉非常无助和寂寞，他重新开始出宫游玩，并且变本加厉。

同治之死，是天花还是花柳病

花街柳巷中的帝王

同治广泛出没于花街柳巷，秦楼楚馆。据说他经常到崇文门外的酒馆和妓院中饮酒作乐，"伶人小六如、春眉，娟小凤辈，皆邀幸"，又沉迷于"小说淫词，秘戏图册"中。这个时候，他又认识了王庆祺。

这王庆祺本是一世家子弟，英俊潇洒，多才多艺。有一次在广德楼饭庄唱曲儿，恰巧被微服私行的同治遇到，同治大加赞赏，便一见如故，给其加官进爵，原本王庆祺只是个小小的翰林院侍读，骤然以五品官加二品衔，毓庆宫行走。这王庆祺其他本事没有，吃喝玩乐的手段却花样繁多，居然比已故的载澄还高明一筹。这下子同治真是心花怒放，于是与王庆祺朝夕相处，日夜游玩，简直一刻也离不开。

有一次，太监给同治送茶，远远就看见同治与王庆祺两人坐在榻上凑在一起津津有味地看一本小册子，状甚亲密，太监心中疑惑，待走近一看，居然是本《秘戏图》。两人看得入迷，连旁边有人都浑然不觉。此外也有说同治甚至连宫内太监也不放过的不堪说法："有奄杜之锡者，状若少女，帝幸之。之锡有姊，固金鱼池娼也。更引帝与之狎。由是溺于色，渐致忘返。"

同治的身体本来就弱，根本经不起这种醇酒妇人的折腾。很快他就病倒了。同治十三年（1874年）十二月初五，年仅19岁的同治在养心殿驾崩。

因天花而死说

关于同治的死因，当时就众说纷纭。根据官方说法，同治是患天花不治身亡。这一点也得到了翁同龢的支持。

《翁同龢日记》中详细记载了同治从发病到病重，最终驾崩的情况，翁同龢根据太医的说法，明确提出同治是患天花而死。而历史研究者通过对清宫档案中保留下来的药方的研究也证实了这一点。

此外，根据一些野史的记载，同治患病之后，宫内外进行了规模浩大的"供送痘神"，恭请"痘神娘娘"进入养心殿接受供奉的宗教活动，由于天花是一种致死率非常高的疾病，而满族人世居关外，对这种病几乎毫无免疫力，因此大多时候只能听天由命，通过宗教手段，期待自然痊愈。举行仪式时，两宫太后亲赴景山寿皇殿焚香祈祷，祈求列祖列宗的保佑；文武大臣身穿花衣，为皇帝祈福；宫中张灯结彩，贴着驱邪避祟的对联……皇宫内外，锣鼓喧天，乐声震地，好不热闹。

根据美国公使的说法，同治所患疾病并非不治之症，若以西医方法诊治，绝无不可医治之理。然而，同治却不得不忍受这些对他身体根本是有害无益的装神弄鬼，最终咽气。

而同治死后民间流传的一副对联似乎也能说明同治死于天花，上联是"弘德殿、广德楼，德行何居？惯唱曲儿钞曲本"，下联是"献春方、进春册，春光能几？可怜天子出天花"。

然而，这副对联也嘲讽了同治帝生前过于糜烂混乱的私生活，也正是由于如此，不少人对天花致死说提出质疑，认为无论是翁同龢的日记，还是太医院的诊疗报告，都有可能是"为尊者讳"，因此不能作为切实的证据。

梅毒致死说

不少人坚信，同治是患梅毒而死的。根据野史记载，同治外出寻花问柳之时，由于担心被人认出，不敢去比较正规的娱乐场所，而是专拣私娼取乐。这种地方，鱼龙混杂，交叉传染的概率很大。同治患病以后，太医院恐怕伤了皇家体面，不敢对症下药，恐怕传为笑谈，佯装天花治之。同治自然病势日重，最终不治而死。

这一说法也有其他的证据：一些关于同治症状的记载说同治死时，头发全部掉光，由此看来，同治所患疾病，与梅毒的症状实在很像；而《越缦堂日记》也非常婉转地记载了此事，先说"上旋患痈，项腹皆一，皆脓溃"，又说"宫廷隔绝，其事莫能详也。"如此含含糊糊的表达方式，不禁让人生疑。

慈禧太后害死说

还有一种说法，认为同治是慈禧太后害死的。然而具体如何行凶，却是说法不一。

一种说法是慈禧太后与皇后阿鲁特氏的争执，导致同治病危不治。

此外还有一种更为奇特的说法，声称同治死于慧贵妃富察氏之手。传说清宫旧例，天子要巡幸某妃嫔宫中，需要经过皇后的批准方能成行，否则妃嫔不准擅自接驾。同治死前，曾经想要往慧贵妃宫中就寝，皇后阿鲁特氏再三不允，禁不起同治苦苦哀求，只得允许。谁料第二天同治突然发病，竟至于一病不起。更有甚者提到同治龙驭上殡之时，慈禧毫不悲痛伤心，而是忙着考虑由谁继承皇位。由此观之，慈禧定是凶手无疑。

其实这些说法，和史实相差太远，根本不能自圆其说，因此只能聊备一格而已。然而，有一种说法却甚为有趣。

传说，同治病重时，有一日忽宣李鸿藻入内见驾。李鸿藻进得殿来，却发现皇后也在。李鸿藻心中疑惑不解，连忙叩头请安。原来同治自知病重不治，便决定提前立储君，由于担心慈禧太后从中作梗，日后为难皇后，便特意宣李鸿藻来写遗诏，立贝勒载澍为储君。由于载澍年纪较长，慈禧便不能随心所欲操纵政局。李鸿藻闻听此言心中暗暗吃惊，他心知同治的这点小把戏根本不是慈禧太后的对手。于是当面假意应承，背后却立刻将此事报知慈禧太后。慈禧太后闻言大怒，立刻命人活活逼死了同治帝。

同治之死，一场宫廷阴谋

当年除了上述几种病因，关于同治之死，大英博物馆汉文藏书部助理道格思还提到了另一种说法，他曾在信中写道：在同治死之前，坊间流传着一个谣言，同治与两宫太后发生了一次严重冲突。1874年9月10日同治朱谕：恭亲王奕訢革去亲王世袭罔替，降为郡王，其子载澂革去贝勒郡王衔。第二天，皇太后懿旨，赏还奕訢及载澂爵秩。不久，两宫就正式公告同治得重病，"12月8日，帝病，命军机大臣李鸿藻代批答奏章，12月18日，帝以天花，命内外陈奏事件由皇太后披览裁定（或云因微行致疾）。"1875年1月同治去世。2月20日，同治皇后吞金自杀。

当时民间谣传同治皇后怀有同治遗腹子，道格思按照自己对中国皇权体制的理解，推理嘉顺皇后很有可能诞下皇帝的继承人，这样，她就可以像两宫一样垂帘听政，但这个设想妨碍了她的两个婆婆既有的统治权，嘉顺皇后最后也只能"因病去世"。显然，在道格思的笔下，同治皇帝和皇后的死完全是一出宫廷阴谋。

同治是否死于官方所公布的天花，当年曾在北京行医的英国医生德贞就有所怀疑。1875年3月他的一份报告说同治小时"曾感染过天花"，而且同治的许多病症"让人们质疑他疾病的真实性"，他以为只有公开病历才能说明真相。在德贞的医学报告中保存的一份中文资料中有未曾引起人们注意的史料：同治得天花的另一种官方解释。清宫廷正式宣布同治得天花的时间是1874年12月8日，即农历十一月初一，那天正是金星凌日——德贞指出，按中国人的传统说法，这一天就是有一个点从太阳盘上划过，所以那天天子的脸上会留下斑点，这样皇帝生天花便顺理成章了；德贞叹道中国人真是太智慧了，他们居然找到了这样的一个借口。

25年后，道格思再次提起这个事件时，德贞明确告诉《泰晤士报》，同治不可能死于天花，依据是在他还是孩童时，自己曾为他提供过牛痘接种疫苗。他更否认道格思关于同治是在两宫太后逼迫下自杀的推断，理由是同治的病因众所周知——德贞以排除法说明同治不可能死于天花，又用"众所周知"一词来说明同治不可能死于两宫太后的迫害，但他最终回避了同治死亡的真正原因。

德贞的医学报告和公开信为同治之死因又增添了一层神秘色彩，如果同治曾感染过天花，或同治曾接种过疫苗，那么，他为何还会因天花而医治无效归天呢？这有待于公布更多的清宫医案来论证德贞的报告。

1990 年《清宫医案研究》出版，公布同治患病期间的全部医案，最后得出结论："历来对其死因传说纷纭，多谓因微服冶游，'杨梅上天'。现有同治十三年十月三十日至十二月初五日脉案表明，当系死于天花。权威的定论平息了学术界和民间的猜测，越来越多的学者接受"同治死于天花"的论断。但也有学者对照故宫博物馆出版的医案和《翁同龢日记》后发现，御医李德立撰写的同治脉案，并非全部是真相，这是一部官方文牍，因为医案写作与御医的荣辱生死关系重大，面对慈禧和翁同龢等大臣的巨大压力，李德立低调而婉转地记录同治的病情，致使这部医案中保留的脉案部分多有粉饰成分。不过这位学者同意当今的医生鉴定同治脉案后正式公布的死因，同治是"病之后为痘疹余毒所致'走马牙疳'，最后为毒热内陷而死。"目前学者可能接受的说法是，患天花的同治，也可能同时身染梅毒，最后死于"走马牙疳"。

第十一章
悲情皇帝——光绪

光绪登基，被抱来的皇帝

皇储断档的危机

同治十三年（1874年）十二月的一个夜里同治在养心殿东暖阁的须弥宝座上闭上了眼睛。他的驾崩让享国二百余年的清帝国第一次出现了皇储断档的危机。

根据野史记载，同治去世后，慈禧命宫中侍卫封锁消息，秘密请尚被蒙在鼓中的恭亲王奕䜣进宫。奕䜣进得宫来，猛见同治的尸体放在养心殿中，吓得魂飞魄散。此时慈禧却面色平静得像刚睡醒一样，手持蜡烛在旁边徐徐说道："事已至此，怎么办？"

其实，慈禧神色冷静的原因恐怕并不如道学家们所说的心肠狠毒云云，而是她正在紧张地思考下一任皇帝应该由谁来做。这不仅是有关大清"国本"之事，也涉及她是否还能继续把持大清的最高权力，对于已经垂帘听政十余年的慈禧来说，对权力的追求和控制早已成为生命中最重要的事情，她不会眼睁睁看着大权旁落的。

按照清王朝父死子继的不成文规则，同治帝载淳死后，应该由"溥"字辈接任皇帝，朝中一些大臣也如此想，便推举溥伦入主大宝。但这正是慈禧太后所不愿意之事，因为如果一旦这样，她的身份就变成了太皇太后，从而失去了继续"垂帘听政"的权力。所以她以支脉太远而拒绝了这一提议。慈禧太后的意思，是继续从"载"字辈中挑选一人担任皇位，并且此人还必须是同治皇帝的近亲，如此她就可以继续以皇太后之身份继续把持朝纲。这样一来，可选择的余地就变得很小了，候选人不外乎是咸丰帝几个兄弟的儿子，也就是同治的堂兄弟。慈禧最终挑中的是醇亲王奕譞的次子载湉，也就是后来的光绪帝。这是为什么呢？

选择载湉的原因

原来，在道光皇帝的几个儿子中，当时仍健在，并且育有后代的，就只有恭亲王奕䜣和醇亲王奕譞。但恭亲王奕䜣作为议政王，领班军机大臣，已经权倾朝野，倘若再有儿子继承皇位，奕䜣不啻于是无冕之王，权力过大。况且，奕䜣诸子年纪也都不小，不便控制；相反，醇亲王奕譞为人低调，而其次子载湉彼时年纪只有4岁，不大不小，便于从小控制，而且更重要的是，奕譞的正福晋，乃是慈禧的亲妹妹，两家可谓是亲上加亲。慈禧既是载湉的伯母，又是载湉的姑姑。于是，事情就这么定了下来。

家中平白多出一个皇帝，似乎是件天大的喜事。但醇亲王奕譞可并不这么看。他深知慈禧的为人，明白自己的儿子当皇帝并不是要君临天下，而是要给自己的这位大姨子做个帮衬。因此在得知这一决定后，他当时就昏了过去。史载，奕譞"忽蒙懿旨下降，择定嗣皇帝，仓猝昏迷，罔知所措。……身战心摇，如痴如梦"。

应该说，奕譞是个极为聪明的人，当然他的聪明与奕䜣不同。奕䜣的聪明表现在文武全才，有经天纬地之能；而奕譞的聪明则表现在深知进退，韬光养晦上。由于曾经参与辛酉政变，又亲自捉拿了八大臣之首的肃顺，醇亲王在同治朝深受慈禧重用，先后担任都统、御前大臣、领侍卫内大臣、管神机营事、管善捕营事、步军统领、弘德殿行走等职务，是仅次于恭亲王的重臣。然而他为了避免遭到慈禧太后的猜忌，在光绪皇帝甫一继位之时，就上奏折要求辞去一切职务。在其再三哀求之下，慈禧最终同意了他的请求，仅保留了亲王双俸的待遇。

不仅如此，奕譞还秘密给慈禧上了一道名为《豫杜妄论》密折，其内容大致是说，由于载湉当了皇上，自己虽然身为皇父，但绝对不会要求追封皇帝的称号。如果自己有一天死了，有不知好歹的大臣，请求慈禧或光绪追封自己，请拿出这封折子驳斥他。事情果然不出醇亲王的预料，十几年以后醇亲王去世，果然有大臣提出此议，结果被慈禧骂得狗血淋头。由此观之，奕譞实在是一个深谙政治斗争之道，有大智慧的人。奕䜣最终被削去官职，在家闲住，奕譞却荣宠不衰，富贵及终。

饶是奕譞如此低调，载湉的继位也仍然引起了朝中一些大臣的强烈不满。因为经过二百多年来清朝历代皇帝不断的调整和完善，皇位继承制度已经形成了一套较为严密和合理的规则：首先是父死子继，清代历史上从来没有兄终弟及接替皇位的成例；其次，清代皇帝的确立，早期是由满族亲贵共同协商，或者皇帝留下遗诏决定的，在雍正创建秘密立储制度之后则依此而行；最后，但凡幼主继位，通常先帝都会安排辅政大臣辅佐新君，但具有强烈权力欲的慈禧却罔顾祖宗家法，一口气将这些成例全部打破，以一己之言，决定了皇位的归属，并继续垂帘听政。难怪一些守旧的大臣会极度不满，甚至以死抗争。

御史以死抗争

光绪五年（1879年），同治下葬于惠陵，御史吴可读请求陪同送葬。结果半路自杀身亡，身后留下一封遗折，请求慈禧待异日光绪成年之后，将其子过继给同治，做为下一任储君，以保持大清国祚绵长。这一"尸谏"事件震动朝野，慈禧太后迫于舆论压力也不得不批准了吴可读的建议。

无论如何，刚刚4岁的载湉被扶上了皇位，年号光绪。而慈禧太后也顺理成章地再次"垂帘听政"。光绪的幼年生活几乎和同治无甚区别，从6岁开始，进入毓庆宫读书，先后教过他的老师有翁同龢、孙家鼐、夏同善、孙诒经等人。光绪在这些饱学宿儒的教导之下受到了良好的教育。和贪玩懒学的同治不同，光绪从小就非常知书达礼。甚至慈禧也称赞他"实在好学，坐、立、卧皆诵书及诗。"两代帝师翁同龢看着光绪自小长大，与光绪感情甚好，在其《翁同龢日记》中记载了大量光绪小时候的轶事：光绪八岁那年，曾经向上天祈雨，为了表示虔诚，居然自行斋戒，并要求上书房的师傅一例办理；九岁那年过生日，宫中唱戏庆祝，光绪甚为不满，认为沉迷戏剧，有害无益。

光绪小小年纪，其行为举止便深合儒家之道，这让翁同龢大为高兴。

等光绪年纪稍长时，他不仅熟读经史子集，而且能诗善书。据史料记载，"上（光绪帝）之文学本源极厚。书法钟颜，端厚浑朴，诗文极雅"。光绪自小养成了读书的好习惯，当他亲政以后，处理朝政之余，尚且手不释卷，终日阅读，而且中西书籍，均有涉猎；此外，光绪的记忆力也相当好，称得上博闻强识。据说当他亲政以后，阅览奏折一目十行，只要一遍便了然于胸。有些年深日久的折子，军机大臣甚至都不记得，而光绪还背得出来。有一次，有大臣从江南返回，觐见慈禧和光绪，不免谈些地方见闻。慈禧偶然提到河南上报某县遭受冰雹袭击，但一下居然想不起是哪个县，光绪在旁立刻提醒道是巩县。过了一会儿，慈禧又问起永定门外前几年修建的电车是何人所为？光绪应声答道是德国公使海靖。由此可见光绪的记忆力颇为了得，对国事也甚为关心。

光绪帝王生涯的真相

慈禧太后为何讨厌亲自选定的光绪

应该说，光绪的能力，完全有资格独立处理政务，虽未必会成为一代有道明君，但必然不会像咸丰、同治那样昏庸无用。可不幸的是，他当皇帝这件事本身就是一个悲剧。正如前文所说，他的即位，纯粹是为了配合慈禧掌握权力的要求。因此，当他年纪渐长，要求亲政的时候，便不可避免地与慈禧发生了冲突。

而且慈禧与光绪的关系，实在也说不上有多好，由于二人并没有血缘关系，所以慈禧对这个小皇帝并没有特别深刻的感情。据说光绪十岁那年，慈禧生了一场大病，光绪为此心急如焚，半夜暗暗向上天祈祷，甚至要效仿古人"割股奉亲"之举，拔刀自伤，意欲割肝做药，幸亏左右侍卫连忙抢救，才不致酿成大祸，然而光绪却也被割伤了。谁知道这样一份孝心，慈禧知道之后却神色漠然，不为所动。

慈禧始终提不起对光绪的兴趣的原因，可能还与年幼的光绪更加喜欢温柔可亲的慈安有关。年幼的光绪闲来无事，总是往慈安宫里跑。可是此时的慈安和慈禧早已经由于安德海的事情心生嫌隙。

皇帝也会营养不良

慈禧不喜欢光绪，便经常有意无意地为难小皇帝。光绪体弱多病，身体一直不好，据说是因为从小就营养不良所致。根据清宫规矩，皇帝每日进膳，都要上几十道菜，可是皇帝一个人怎么吃得了那么多，顶多就是拣离自己近的菜吃几口，结果就是离皇上特别远的菜每天都用小火煨着，每次都放在原来的地方，到夏天居然大多都发馊变臭了。就是皇上吃得到的几道菜，也不是现做，而是早就做好的，味道自然很差。

年幼的光绪正在长身体的时候，却吃不到什么像样的东西，有时候甚至忍饥挨饿。实在忍不住的时候，光绪也会让御膳房换换菜谱，做些新菜。可御膳房对光绪的命令压根儿不理不睬，而是要禀明慈禧批准。慈禧自己每顿都吃小灶现炒，根本不管光绪，反而经常教育光绪要勤俭节约云云。如此几次，光绪再也不敢抱怨膳食。

年幼光绪的心理阴影

此外慈禧酷爱听戏，每次看戏都会叫光绪前来陪同。可是她根本不管小孩子的心情，总是点些《天雷报》之类阴森恐怖，神神鬼鬼的戏，给年幼的光绪心灵上留下了很深的刺激，以至于日后光绪非常害怕打雷。后来光绪长大了，慈禧干脆不给他座位，就让他在旁边站着陪侍。据说，后来有一次，戏班子上演《十八扯》，戏中扮演皇上的丑角同情光绪帝，便插科打诨道："我是假皇帝，还有个地方坐；你看那真皇帝还站着呢！"慈禧听后默然，从此以后才给光绪帝安排座位。

大婚之夜，光绪为何落荒而逃

光绪的选后纠纷

说来也巧，同治和慈禧不睦，始于慈禧为同治选后；而光绪与慈禧同样因为光绪大婚的事闹得很不痛快。光绪十三年（1887年）冬，17岁的光绪皇帝也要亲政了。按照惯例，自然是要先举行大婚典礼。慈禧太后此时的心境，与当年为同治皇帝选后时并无不同，仍然是想要在光绪皇帝身边安插一个自己人。因此，她安排了自己的亲侄女，都督桂祥的女儿参选。

清朝从建立之初就十分注重政治联姻和家族婚姻。政治联姻主要是满蒙之间的联姻，如努尔哈赤、皇太极、顺治等多人都娶了蒙古贵族女子为妻妾。家族婚姻其实是政治联姻的延伸，就是有亲戚关系的两族贵族子女成婚，诸如姑表亲婚、婚姻不拘行辈等。比如皇太极之时，兄莽古思一门姑侄三人共同嫁给了皇太极为妃，顺治皇帝就娶了母亲孝庄皇太后的哥哥的女儿为后，也就是说，顺治皇帝和他的皇后其实是表兄妹的关系。这也是满族人婚姻习俗的表现。

慈禧太后把自己的侄女安排进去，也就是想效仿孝庄太后。光绪帝并非慈禧亲生，而是慈禧的亲妹妹之子，这样算来，光绪其实是慈禧的外甥。也就是说，那位被慈禧安插进来的桂祥之女，实际上是光绪帝的表姐。

选后仪式安排在体和殿进行。这一天，备选的秀女依次排列在殿内，等待皇帝的挑选。殿内放着一张小桌子，上面放着一柄金镶玉的如意，两个红色绣花的荷包。按照清宫惯例，皇后和嫔妃由皇帝亲自挑选，如果皇上看中哪位女子，欲立其为后，则将如意赐之，欲立为妃者，则将荷包赐之。慈禧在安排秀女顺序时，特意让自己的侄女排在首位。此时没有了慈安的掣肘，慈禧自然以为光绪会乖乖听从安排。

年轻的光绪并不笨，他自然知道慈禧只不过是安排了一出戏而已，所以他根本不想配合慈禧把这场戏演下去。当慈禧拿起如意，告诉光绪看哪个姑娘合你心意，就把如意赐给她的时候，光绪直截了当地说道，婚姻大事，还是皇爸爸来做主，儿臣就算了吧。谁知控制欲极强的慈禧并不答应。也许在她看来，过程和结果同样重要。你光绪必须按照我制定的规矩来。光绪毕竟年纪尚幼，看到慈禧如此作派，居然以为自己即将亲政，慈禧也要尊重自己的意见了。大喜之余，一把抓起如意，看也不看站在第一排的桂祥之女，径直走到站在第二排的江西巡抚德馨女儿面前，就要把如意赐给她。

就在这关键时候，慈禧再也忍不住了。她也顾不得皇家的体面，严厉地喝了一声："皇帝！"光绪吃了一惊，愕然回过头来看着慈禧，此时慈禧却又闭上了眼睛，一语不发。只是朝着第一排的方向努了努嘴。光绪愣了一下，还是无可奈何地慢慢踅回身来，把如意重重地往桂祥之女的手中一塞，迅速回到了慈禧身旁。

光绪这个皇帝做得有点窝囊，虽然身为皇帝，可是面对专权的慈禧，也只有认命的份儿。光绪与表姐，也就是隆裕皇后在成婚前的关系一直不错，作为姐姐，隆裕对光绪特别照顾，就像对待自己的亲弟弟一样，两人的关系十分融洽。可是突然间，慈禧把自己的姐姐指给了自己当皇后，光绪心中实在难以接受。但为了服从慈禧，也为了讨好慈禧，光绪别无选择。

经此一场风波，光绪自然也不愿再挑选嫔妃。可是慈禧太后仍然不依不饶，她认为既然光绪有心于德馨的女儿，即使召入宫中作为嫔妃，日后定然也有夺宠之忧，于是自作主张，将两个荷包给了站在第三排的礼部左侍郎长叙的两个女儿。一场可笑的选后仪式就这么结束了。然而慈禧并没有想到，在这一次选后中，她仍然没有获得胜利；她的无意之举又为自己树立了一个敌人：长叙的小女儿，就是后来的珍妃。

光绪的一生也就只有这么一后二妃，是清朝皇帝中后妃最少的皇帝，也是成婚最晚的皇帝。慈禧的做法也是出于其政治上的考虑，目的就是要把朝政交给光绪后，还能够利用皇后来操纵光绪，最起码可以监视和掌握皇帝的一举一动。

大婚之夜的难堪

与隆裕皇后的大婚当晚，光绪甚至做出了一个有悖于皇帝身份的举动——扑倒在隆裕怀里大哭着说："姐姐，我永远敬重你，可是你看，我多为难啊。"这主要是光绪对慈禧安排的政治婚姻的不满。更重要的是，作为少年天子的光绪帝，自然希望自己的皇后国色天香，最起码也要有中人之姿吧。可隆裕长相丑陋，身材瘦弱，还有些驼背，这别说是一个皇帝了，就连家境稍微殷实点的男子，恐怕也无法对之产生好感。心里不痛快的光绪怎么肯跟这样的皇后同床？

自小养尊处优的隆裕皇后怎么能忍受光绪的这种轻蔑？因此二人时常爆发争吵。光绪十八年（1892年）夏，光绪与隆裕皇后又因为小事激烈争吵起来，光绪帝许是心情不好，骂得很凶，郁闷的隆裕皇后气不过，便到慈禧的寝宫发牢骚。

隆裕皇后的本意，只是找个人倾诉一下，获得一些安慰就可以了。谁知道慈禧闻听此事，勃然大怒，当着一众太监宫女大骂光绪，转脸又好言劝慰皇后："别太难过了，你还年轻，不用为这个病秧子想不开。我有的是办法收拾他。"隆裕皇后一听此言，知道自己做过了头，然而也无可奈何。后来连续几个月，慈禧对光绪都没有好脸色，甚至一言不发。从此，慈禧就埋下了铲除光绪的心思。

光绪帝为何要叫慈禧亲爸爸

慈禧与光绪的关系中所最为人津津乐道的，就是那个奇怪的称呼——亲爸爸。有的野史资料也引作"皇爸爸"。这一称谓究竟是何意，引起了不少人的争论。根据慈禧后人的说法，"爸爸"是满语"母亲"的意思，但也有研究者指出，根据清东陵满人后裔的证明，满语中并没有这样一种说法。

值得注意的倒是德龄女士《清宫二年记》中的一条记载："皇帝及余（作者）等皆呼太后以男称。"而德龄也确实听到过光绪向慈禧请安时说"亲爸爸吉祥"。也就是说，"亲爸爸"用的正是本义，慈禧希望光绪将自己像生身父亲一样对待。

那么，慈禧为什么要这样呢？有研究者指出，慈禧的这一心理可能还是重男轻女思想在作祟，是一种心理感情和政治的需要。慈禧虽然是掌握大清王朝实际权力的人，但终究身为妇人，没有办法和九五至尊的皇帝相提并论，但慈禧并不甘心于此。她曾经说过，即使是光绪皇帝，也是我妹妹的孩子，就跟自己亲生的一样。那么，让九五之尊的皇帝叫自己亲爸爸，是对光绪帝的一种警诫：大清国的最高权力，在她慈禧手中！此外，对于天下臣民来说，也表明了慈禧的地位要高于光绪，她才是大清国的实际统治者。

俗话说天无二日，国无二君，这话在慈禧的面前被打破了。有大臣奏对政务，全凭慈禧一一裁决，光绪在一旁只是默然不语。有时候慈禧觉得不妥，用胳膊肘碰他，示意他说两句，光绪才提起精神，胡乱应付两句而已。说得不妥，还要遭到慈禧的斥责。

有一次，光绪听说英日同盟，很是担心，认为这对中国极其不利。慈禧当即厉声制止道："外交上的问题，不要随便发言，如果传到外面去怎么办！"光绪一时不解，顶了一句："就是传出去又有何妨？"慈禧大怒，居然举起拐杖就要责打光绪，吓得光绪连忙跪倒求饶。这种情况非止一次两次，往往要李莲英从中调解，慈禧太后怒气才能稍息。

在慈禧太后眼中，贵为天子的光绪帝不过是一个她实现权力欲望的玩偶与傀儡。或许慈禧太后认为，光绪能够做皇帝，这个权力与地位是自己给他的，所以他就必须要听话。后来的戊戌政变也体现了慈禧的这种心理。

光绪帝之死探秘

光绪帝中毒身死

清光绪三十四年（1908 年）十月二十一日，光绪帝崩逝，年仅 38 年。《清史稿》载："癸酉，上疾大渐，崩于瀛台涵元殿。"意思是说光绪帝是病死的。不过清末名医桂庭在所写的《诊治光绪皇帝秘记》一书中却有不同的记载：光绪帝临死前三天，曾在床上乱滚，并且肚子疼痛难忍，脸颊发暗，舌头又黄又黑，似乎有中毒的迹象。那么光绪帝真的是中毒而死吗？

1980 年，清西陵管理处对清光绪帝及隆裕皇后所葬崇陵棺椁（于 1938 年被盗）进行了清理并重新封闭，而光绪及隆裕皇后的头发被移至棺椁外，保存在清西陵管理处文物库房。

光绪皇帝的遗骨犹在，随着科学技术的发展，通过尸体检测来揭开真相，越来越成为可能。2003 年，中央电视台清史纪录片摄制组、清西陵文物管理处、中国原子能科学院反应堆工程研究设计所和北京市公安局法医检验鉴定中心四个单位开始共同合作，组成"清光绪帝死因"专题研究课题组。课题组运用侦查破案的思维方式，根据信息的产生、传递、处理、还原、应用等原理，充分利用"中子活化""X 射线荧光分析""原子荧光光度""液相色谱 / 原子吸收联用"等一系列现代专业技术手段，通过开展综合分析、模拟实验、双向推理、多维论证等多项工作，对清西陵保存的光绪头发、衣物、遗骨以及墓内外环境进行反复的检验和缜密的分析研究。在经过五年研究之后，2008 年 11 月 2 日，课题组对世人公布确证"光绪帝系砒霜中毒而死"这一结论。

光绪帝是中毒而死，那么谁又是凶手？有人认为以当时的条件、环境而论，如果没有慈禧的主使和授意，谁也不敢、也不能下手毒杀光绪，而且慈禧又有谋害光绪的动机，因而，慈禧就是毒杀光绪的凶手。

皇帝与太后之间的矛盾

这还要从光绪帝与慈禧太后之间的矛盾说起。众所周知，戊戌变法失败后，以慈禧太后为首的顽固派重新把持了所有朝廷大权，改良派人士或遭屠戮或被通缉，光绪帝更是被囚禁于中南海瀛台，成了徒存虚名的皇帝。

但是，维新派在地方上的影响依旧存在，在名义上，光绪帝依旧是皇帝，而他比慈禧太后年轻 30 多岁，慈禧太后一死，很有可能重新归政于他，到那时东山再起的光绪帝必定会对顽固派进行打击和报复。

并且，戊戌变法得到了许多国家的关注和同情，相对于行将就木并且保守的慈禧太后，列强们似乎更希望由年轻而又开放的光绪帝当政，所以光绪帝只要名号仍在，他所具有的巨大影响力就不容忽视。正是看到了这种潜在的威胁，从有关记载看，慈禧太后囚禁光绪帝后不久，就有意谋害或者废掉光绪帝。

慈禧太后起初的策略是，对外大张旗鼓宣布光绪帝已经病重，并下诏广求名医入宫为光绪帝看病，每天还将光绪帝的病历和药方传示各官署，甚至送到东交民巷各使馆。一时间，人心汹惧，似乎光绪帝大限已至。慈禧太后这样做，一方面是为谋害或者废掉光绪帝制造烟幕弹；另一方面借以试探各方的反映，尤其是试探各国公使的反映。出乎意料的是，光绪帝的安危受到了外界的广泛关注，一时人言鼎沸，传言甚多。有说光绪帝已经自尽身亡；有的说正抱病，被囚一室；甚至还有报道说光绪帝已被顽固派害死，所谓"病重"不过是一种假象；甚至对此极为不满的各国公使还纷纷向总理衙门建议，派一位医术高超的西医为光绪帝看病。慈禧太后起初不同意，后来迫于广泛的舆论压力，勉强同意让法国名医德对福入宫为光绪帝看病。诊断之后，德对福将结果公布于报纸之上，世人才知道光绪帝并没有什么大病，所谓的病情，也只是"体气瘦弱，精神短少，消化迟滞，大便滞泄"等，并非什么绝症。由此，慈禧太后通过"皇帝病重"谋害光绪帝的伎俩被揭穿，慈禧太后也通过这件事看到了舆论所向。

不久，顽固派又试图废掉光绪帝，对外宣称："帝久病不能君临天下"，为废立制造舆论。但是这种做法也立即遭到了外国驻华使节的反对，一些手握实权的封疆大吏也致电表示反对，流亡海外的康有为、梁启超更是发动侨民，致电清廷，"请皇帝圣安"，并要求慈禧太后归政于光绪帝。在这种情况下，顽固派明显感觉到了光绪帝背后的力量，也暂时不敢轻举妄动。

后来，慈禧太后又听从亲信荣禄的建议，于光绪二十五年十一月（1899年12月），宣布立端郡王载漪之子溥俊为大阿哥，定于次年元旦令光绪帝让位于他。不想这一计谋，也遭到了外国驻华使节的反对，外国人认为顽固派扼杀帝党，实行的是某些排外或者闭关的政策，这将对他们的侵略不利。后来甚至有传言，洋人要"勒令皇太后归政"，这让慈禧太后恼羞成怒，不惜利用义和团向侵略者宣战。之后，洋人和慈禧太后达成了谅解，洋人同意继续由慈禧太后维持局面，慈禧太后也甘愿为洋人效劳。在这种情况下，光绪帝的废立已暂时威胁不到慈禧太后的统治，慈禧太后也就放下了心。然而，慈禧太后对囚禁在瀛台孤岛上光绪帝的种种折磨，似乎让人感到她随时都希望光绪帝死去。

据有关资料说，光绪帝在瀛台孤岛上受着非人的折磨，生活极为凄苦。光绪帝刚到瀛台时，依照慈禧太后的吩咐，每天还给两席饭菜，后来只剩下一席。而所谓的饭菜，除了干冷变质的食品之外，别无其他。太监们也往往任意敷衍，有时甚至干脆不送。当时工部侍郎立山因为冬天给光绪帝住的大殿糊了糊窗户纸，就被慈禧太后大骂一顿。

光绪二十四年（1898 年）冬天，因南海结冰，光绪帝和几个小太监一起玩耍，不知不觉踏冰走上了岸，后被大太监崔玉贵看见。崔玉贵以小太监挟持光绪帝出巡，欲行不测为由，将 6 个小太监全部打死。从此，对光绪帝的管束愈加严格，只要南海结冰，就有人不厌其烦地砸冰，防止光绪帝逃跑。

慈禧太后对光绪帝精神上的折磨更加残酷，不仅逼死了他唯一宠爱的珍妃，还处处借机刺激和打击光绪帝，甚至到后来太监们也都不把光绪帝放在眼里。

正是因为慈禧太后曾试图谋害或者废掉光绪帝，并对他的"囚徒"生活极尽虐待之能事，人们才怀疑是慈禧太后最后派人害死了光绪帝。

李莲英、袁世凯谋害皇帝说

还有其他说法，认为是李莲英或者袁世凯出于自身安危的考虑，怕慈禧太后死后，光绪帝重新执政，会对自己不利，因而下手害死了光绪帝。德龄女士在《瀛台泣血记》一书中叙述：李莲英一直跟着慈禧太后，他怕慈禧太后死后，光绪帝重新执政算自己的老账，下手毒死了光绪帝。英国人濮兰德和白克好斯合著的《慈禧太后外传》中也支持这种说法。而末代皇帝溥仪在《我的前半生》中则说，他听说光绪帝是喝了袁世凯送来的一剂药而死的。由于在戊戌变法期间，袁世凯出卖了光绪皇帝，一旦慈禧太后死后，光绪帝重新执政，肯定会向袁世凯算账，所以袁世凯要在慈禧太后死之前，先把光绪帝害死。

总的来说，在光绪帝诸多的死因中，被慈禧太后害死是一种重要的说法。至于事实是否如此，到目前为止，史学界仍没有定论。

第十二章

末代皇帝——宣统

缘何清宫三代无婴啼

连续三位帝王均无后

同治皇帝载淳，十九周岁死去的时候，没有留下一儿半女，虽然野史曾提到过皇后阿鲁特氏已怀有龙种，但正史中得不到任何依据，便无法作数。掐指一算，同治皇帝于同治十一年九月（1872年10月）举行大婚典礼，死于同治十三年十二月（1875年1月），这期间两年零三个月的时间里，他居然无法留下自己的一点骨血，实属怪事。

光绪皇帝死的时候三十八岁，居然身后也没有留下一男半女。光绪皇帝于光绪十四年十月（1888年11月）大婚，虽然他在政治上难以有所动作，是慈禧控制下的傀儡皇帝，但在婚姻中，还是有一些自主权利的，慈禧并不会去干涉他的私生活。而且作为一国之君，他起码有着皇后妃子，几名女子陪伴，而且还有宠爱的珍妃常伴身旁，但膝下无子，确实让人费解。

而作为光绪帝继位人宣统帝溥仪，这位末代皇帝活了六十一岁，但也是没有孩子留下。晚清接连三任皇帝都没有留下子嗣，的确是够让人震惊了。

接连三朝皇帝都没有留下一男半女，这在中国的封建历史上还是绝无仅有的，"不孝有三，无后为大"，对于平常人家来说如此，对于帝王家更是如此。一个皇帝没有生育能力，这是要被天下人耻笑的。

皇帝绝后谁之过

三朝皇帝个个绝后，爱新觉罗氏皇族到底怎么啦？对此人们纷纷展开探讨，但因为当时的有关史书、传记并未对此事记载过多，而且时隔太久，研究起来很难下手，这三位皇帝不生育，成为一团疑云，后人只能凭借猜测分析，通过现代医学角度来看当时的情形。

清末三朝皇帝都未生儿育女，与满洲皇族的婚姻习俗有关。按照满洲皇室的婚姻习俗，丈夫死后，妻子是可以嫁给小叔子，或者丈夫家其他的男性，这种原始的婚俗，将女人当作一种传宗接代的工具。而也正是这种习俗，令大清的皇室血统发生了变化。

当时清太祖努尔哈赤死前曾嘱咐："俟我百年之后，我的诸幼子和大福晋交给大阿哥收养。"他是要将自己的妻子交给自己的儿子。不止努尔哈赤这样，其他皇室成员的婚配，都是典型的近亲婚配或乱伦婚配。

皇太极时代，肃亲王豪格是皇太极的长子，多尔衮是皇太极的亲弟弟，但豪格娶的嫡妻却是多尔衮妻子的妹妹，在豪格死后，这位嫡妻博尔济锦氏又被多尔衮纳为妻子。

之后为了对付明朝，皇太极开始注重与蒙古部落之间的关系，希望能够强强联合，借用蒙古的力量来进入中原。而最好的联合方式，就是我国古代早已有之的联姻。

在正式将"后金"改为"清"之后，坐上了龙椅的皇太极所册封的嫔妃中，有五宫后妃全都来自于蒙古的博尔济锦部，另有三位后妃，如果按照辈分来算的话应当是姑侄关系。据统计，仅仅是皇太极在位期间，满洲贵族与蒙古科尔沁部联姻就足有 18 次。

顺治与皇太极一样，也是多次近亲结婚或是乱伦婚配，顺治的皇后和淑惠妃，是他同一个亲舅舅的两个女儿，都是他的表妹。为了政治，满族与蒙古族部落的联姻一直延续了很长时间。金国大汗、大清国皇帝、王、贝勒等贵族不仅娶蒙古女子为妻，还把自己的女儿都嫁出去，这些混乱的婚姻是导致后来大清帝王不孕的一个原因。

当然因为近亲结婚而导致后来帝王的身体病变，只不过是一个猜测而已，至于这三位帝王为何绝后的真正原因，还有待考究。

登基大典上的一语成谶

一场乱七八糟的登基大典

光绪三十四年（1908 年）十一月初九，天气冷得出奇。紫禁城太和殿内却钟鼓齐鸣，一派雍雍穆穆的景象。年仅三岁的小皇帝——溥仪的登基大典正在举行。然而这次登基大典举行的却是前所未有的荒唐。拥立了新皇上的文武群臣不但没有露出开心的神色，反而一个个忧心忡忡。慈禧和光绪的同时崩薨，还没有让这些大臣们从震惊中清醒过来。登基大典上闹出的闹剧，又让这些国家柱石们的心头蒙上了一层阴影。

很多年以后，溥仪在自传《我的前半生》曾经回忆了当时的情形：

由于溥仪刚刚入宫，他是怀着恐惧的心情面对这一切的。天气的寒冷也让这个小皇帝早就受不了。他一个人孤零零地坐在须弥宝座上，听着震耳欲聋的皇家音乐，看着一帮陌生人在自己的脚下手舞足蹈，三跪九叩，终于再也无法忍受这个场面。

正当登基大典举行得热闹的时候，溥仪突然开始哇哇大哭，边哭边喊："我不挨这儿，我要回家！我不挨这儿，我要回家！"说着就要从宝座上跳下来。

溥仪的父亲，议政王醇亲王载沣此时正单膝侧身跪在宝座之下，扶着小皇帝。见溥仪如此折腾，也不敢动弹，只好死死地压着溥仪。动弹不得的溥仪不断地挣扎，哭喊声越来越响，"我要回家"的声音伴随着盛大的钟鼓声在太和殿内回荡。急得满头是汗的载沣只好连连安慰道："别哭，别哭，快完了，快完了！"

对于历来迷信的清廷官员而言，这些话实在是不祥之兆。他们交头接耳，窃窃私语："怎么可以说'快完了'呢？""说'要回家'可是什么意思啊？"

溥仪小皇帝——年号宣统——就这样登上皇位，成为大清王朝的最后一任皇帝。

执掌大清权力的父亲

溥仪即位之后，由于年纪太小，载沣掌握了大清朝实际的权力。对于这个两代为帝的家庭来说，所谓树大招风，因此不得不韬光养晦，低调做人。前文已经说过，老醇亲王奕譞在光绪即位以后，便辞去了全部职务，希望以此远离政治斗争。然而，光绪长大以后与慈禧的对立还是让奕譞的处境极为尴尬。一方面，他与荣禄等人甚为友善，最后还结为亲家；另一方面，他和支持光绪的翁同龢等人关系也很不错。为了不让慈禧对他有任何意见，他甚至放弃了所有原则，在督办北洋海军的建设时，挪用经费给慈禧修造颐和园。载沣也继承了乃父的此种家风。小心翼翼，明哲保身。朝中大事，几乎都由庆亲王奕劻和其他军机大臣做主。他则摆出一副超然世外与世无争的架势。

不过，载沣虽然低调如此，有一件事情他却始终耿耿于怀：那就是光绪的失势，他始终认为，如果不是袁世凯关键时刻倒戈，百日维新就不会失败，而光绪也就不会受到慈禧的百般凌辱，最终郁郁而终。因此，他处心积虑要为光绪报仇。一时间，民间流言四起，传说载沣已经将袁世凯秘密处死。

然而，流言终究是流言。事实上，载沣要想除去实力已经异常强大的袁世凯，几乎是不可能完成的任务。他只能团结一帮年轻气盛却没有任何政治斗争经验的少壮派满族亲贵来筹划此事，然而这一举动却遭到了庆亲王奕劻和张之洞的坚决反对。

据说，当载沣和几位军机大臣碰头，把自己的计划和盘托出时，所有的军机大臣都吓了一跳。庆亲王更是连说不妥。他认为，袁世凯虽然现在已经被夺了军权，但北洋新军都是他的手下，段祺瑞、冯国璋、王士珍等人都是他一手提拔起来的。如果这些人造反，带兵进京，谁挡得住？

最后，万般无奈的载沣只好同几位军机大臣达成妥协，以袁世凯患"足疾"为由，将其免职，令回原籍。载沣自以为从此可以安然无恙，然而过了不久，革命的风暴席卷全国，已经对清廷彻底失望的袁世凯卷土重来趁势夺取了政权。这就是他所想不到的了。

就这样，大清朝的政局，愈加动荡了。

清政府推行新政时，定下了预备立宪的计划，但由于慈禧的去世，继续推行这一计划的权力，交到了载沣的手里。由于这也是光绪遗诏中所关心的事情，载沣并不敢怠慢。宣统元年（1909 年），如期举行了各省谘议局的选举；第二年，资政院也告开院。正当全国人民翘首以盼第一任内阁的建立的时候，载沣却作出了一个愚蠢的决定。

愚蠢的皇族内阁

宣统三年（1911 年）载沣任命了第一届内阁。然而，这一届内阁有 13 名成员，居然有 9 人是满人，而这 9 人中又有 7 人是宗室子弟。内阁总理大臣就是军机大臣庆亲王奕劻。除此之外，清廷还宣布，由于内阁制度为首创，为了慎重起见，本届内阁仅根据内阁办事暂行章程成立，具体国务处理还依照原来的政治模式进行；并且，军事方面的问题也不由内阁总理大臣负责，而是由军咨府大臣载涛负责。

由于这届内阁徒有其表，它被立宪党人和革命党人异口同声地讽刺为"皇族内阁"；载沣的决策失误，也让社会舆论大失所望，认为清廷根本无意立宪，既然和平手段无法解决，就以武力夺取之。很多立宪党人从此倒向革命派。革命的暴风迅速席卷了大江南北。

末代皇帝长眠在了哪里

清西陵的风水宝地

据记载，1915 年溥仪 10 岁时，帝室决定为溥仪选择"万年吉地"。担当此任的是精通风水的广东廉州府李青。

李青等人踏遍了河北省易县西陵的山山水水，经过勘测与计算，认为泰东陵旺隆村北，是一处上吉佳壤。陵穴定在西北的山坡上，与崇陵遥遥相对，清皇室经过讨论，并派人实地验证后，认为可以选用，即时将此地圈禁起来。

据徐广源《清朝皇陵探奇》记载，当时"溥仪小朝廷没有自己的经济来源"，

"更何况时局不稳，小朝廷自身难保，所以陵址虽已选定，但一直未能兴工"。

还有一种说法，出自陈宝蓉著《清西陵纵横》："溥仪入承大统后，便于崇陵旁的旺隆村北选定了'万年吉地'"。并"于宣统二年破土修建，采取了先地下，后地上，由后向前逐步施工的办法。施工一年有余，完成了地宫开槽奠基和明楼宝城等基础工程。辛亥革命爆发，清王朝便倒台了。至此宣统陵寝工程被迫停止，再没有恢复兴建"。

各种说法，孰是孰非，有待考证。

葬于八宝山

溥仪逝世后，是土葬还是火化呢？据溥仪的夫人李淑贤说，溥仪的遗体是 1967 年 10 月 19 日火化的，对于骨灰如何处理，有关领导当时作了明确指示：一是可由爱新觉罗家族决定；二是可由家属选择在革命公墓、万安公墓和其他墓地的任何地方安葬或寄存骨灰。10 月 20 日家属聚会进行了讨论，经家族一致商定，将溥仪的骨灰寄存在八宝山人民骨灰堂。

从八宝山迁至清西陵

1980 年 5 月后，溥仪的骨灰重新安放在八宝山革命公墓第一副室。至 1994 年溥仪葬地又有变化。据记载：1994 年，旅居海外的张世义在易县崇陵西北兴建了一座华龙皇家陵园。为了提高陵园知名度，张世义经过不懈努力，劝动了李淑贤，将溥仪的骨灰迁葬西陵。安放仪式于 1995 年 1 月 26 日举行，由李淑贤把骨灰盒捧至墓穴前，陵园工作人员将骨灰盒放入水泥筑的"椁"内。面南朝北，盖上"椁"盖，最后浇上混凝土。这就是清末最后一个皇帝的"万年吉地"。

探秘清宫风云

第一章

一入宫门深似海——后宫秘事

第一节　权力之争和封建制度下的牺牲品

幼女缘何配有妇之夫

一场奇怪的婚礼

万历十六年（1588 年）的某个黄道吉日，赫图阿拉城内张灯结彩，努尔哈赤在自己的建州左卫指挥府上大宴宾客。人如滚水，马如流龙，熙熙攘攘，觥筹交错，好一派热闹的景象。流水席从早至晚，仍没有散去的迹象。

子夜时分，一顶装扮得花枝招展的轿子来到了府门口，建州女真董鄂部首领何和礼一身艳装，身披红绸，胯下一匹高头大马，衬托得 27 岁的他更加地精神抖擞。

得到通报后，努尔哈赤忙带领一干人等迎出院门。何和礼口称岳父泰山，下马叩头行礼，紧接着，便在前呼后拥下走进了建州左卫指挥府。

此时的努尔哈赤 28 岁，而他的这个"乘龙快婿"何和礼仅比他小一岁，这在古代来说也算不上什么问题，问题是，何和礼已经是有家室之人；更重要的问题是，努尔哈赤要嫁出去的长女东果格格年仅 10 岁。

俗话说：皇帝的女儿不愁嫁。此时的努尔哈赤虽然还不是清太祖，但也是大明建州左卫指挥，名义上的建州女真之主，按理说也不至于如此着急把年方 10 岁的女儿嫁出去，还是给人家做小妾。难倒何和礼真的优秀到了万里挑一的地步了吗？

万里挑一的优秀青年

何和礼是辽东地区少有的青年才俊，武艺高强、性情宽和、内敛而富谋略，在部落威信极高，也绝非庸常之辈。他 26 岁时，便已经继承兄长之位成为董鄂部的首领。日后在努尔哈赤统一女真、与明军交战之际，和额亦都、费英东、安费扬古、扈尔汉一起成了努尔哈赤的"开国五大臣"。

图谋建州的准备

何和礼的董鄂部是建州女真五大部落之一，拥兵 7000 余人，兵强马壮，实力雄厚。当年的王杲在世时，也须让他三分。努尔哈赤的壮志在于统一女真，与明廷对抗，要实现这个目的，第一步先要将建州女真纳入囊中。毫无疑问，自王杲部为明所灭、苏克素浒河部被努尔哈赤一统之后，董鄂部成了统一之路上最大的拦路虎。

动用武力？现在的努尔哈赤啃不动这块硬骨头，而他也没有耐心去慢慢壮大自己的实力再去收拾董鄂部，于是，他便动起了联姻的念头。

在统一女真各部的战争中，努尔哈赤用兵的一个显著特点是：不仅用步骑强攻，而且以计谋智取。当用武力无法收服一个对手的时候，那么最好的办法就是与他联合起来。然而自己没有能让董鄂部所毋庸质疑的实力，也没有能让何和礼看得上眼的资本，唯有采取联姻的方式，方能让对方死心塌地地跟着自己走。正所谓舍不得孩子套不到狼，把幼女当作政治的牺牲品，对努尔哈赤来说也是无奈之举。

这场婚宴，将努尔哈赤的雄心悄无声息地彰显了出来。

东果和赛堪的地位之争

大闹婚礼的不速之客

按照满洲的婚礼习俗，"午夜亮轿，五更娶亲"，即新郎官要在午夜时分带着轿子来到未过门的媳妇家，由女方家安排一顿迎亲宴，再到五更天（3点到5点）时将新娘子带入家门拜天地。因此，何和礼于子夜时分准时上门迎亲，并高坐在迎亲宴上。

看起来一切都很顺利，但何和礼忘了一个人：他的原配——赛堪。

新郎就位，酒宴更加热闹。但正在这个时候，一个守兵匆匆来报：城门口有100多号人正在一个女子的带领下破口大骂，高声叫嚷着让努尔哈赤还了她的丈夫出来。

努尔哈赤不明所以，把眼偷看何和礼，但见这位新郎官的脸顿时吓得煞白。别人不知道，何和礼可猜了出来：那个带兵的女子正是他的原配夫人赛堪。这个"母老虎"可是个巾帼不让须眉的人物，不仅光艳照人，更能统兵上阵，泼辣直率，让何和礼是又敬又怕。

何和礼带兵临走之时，向赛堪说是去与努尔哈赤就两部联合一事做些商讨，可谁知道这家伙出了城门便穿戴一新、抬起轿子给人家做女婿去了。留守城中的赛堪得到来自心腹之人的通知时，当场就火冒三丈，点起100亲兵向赫图阿拉城杀奔而来。

得知在城外闹事的是新女婿何和礼的原配夫人，努尔哈赤感到既好笑又无奈。清官难断家务事，更何况这也不是什么能一笑置之的事，连忙让妻子富察氏·衮代（努尔哈赤的续弦之妻，其原配佟佳氏·哈哈纳扎青，即东果格格的生母早逝）和自己手下唯一的一位女将椒箕，陪同女婿何和礼一同前去探察真相。

结婚本来是一件喜事，可被老婆这么一闹，何和礼的面子怎能挂得住？连忙跑到城外想先把赛堪哄回去。谁知刚走到一身戎装、勒马持剑的赛堪面前，就被老婆当头一剑劈了过来。何和礼勉强躲过，衣服却被划破一道，狼狈至极。准岳母衮代一看女婿那边情况不对，忙让椒箕迎战赛堪，不出几个回合，便将赛堪生擒活捉。

是赛堪的大度成就婚姻吗

据清代天嘏所著的《清朝外史》中的记载，赛堪带着一肚子的怒火被缚到府中，本以为自己此次凶多吉少，却没想到努尔哈赤满脸堆笑地亲自为其松绑赐座，上茶赔礼："这件事与你的丈夫无关，你要是心里不痛快，想打想骂就冲着我来吧。"此话一出，反倒弄得赛堪无所适从，满腔怒火无处发泄，只得听努尔哈赤继续说道："我把女儿嫁给你的丈夫，与儿女私情无关，而是想通过这种方式让我们两个部落联合起来。我的女儿嫁过去之后也不会抢你的地位，你还是大福晋，让东果做偏房，就当自己多了个小妹妹罢了。"一席话说得赛堪哑口无言，再见到还是一个小孩子的东果格格后，也感觉自己为这个小孩吃醋有些不值，也就默许了这门亲事。

怨妇给自己造成的严重后果

按史书中所说的，努尔哈赤就是用这种先兵后礼的手段把何和礼从赛堪手中抢了过去，这里面的赛堪也是通情达理之人，努尔哈赤说了几句好话她就接受了；而民国期间小横香室主人在其所编的《清朝野史大观》中说，虽然赛堪在身陷赫图阿拉城的不利局面时勉强将自己的丈夫拱手让人，但一肚子的怨气还是无处发泄，以至于缺少了封建社会严格要求妇女遵守的三从四德，最后导致她所生的子女都不为何和礼所重视，日后世袭何和礼爵位的子女，全都是东果格格所生，这个倒是历史上明确记载的。至于其他的，正史之上倒也没有提及，只能仁者见仁，智者见智。

叶赫美女变剩女，谁之过

嫁不出去的叶赫老女

万历四十四年（1616年），蒙古草原，喀尔喀部首领莽古尔岱的宠妾、刚嫁入一年多的叶赫部大龄女青年（史称"叶赫老女"）——东哥病逝，时年34岁。这本是历史长河中微不足道的一滴水，却因为一段征战、一个人，而映射出了一片历史洪波。

这段征战，就是女真族的统一战；这个人，就是努尔哈赤。

统一女真各部，这是努尔哈赤扩张人生雄图的关键一步。统一女真的标志就是踏平海西女真的最大部落——叶赫，而东哥则是叶赫部落的前首领布斋的女儿、新首领布杨古的妹妹——全名叶赫那拉·布喜娅玛拉。历史的洪流将她推到时代的浪尖上，流溢出古希腊美女海伦般的炫目光华。

努尔哈赤与美女东哥之间没有荡气回肠的英雄气短，没有缠绵悱恻的儿女情长，有的只是一片金戈铁马的喊杀声和诡谲反复的政治手段，两个没有交叉点的人生共同导演了一段波澜壮阔的历史，引领着女真族走向统一。

自万历十一年（1583年），努尔哈赤凭借着祖、父留下的十三副遗甲起兵以来，直至万历十九年（1591年）一统建州女真各部，历时九年时间，"环满洲而居者，皆为削平，国势日胜"。接下来，阻挡他统一脚步的就是海西女真和野人女真。

海西女真别称扈伦四部，包括叶赫部（今吉林四平）、哈达部（今辽宁清河流域）、辉发部（今吉林桦甸县）、乌拉部（今吉林伊通县）四部。这是一块难啃的硬骨头，尤以叶赫女真部为最。

努尔哈赤所属的爱新觉罗氏族与叶赫那拉氏族之间的矛盾由来已久。据说早在元末明初时，叶赫那拉氏族与爱新觉罗氏族之间便发生过一场战争。当时，爱新觉罗家族的头领为了使叶赫那拉氏臣服，指着大地说："我们是大地上最尊贵的金子（爱新觉罗是金子的意思）！"叶赫那拉的首领听了一阵大笑，指着天上的太阳说道："金子算什么，我们姓它（叶赫那拉就是太阳的意思）。"在那场战争中，叶赫那拉氏最后打败了爱新觉罗氏，成为当时女真族最大的部落。

历史发展的轨迹总是难以预料。叶赫那拉氏族和爱新觉罗氏族总是在敌人与朋友之间徘徊，是敌人的时候，难免要兵戎相见；是朋友的时候，便歃血为盟。是战是和，都视当时的情况和利益而定。这次亦不例外。不过，这次笑到最后的是主角努尔哈赤，叶赫那拉氏的东哥只是他扫平海西女真的一件工具、一个借口而已。

万历十九年，刚刚统一不久的努尔哈赤，迎来了海西女真叶赫部的两位使者宜儿当阿、摆斯汉，跟他们一起来的，还有一封书信：

乌拉、哈达、叶赫、辉发、满洲总一国也，岂有五王之理？尔国人众，我国人寡，可将额勒敏、札库木二处，择一让我。

——清·鄂尔泰《清太祖武皇帝实录》

一字一句的挑衅之意跃然纸上。

努尔哈赤帐下诸将读罢，无不义愤填膺，怒火中烧，狼一样的目光扫得原本趾高气扬的宜儿当阿、摆斯汉两人双股战栗。

而努尔哈赤却仿若无事人一般，只是淡淡地说道：

我乃满洲，尔乃扈伦，尔国虽大，我不得取；我国虽大，尔亦不得取。况国非牲畜可比，焉有分给之理？尔等皆执政之臣，不能极力谏主，奈何忝颜来相告耶？

没过几天，宜儿当阿、摆斯汉又来到赫图阿拉城，这次与他们同来的还有哈达、辉发两部使者，三部落公然联合起来，再次挑战努尔哈赤的耐心与勇气。

仗着三大部落做靠山，宜儿当阿、摆斯汉再次趾高气扬起来，此次带来的措辞更带有了浓浓的火药味，即努尔哈赤不答应割地的话，那么，努尔哈赤将要为建州承担被海西大军血洗的后果。

听罢此言，努尔哈赤大怒，拔剑斩案，势如雷霆，怒喝道：

尔主弟兄，何常与人交马接刃，碎烂甲胄，经此一战耶？昔孟革卜卤、戴鄯叔侄自相扰乱，如二童争骨满洲儿童每掷骨为戏故云云，尔等乘乱袭取，何故视我如彼之易也，尔地四周果有边垣之阻耶？吾即昼不能往，夜亦能至彼处，尔其奈我何，徒张大言胡为乎？昔我父被大明误杀，与我敕书三十道，马三十匹，送还尸首，坐受左都督敕书，续封龙虎将军大敕一道，每年给银八百两，蟒段十五匹，汝父亦被大明所杀，其尸骸汝得收取否？

随即努尔哈赤修书一封，将这番强硬的措辞写上，命使者将之交到海西女真部落首领的手中。

努尔哈赤的态度让东哥的老爹、海西四部首领、叶赫部头人布斋为之恐慌。他向努尔哈赤讨要领土，实际上是在试探这个人是否会与明朝一样，成为自己在海西女真的统治的又一大威胁。如今换来的是努尔哈赤的强硬，他也心知努尔哈赤绝不只是口头上说说而已。因此，先下手为强才是解除隐患的关键所在。

但布斋更清楚的是，单凭自己的叶赫部，就算是整个海西四部，也不是努尔哈赤的对手，因此，他需要更强有力的支持。他的女儿东哥，便又一次成为牺牲品。

叶赫部的秘密武器

东哥是名扬塞外的美女，据说任何语言都难以形容她的美之万一。她也因此成为叶赫部最具杀伤力的政治武器，而且屡试不爽。

东哥短短的一生中换了七个未婚夫，除去11岁时为父亲夺得海西四部（叶赫、乌拉、哈达和辉发）头把交椅"牺牲"一次外，此后六次许婚都与努尔哈赤有着直接或间接的联系。

为了巩固联盟、组建九部联军攻击努尔哈赤，布斋答应了海西女真乌拉部首领为其弟布占泰聘娶东哥的请求，征得了乌拉部的支援，于是，一场在统一海西女真中起到关键性作用的一战爆发了。是年，万历二十一年（1593年）。

九月，扈伦四部加上长白上的朱舍哩、讷殷两部及蒙古科尔沁、锡伯、瓜尔佳三部，组成多达三万兵力的九部联军，兵分三路向建州发起进攻。

面对来势汹汹的九部联军，努尔哈赤并没有显出慌张的神态。虽然以他目前的兵力来说，对抗三万大军实则以卵击石，但努尔哈赤深知，海西气势虽猛，但有一个致命的弱点，"打蛇打七寸"，只要将海西九部联军的七寸掐在手中，那么，纵使三万大军，也不过是小菜一碟。

九部联军在浑河北岸扎下大营，紧接着便向扎喀关（今辽宁新宾境内）、古勒山（今辽宁新宾县上夹乡古楼村西北）一带推进。

敌报传来，时近五更。得讯的努尔哈赤毫无惊恐之色。

"人言叶赫国不日兵来，今果然也。我兵夜出，恐城中人惊，待天明出兵，传谕诸将。"言毕复寝。衮代皇后（萨济富察氏·衮代，皇太极之母）推醒太祖曰："今九国兵马来攻，何故昆睡，是昏昧耶？抑畏惧耶？"太祖曰：

"畏敌者必不安枕，我不畏彼，故熟睡耳。前闻夜黑兵三路侵我，来期未的，我心不安，今日已到，我心始定。我若有欺骗处，天必罪我，我当畏之。我承天命，各守国土，彼不乐我安分，反无故纠台九部之兵，欺害无辜之人，天岂祐之？"言讫复睡。

一段摘自《清太祖武皇帝实录》中的话，可以看出努尔哈赤临阵之际仍可酣然入梦，实则是有成竹在胸。三万大军虽来势凶猛，但终究是乌合之众。临时集合起来的联军各自为政，缺少统一的战前部属与作战计划，散沙一堆而已。"但伤其一二头目，彼兵自走"。建州兵虽少，但优势在于一心，只要并力出击，不愁不胜。

是故，古勒山一役，努尔哈赤以少胜多，歼敌4000多人，获战马3000匹，东哥的老爸布斋战死沙场；第二任未婚夫乌拉部布占泰，尚未来得及爬上东哥床，便做了努尔哈赤的阶下囚。

与努尔哈赤有缘无分的关系

努尔哈赤在古勒山大破海西九部联军，布斋战死，布占泰被俘，海西女真一时对努尔哈赤闻风丧胆。布斋之子布杨古害怕努尔哈赤为九部联军大举进攻一事而复仇，连忙提出将妹妹东哥（此时仅13岁）嫁给努尔哈赤为妻的条件，请求"联姻盟好"。努尔哈赤允诺，取代布占泰成为东哥第三任未婚夫，这也是两个人的人生距离最近的一刻。

努尔哈赤的允诺，并非贪恋东哥的美色，他早已经认识到东哥不过是一件可怜的政治工具，既然是工具，就要充分发挥她的作用，更何况这件工具不仅对叶赫部有利，也对努尔哈赤的统一大业有利。叶赫部是海西女真的首领，与它为敌相当于同时向海西四部宣战，这对于刚刚崛起的努尔哈赤来说是极不明智的举动，因此，不如顺水推舟，一方面缓和与海西四部的关系，另一方面则趁机摆平野人女真，壮大自己的势力。基于以上考虑，他释放了布占泰并与之联姻。

但东哥誓死不嫁杀父仇人努尔哈赤，叶赫悔婚，并以杀死努尔哈赤为条件向各部征婚。

美女的拒绝并没有让努尔哈赤恼羞成怒，他像一只老谋深算的苍鹰，冷静地观察着各部情况，寻觅攻击的时机。

薄命红颜的无奈

机会还是让他等到了。几年后，哈达部发生内讧，叶赫贝勒金台吉趁机率兵将哈达部劫掠一空。哈达部向努尔哈赤求援，请求努尔哈赤出兵。这个消息很快就传到了叶赫那里。大敌当前，叶赫惊恐之下，又将东哥（芳龄17岁）推了出来，对哈达首领说如果哈达倒戈击杀努尔哈赤，就将东哥嫁给他。极具诱惑力的东哥不负众望，成功让哈达倒戈。努尔哈赤以此为借口，发兵讨伐哈达部，随即灭之。刚荣升为东哥第四任未婚夫的哈达首领赔了夫人又折兵，还搭上一条小命。

不久，辉发部亦发生内乱，拜音达弑叔自立，众多族人投靠叶赫。拜音达两次请求努尔哈赤出兵向叶赫索要逃众。叶赫仍以东哥（已25岁）为诱饵，将第五任未婚夫的"爵位"赐予拜音达，后者立刻神魂颠倒，当即撕毁盟约，向努尔哈赤宣战。努尔哈赤找到口实，挥师直捣辉发部，灭辉发，杀掉连婚约都未捂热的拜音达。

海西四部仅存乌拉与叶赫两部，而且乌拉部布占泰与努尔哈赤又有联姻，叶赫感到孤立无援恐慌至极，使出最后的杀手锏——东哥（此时已31岁"高龄"），表示要与布占泰重续前缘。痴情的布占泰受宠若惊，马上囚禁建州之妻，并以子女及17寨主之子为质，投向叶赫，唯恐叶赫反悔。色迷心窍的布占泰以为终于搞到了一张登上东哥之舟的旧船票，浑不知握住的是地狱的邀请函。努尔哈赤举兵荡平乌拉部，叶赫以布占泰失国无用，撕掉婚约。身为第三任和第六任未婚夫的布占泰就这样被抛弃，眼巴巴地看着近在眼前的美人，郁郁而终。

直到33岁，叶赫那拉氏大龄女青年东哥终于找到自己的"真命天子"，蒙古喀尔喀部首领莽古尔岱——当然也是政治婚姻，叶赫部为了联合蒙古制衡努尔哈赤——结束了长达21年的单身待嫁生活。可惜，红颜薄命，次年就魂断漠北。

公主坟下葬着谁

谁是公主坟的主人

北京有个著名的地方叫公主坟。既然是坟，那么其中必定安葬着一位逝者。而坟以"公主"为名，那么其中长眠着的必定是一位皇亲国戚。自从琼瑶剧《还珠格格》热播之后，京西公主坟内埋葬的公主是谁，引起了广泛的关注，众说纷纭。有的说是乾隆义女，有的说是金泰之妻，有的说是奇女孔四贞等。其中孔四贞之说最为流行。

孔四贞，满族皇室里的汉人格格

孔四贞幼时，曾为吴三桂养女。顺治九年（1652年），李定国奇袭广西，攻破桂林，孔有德自尽，其家一百二十余口悉数被杀，仅余一女，即孔四贞。清人杨陆荣《三藩纪事本末》记载："惟一女年十七，逸出城，单骑走京师，哭于朝。世祖（指顺治）怜而养之宫中。"清人叶梦珠在《续编绥寇纪略》言及："世祖怜之，将册立为妃，知先许孙延龄（其父部将孙龙之子），乃止。"封孔四贞为"和硕格格"，即郡主。《清史稿列传二百六十一》则说"孝庄皇后育之宫中，赐白金万，岁俸视郡主。"

孔四贞出身将门，随父军中，性情刚烈。嫁给孙延龄后，在丈夫面前趾高气扬，孙延龄心机颇深，最初对孔四贞百般恭敬，孔四贞遂为他在宫廷游说，使延龄得宠朝中。康熙四年（1665年），延龄怂恿四贞请求朝廷准许他们"就食广西"，皇帝批准。后来延龄夫妇举家南下，孙延龄便渐次排挤了孔四贞，夫妻感情恶化。

康熙十二年（1673年），发生三藩之乱，吴三桂起兵反清，并引诱孙延龄起兵响应。此时孔四贞懊悔异常，"日夜感上恩，劝延龄归顺"，延龄首鼠两端，犹豫不决，后吴三桂派吴世琮袭杀孙延龄。孔四贞曾有一子，也被吴世琮所杀。后来吴三桂把四贞接到云南，以为笼络原定南王部属，事实形同软禁。孔四贞待在昆明八年，直到"三藩之乱"被平定后，才辗转返回京师，晚景凄凉。孟森说她"从此为孤豚腐鼠，不过为孙氏一老寡妇，无争相取重者矣"。传说死后葬在今北京公主坟，该地乃因此得名。

公主坟的真正主人

其实公主坟内的公主是谁，早在 1965 年修地铁时，文物部门就对公主坟进行了考古挖掘，并参考历史资料考证，谜底早已揭开。

在复兴门外，复兴路和西三环路交界处的街心花园，因过去曾葬有清仁宗嘉庆皇帝的两位公主而得名公主坟，两位公主分别葬东西两边，东边葬的是庄敬和硕公主，她为嘉庆第三女，为和裕皇贵妃所生，生于乾隆四十六年（1781 年）十二月。她于嘉庆六年（1801 年）十一月，下嫁蒙古亲王索特纳木多布济。嘉庆十六年（1811 年）三月卒，年三十一岁。

西边葬的是庄静固伦公主，为嘉庆四女，为孝淑睿皇后所生，生于乾隆四十九年。她于嘉庆七年（1802 年）下嫁蒙古族土默特部的玛尼巴达喇郡王。嘉庆十六年五月卒，年二十八岁。

因清朝的祖制，公主下嫁，死后不得入皇陵，也不能进公婆墓地，必须另建坟茔，故北京郊区有很多公主坟，有的地方现仍叫公主坟。因庄敬和硕公主和庄静固伦公主是同年而亡，仅隔二个月，所以就埋葬在同一处了。公主坟的墓地原有围墙、仪门、享殿等地面建筑，四周及里面广植古松、古柏和国槐、银杏等树木，显得古色古香。地宫均为砖石结构，非常坚固。双墓均为夫妻合葬墓，陪葬品有兵器、蒙古刀及珠宝、丝绸等物。

第二节　后妃死亡的背后

生殉己夫，阿巴亥是自愿还是无奈

被迫自尽的大福晋

四大贝勒已去其三，但皇太极还不能说自己已经汗位在握。他还有一个不可忽视的对手——多尔衮。

多尔衮生性聪明，颇得努尔哈赤的喜爱；更重要的是一点，多尔衮的母亲，大福晋阿巴亥是一个不可忽视的力量。这个女人胸怀大志、足智多谋，她所亲生的十二子阿济格、十四子多尔衮和十五子多铎在努尔哈赤的八贝勒中占据着强势，对一心要继承汗位的皇太极来说是不小的麻烦。最可怕的是，努尔哈赤并没有留下由谁来继承汗位的遗言，而努尔哈赤死前四天里，身边只有阿巴亥奉命服侍。那几天，努尔哈赤针对汗位的问题究竟说了些什么，只有阿巴亥才知道，也正是如此，无论阿巴亥说什么，都具有很高的可信度。如果皇太极不将阿巴亥铲除，她就可以假托"遗命"，代努尔哈赤任用封、赏、贬、谏等大权。如此一来，哪还有他皇太极什么事？！

阿巴亥再精明，也不会想到丧夫之日就是自己死亡之期。在皇太极等诸贝勒胁迫下，她于努尔哈赤死后次日为汗夫生殉。

……诸王以帝遗言告后，后支吾不从。诸王曰（略），于是，后于十二日辛亥辰时自尽，寿三十七。乃与帝同枢"。另有清代官书作如下记述："天命十一年八月十一日太祖高皇帝崩。……十二日，太妃以身殉，遂同时而敛。恭奉龙舆出宫，奉安粹宫于沈阳城中西北隅。

——清·鄂尔泰《清太祖武皇帝实录》

在清代官书中，阿巴亥的入葬过程，仅有此寥寥几笔。

并不符合条件的生殉

此时的女真正处于由奴隶社会向封建社会的转型时期，生殉并不是什么稀罕的事，但对生殉有着严格的要求。被生殉的人，第一点必须是死者的妾室，正室在非自愿的情况下不得生殉；第二点要求生殉者没有未成年的幼子。就算是除了自己总惹努尔哈赤不高兴这一点不说，多尔衮和多铎尚属幼子，不合生殉的条件，而且自己大妃的地位身份又在后宫中最为尊贵，生殉之事无论如何也轮不到她的头上。

逼迫大妃生殉的根本原因

可事情毕竟发生了，不能生殉的条件恰恰成为皇太极处死阿巴亥的理由：

多尔衮、多铎兄弟二人尚未成人，更遑论战功，却与那些功名显赫的兄长们拥有同样多的属民及权力；而且，阿巴亥身为大妃，无论继承汗位的人是谁，都存在着受她牵制而且可能会随时被取代的危险。据此推测大妃生殉的最大可能性就是被皇太极等人伪造太祖遗诏，逼迫阿巴亥生殉，除却这一大隐患。

孝恭仁皇后辞世背后的秘密

生母死亡成谜团

雍正元年五月二十三日，雍正皇帝的生母，康熙皇帝的德妃乌雅氏薨，死后被追封为孝恭仁皇后。彼时距康熙皇帝驾崩仅仅半年，而官方正史对德妃的去世却语焉不详。根据有关记录，德妃于五月二十二日发病，次日即告不治。这近似于猝死的情况未免使人心生疑窦。长期以来，民间就流传着德妃是被雍正皇帝所逼，撞柱而死的传闻。《大义觉迷录》中便记载了两种说法：一种是说"皇上将允禵调回囚禁，太后要见允禵，皇上大怒。太后见允禵而不可得，于铁柱上撞死"。另一种则称"皇上令九贝子（允禟）往西宁去见活佛。太后说：'何苦如此用心！'皇上不理，跑出来。太后怒甚，就撞死了。九贝子之母亲，亦即自缢而亡"。以上两种说法虽然不足为信，但是，雍正与生母的关系比较微妙却有史可证。

德妃受宠论出身

《清史稿》记载，"孝恭仁皇后乌雅氏，护军参领威武女。后事圣祖"。清代官方记载，乌雅氏为正黄旗人。雍正在下诏封赏外戚爵位时，称德妃乌雅氏的曾祖额布根乃是"本朝旧族，创业名家"，早在努尔哈赤时就被"抚育禁庭，视同子侄"，俨然一副皇室元勋的模样。

其实情况并非如此。根据《八旗通志》的记载，额布根的长子——也就是德妃乌雅氏的祖父额参曾任膳房总管，这一职务其实仅是包衣奴才的首领；此外，《八旗通志》又载乌雅氏之弟博起曾管理镶蓝旗包衣佐领，似可证明乌雅氏一族出身亦非正黄旗，而是镶蓝旗。因此，德妃的祖上乃是镶蓝旗的包衣奴才出身。

雍正隐瞒这一事实有其政治意义。前面已经说过，八阿哥胤禩生母良妃卫氏是辛者库出身，这一事实屡屡被康熙以及其政敌用来作为贬低胤禩的手段。那么作为皇位之争的胜利者，雍正必然要回避这一事实，抬高外戚家的地位，进而凸显自己与其他皇子的不同之处。当然，也许雍正还考虑到了这样做对于讨好德妃乌雅氏亦不无益处。

其实，在康熙一朝，德妃却并没有因为其相对低微的身份而不见宠于康熙，反而一再受封，并为康熙生育三子三女。

最初，乌雅氏仅是一名普通的宫女。被康熙帝临幸后，于康熙十七年生下了皇四子胤禛。因此次年受封为德嫔。再过一年，又生下了皇六子胤祚。因此又于次年被封为德妃。

胤祚——这个名字并不简单："祚"有皇位之意，康熙将这个字赐予皇六子，简直是在向世人宣告这个孩子不同一般的身份，足见康熙对这个孩子的喜爱和重视。所谓爱屋及乌，德妃自然也深受宠幸，仅仅三年，由宫女而升为妃。可惜的是，胤祚在6岁时夭折了。

不过，这并没有让德妃的地位有所动摇。相反，此后德妃又为康熙生育了一子三女，其中成人的有一子一女。皇九女被封为和硕温宪公主，另外一子，就是赫赫有名的皇十四子胤禵。

生恩不如养恩大

据说，德妃乌雅氏外貌端庄，雍容华贵，而天性又淡泊名利，为人做事相当低调。在钩心斗角的后宫中，这一点应该颇能博得康熙的赞赏，而且还能保护自己及子女免遭伤害。

不过胤禛与德妃的关系却谈不上亲密。因为胤禛是德妃的第一个孩子，在其出生之时，乌雅氏仅仅是一名普通的宫女，因此没有亲自抚养皇子的权利。因此，康熙将胤禛交由皇贵妃佟佳氏抚养。佟佳氏一生仅仅生育过一女，还夭折了。因此将满腔的心血都寄托在了胤禛的身上。虽然在胤禛十一岁时佟佳氏病逝，但胤禛对佟佳氏的养育之恩是极其感念的。直到他登基成为雍正皇帝之后，仍然在谕旨中极力颂扬佟佳氏，并且给予佟佳氏的弟弟——也就是自己的舅舅隆科多以高官厚禄。抛开隆科多在雍正夺取皇位中可能起到了重要作用这一点不论，雍正对佟佳氏一门的深厚感情还是显而易见的。

胤禛与佟佳氏的关系如此深厚，与德妃的关系却并不怎么好。由于胤禛自小不在德妃身边长大，而且德妃随后又生育了二子三女，几乎没有时间和精力来关照胤禛这个早已被寄养出去的孩子。康熙十七年，德妃生下了胤禵。即使在寻常百姓人家，小儿子也总是受到父母更多的宠溺，更何况皇家？加之被寄予厚望的皇六子胤祚又已经夭亡。因此不难想象，德妃对于胤禵这个小儿子显然要比胤禛亲近得多。对于母亲的厚此薄彼，雍正自然看得出来。

在康熙末年的夺嫡风波中，胤禛和胤禵居然站到了对立面，胤禵在明处，胤禛则在暗处。德妃乌雅氏对此的态度无处可寻，但是如果说她希望胤禵即位大约也无可厚非。

母子之间的激烈冲突

随着康熙的驾崩，帝位之争尘埃落定。最终胜出的居然是此前默默无闻的胤禛，而不是刚刚在西北前线立下赫赫战功的胤禵。对于乌雅氏来讲，这可能并不好受。尽管无论哪个儿子即位，自己都跑不掉一个皇太后，但这大概并不能减轻心中的失望。特别是康熙死得有些蹊跷，宫闱之中流言顿生，关于胤禛是如何夺取皇位的说法满天飞。这种情况下，乌雅氏心疼胤禵，对胤禛采取了不合作乃至抵制的态度也是可以理解的。于是，在康熙驾崩之后，胤禛和乌雅氏之间，发生了一系列的冲突。

首先，乌雅氏对康熙之死表现得极其痛苦，整日泪流满面，水米不进，宣称要以身殉葬大行皇帝，这等于是给了新即位的雍正皇帝一个下马威。假如乌雅氏只是普通妃子，和雍正全无关系还则罢了，作为亲生儿子的雍正，如果让生母就这么死了，无疑是将自己陷入不孝的境地，从而给了政敌一个攻讦自己的口实。于是，雍正只好苦苦再三相劝，甚至表示如果德妃死了，自己也不打算活了。在这种情形之下，乌雅氏只好作罢，勉强同意了雍正的请求。

可是，乌雅氏立刻又给雍正出了一个难题。在雍正登基典礼之时，按照惯例，皇帝要给皇太后行礼。于是礼部提前一天谒见皇太后，向其通知第二天的礼节。谁知道乌雅氏居然表示这事儿无关紧要，拒绝出席典礼。这简直是以皇太后的身份公开质疑雍正的皇位了！对于自己的生母，雍正既打不得又骂不得，只好几次三番地让几位重臣前去劝说，最后干脆亲自出马。最终，乌雅氏还是勉强答应了。这才算把这个难题解决。

紧接着乌雅氏又坚决拒绝了翰林院为皇太后拟定的尊号，并且也不肯从自己居住的永和宫搬到皇太后居住的宁寿宫中。这一次，乌雅氏表现得十分强硬，无论是王公大臣上奏，还是雍正亲自请求，乌雅氏都不予理睬，一概以大行皇帝新丧，无暇他顾为由推脱。

此外，乌雅氏甚至对雍正的帝位提出了质疑。她公然表示自己做梦都没想过雍正能当上皇帝。这无疑是对雍正取得皇位的合法性提出了疑问。

面对着生母种种不合情理的表现，雍正一定是满腹牢骚，但却不能对她发泄。雍正显然明白，如果对待皇太后稍有失礼之处，立即会被满怀怨愤的诸皇子抓住把柄，因此他只能逆来顺受。他把这腔邪火都发泄在了胤禛身上，这恐怕是乌雅氏没想到的。也许乌雅氏这么做，是想给胤禛出口气，没想到她的妇人之仁，反而让胤禛更加被动。

胤禛很快被削除了兵权，并被软禁在遵化看守康熙的陵寝。这无疑对乌雅氏又是一个新的打击。丈夫新丧，幼子又遭如此对待。乌雅氏终于承受不了这样的现实，她一病不起。

根据史料记载，雍正元年五月二十二日乌雅氏发病，次日丑时崩，终年64岁。在乌雅氏患病期间，雍正帝亲至永和宫，衣不解带，昼夜侍奉，还曾宣召已改名为允禵的十四阿哥进京探望。

乌雅氏死后，她接受了生前没有接受的一切。雍正将她的梓宫先移至宁寿宫，三日之后才移至寿皇殿。乾隆、嘉庆间又多次给她加上尊号，称为：孝恭宣惠温肃定裕慈纯钦穆赞天承圣仁皇后。

清孝贤皇后去世之谜

叔嫂乱伦的传说

在一个偶然的机会，乾隆看见了美貌非凡的皇后的嫂嫂傅夫人，然而，却无法见面。有一次，乾隆以皇后生日为名，要见傅夫人。到了中秋节这天，坤宁宫内外非常热闹。宴饮开始后，大家热热闹闹行起酒令来，你一句，我一言，你一盏，我一杯，闹成一片。这位傅夫人向来不胜酒力，连饮了几杯之后，脸颊微微泛红，连坐都坐不稳了。乾隆见她已经醉了，把侍宴的宫娥叫了过来，叮嘱几句，叫她们把她扶进宫中休息。

大家休息了一小会儿，重新入席喝酒。只是忽然不见了皇帝，皇后命宫人去找，未找到，但也没有时间管那么多了，只好继续招呼客人。等到酒尽人散，仍不见皇帝的踪影。皇后心下奇怪，又命宫人去看看傅夫人怎样了。过了好长时间，才见这名宫人回报说："傅夫人所住房门关得紧紧的，不方便打扰。"皇后联想前情，心中明白了几分。

第二天早上，乾隆帝仍照常坐朝，傅夫人起来后去坤宁宫向皇后辞谢。皇后意味深长地看了她一眼，微笑着说了一句："恭喜嫂嫂！"傅夫人一下子面红耳赤，急急忙忙告辞离开了。

事后吃醋的皇后

自从那天之后，皇后对待皇帝也有了一些转变，不像以前那样温情脉脉了，有时竟向皇帝投来一种忧怨的目光，使皇帝心中很难受。因为羞愧，他不像以前那样时常去坤宁宫了，皇后也就更加怀疑皇帝对她冷淡了。皇后本来有个儿子永琏，已由皇帝按家法秘立为太子，但不幸生病死了，乾隆帝千方百计地安慰她，并劝她再生嫡子，并一定将之立为皇储，并追封永琏为端慧皇太子。几年过去了，皇后又生下一子名永琮。刚好皇后的情绪处于低潮之际，永琮又因得天花死了。皇后受不了一次又一次的打击，哭得死去活来。

于是，乾隆帝为了安慰皇后才以东巡为名，带着皇后出京游玩，谁能料到就这样与皇后永别了。

三角关系的谜团

乾隆带着皇后灵柩马不停蹄地赶回京师，在长寿宫设立灵堂，丧礼特别隆重。乾隆除为皇后服缟素 12 天外，还亲自撰写了祭文《述悲赋》，抒发了自己对皇后的思念之情。乾隆把自己的才华充分发挥出来，写得十分哀婉，读了之后令人肝肠寸断。然而有谁能知道帝后之间的这段纠葛呢？

皇后生前曾为自己向乾隆讨过谥号，那是皇贵妃高佳氏死时，乾隆以谥号"慧贤"追谥，皇后便说："我死后，以'孝贤'二字为谥号，可以吗？"因此，乾隆帝便按照她的遗愿，追谥为"孝贤纯皇后"。乾隆十七年将她葬于孝陵（清世祖顺治帝陵寝）西侧胜水峪后面。随后乾隆在此处为自己建造陵寝裕陵。另外，还格外加恩于皇后母家，封皇后的大哥富文为公爵，傅恒为保和殿大学士兼户部尚书，可谓"全家恩泽古无伦"，达到了顶峰。然而，却无人知晓乾隆、傅夫人、孝贤皇后三者之间的三角关系了。

第三节　孝庄太后身上的秘密

孝庄太后的风流史

美女不愿嫁丑男

明万历四十一年二月初八（1613 年 3 月 28 日），布木布泰出生在蒙古科尔沁部落的一个贝勒家里，小名叫作玉姑。

在玉姑的童年，由于其父宰桑是蒙古一个较大部落的首领，权力极大，因此她在优越的环境中无忧无虑地生活。为了培养自己心爱的幼女，宰桑特意聘请一些文人学士来教她读书，玉姑也用心学习，自幼就显示出超人的天分和聪明伶俐的性格。

玉姑的第一次婚姻是由她的父亲一手包办的，丈夫是叶赫部的世子德尔格勒。德尔格勒生得又黑又肥，身长不满三尺，一双眼睛贼溜溜的，嘴唇斜缺，鼻孔朝天，耳朵倒翻，说起话来声音极其难听，分外令人生厌。当玉姑在新婚之夜第一次看见自己的丈夫时，便心灰意冷了。

后来，玉姑就经常回娘家去住，任凭德尔格勒怎么哀求也无济于事。德尔格勒恨自己生得太丑，得不到娇妻的欢心，一发狠，便跑到山中披发修道去了。玉姑终于获得了自由之身。

英雄难过美人关

玉姑摆脱了德尔格勒后，经常和妹妹到别尔台山的围场中去打猎。这别尔台山是个公共围场，山上的狐兔野鹿不计其数。叶赫、建州、玛赛别三大部的王孙公子常来此打猎，因此这也可以算是一个贵族猎场。玉姑和她妹妹到这里打猎，也是为了择婿。

有一天，皇太极领着一班侍卫来此打猎。在皇太极追赶一只野兔的时候，恰巧碰上了玉姑姐妹。皇太极被玉姑的美貌惊呆了，回到盛京后一打听，才知玉姑早已名花有主，心里顿时凉了半截。但他的心中却始终没有忘记玉姑。

这年因叶赫部帮助明朝攻打清都盛京，清皇帝一怒之下，亲率大军攻打叶赫部，皇太极一打进叶赫部，便大肆抢掠。部下掳来一个美女，皇太极发现此人正是自己心仪的玉姑。原来玉姑是来此为叶赫部部主庆祝生日的，清兵一来，玉姑来不及回家，便被人抓到这个地方。皇太极喜出望外，当夜就在军帐中和玉姑共赴巫山云雨。

第二天，皇太极便派人向吉特塞桑贝勒求婚，择吉日迎娶玉姑。皇太极当了皇帝后，封玉姑为庄妃。

崇德三年（1638）正月，庄妃喜得贵子，取名福临，他是皇太极的第九子。福临生得眉清目秀，十分聪明，深受父皇宠爱。

母以子贵，庄妃也因此而更受皇太极的宠爱。当她施计劝降洪承畴之后，地位更超过了排在她之上的正宫皇后哲哲、麟趾宫贵妃和衍庆宫淑妃等人。庄妃并没有因宠恃骄，她凭借自己的天分和超乎一般女人的杰出的政治头脑，积极地帮助皇太极处理政事，并且只是提出建议，从不染指朝政。这不仅为壮志在胸的皇太极分担了许多压力，还对庄妃更加信任、宠爱有加了。

孝庄太后对康熙一生的影响

成功男人背后的女人

近三百年的清王朝历史中，有两位女性对历史进程的影响是绝对不可忽略的。一个是带给大清乃至整个中国巨大灾难的慈禧，另一个女性便是孝庄。与前者恰恰相反，孝庄几次力挽狂澜，救大清于危难之中，更是培养出了"千古一帝"——康熙。可以说，康熙在政治上的成就离不开祖母孝庄太后的悉心栽培，那风光无限的"康乾盛世"更是有孝庄的一份劳苦在其中。

可以说，没有孝庄就没有康熙的帝业。正是孝庄身上所充溢的政治家和教育家影子，塑造了康熙在政治修为的成就。康熙自从顺治手中接过了一堆烂摊子开始，除鳌拜、平三藩、收复台湾、平定了北方和西北地区叛乱、与侵略中国东北大片领土的沙俄侵略者做出了顽强的斗争，逼迫沙俄侵略者退军境外……这一切功绩的背后，大都离不开孝庄明里暗中的帮助扶持与紧要关头时的力挽狂澜。

正如玄烨日后所回忆："朕自幼龄学步能言时，奉圣祖母慈训，凡饮食、动履、言语，皆有矩度。虽平居独处，亦教以'敢越轨，少不然即加督过，赖是以克有成。'"

帮助孙儿除鳌拜

年幼的康熙在接收了父亲顺治死后留下的大片江山，茫然四顾，就算是天生我才，才刚刚八岁的娃儿，在豺狼虎豹的围追堵截中又能施展出什么伟业来？真的是除了自己的祖母，几乎没有一个真正可以信赖的人。

在利益诱惑之下，忠与奸的转化往往就在眨眼之间。当初信誓旦旦的四大辅臣终究也没有禁得住考验，背叛的背叛，自保的自保。背离了誓言各做打算，完全不把这对祖孙放在眼里。玄烨年龄还小，对此自然难以应付，只觉得鳌拜那斗大的拳头越来越多的在自己的眼前挥舞，除了委屈、气愤、无助、恐惧之外再无其他。

但政治经验丰富的孝庄，却不露声色地密切注视事态发展并一次次给孙子出主意。鳌拜的飞扬跋扈一次次挑战着年轻气盛的玄烨，但在玄烨决心爆发前一刻，总会有孝庄用安抚、坚定、睿智的话语将玄烨胸中愤怒的火焰熄灭，让这位少年天子明了一个"忍"字的深刻含义。让他明白忍不单单是委曲求全，更能成为手中的救命稻草。在力量薄弱的时候，务必遵循一个"忍"字，越是风雨飘摇的时候，越应该忍辱负重，忍气吞声，忍耐的同时笼络大臣，等到势力大了，再将乱臣贼子一网打尽，这可算是孝庄给玄烨上的第一堂课了。

孝庄不但让玄烨忍辱负重，自己也放低了身为皇太后的高贵姿态，对四大辅臣，尤其是鳌拜向来都是刚柔并施、好言好语相对。她这样做，无非是想在这幼君继位之初，稳定朝堂。

鳌拜辅政期间结党营私，专横擅权，全不把皇上、太后及其他辅政大臣放在眼里，苏克萨哈因与他抗衡，遇事力争，被诬陷致死。因圈地事件，鳌拜尤其与玄烨的老师魏承谟结怨颇深，不时地向孝庄进言要求更换帝师，想就此除掉魏承谟这个忠良。孝庄深知魏承谟的委屈，但更知道鳌拜手中权力的厉害，决定还不宜逆他的意，故而顺水推舟表示早有换师之意，只是苦于没有合适人选。完全没有贵为皇太后说一不二的架势，就算是鳌拜想找碴儿，也像是一拳打在了棉花上，完全发不出力来。但在鳌拜准备至忠臣于死地的时候，孝庄又强如钢铁，毫不含糊。之前，孝庄同意解了魏承谟的职其实是想留他一条生路，等鳌拜明着说想杀了魏承谟之时，却也是力保忠臣毫不退让。鳌拜让玄烨气愤难忍，同时也让孝庄急在心头，心里不时在暗暗地盘算着，怎样才能为自己的孙儿除去这一个祸害。

孝庄就是这样，一边安抚着权臣，一边安慰着孙子，一边在烛光摇曳中夜不能寐，苦思让孙儿在不利局势中站得住脚的灵丹妙药。为了笼络四大辅政老臣，孝庄皇后亲自登门拜访称病的索尼，还特意为他的孙女和康熙安排了大婚，将索尼的孙女封为皇后，双方结为亲家。

索尼不肯舍命为康熙办事，但是他得为自己家族的荣辱兴衰考量。直接与皇帝攀上亲戚并不是谁都有这个资格的，所以，老了却不糊涂的索尼决定拼着自己的一把老骨头，为自己的儿孙搏上一搏。

同时，被当作政治工具的女人还有遏必隆的女儿钮祜禄氏，她也被封为皇妃。这些人物在选择上都是经过孝庄精心计划过的。

在为孙儿择立皇后时，孝庄舍去遏必隆之女，选中赫舍里氏，旨在防范鳌拜借镶黄旗之女成为皇后之机，进一步扩大实力，同时也是针对主幼臣骄的情况，对清朝元老索尼及其家族予以荣宠的笼络措施。孝庄此举还改变了皇太极和福临时期皇后莫不出自蒙古博尔济吉特氏的惯例。这并不意味着忽视满蒙贵族联姻政策，而是从巩固皇权、安定政局的现实角度出发，全然以大局为重，表面上只是一场场普通的皇帝选妃，却也能看出孝庄虽为深居简出的女流之辈，其实更是一个拥有着战略眼光与灵活态度的女政治家。

敌众我寡的形势迫使孝庄在之后一次又一次地频走险招，险中求准地把赌注又压在了九门提督吴六一的身上。孝庄犀利的眼睛并没有被后宫厚厚的围墙阻拦在外，她看清了吴六一的性格之本质，并对症下药地施以仁义与信任，而非动用金钱与权力。后来吴六一果真在铲除鳌拜时不负重托，立了大功，把决定大清命运的一场戏完美地演完。

嚣张的鳌拜怎么也不会想到自己戎马一生却栽在几个布库（满语意指摔跤手）拳下。

玄烨对自己的祖母充满了寄托之情，凡事不论大小，都要听取一下孝庄的意见。鳌拜下台之后，孝庄放手让玄烨治理朝政，使年少的皇帝在实践中得到了充分的锻炼。

祖孙携手开创盛世

康熙十四年（1675年），正当三藩作乱时，蒙古察哈尔部布尔尼乘机叛乱，这对根基不稳的清政府无疑是雪上加霜，严重威胁京师的安全，康熙日不安食、夜不能寐。关键时刻，孝庄皇太后坚决果断地作出决策，全力支持康熙平乱，并且拔出宫中金帛加以犒赏三军，还向康熙推荐人才说："图海才能出众，盍任之。"康熙定然是信任不疑，即诏图海"授以将印"，领兵前往，很快就平定了布尔尼叛乱，使局势转危为安。

在祖孙二人的携手努力下，清王朝从动乱走向稳定，经济从萧条走向繁荣，清王朝在康熙王朝形成第一个黄金时代，其中包含了孝庄的一份功劳和心血。

康熙执政61年，以精勤政务而著称，每日临朝听政，批答奏章，从无间断；更能抛弃一己私情不惜把女儿远嫁以换大清片刻清宁，也是一心为了国家的安宁。他为政宽仁，心系黎民苍生；鼓励垦荒，减免税银；雄才大略，成一代盛世，这些都与孝庄太后的言传身教是分不开的。

太后下嫁，清宫第一大谜案

寻找历史的真相

时至今日，关于太后是否下嫁，仍是一个颇有争议的问题，当我们把它作为一个严肃的历史课题对待时，就必须找到太后下嫁与否的正反论据。也只有这样才能在立论和批驳中，寻找和接近历史的真相。

一桩策划周详的政治婚姻

相信太后下嫁的人提出了自己的论据，他们认为作为一桩政治婚姻，太后为了保全福临的皇位下嫁给多尔衮是完全可能的。试想，顺治登基时还只是个孩子，而孝庄太后也是一个30余岁的寡妇，在当时的那种情况下，仅凭他们母子怎么可能撑起整个大清江山？并且，当时多尔衮已经掌握全部军政大权，尤其是入关后他更是专横跋扈，说一不二，连皇帝都不放在眼里，作为福临的母亲，不委身下嫁，恐怕也没什么好法子了。至于是主动自愿，还是被逼迫，以及结婚的时间、地点，是否举行过大典，其实都是不重要的。因为，孝庄太后只要达到政治上的平衡，保住福临的皇位就达到目的了。事实上她也确实牵制住了多尔衮，所以，说两人确实有私情，也是不过分的。

历史上的信息

《清实录》中有记载：顺治七年（1650年）正月，多尔衮就将肃亲王豪格的福晋博尔济特氏娶来做自己的妃子。在教士汤若望留下的文字中也曾记载说顺治皇帝最宠爱的董鄂妃实际是自己的弟媳。这样看来太后下嫁就没什么不好理解了。"皇嫂下嫁"成为避讳恐怕也是在满族汉化程度加深后才有的。

摄政王多尔衮留下的蛛丝马迹

从多尔衮"皇父摄政王"的称谓上，也能看出太后下嫁的事实。大概在清末民初时期，有人在顺治初年的科举考卷上发现"皇父摄政王"的字样曾与皇上并排单立为一行。后人对"皇父摄政王"进行考证后发现，福临对多尔衮的称谓是不断变化的—顺治元年（1644年）称"叔父摄政王"，顺治二年称"皇叔父摄政王"，顺治五年称"皇父摄政王"，因此，人们得出结论，多尔衮名讳变化过程实际上是太后与多尔衮的婚姻由隐秘到公开的一个反映，如果太后未曾下嫁，为什么福临要叫多尔衮为皇父？而且，这一点在朝鲜的《李朝实录·仁祖》卷五十上也有记载：顺治六年二月，清廷派使臣去朝鲜递交国书，朝鲜国王看见书中称多尔衮为"皇父摄政王"，便问："清国咨文中有皇父摄政王之语，此何举措？"清朝来使回答到："今则去叔字，朝贺之事，与皇帝一体云。"朝鲜国右议政郑太和说："中虽无此语，似是已为太上矣。"国王也说："然则二帝矣。"这说明，关于多尔衮的称谓，朝鲜君臣也表示怀疑过。既然外交文书上都这样写，外交使臣也作此解释，说明太后下嫁是真的。

顺治七年，多尔衮病死的第二年，朝廷历数了他的种种罪行，其中"自称皇父摄政王"和"亲到皇宫内院"就是他的两条大罪。这一事实，在清朝人蒋良骐的《东华录》中就有记载。从此可以看出，如果太后没有下嫁，多尔衮敢深入内院，并且把福临当成儿子吗？太后和皇室亲王贝勒能接受吗？

《建夷宫词》中的信息

在明朝遗臣张煌言的《建夷宫词》中，也有讽刺太后下嫁的诗句："上寿觞为合卺尊，慈宁宫里烂盈门。春官昨进新仪注，大礼恭逢太后婚"，"掫庭又闻册阏氏，妙选嫡姬是母仪。"尽管张煌言有借诗讽刺清廷的意思，但是，俗话说无风不起浪，如果没有这事，他怎么能说得有鼻子有眼的。

泄密的顺治诏书

顺治的一封诏书也很值得怀疑。顺治十七年（1660年）十二月二十四日，顺治降谕礼部，其中有这样几句话："睿王摄政时，皇太后与朕分宫而居，每经累月方得一见，以致皇太后萦怀弥切。乳母竭尽心力，多方保护诱掖，皇太后眷念慈衷赖以宽慰。"顺治因乳母李氏病故而写的诏书，透露出了这样一个信息：因为多尔衮摄政，才使得顺治与母亲孝庄太后分宫而居，母子累月不能相见。为什么会这样？"每经累月方得一见"，"皇太后萦怀弥切"，皇太后为什么不与自己的幼子住在一起？顺治为什么不去看望自己的母亲？这中间难道没有别的因素在阻止他们母子相见吗？而这个因素，除了多尔衮之外，还有谁会有这么强的力量？顺推下去，我们很容易就能得出这样的结论，如果皇太后不是下嫁了，怎么会长期不在宫中？

难入风水墙的皇太后

孝庄太后去世后的墓葬也可以说明问题。清朝早期丧葬制度规定，皇后死后，都要与皇帝合葬，同陵同穴，哪怕在皇帝之后死去。可是，孝庄太后死后却没有遵守这一祖制，而是单独葬在了遵化的清东陵风水墙外，并且灵柩还在地面上停放了38年之久。这是为什么呢？

史料中虽记述孝庄太后生前曾叮嘱康熙帝："我身后之事特以嘱汝，太宗文皇帝梓宫安奉已久，卑不动尊，此时未便合葬。况我心恋汝父子，当于孝陵近地安厝，我心始无憾。"可这很有可能只是托词，因为顺治六年四月，皇太极的孝端文皇后死后就葬入了昭陵。究其原因，恐怕是随着汉化的深入，孝庄太后和康熙帝都感觉到了下嫁一事不是什么光彩事，尤其是孝庄太后更觉得在阴间无法面对太宗皇帝的缘故吧。至于为什么孝庄太后灵柩要在地面上停放那么久，可能是因为康熙帝感到不知如何是好，遵守太后遗嘱觉得对不起太后，不遵守太后遗嘱又觉得对不起太宗，所以迟迟不能定夺。

另外，清东陵的5个皇帝、14个皇后、136个旗妃，都葬在风水墙内，而只有孝庄太后葬在风水墙外，这又是为什么呢？野史上的解释是，因为下嫁一事对爱新觉罗皇族来说是一件丢脸的事，所以罚她在陵区大门之外永远为子孙后代看守陵门。这种说法虽然经不住推敲，但是不管怎样，孝庄太后被葬在清东陵外，确实有违情理，难免会让人联想到下嫁一事。

《红楼梦》里的影子

从现实主义古典名著《红楼梦》中好像也能看到孝庄太后下嫁的影子。比如，贾氏二房四子的名字分别是敷、敬、赦、政，而这四个字合起来谐音正好是"夫敬摄政"；宁国府老仆人焦大喝醉酒后，说这府里"爬灰的爬灰，养小叔子的养小叔子"。在书中前半句有所指，后半句就不知其出处了。所以，有人认为此处是对孝庄太后下嫁小叔子的影射。还有人把贾母和孝庄太后联系到了一起，这也难怪，贾母年轻时为宁府长媳，老来为荣府太君，这种一身两任的经历与孝庄太后有点相似。

如果我们硬把小说中的零散的隐语作为太后下嫁的证据，似乎有些武断，不过在这部被认为是反映作者所处时代社会生活的百科全书中，这些情节是不是在暗喻什么，或者真有什么含义呢？

大婚诏书的真假之争

1946 年 10 月，近代学者刘文兴在撰写的《清初皇父摄政王多尔衮起居注跋》中写道：宣统元年（1909 年），他的父亲刘启瑞任内阁侍读学士，奉命收拾内阁大库档案，"得顺治时太后下嫁皇父摄政王诏"。这是一个极其重要的信息，如果太后下嫁的诏书确实为真，那无疑就是太后下嫁的铁证了。

综上所述，正是因为有了这么多的佐证，很多人都认为太后下嫁确有其事。只是到了后来，汉化的加深，清朝统治者才意识到这件事很不体面，从而将有关太后下嫁的文件从官方的典籍中全部删掉了。并且据说是到乾隆朝，主管修史的纪晓岚见到了太后下嫁的诏书，认为："这种事怎么可以传示后人，以彰其丑？"并请示乾隆帝，将有关内容全部删削，最终使得这一事件成为历史疑案。

第四节 慈禧太后身上的谜团

慈禧太后的出身之谜

慈禧太后究竟出生于何地

1851年咸丰皇帝诏选秀女，对中国历史产生重大影响的叶赫那拉氏——后来的慈禧太后被选入宫，封为兰贵人。1854年又被封为懿嫔，两年后她为咸丰帝生下了皇长子载淳，从而晋封为懿妃。1857年，她的地位再次得到提升，被封为懿贵妃，从此她在宫中的地位仅次于咸丰帝的皇后钮钴禄氏。由于得到咸丰帝的宠幸，叶赫那拉氏开始干预朝廷政事。咸丰皇帝死后，她夺得太后的权位，与钮钴禄氏平起平坐。这也标志着继唐代武则天成为中国古代历史上唯一的女皇之后，又有一位女性开始操纵中国的命运。

按清朝史书记载，慈禧太后出生于满洲镶蓝旗一个官宦世家，父亲名叫惠征。清宫档案《内阁京察册》（清政府对京官三年一次的考察记录）记载：惠征在道光帝早年一直担任吏部笔帖式，二十六年（1846年）调任吏部文选司主事。后因工作成绩突出，受到了皇帝的接见，并被外放。咸丰二年（1852年），调任安徽徽宁池太广道的道员。从慈禧太后父亲惠征的履历看，他曾先后在北京、山西、安徽等地任职。这就导致了慈禧太后出生地的多种说法。

另外，几乎没有任何文献记载过慈禧太后的出生地，因为谁也没料到这个出身普通官宦之家的女子，几十年后会成为执掌大清国朝政近半个世纪的圣母皇太后，所以慈禧太后的出生地也就成了难解之谜，有人说她出生在北京，有人说她出生在安徽芜湖，有人说她出生在甘肃兰州，还有人说她出生在浙江乍浦，也有人说她出生在内蒙古自治区呼和浩特。至于哪种说法准确，一直以来都没有一个确切的结论，因为任何一种说法都有看似合理的依据。

出生于北京说

持这种说法的学者认为慈禧太后出生于北京西单牌楼北劈柴（今辟才

胡同一带或者北京东城方家园。有关学者在清宫档案中发现了咸丰五年（1855年）慈禧太后的亲妹妹（也就是后来醇郡王奕譞的侧福晋，光绪皇帝的生母）被选为秀女的记录。其上明确记载：此女属满洲镶蓝旗，姓叶赫那拉氏，父亲名叫惠征，最高官职做到五品的道员。而按照京师八旗分城居住的规定，乾隆三十五年（1770年），镶蓝旗满洲都统衙门在阜成门内华嘉寺胡同；到民国初年，镶蓝旗满洲都统衙门旧地在阜成门内华嘉寺14号，劈柴胡同距华嘉胡同很近。慈禧太后的父亲属于满洲镶蓝旗，应当住在劈柴胡同一带。因此有学者认为，咸丰五年之前，慈禧太后的娘家应该住在北京西单牌楼北劈柴胡同，慈禧太后的出生地也应该在这里。

　　慈禧太后的后人根据祖辈的口述，也确证慈禧太后诞生于此。另外，现代小说大家高阳在《清朝的皇帝》中记述："慈禧太后母家在东城方家园，父官至安徽徽宁池太广道，时当道光末年，洪杨起事，惠征守土无方，革职留任，旋即病殁，遗妻一子女各二，慈禧太后居长。"也有的书上说，"恭亲王曾慷慨言之：'大清天下亡于方家园'！"注云："方家园在京师东北角，为慈禧太后母家所在地。"从这些史料看，慈禧太后则可能出生于北京东城方家园。慈禧太后出生于道光十五年（1835年），这时慈禧太后的父亲还在北京任职，因此慈禧太后出生于北京的可能性较大。但是这种说法也只是一种猜测，由于进宫以前对慈禧太后的生平资料并没有留下什么记载，慈禧太后入宫时选秀女的"排单"至今还没有发现，因此并没有过硬的资料或者证据可以证明慈禧太后就出生在北京。

出生于安徽芜湖说

　　这种说法主要是根据慈禧太后的父亲惠征曾做过安徽徽宁池太广道的道员，道员衙署在芜湖，因此说她出生在芜湖。据说，慈禧太后善于演唱南方小曲，比如民国时期出版的《清朝野史大观》中就记载："那拉氏者，惠征之女也，惠征尝为徽宁池太广道，其女生长南中，少而慧黠，缦艳无匹俦，雅善南方诸小曲，凡江浙盛行诸调，皆琅琅上口。"一些小说、影视中也多有这样一个情节，兰贵人（就是后来的慈禧太后）在圆明园桐荫深处唱一曲

"女儿十八正当年"的缠绵小曲，咸丰帝听得如醉如痴，从而博得了宠爱。不过，这种说法还是比较勉强的，因为根据史书记载：惠征当徽宁池太广道员是在咸丰二年（1852年）二月，正式上任是在同年七月。而慈禧太后已经在咸丰元年（1851年）入宫，被封为兰贵人；档案中还发现了兰贵人受到赏赐的赏单。惠征未曾到安徽上任，慈禧太后已经入宫了，不太可能出生于芜湖。再说，从慈禧太后会唱南方小曲，就说她出生在南方，不和北方人会唱黄梅戏就说她生在安徽一样滑稽吗？所以，认为慈禧太后出生在安徽芜湖纯属无稽之谈。

出生于甘肃兰州说

这一说法源于慈禧太后的父亲惠征曾任过甘肃布政使，传说慈禧太后就出生在兰州八旗马坊门（今永昌路179号院）。不过专家们经过查阅文献、档案，认为这种说法恐难成立。

出生于浙江乍浦说

1993年8月22日某报刊登了一篇不足三百字的报道："史界新发现，慈禧太后生于浙江乍浦。"文中说，慈禧太后的父亲惠征，在道光十五年至十八年（1835~1838年）间，曾外放到浙江乍浦，任正六品武官骁骑校，而慈禧太后正是在这一时期出生，所以她的出生地是"浙江平湖市乍浦城内的满洲旗下营"。该报道还举证说：在现今的浙江乍浦老人中，仍有种种关于慈禧太后幼年的传说。单从时间上来看，这种说法是可信的，因为慈禧太后的确出生于道光十五年（1835年）。但是，一些学者查阅清朝考核官员的档案记载却发现道光十四年官员考核时，惠征被定为吏部二等笔帖式，三年后又被作为吏部笔帖式进行考试，可见这时惠征在北京做吏部笔帖式，为八品文官。可见，说慈禧太后出生在乍浦，是不恰当的。因为，如果惠征这几年确实在乍浦为官的话，他将从一个京城八品以下的二等文官，忽然连升几级，成为正六品的武官，这实在不合常理。再说，正六品武官怎么会一下子又降回到八品文官，并且没有任何原因，显然，这一说法存在许多破绽。

出生于内蒙古自治区呼和浩特说

这一观点的依据是慈禧太后的父亲惠征曾任过山西归绥道的道员，归绥道驻地在归化城就是今天的呼和浩特市。传说，慈禧太后就出生在呼和浩特市的落凤街，她小的时候还常到归化城边玩耍。可是，据文献记载，惠征任山西归绥道道员时是道光二十九年（1849年）前后的事，可那时慈禧太后已经15岁，正在宫中参与选秀女，所以慈禧太后不可能出生于归化城。不过，说慈禧太后随父回归化城住过，倒是可能的。并且从礼法角度讲，慈禧太后的母亲也不可能从大老远的北京回娘家生孩子。所以，说慈禧太后出生在今呼和浩特市是没有根据的。

出生于山西长治说

近年，关于慈禧太后的出生地又出现了一种新的说法，即山西长治。一段时间以来，这种说法相当盛行，并且得到了许多相关学者的认可。

据山西长治人传说，慈禧太后不是满族人，生父也不是惠征，她是地地道道的汉族女子，在长治出生并度过了自己的童年。据说，她原是山西省潞安府（今长治市）长治县西坡村王增昌的女儿，名叫王小慊。王家极为穷困。母亲病死后，年仅四岁的王小慊被卖给上秦村宋四元家，并改名为宋龄娥。可是，没过几年，宋家又遭遇灾难，王小慊又被卖给了潞安府知府惠征家。惠征夫人见王小慊模样俊俏，又聪明伶俐，非常喜欢她。有一次，惠征夫人无意中还发现王小慊的双脚心各长一个贵痣，认为她是大福之人，就收她为养女，改姓叶赫那拉，更名玉兰，归为满族。知府还为玉兰在府署后院专设了书房，供她读书。

咸丰二年，玉兰被选入宫，后来还当上了皇太后。由于清廷严禁满汉通婚，违者满门抄斩，因此惠征及其家人不敢向外泄露半句，慈禧太后的真实身世也就不为世人所知了。

百余年来，在长治县西坡、上秦两村及附近村落一直流传着慈禧太后是本地人的说法。为此，上秦的宋家还曾联名写信，要求政府调查澄清这件事。中国人民大学历史系杨益茂教授在《慈禧太后童年应当考订清楚》一文中写道："在这些成果中，我认为最值得注意的是近百年来流传不息的口碑史料。并且，山西省长治地区那两个村子里的人也都口口声声地说慈禧太后就是他们那里的人，而且不因慈禧太后名声不佳或历史政治批判所湮没，这实在是一个值得重视的问题。如果说解谜的话，应首先解开这个口传史料之谜。"

王家从乾隆五十九年（1794年）一直记录到现在家谱上，也明确有"王小慊后来成为慈禧太后"的记载。当地还盛传，在西坡村外边的山脚下，还有据说是慈禧太后生母的坟。坟前有碑，原来是木碑，后来竖立石碑。在上秦村关帝庙后，至今还保存着一处娘娘院，据说是慈禧太后入宫前住过的院落，一直保存至今。宋家还祖传有光绪年间清廷特制皮夹式清朝帝后宗祀谱（简称"皮夹子"）。据有关学者考证，皮夹子"与清廷宫规相符，显然是皇家之物，并非假造。在普通老百姓之家发现这种物件，必然有其缘由，值得重视"。

在上秦村宋家的土炕上，还曾刨出了慈禧太后给宋家的信，从中可以看出慈禧太后与宋家的关系及慈禧太后的身世等方面的一些情况。另外，上秦村宋六则家还祖传有慈禧太后寄（送）给宋家的单身照片。慈禧太后如果不是长治人，宋家又怎么会出现这些"宝物"呢？

据考证，慈禧太后酷爱长治一带的食品，如沁州黄小米、壶关醋、襄垣黑酱、酸菜，尤其爱吃团子。据说，慈禧太后当上皇太后后，还专门请了一个长治厨师给她做团子。特别是慈禧太后还会唱长治地区的上党梆子，而这种戏曲不但地方性强，很难懂，也从没有走出过本省。据说，在她六十大寿时，还专门请长治壶关一个叫"十万班"的戏班，为她唱这种戏。作为太后的慈禧太后，不但能听懂还会唱，如果她不是长治人就太让人奇怪了。

一些资料还表明，慈禧太后对满文知之甚少，批改奏折基本都是用汉文。慈禧太后还是小脚，有满族后裔回忆："慈禧太后的脚不是我们满人的那种大脚，是缠过又放开的那种。"我们知道满族女子都是天足，而慈禧太后缠过足，也见证了她可能是汉族女子。

一些学者还从慈禧太后极不尊敬惠征夫人以及相关亲戚等认为，慈禧太后不是惠征夫妇的亲生女儿。并从她关心农事，喜欢乡下风景，对山西的官员比较袒护等细节来佐证她是出身长治贫苦农村的汉族女子。

也有的学者认为，"慈禧太后是汉家女"的说法不仅破解了一些清末历史中的难解之谜，也为合理解释慈禧太后的某些行为提出了依据，从而为史学家研究慈禧太后打开了一个全新的视角。比如一些学者就认为，慈禧太后年纪轻轻就发动"辛酉政变"处理了肃顺等八大臣，并且执政后敢于打破清廷的常规，大胆启用汉臣，如曾、左、李、张等。她这种敏锐、果敢的政治素养，没有满、汉之分的成见，不大可能出自养尊处优的清朝贵族，而更有可能得益于她出身汉族贫寒家庭、幼失怙恃、备尝艰辛的生活经历和磨炼。这种说法从另一个侧面反证了慈禧太后出身于长治农家的可能。

慈禧太后出生于山西长治的说法，在长治可谓众口一词。对此，当地有关部门进行了长期的研究和大量资料的论证，长治市还专门成立了"慈禧太后童年研究会"。这种说法也引起了许多专家、学者的重视，如今流传甚广，影响巨大。

但是持否定态度的学者也大有人在，这些人认为，王家的家谱不是原来的家谱，是后来抄的，"这只是后人所为，是什么人所加，根据是什么都不知道"，因而不足为凭；所谓慈禧太后写给宋家的书信残片，经考证，字迹不像是慈禧太后的；全信的内容更是支离破碎，仅剩下了45个字，而由"山西说"的学者按自己的意思增加上去的就达118个字，并且关键性的字是加上去的，所以可信度很低；所谓的皮夹子，确实制作于清光绪年间，但是说持此皮夹者应为高级官员和皇亲国戚则不一定，由这个皮夹子而推断宋四元夫妇为慈禧太后亲身父母也缺乏根据；经有关专家考证，在相关的时间内，历任潞安府的知府共有七个人，但是没有惠征，那么既然惠征没有在山西潞安府做过官，慈禧太后怎么会在潞安府被卖到惠征家呢？显然在这些疑窦没解开之前，"山西长治说"也只能作为一种重要的说法存在，也非定论。

从上面的分析可以看出，慈禧太后的出生地究竟是什么地方，身世究竟如何，是出身满族的千金，还是山西长治的贫穷汉家女子，至今仍然没有定论。在这种种说法中，以"北京"和"山西长治"两种说法的可能性最大，而这两个中又究竟是哪个呢？我们还需拭目以待看有没有新的证据出现。

是慈禧害死了慈安太后吗

安德海之死，矛盾的激化

同治、光绪两朝初年，慈安太后、慈禧太后两太后先后两次垂帘听政。慈安太后性喜清静，对政治权力不是很感兴趣。而慈禧太后则不同，辛酉政变后，她的权力欲不断膨胀，参与朝政，处处揽权。但是慈安太后居慈禧太后之上，手上握有咸丰帝临终授予的"御赏"印，对慈禧太后还是有很大限制的。不过，在两人的长期相处过程中，两位太后并没有出现什么大的矛盾。但是，同治八年慈禧太后宠监安德海之死，被认为是两位太后之间矛盾的集中体现。

安德海是慈禧太后十分宠信的太监，辛酉政变时，他受慈禧太后派遣，往来于承德和北京之间，与恭亲王奕䜣秘密联络，为政变的成功立下了汗马功劳，此后更是极得慈禧太后赏识。

安德海自恃慈禧太后娇宠，气焰嚣张，行为跋扈。皇宫上下，从王爷、军机大臣、嫔妃、公主，到小太监和宫女们，无不畏其三分，这引起了慈安太后的极大不满。到了同治八年，安德海奉慈禧太后私令，到江浙一带采办龙衣。安德海乘船顺运河南下，龙旗招展，铺张声势，宛如天子出巡一般。他还沿途搜刮民财，招摇滋事，激起了极大的民愤。行到山东时，山东巡抚丁宝桢以假冒圣命的名义将其逮捕。

原来按照清初制度，太监不得出宫门，更没有让太监出外采办之先例，所以丁宝桢逮捕他名正言顺。丁宝桢的这一手出乎慈禧太后意料，使她陷入被动，因为她出面保护安德海，就说明她违反祖制，于常理不合。而慈安太后早就对安德海大为不满，抓住这个好机会，趁机召开军机大臣及内务府总管等议安德海之罪，并下令将安就地正法。

慈禧太后拖延了数日，终因众议愤然，还是被迫下发了谕旨。安德海之死暴露了两宫太后之间的矛盾，使慈禧太后更深切地感到，慈安太后是自己进一步控制大权的障碍。

慈安太后小病猝死

光绪七年（1881 年）三月十日，慈安太后偶患感冒，微疾小恙，根本就没有引起大臣的注意。谁料，当晚却传出了病故的消息。慈安太后小病猝死，年仅四十五岁，这自然引起了人们对其死因的猜疑。不少野史和民间传说更是不约而同地把矛头指向了慈禧太后，认为是慈禧太后害死了慈安太后。所以，关于慈安太后之死，世上流传着多种说法。

慈禧太后毒杀慈安

相传，咸丰帝死前，就觉察到慈禧太后是一个不法乱政、野心勃勃的女人。因此，他特别密授慈安太后朱谕，嘱咐她如果自己死后，慈禧太后恃子为帝，胡作非为，就以此谕将其除掉。咸丰帝死后，慈安太后曾把密谕拿给慈禧太后看，以示警醒。密谕的存在，让慈禧太后惶恐不安，办事谨小慎微，不敢胡作非为。对慈安太后更是言听计从，百般讨好。在慈禧太后的蒙骗下，慈安太后放松了警惕，并在一次同宴后，当着慈禧太后的面将遗诏烧毁。不久，慈禧太后派人给慈安太后送去了几样小点心，慈安太后吃后就中毒而死。

诛杀安德海，慈禧怀恨在心

还有一种说法是慈安太后下令诛杀安德海让慈禧太后怀恨在心，因而决意铲除她专权道路上的绊脚石，就密令太医用不对症之药，将慈安太后害死。后世的史学家也有相信此说的，明清史专家商鸿逵先生就认为：安德海为慈安太后下令杀掉，慈禧太后由此痛恨慈安太后，所传慈安太后因食慈禧太后所献食物暴死，"揆诸情由，当属可信"。《清朝野史大观》也载："或曰慈禧太后命太医院以不对症之药致死之。"

尚不可知的真正死因

根据以上野史传闻以及史学者的推断或许可以得出这样的结论——慈安之死慈禧太后有着难以推脱的嫌疑，可是，正史上对这件事却并无记载。不过从有关的文件记载看，慈安太后之死确实异常：慈安太后三月初十感冒，非常想喝点什么，然而当晚就传出了病亡的消息。据说当时慈安太后头疼厉害，早上喝了一顿药；中午时已经神志不清，牙关紧闭；晚间只开了一些喝的药，但慈安太后已经进入了弥留状态，不能喝药了，当晚就离开了人世。从发病到死亡如此之快，确实令人不解。

当然，也有人认为慈安太后与慈禧太后共同垂帘听政达20年之久，二人的根本利益是一致的，慈禧太后没有必要害死慈安太后，慈安太后可能是患了脑溢血等急性病去世了，与慈禧太后并没有什么关系。

总之，慈安太后之死涉及深宫隐秘，除当时的大臣、书法家翁同龢的日记外，没有发现还有什么资料对慈安太后的死因有记载的。退一步说，如果真是慈禧太后害死了慈安太后，她必定会销毁一切罪证。不过，按常理猜测，以慈禧太后的阴险和狡诈，为了大权独揽害死慈安太后的可能性极大，但是在没有确凿的证据发现之前，这也只是一种合理的猜测，毕竟历史疑案的破解终究是需要充分证据的。

慈禧太后缘何逼死珍妃

恳请皇帝留京引祸端

珍妃，他他拉氏，满洲镶红旗人，礼部侍郎长叙之女。光绪十四年（1888年）十月选为珍嫔，光绪二十年（1894年）春因慈禧太后六旬庆典，晋封珍妃。珍妃是光绪帝一生中唯一宠爱的妃子，也是唯一一个给光绪帝无助和压抑的生活带来阳光和喜悦的女人。1898年戊戌政变后，光绪帝被囚于瀛台，珍妃也受到牵连，被囚禁于紫禁城东北部的北三所。

关于慈禧太后逼死珍妃的一种说法是因珍妃请求"皇上留京"，触怒了慈禧太后，被慈禧太后下令扔进了井里。八国联军侵入北京后，慈禧太后胁迫光绪皇帝离京西逃。珍妃从北三所中放出来后，跪求慈禧太后将皇帝留在京城，主持朝廷的正常事务。慈禧太后大怒，以"扰乱后宫，不守本分"为名，令太监崔玉贵把珍妃推入了井中致死。曾为溥仪当过英文教师的庄士敦就认可这种说法，他曾写道："珍妃曾跪在冷酷无情的太后面前，乞求她不要强迫皇帝随其出走。珍妃是皇帝最宠爱的妃子，她知道他愿意并渴望留下，去面对联军的司令官们……据说太后没有给跪在面前恳求她的珍妃任何回答，而是对她的随从太监勃然大怒，命他把泪流满面的妃子扔进井里。"

为保贞洁逼自尽

另一种说法是慈禧太后以贞洁观为由，逼珍妃自尽，珍妃不愿，慈禧太后便命令太监把她扔进了井里。

珍妃之死的见证人，原清宫太监唐冠卿曾这样回忆：

庚子七月十九（1900年8月12日），八国联军攻进北京，宫中一片恐慌。太监总管崔玉贵率领快枪队四十人守在蹈和门，我率领四十人守在乐寿堂。中午的时候，我在乐寿堂后门休息，突然看到慈禧太后从内殿出来，身旁并没有随侍的人陪伴。我想她可能要到颐和轩，于是就上前去扶她。走到乐善堂右边，太后又沿着西廊走，我感到很惊讶，就问她："老佛爷到什么地方呢？"她说："你不用问，随我走就行了。"

到了角门转弯处，她对我说："你到颐和轩走廊上守着，如果有人偷看，就打死他。"我正吃惊，崔玉贵来了，扶着太后走出角门向西走去。我私下想，她不会是殉难的吧！但不敢开口问。

一会，听见珍妃来了。她向太后请了安，并祝老佛爷吉祥。太后说："现在还成话么，义和团捣乱，洋人也进入北京了，该怎么办呢？……"

接下来几句，声音太小，我辨认不出说得是什么。忽然又听到太后大声说："我们娘俩跳井吧！"

珍妃哭着求太后开恩，并说："我没有犯重大罪。"太后说："不管有无大罪，难道我们留下遭受洋人的毒手吗？你先下去，我也下去。"

珍妃不停地叩头请求太后开恩。接着又听到太后叫崔玉贵，就听到崔玉贵说："请主儿尊旨吧。"珍妃说："你算什么人，也逼迫我？"崔玉贵说："主儿下去，我也下去。"珍妃怒曰："你不配。"

　　我听到这里，已木立神痴，不知所措。突然又听到太后大声喊道："把她扔下去。"然后听到有挣扎扭动的声音，过了一会儿，听到"砰"的一声响，想来珍妃已经落到井里了。

　　唐冠卿作为清廷太监，应该说是最接近珍妃之死现场的人，这种说法相对比较可信。

二合一的说法

　　金易、沈义羚著的《宫女谈往事》中，"崔玉贵谈珍妃之死"一节对珍妃之死的叙述，与上面两种说法十分接近，基本上是将二者合一，大致是这样的：

　　慈禧太后在出逃前，已经深思熟虑要逼珍妃自尽，当珍妃被带到颐和轩后，有这样一段对话（注：因为是宫女转述崔玉贵所说，这里是崔玉贵说的话）："到了颐和轩，老太后已经端坐在那里了。我进前请跪安复旨，说珍小主奉旨到。

　　我用眼一瞧，颐和轩里一个侍女也没有，空落落的只有老太后一个人坐在那里，我很奇怪。珍小主进前叩头，道吉祥，完了，就一直跪在地下，低头听训。这时屋子静得掉地下一根针都能听得清楚。老太后直截了当地说，洋人要打进城里来了。外头乱糟糟，谁也保不定怎么样，万一受到了污辱，那就丢尽了皇家的脸，也对不起列祖列宗。你应当明白，话说得很坚决。老太后下巴扬着，眼连瞧也不瞧珍妃，静等回话。

　　珍妃愣了一下说，我明白，不会给祖宗丢人。

　　太后说，你年轻，容易惹事！我们要避一避，带你走不方便。

　　珍妃说，您可以避一避，可以留皇上坐镇京师，维持大局。

　　就这几句话戳了老太后的心窝子了，老太后马上把脸一翻，大声呵斥说，你死在临头，还敢胡说。

　　珍妃说，我没有应死的罪！

　　老太后说，不管你有罪没罪，也得死！

　　珍妃说，我要见皇上一面。皇上没让我死！

太后说，皇上也救不了你。把她扔到井里头去。来人哪！

就这样，我和王德环一起连揪带推，把珍妃推到贞顺门内的井里。

珍妃自始至终嚷着要见皇上！最后大声喊，皇上，来世再报恩啦！

我敢说，这是老太后深思熟虑要除掉珍妃，并不是在逃跑前，心慌意乱，匆匆忙忙，一生气，下令把她推下井的。"

这一记载如果确实是出自崔玉贵之口，那么显然是最接近历史真相的，就是慈禧太后在西逃前，逼死了珍妃，珍妃也确实曾请求让皇帝留下主持大局。这应该是珍妃死因的第三种说法了。

不随西行惹怒火

还有一种说法是珍妃因为当时患天花，请求不随慈禧太后西行，慈禧太后十分恼怒，把她淹死在井里。

据太监小德张过继孙张仲忱在《我的祖父小德张》一文中回忆：当年八国联军进城后，慈禧太后来到了御花园旁，在养心斋前换上了便装。各宫妃嫔陆续到来，光绪帝也由瀛台过来，换上了青衣小帽。

这时，慈禧太后命人把珍妃叫来，让她换好衣服一起走。不大一会儿，珍妃披散着头发，穿着旗袍走过来。慈禧太后大怒说："到这时候了，你还装模作样，洋人进来，你活得了吗？赶紧换衣服走！"

珍妃说："老佛爷，奴才面出天花，身染重病，两腿酸软，实在走不了，让我出宫回娘家避难去吧！"

慈禧太后不同意，仍然叫她走，珍妃跪在地上就是不走。慈禧太后大为恼怒，回过身来大喊一声，叫太监崔玉贵把珍妃扔进了井里。

据后人考证，当时珍妃可能真的患了天花，卧病在床。

不让西行致死说

最后还有一说，出自《我所知道的慈禧太后》一书。这本书是慈禧太后的亲属叶赫那拉·根正所写，书中对珍妃之死经过是这样叙述的：

由于珍妃聪明而又漂亮，非常有才干，仿佛就是年轻的慈禧太后，也因此慈禧太后实际上十分喜爱珍妃。后来由于珍妃通过关系从外国人手里买了照相机，在官中乱照相，并且穿的衣服在当时看来很失体面。慈禧太后当时对照相机缺乏认识，认为是妖术，邪术；珍妃爱穿男人衣服，也让慈禧太后不能理解。因此，慈禧太后与珍妃之间有了隔阂，但慈禧太后并没有因此而有加害珍妃之意。

八国联军攻进北京后，慈禧太后决定西行，可是西行带不了那么多人，便决定带上皇帝和隆裕皇后一起走，而其他的一些亲属都暂回娘家躲一躲，妃子也不例外。

然而，在这紧要时刻，珍妃一直缠着慈禧太后说：我是光绪帝的妻子，我也要跟着去，您有偏见，皇后是您的侄女，所以您偏心。

这让慈禧太后十分难堪，大清国，包括皇帝在内，也从来没有人敢顶撞她。

随后，珍妃一直跟着慈禧太后叙说自己的理由，走到了颐和轩附近，不死心的珍妃又说：我是光绪帝的妻子，就要跟皇上在一起，不在一起，宁愿死。活着是皇家人，死了是皇家鬼。慈禧太后一听更加生气，现在是什么时候了还大吵大闹的，就随口说："你愿意死就死去吧。"

当时说话不远处正好有一口井，珍妃就说，既然这样，我就死给你看。于是就直奔井口而去。慈禧太后一看不妙，赶忙叫太监崔玉贵去拉住她，但已来不及了，珍妃已跳下了井。由于情况危急，太后来不及管她，就西行去了。

由于该书为慈禧太后亲属所著，这种说法明显带有为慈禧太后开脱的意味，真实性很值得怀疑。

在以上五种说法中，前四种说法较为可信，可是在当时的情况下，慈禧太后究竟为何非置珍妃于死地，是深思熟虑后的谋杀，还是一怒之下的冲动？至今仍是个莫衷一是的历史之谜。

慈禧之死

太后病重

到了光绪三十四年（1908 年），74 岁高龄的慈禧进入皇宫已有 58 年，对大清的统治已 48 年，十月，慈禧因年纪大了，体力不支，她的精力明显不够用了，此时她也不免有些担心，于是千方百计保养，但尽管如此，她还是病倒了。

她在病倒之后，尽管想不到自己的寿命不久了，但自知年纪大了，既然病倒就十分不利。所以，她一方面依然将朝廷权力握在手中不放，甚至到死前的最后一刻；另一方面必须得考虑自己的身后之事，作一些安排。

慈禧在病重期间，作出了一个重要的决定，就是将醇亲王载沣将近 3 岁的儿子溥仪迎入宫中。光绪去逝之后，慈禧就在朝廷内外宣示溥仪为入关后第十代皇帝，这是慈禧所立的第三个傀儡皇帝。

在立溥仪登基即位之前，慈禧就下了一道懿旨，曰："现值时事多艰，嗣皇帝尚在冲龄，正宜专心典学，著摄政王载沣为监国，所有军国政事，悉秉承予之训示施行，俟嗣皇帝年岁渐长，学业有成，再由嗣皇帝秉裁政事。"这充分表明，慈禧虽然立了皇帝，但她绝不放弃手中大权，哪怕一点点。

这年十月二十二日，慈禧太后正在中南海仪鸾殿的御榻上，静卧养病。几天来，慈禧的病情加重了，而且是明显加重，御医们绞尽脑汁，用尽医术为她治疗，但也无济于事，应诏赴京的全国各地名医也轮着为慈禧诊断、治疗，开出许多方子，但慈禧的病情却日益严重。

回顾人生的沉浮

慈禧出生在大清帝国中衰之际。西方资本主义列强对东方的富庶很感兴趣，更想吞掉中国这块土地。他们极力用各种方式来撬开中国的大门。在她 6 岁那年，英国发动了鸦片战争，中国的大门被隆隆的炮声打开了。列强涌了进来，眼看大清政府面临着危亡。她在宫中正受咸丰宠幸的时候，洪秀全在南方闹起了太平天国革命。没有多久，英法发动了第二次鸦片战争，咸丰内外交困，逃入热河避难。在一个集权专制的政体下，最高统治者皇帝重色轻政，为所欲为，手中的大权自然就会失去。在咸丰纵情声色、不问政事的情况下，肃顺等人乘机想篡权，后妃不甘受人指使，与奕䜣联合，最后使肃顺大败，慈禧垂帘听政，步入了政治舞台。她与慈安、奕䜣制定了对洋人妥协、集中全力镇压太平天国革命的政策，终于外揖洋人，内平太平天国。由此形成了所谓"同治中兴"。但时间不长，中法战争中，中国军民齐心协力，镇南关一战大败法军，法国茹费理内阁倒台。慈禧害怕再发大乱，导致别的国家也来干涉内政，因此同李鸿章等人积极鼓吹乘胜即收，与法国签订《中法新约》，造成了不败而败的局面。10年后，甲午中日战争爆发，中国惨败，被迫签订《马关条约》，丧失主权，也大大加深了半殖民化。民众对洋人的侵略十分愤恨，山东闹起了义和团。慈禧采取利用义和团反洋人的策略，招来了八国联军，结果北京被攻陷，慈禧西逃。自《辛丑条约》签订后，中国进入了半殖民地半封建社会，洋人几乎掌握了大清帝国的命运。

慈禧每每回忆到这些，她都怨恨至极点，但她痛恨的不是自己，而是道光与咸丰，更怨恨肃顺、载垣、端华等人。她怨恨上台时就接的是他们的破烂摊子。她更怨恨奕䜣、慈安、光绪、康有为、梁启超、载漪、载勋等人不尽心尽力，导致国家败落。对自己，慈禧本人不但没有怨恨，反而自豪。她曾经说过："我不逊于任何一个男性统治者！"慈禧认为，她接过这样一个破烂摊子，能将大清帝国维持到这种地步已经够可以的了。历史上有几位能像自己这样，统治的时间长达48年，况且又是在内忧外患的情况下，毫无分裂割据局面，她的确为之自豪。也确实是这样，她统治下的大清帝国，终究还算一个统一的国家。

慈禧不但破坏大清祖制垂帘听政，而且将列祖列宗不得重用太监，更不允许他们参政干政的祖训抛到九霄云外，重用起安德海、李莲英等太监，导致他们在朝中胡作非为、权重一时。但是，也许是慈禧在自豪过后又痛心疾首的缘故，慈禧在临终前留下遗言，即是："以后勿再使妇人预闻国政，此与本朝家法有违；尤须严防不得令太监擅权，明末之事可为殷鉴。"

奢华的葬礼

慈禧的殡葬前后，所烧的纸人、纸马、楼库、器皿、松亭、松轿、衣、帽、鞋、履、衾、被、枕、褥等数不胜数。在出殡前两个月，仅仅一次就在东华门外烧掉一只"大法船"。这只船价值十几万两银子，是用绫罗绸缎扎成的。

慈禧的棺材木料，来自于云南的森林，仅运费就花去了几十万两白银。棺材做完后，先用一百匹布缠裹衬垫，然后刷 49 次油漆。由几千杠夫抬棺，分几十班轮流杠运，每班 128 人。在出殡前，杠夫在德胜门外"演杠"整 10 天，按照正式送葬的要求，抬着一块和棺材重量相同的大厚板，厚板中心放着满满的一碗水，直练到碗中水不溢时，演练才可停止。

出殡的那一天，送葬队伍声势浩大，旗伞飘扬，在最前面走的是 64 人的引幡队，举着花花绿绿的万民旗、万民伞。在其后是上千人的法架卤簿仪仗队，举着无数个金瓜、钺斧、朝天镫，刀枪如林，幡旗蔽日。跟在仪仗队后面的是由 100 多人组成的抬着慈禧的巨大棺材的大杠。皇家规矩特别多，还把棺材装饰成轿的模样，称为"吉祥轿"。跟在棺材后边的是十路纵队的武装兵弁。最后面是由数千辆车子组成的文武百官、皇亲国戚的车队。送葬队伍蜿蜒十多里，所路过的地方，不能有任何障碍物，只要是有的，不问大小、多少，一律拆掉。

从北京到东陵，要走六七天。途中不仅有已设可供食宿休息的行宫，而且还每隔一段距离用高级布匹搭起芦殿、黄幄。即使这些临时住所，也是金瓦玉阶，朱碧辉煌。芦殿是供棺枢暂停用的，它先以黄绸围成内城，又以白绫子围成外城，外城之外，还有一道网城。

慈禧葬礼准备了近一年的时间，花了 120 万两白银，消耗资金是如此惊人。

第二章
官场人生大舞台——名臣秘事

第一节 吴三桂降清始末

吴三桂为何入京勤王也敢迟到

忠贞虎将吴三桂

吴三桂的父亲吴襄是天启二年（1622年）的武进士。在明末那段动荡的岁月里，吴襄原本可以平静顺利的生活也被后金对关外的不断侵扰打碎了。身为武进士，自然不能眼睁睁看着敌寇进攻，吴襄便在辽西一带办起了团练，抵抗后金的入侵，居然颇有成效。因此被明廷授予辽东团练总兵一职，吴襄战功卓著，声名赫赫，享有"辽右巨臂"的美称。因此与明廷的一些抗金名将交情莫逆。吴襄把自己的妹妹嫁给了袁崇焕的部下名将祖大寿，而自己又娶了祖大寿的妹妹。吴三桂就是在这样的家庭中出生长大，算得上将门虎子，从小眼见所闻都是军事征战，天长日久，耳濡目染，吴三桂自然也不甘落于人后，自幼习文练武，"终日无惰容"。在父亲和舅舅的关照和提携之下，吴三桂十六岁时就中了武举人，并以战功和恩荫受封都指挥之职，可谓少年得志，升迁迅速。

崇祯二年（1629年）十月，皇太极亲率十万大军绕道蒙古，由喜峰口攻陷遵化，直逼京师。不久，在朝廷的命令下，祖大寿率兵回救京师，不料在建昌和后金军突然遭遇。吴襄彼时正率领 500 骑兵出城侦察，不料被狡猾的后金军团团包围，形势非常危急。

吴三桂得此噩耗，连忙向舅舅祖大寿请求出兵，为父亲解围。但祖大寿用兵慎重，他担心这可能是皇太极的围城打援之计，因此不敢轻易出兵，只是告诉吴三桂："吾以封疆重任，焉敢妄动！万一失利，咎将安任？"

吴三桂知不可强求，大哭而去。他又救父心切，于是不顾舅父祖大寿的阻拦，亲率数十家骑出城奋不顾身地杀入敌阵，和后金军展开肉搏战，成功地救出了父亲吴襄。能在千军万马中成功救父，这份勇气和魄力不仅让明朝的官员们看得是目瞪口呆，就连皇太极也对吴三桂赞不绝口。自此，吴三桂单枪匹马舍身救父的事迹传遍了大江南北。赢得了"勇冠三军、孝闻九边"的美誉。

崇祯四年（1631 年），皇太极展开大凌河之战，率军猛攻祖大寿镇守的大凌河城。祖大寿兵力屈于劣势，不得不困守城中。在明廷的督促下，明将孙承宗组织人马出关来到锦州，与后金军展开战斗。吴襄在增援大凌河的战斗中因逃跑而导致明军全军覆灭，迫使孤立无援的祖大寿投降后金，孙承宗也受牵连而遭罢官，吴襄下狱。但吴三桂仍然被朝廷留在军中供职，崇祯皇帝擢拔他为辽东总兵官，镇守山海关。

吴三桂的部队继承了关宁铁骑的优良传统，训练有素，战斗力强，堪称是明末唯一可以依赖的部队；而吴三桂本人作战也极其英勇，"每逢大敌，身先士卒，绞杀虏级独多。"在随后发生的松山、杏山等战役中，吴三桂所率兵马都"胆勇倍奋，士气益鼓"，"凡三战，松山、杏山皆捷"。

崇祯十二年（1639 年）七月，吴三桂因功升任宁远总兵，开始替明朝守护关东大门。边城宁远，乃山海关外之重镇，是抵御后金军入关的重要防线。吴三桂到任后，训练士兵，重修武备，在很短的时间内就训练出能骑善射的精兵四万余人。他又挑选敢死之士，将他们训练成自己的亲军。

吴三桂的宁远精兵，在关外的战场上抵御住了后金军的多次猛攻，他们以勇敢善战而威震敌营，成为一支后金军不可小觑的明朝军事力量。同年九月，后金军大举南下，进攻宁远以西至山海关的中后所、中前所、前屯卫三座重镇。在短短一个月的时间内，后金军势如破竹，连下两营，吓得明朝守将或弃城而逃，或不战而降，致使明朝的天威荡然无存。

此时，驻守宁远城的宁远总兵吴三桂，断然拒绝了早先投降后金的舅舅祖大寿和老师洪承畴的劝降，决心坚守，誓死不降，甘与宁远共存亡。于是他就在距山海关400里以外的孤城宁远抵抗如狼似虎的后金军队。

崇祯十六年（1643年）十月，李自成攻破潼关，转瞬之际全陕披靡，以摧枯拉朽之势，近逼京畿。北京城内一片混乱。崇祯皇帝一连三道手谕，催促吴三桂星夜赶赴山海关入京勤王。然而等吴三桂赶到山海关不久，崇祯皇帝便做了殉国之君。

吴三桂为陈圆圆而迟到

从时间上看，崇祯十六年（1643年）十月，崇祯皇帝便诏令吴三桂入京勤王，但吴三桂赶到山海关之后不久，崇祯便做了亡国之君。崇祯自缢是在崇祯十七年（1644年）的三月十八日。那么，这个时间差之中的吴三桂在做什么？为什么没有迅速赶赴山海关？为什么没有在闯王大军攻破京师之际入京勤王？

最常见的解释是为了陈圆圆。

陈圆圆原姓邢，名沅，字圆圆。母亲在她很小的时候就去世了。为了过活，父亲便把她送给了她的姨妈。姨妈对陈圆圆很好，视如己出，于是，她便改姓陈。陈圆圆从小就接受了良好的私塾教育，加之自身的聪明、勤奋，很快就学会了读书、写字。而且陈圆圆从小就受到了戏迷姨夫的影响，耳濡目染，练就了一副好嗓子和柔美的身段。

后来姨妈家也因为经营不善而家道中落，突如其来的变故使得原本富裕的家庭，顷刻之间变得捉襟见肘，支离破碎。也正是因为这个原因，年仅10岁的陈圆圆被迫卖身沦为歌妓，被送到了一个戏班学习唱戏。不久，18岁的陈圆圆就凭借她姣好的容貌和唱功一举成为苏州城中大红大紫的歌妓，以至于她一出场，观众就为其声色所惊艳，直教人销魂断魄。

经过一番偶然和必然，陈圆圆终于与吴三桂相见。

顿时，吴三桂为陈圆圆的姿色所迷，任崇祯帝如何催促，也舍不得离开温柔乡。直到无可奈何之际，方才一步三回头地赶赴山海关。

伫足山海关，观望北京城

把原因牵扯陈圆圆身上有点牵强。据记载，吴三桂是在接到崇祯手谕的次日便赶赴山海关。因此不能说他抗旨不遵。

而当李自成的大军自今天的北京昌平攻入京师时，吴三桂又为何没有率兵入京，讨伐"逆贼"？

一种说法是他在观望。

崇祯帝刚愎自用、大杀功臣之事早已冷了诸将的心。更何况，吴三桂看不出崇祯治下大明王朝还有什么复兴的希望。率自己的精兵入城，最多是拖延一下明王朝灭亡的时间，却改变不了朱明帝国的宿命。因此，还是老老实实地待在山海关，看看局势再作定论。

防御清兵的南侵

另一种说法是，吴三桂之所以驻守山海关，是为了防范清兵趁李自成攻打京师之际重兵犯关。单单一个李自成已经让大明王朝的兵力捉襟见肘，再加上一个多尔衮，明王朝最后一点儿存活的希望也将不复存在。吴三桂不敢入京，正是为了防御清兵的趁机而入。毕竟山海关和昌平是两个方向，吴三桂也鞭长莫及。拆东墙补西墙的做法只能让帝国更快地崩溃。因此，吴三桂只能扛着清兵入关的压力，眼睁睁地看着京师沦为李自成的天下。

究竟是什么原因使吴三桂没有及时进京勤王，恐怕只有他自己才知道。

选她还是选他，吴三桂是为爱投降吗

且作七日秦廷哭，不负红颜负汗青

山海关前，满目素白。

五万明军将士尽着白盔白甲，举白旗扬白幡，整齐而肃穆地面向西南方。

队列前，吴三桂摆起香案，焚香致祭，伏地恸哭。霎时间，悲声大作，五万将士整齐划一地跪倒尘埃，为600里外的崇祯帝致哀。只是此时，距离崇祯自缢已经过去了20多天。

鼎湖当日弃人间，破敌收京下玉关。

恸哭六军俱缟素，冲冠一怒为红颜。

吴伟业的一首《圆圆曲》，让后人记住了这位"冲冠一怒为红颜""英雄无奈是多情"的吴三桂，也记住了这位引清入关、镇压农民起义军的"汉奸"。

世人传说，吴三桂在北京城破之后便有向李自成屈膝投降的打算。在给他困于北京城中的父亲的一封信里，吴三桂写道："接二十日谕，知已破城。欲保家口，只得降顺。达变通权，方是大丈夫。"这就是说，吴三桂得知北京城被李自成攻破之后，并没有考虑去为崇祯皇帝报仇，再造大明王朝，而是为了保全一家老小的性命，已经打算向李自成屈膝投降了。然而当他得知爱妾陈圆圆被李自成所掳之后，"拔剑砍案曰：'果有事，吾从若耶！'"也不再顾老少性命，又修书一封给其父：

"儿以父荫，待罪戎行，以为李贼猖狂，不久即当扑灭，不意我国无人，望风而靡，侧闻圣主晏驾，不胜眦裂，但喜吾父奋拳一击，痛不欲生，不则刎颈以殉国，何乃隐忍偷生，训以非义，既无孝宽御寇之才，复愧平原骂贼之勇。父既不能为忠臣，儿安能为孝子乎？"

信中说得冠冕堂皇，但与上一封家书相比，态度是180°大转弯，全然忘了几日前的寻求归顺之语。

接着吴三桂率诸将驰回山海关，令军士为崇祯帝服丧，设座遥奠，歃血结盟，决心消灭李自成，为明复仇。

消息传到了京师，李自成得悉后大怒，立即下令把吴襄投入狱中，作为报复。不久，李自成得到一个精确的情报：多尔衮正率20万清兵向山海关赶来。盛怒的李自成一下子平静了下来，当即下令把吴襄从狱中放出来，并马上带着明皇朝的太子、吴襄、陈圆圆以及朱由检的其他几个儿子永王、定王等人质，亲率 20 万大军急赴山海关，准备招降吴三桂，以免腹背受敌。

但此时的吴三桂，似乎已经铁了心要做"汉奸走狗"了。他并不知李自成是来求和的，只知道，大清国摄政王多尔衮，已经领兵到达宁远。吴三桂面临前后受敌的境遇，思前想后，决定向清军借兵。信中言道：

"明平西伯辽东总兵吴三桂谨上书于大清国摄政王多尔衮殿下：我朝李闯作乱，攻陷京师，先帝惨遭不幸，祖庙化为灰烬。三桂受国厚恩，据守边地，意欲为君父复仇，怎奈地小兵少，不得不泣血而求助。我国与北朝（清及前身）通好二百余年，今无故而遭国难，北朝应亦念之，而且乱臣贼子当也北朝所不能容之。夫除暴安良者大顺也，拯危扶颠者大义也，救民水火者大仁也，取威定霸者大功也。索闻大王乃盖世英雄，值此摧枯拉朽之会，诚为时不再得，乞念亡国孤臣忠义之言，速印立选精兵，直入中原，三桂自率所部，以合兵而抵都门，灭流寇之宫帷，而示大义于中国。则我国之报于北朝者，岂唯财帛？行将裂地以酬，绝不食言！"

多尔衮趁此大事要挟，强迫吴三桂率部投降，拱手让出大明锦绣江山。吴三桂此时也抱定了"且作七日秦廷哭，不负红颜负汗青"的想法开门揖清。

鼎湖当日弃人间，破敌收京下玉关。

恸哭六军俱缟素，冲冠一怒为红颜。

红颜流落非吾恋，逆贼天亡自荒宴。

电扫黄巾定黑山，哭罢君亲再相见。

吴伟业的这几句诗，站在了亡明的立场上污蔑了农民起义，带有阶级局限性。但他不愧被称作"诗史"，短短 56 个字将当时吴三桂心中的所想、所感以及引清入关的过程，写得淋漓尽致。

吴三桂"一怒为红颜"

吴伟业在《圆圆曲》中写道："恸哭六军俱缟素，冲冠一怒为红颜。"这两句诗生动地揭示了吴三桂投降清朝的心态。"缟素"是为死去的崇祯帝戴孝，"红颜"自然是吴三桂的爱妾陈圆圆。

明朝末年清兵攻打到锦州，吴三桂在崇祯的命令下奔赴北方前线。由于明朝制度军中不能携带姬妾，所以吴三桂只能让陈圆圆留在北京。不料，李自成的起义军很快就攻进了北京城，吴三桂之父吴襄也投降了闯王的军队。当时吴三桂率领的军队乃是当时号称为"关东铁骑"的数万精兵，李自成和清朝都急于得到这支军队。吴三桂自己则持观望态度，迟迟没作出决定。在这个关节上，李自成军队的一个将领刘宗敏听说了陈圆圆的美貌，便想要得到她。于是这位将领抓来吴襄，拷问陈圆圆的下落，并带兵到吴三桂的府上带走了陈圆圆。这个消息传到了吴三桂的军帐，吴三桂勃然大怒，拔剑斩案曰："大丈夫不能保一女子，何面目见人耶？"于是转而向清乞兵，使六军披麻戴孝，打着为大明王朝的崇祯帝报仇的旗号，带兵打入北京。就这样，吴三桂投降了清朝，成为清王朝统一中原的开路先锋。接下来，他又引兵进攻李自成，接受清朝官爵，镇压大顺、大西政权，追杀南明政权永历帝，俨然是清王朝的一员猛将。

吴伟业的《圆圆曲》一出，吴三桂"冲冠一怒为红颜"的降清原因，几乎成为定论。但是有人提出了异议。他们指出，吴三桂降清不可能起因于陈圆圆被掠。对于帝王将相来说，女子不过是他们的玩物而已。陈圆圆虽然美貌，但是她不过是妓女出身，不过是被别人当作礼品送来的政治投资。像吴三桂这样一个聪明的人，怎么可能为了她而确定自己的重大政治决策？从刘宗敏这方面讲也是不合情理的。刘宗敏是一个忘我投身李自成事业的人，是李自成手下的忠实部属，甚至曾经在危难的时候杀掉了自己的妻子追随李自成。他不会不明大义，为了一个女子而影响大顺政权前途。之所以会有吴三桂为陈圆圆而降清的说法，一方面是人们对吴三桂降清的讽刺贬斥，另一方面也可能是后人对此事的附会加工以及文学创作上的需要。

为父报仇

根据《辽东海州卫生员张世珩塘报》记载，当时李自成的军队实行了一项追赃助饷的政策，对明王朝的大小官吏严加拷问，逼要银两资助军队。吴三桂的父亲、明朝遗臣吴襄，本来已经归顺大顺，然而也被捉拿拷打，强逼交银，"止凑银五千两"。后吴三桂得悉父亲被大顺军拷打将死，怒不可遏，于是放弃了本要投靠李自成的计划，转而投靠清朝，决计攻灭大顺，为父雪仇。

但是有学者认为此说不实。明代学者计六奇的《明季北略》记载，吴襄投降大顺后，曾经充当说客，写信给吴三桂劝他降大顺。吴三桂对此非常生气，并因此声称断绝父子关系，说："儿与父诀，请自今日。父不早图，贼虽置父鼎俎之旁，以诱三桂，不顾也。"后来，当起义军以他全家性命相威胁的时候，吴三桂也同样置之不顾，结果全家三十多口人被杀。这样的一个人，可能为父报仇吗？他不过是为了自己的安全和地位罢了，为父报仇不过是一块遮羞布而已。

吴三桂因贪恋荣华富贵而投降

李自成所率的农民起义军在进入北京后，基本保持着农民起义军本色。吴三桂也许曾经有过投靠李自成的想法，但是那不过是为了保全自己利益的政治投机罢了。尤其是当他知道李自成的军队在北京城内拷掠明朝降臣后，他对李自成的幻想就完全破灭了。而清朝对他则会是高官厚禄，他出于为了保证自己的荣华富贵，也必然会作出投降清朝的选择。

除降清外，吴三桂别无选择

在吴三桂给多尔衮的信中，他并没有提出降清之事，而仅仅是恳求多尔衮出兵剿灭李自成的义军。他此时自居的身份为"亡国孤臣"，要的是再建明朝。换句话说，他仅仅是要借助清的军事实力，来实现复国之愿罢了。

此时的多尔衮不再以吴三桂所言的"不唯财帛，将裂地以酬"为满足，他的志向是入主中原，多尔衮趁此大事要挟，强迫吴三桂率部投降，拱手让出大明锦绣江山。

吴三桂已别无选择。

李自成已经大兵压制山海关，多尔衮按兵不动，等待吴三桂给一个降清的肯定答复。如果吴三桂单以自己的力量去和李自成对抗，势必难以为敌。此际再降李自成？早无可能、唯有依多尔衮所示，亲往清营，剃发跪拜，方能让自己的身家性命不至于毁于一旦。

万般无奈之下，吴三桂只得将自己从忠君报国的道德外壳下剥离出来，于四月二十二日投降了清朝。

关于吴三桂降清的真实原因，众说纷纭，看来，还要继续地争执下去。

吴三桂真的降清了吗

困扰三百年的谜团

明崇祯十七年（1644年）三月十九日，李自成率领的农民起义军攻陷了明朝的都城北京，崇祯在景山自缢，明山海关总兵吴三桂在增援途中闻讯后，仓皇逃回山海关。李自成亲率大军开赴山海关，想以武力逼降吴三桂，吴三桂非常害怕，便向清朝求援。当李、吴两军在山海关前展开血战之时，清朝的精骑突然杀出，农民军毫无防备，惨败而归，从此一蹶不振。由于史书中的种种记载，史学界一直瞩目吴三桂引清军入关镇压农民起义这一事件，人们一直认为吴三桂此举便是投降了清朝。但近年有人认为，吴三桂引清军入关并不表明他投降了清朝，并提出了种种证据。这一说法使似乎让本已盖棺定论的问题重又成为历史谜团。

吴三桂降清的证据

第一，清朝最高统治者视吴三桂为降将。清摄政王多尔衮就把吴三桂作为部下来驱使，"命三桂兵各白布系肩为号"，"命三桂军先锋"，又"命吴三桂以步骑二万前驱追贼"。清廷为了奖励吴三桂在战争中的功劳，还"授三桂平西王勒印"。后来清帝剥除吴三桂爵位时，也把他称为降将。"逆贼吴三桂穷蹙来归，我世祖章皇帝念其输未投降，授之军旅。"在清朝廷的眼中，吴三桂就是一个明朝降将。

第二，吴三桂入关后的所作所为也表明他已真心降清。吴三桂打着为明王朝复仇的旗号引清入关，但是在南明政权的福王多次派人拉拢吴三桂时，吴三桂却断然拒绝。如当福王的侍郎左懋第"谒三桂，出银币且致福藩意"时，吴三桂说"时势如此，我何敢受赐，唯有闭门束甲以俟后命耳"。除了福王之外，还有几任南明王，吴三桂都不曾表示要协同反清复明，与此相反，他竟然亲自出兵缅甸追杀南明永历王。可以看出，不管当初引清兵入关时吴三桂是怎么想的，在清兵入关后，他就投降了清朝，此时，他已经不敢违抗清廷的命令，更不敢有任何反清复明的想法了。为了向清王朝表示他的忠心，他"破流贼，定陕，定川、定滇，取南明王于缅甸，又平水西土司安氏"，俨然成为清廷平定天下的一把利刃。

吴三桂没有降清

否认吴三桂"降清"的人则认为，北京失守后，形成了三股较强的政治势力并存的局面，即吴三桂、农民军、清王朝。而夹在这两股势力中间的吴三桂势力最弱，因此他能走的路只有两条：要么抗清，要么镇压农民军。考虑到其父亲被农民军扣押、爱妾受辱，为报此仇，吴三桂选择了联合清朝的道路，但这并不能说明他投降清朝。主要理由如下：

第一，吴三桂一贯抗清的态度决定了他不会轻易降清。在任辽东宁远总兵期间，吴三桂曾多次参加抗清斗争，甚至在明清松锦战役后，明军明显处于下风的情况下，他的态度仍很坚决。吴三桂对明朝降清的劝降函都"答书不从"。

第二，多尔衮在山海关战后加强了对吴三桂的控制可以证明吴三桂未降。史载，多尔衮在山海关之战胜利的当天，玩弄权术，封吴三桂为平西王，又将1万步兵交给吴三桂。这说明吴三桂受到了多尔衮的拉拢和控制。

第三，山海关战后发表的檄文证明其未降。清军与吴三桂乘胜追击，吴三桂提出了"周命未改，汉德可恩""试看赤县之归心，仍是朱家之正统"的口号，如吴三桂已降，也不会发布这样的檄文，清廷也不会允许他这样做。

第四，在山海关一役后，在攻陷北京前后吴三桂欲立朱明太子的行动证明其未降。李自成败退永平，吴三桂提出"约自成回军，速离京城，吾将奉太子即位"，又"传帖至今，言义兵不日入城，凡我臣民为先帝服丧，整备迎候东宫"，可是"多尔衮命其西行追贼"的策略打乱了吴三桂的如意算盘。吴三桂因其势力太弱，只得听从了多尔衮。

第五，暗中积蓄实力以反清复明也可证明吴三桂未降。他一边广招贤才，暗布党羽，"阴养天下骁健，收忍荆楚奇才"，一边厉兵秣马，为将来的战争"殖货财"。他之所以没有实现反清复明的愿望，是因为清朝政治统治的日渐强大使"反清复明"的旗帜没有了号召力。而吴三桂是否降清这一历史问题已不能用后来的历史进程说明了。

吴三桂到底有没有投降清朝，他到底有着怎样的心理轨迹，恐怕也只有他自己知道，后人只是根据资料来推测。

第二节　鳌拜，是功臣还是权臣

四大臣辅政的前因后果

四大臣辅政的必要性

顺治遗诏虽由他人写成，但经过皇太后博尔济吉特氏的认可，与皇帝的诏书具有同等效力。遗诏宣称："特命内大臣索尼、苏克萨哈、遏必隆、鳌拜为辅臣。伊等皆勋旧重臣，朕以腹心寄托，其勉矢忠荩，保翊冲主，佐理政务，布告中外，咸使闻知。"这四人都出自皇帝直接掌握的上三旗中的元老重臣。在多尔衮摄政时他们有的受到打击与迫害，有的则最早揭发多尔衮，被认为是最可靠、最值得信赖的。但这四人都不是宗室贵胄。这种四大臣辅政体制，一反"从来国家政务，惟宗室协理"的祖宗成规，是一个新的尝试。但辅政大臣体制顺利实现，而没有引起争议，是因为人们对多尔衮以宗室亲王的身份摄政时的弊端记忆犹新。为了避免历史重演，满洲贵族们接受了由非宗室大臣辅政的现实。

这是政治体制上的重大变革。四大臣的地位只是"辅佐政务"，皇帝仍然掌握着决定一切的国家最高权力，不像旧体制那样，以长辈"代天摄政，赏罚拟于朝廷"。

在祖母孝庄太皇太后亲自主持下，玄烨宣读遗诏，即皇帝位，年号康熙。四大臣深感受命辅政，责任重大，担心诸王不服，便以"国家政务从来由宗室协理"为由，向皇上请求与诸王、贝勒共同辅政。但遗诏写得明明白白，诸王谁敢干预？于是四大臣便奏明太皇太后，并祭告皇天上帝及顺治帝之灵，宣誓不私自与诸王、贝勒府第往来，不结党羽，不受贿赂，表示了辅佐幼主、维护皇权的决心。正月十四，安亲王岳乐、康亲王杰书以下及大臣官员等，在西安门内南侧的大光明殿，向皇天上帝及先帝灵位设誓，表示要同心协力，辅佐幼主。这样，清廷便形成了以太后为中心，以异姓勋臣辅政，而亲王、贝勒加以监督的新的统治核心。

四大臣辅政在形式和内容上，都是一全新的模式，它与摄政王体制相比，具有几个明显的不同点。

地位不同：摄政诸王都是最近的皇室宗亲，他们是皇帝之长辈，本身又是一旗之主，权力极大，很容易侵夺皇权。如多尔衮不仅是皇帝叔父，而且是正白旗旗主，加上其同父同母兄弟多铎、阿济格手中的镶白旗，实际手握两白旗，足以和皇帝之两黄旗相抗。甚至两黄旗大臣对多尔衮也溜须拍马。至于辅政大臣，虽然其地位与功劳都很显赫，但毕竟是异姓臣子。他们与太后及皇帝之间除君臣关系之外，还存在一旗之内严格的主仆隶属关系。四大臣也公开承认太皇太后和皇帝是他们的女主和幼主。因此，相对而言，辅政大臣不敢轻视太皇太后和皇帝而将大权揽于手中。

与皇帝的利害关系上有区别：下五旗诸王尽管都是皇室宗亲，但他们对本旗力量的发展及个人权势的增长给予了更多的关心，而不大关心朝廷的利益和皇帝的地位。辅政大臣则不同，他们既是皇帝的臣子，又是上三旗的旗员，同皇帝的关系，既是君臣，又是主仆，利害荣辱，息息相关，一旦皇帝帝位不稳，他们也会随着倒霉。所以，他们虽是异姓臣子，但对皇帝却比诸王更加忠心。

职权不同："摄"有代理之意，摄政即代君听政，代行皇权，摄政王可以根据个人意愿料理国家大事。因此，摄政期间的皇帝谕旨，实际反映的是摄政王的意志，而不是皇帝的命令。辅政大臣则无法做到这一点，其职能仅为佐理政务，协助幼主处理国家大事。而且，为防止个人专断，在四大臣之间达成了协商一致的原则，它规定："凡欲奏事，共同启奏"。即不许单独谒见皇帝或太皇太后，也不能个人擅自处理政务，必共同协商，请示皇帝或太皇太后，然后以皇帝或太皇太后的名义发布谕旨。因此，辅政时期的皇帝谕旨，虽然也反映了辅政大臣的意见，但这都是在太皇太后和皇帝同意的基础上才能出现的，它在根本上还是反映着太皇太后与皇帝的意志。

总之，摄政王位贵权重，它排斥太皇太后和年幼的皇帝；而辅政大臣则可以有效地防止诸王干政，维护皇权，并使太后能实际上参与到国家大政方针的决策中去。可见，四大臣辅政体制与亲王摄政比较起来，更加适合太皇太后辅助幼孙登基之需要。

齐心协力辅助幼主

世祖去世时，清朝范围内仍存着两个互相声援的抗清战场，一个是郑成功领导的东南战场，另一个是以李定国为首的西南战场。康熙元年（1662年），李定国拥立的南明永历政权被清军消灭，永历帝也在昆明被杀，李定国悲痛万分，不久死去，其部下也相继被清军讨平。康熙三年（1664年），清军又镇压了活动在湖北茅麓山的大顺军余部，农民军将领李来亨牺牲。至此，清朝才最终将大陆上的反抗势力扑灭，进入了百年相对稳定发展的阶段。在长期的征服战争中社会生产遭到巨大破坏。华北地区，满目荒凉的景象；江南一带，到处瓦砾一片。面对这一状况，清朝政府鼓励垦荒，减免赋税，赈济灾民，以解除农民的痛苦。康熙四年（1665年），对遭战争破坏最大的湖广地区"给牛种，听其开垦，三年后起科"。并责令地方官对流亡四川的湖广之人，登记造册，照人数多寡提供帮助，奖励垦殖。对无度牒的僧道，勒令还俗，让其垦荒。经过几年努力，全国田地、山荡、畦地数字有了很大提高，为后来清王朝社会经济的繁荣奠定了坚实的基础。

四大臣还对顺治年间的行政机构作了改革。努尔哈赤时期和皇太极初年，辅佐汗的秘书机构是文馆，又称书房。崇德元年（1636年），皇太极称帝，始改文馆为内三院即内秘书院、内国史院、内弘文院，并设内务府管理宫内事务，内务府大臣则由皇帝的包衣奴才担任。顺治十一年（1654年）清廷仿明代制度，改置宦官十三衙门总管宫内事务。顺治十五年（1658年），参照明代制度将内三院改为内阁，同时设立翰林院。鉴于宦官在明代的祸国殃民的罪行，四大臣辅政伊始，即于二月革除十三衙门，恢复内务府，仅留少数太监以供驱使，对防止宦官干政起到了积极的作用。六月，又以世祖章皇帝遗诏发布谕旨，废除内阁及翰林院，重新恢复内三院。这时，清帝取消了大学士入值和票拟之权，由辅臣代为执行；辅臣必须共同商议票签内容，然后向太后请示，并代幼帝朱批御笔。但代皇帝朱批御笔也为辅臣提供了专权乱政的可能。

辅政初期，四大臣还能忠心耿耿地辅佐幼帝。然而随着时间的推移，辅臣鳌拜自恃功高，渐渐跋扈起来，对爵秩低于自己、而班次却高于自己的苏克萨哈心怀不满，遂利用黄白两旗的旧有矛盾，寻找机会，打击苏克萨哈。

权力之争引起内斗

康熙五年（1666年）鳌拜唆使八旗以土地不堪为由，提出更换的要求，送交户部。户部尚书苏纳海认为土地分配已久，且康熙三年（1664年）已有民间土地不许再圈的旨意，遂上疏反对圈换土地，并请将移文驳回。鳌拜假借世祖章皇帝有旨，凡事俱尊太祖、太宗例执行，于四月命镶黄旗从右翼之末移回左翼之首，并为镶黄旗在北京东北的顺义、怀柔、密云、平谷四县圈拨土地，造成既成事实。秋天，户部尚书苏纳海、侍郎雷虎等率人出发丈量准备圈换的正白旗土地，数千旗民极力声言换地的骚扰之苦，要求立即停止换地。同年十一月，直隶、山东、河南总督朱昌祚，直隶巡抚王登联同时上疏，指出旗民对重新更换圈地极为不满。接到命令后，旗民的土地等着调换，而民地则等着被圈，两下里都闲置不种，造成土地大量荒芜，恳请停止圈地。苏纳海等在丈量圈换土地时，由于镶黄旗章京不肯接受新圈换的土地，正白旗包衣佐领下人又不肯指出地界，他们只得将主持两旗换地的官员撤回。鳌拜仰仗其在辅臣中的优势，命吏、兵二部将苏、朱、王等革职锁拿，并交刑部议处。康熙五年（1666年）十二月，鳌拜以苏等人不愿迁移、结党抗旨、妄行具奏等罪，将苏纳海、朱昌祚、王登联三人矫旨处以绞刑，家产籍没，并将蓟州、遵化、迁安三地的正白旗土地强行加以圈换。旗员及人民深受其害，有数十万人失业。

圈地事件打破了四大臣协调一致的原则，朝内百官惴惴不安，纷纷上疏要求皇帝亲政。康熙六年（1667年），索尼去世，鳌拜乘机打算提高自己的地位与职权，代替已故的索尼，获取启奏与批理奏疏之权。康熙见鳌拜愈加跋扈，四大臣辅政体制已无法发挥作用，遂以辅臣屡行陈奏为由，奏请太皇太后允许，私下里拟好了诏旨，于七月初七那天颁布，并举行亲政大典。此时鳌拜党羽已经形成，其势力在上三旗中占有绝对优势，鳌拜已控制了镶黄旗，正黄旗随声附和。正白旗大臣苏克萨哈凭一己之力无法与鳌拜竞争，遂于七月十二请求辞职。鳌拜乘机以不愿归政、妄蓄异心等罪名，打算处死苏克萨哈。康熙知鳌拜等怨苏克萨哈经常与其争论是非，仇恨甚深，欲置之于死地，遂坚持不允所请。鳌拜竟攘臂上前，连续几日来向康熙帝奏请，最后仍将苏克萨哈处以绞刑。

鳌拜在除掉苏克萨哈后，朝中已无人敢反对他，于是更加跋扈。如有人自行启奏，他必加斥骂；于皇上面前，凡事不以理进奏，多以旧时疏稿呈览，逼勒依允；甚至对皇帝的旨意也公然反抗，拒绝履行。鳌拜党羽马迩赛死后康熙明令不准赐谥，而鳌拜却根本不听，仍行赐谥。在鳌拜支持下，其党羽亦敢怠慢皇上，皇权受到严重威胁。

鳌拜到底是忠是奸

大起大落的鳌拜

鳌拜的一生可谓大起大落，大喜大悲。概括地说，鳌拜早年出身将门，骑射功夫过人，是满族的巴图鲁（清朝专门为那些骁勇善战的将士们设立一种特殊的称呼和赏赐，简单来说就是勇士的意思）。他跟随着爱新觉罗家族南征北战，无论是在关外与明军的生死交锋中；还是在入关定鼎中原后巩固统治的大小战斗中，都展现了一代武将的英姿勃发之势，屡建奇功，出生入死，立下了汗马功劳，是功臣更是忠臣；一世英名却在大势已定时晚节不保，在康熙初年辅政时期飞扬跋扈，独揽朝政，展露逆反之心，最后败在还是少年的玄烨手中，虽然凭借着赫赫战功免于刑戮，但也最终身死禁所，作为中国历史上妄想挟天子以令诸侯的权臣而成为后人茶余饭后的谈资。

鳌拜还是一心为主的忠臣时，谁都不会想到几十年之后的鳌拜会来个如此的人格大逆转。还在皇太极当政的时候，鳌拜虽然年轻，却也早早地就鞍前马后随征出战，凭借着一身武艺为皇太极立下了赫赫战功。君臣二人也在合作中建立了深厚的君臣情谊，致使在皇太极死后，鳌拜依然初衷不改地辅佐皇太极的儿子——顺治，并且是在面对多尔衮这样强敌的威逼利诱下。坚持了数年，终于等到多尔衮死去，少主顺治正式登台，鳌拜才又重见天日，这时已经位居忠臣行列。

对于这个看着自己长大的，并且始终左右陪伴的老臣，顺治可谓是重视至极，不仅让其管理国家大小政事之外，还在自己临死之时封他为辅政大臣辅佐自己的儿子——康熙，能让顺治做出此等托孤之举必定是经他精心挑选的。

随着顺治咽下了最后一口气，鳌拜的忠义之臣的形象也渐渐开始落下帷幕了，之间的变化当然迂回曲折，但其结果与初始却大相径庭，早期的一代忠臣在晚年时却死于篡位造反的罪名之下。而亲手为他钉棺的就是皇太极的孙子、顺治的儿子——康熙。鳌拜终于还是没有坚守住他的忠心败在了一个孩子手下。

从忠臣到逆臣

如果说欲望是个无底的大坑，那么权力就是一根充满了魔法的魔杖，人的意志稍有怠泄就会被它的法力所引诱，最终掉进坑中，从此再也无力爬起并葬身其中。鳌拜正是在顺治死去之后不知不觉沉浸在了欲望的旋涡中慢慢被淹没的。顺治托孤的时候，鳌拜虽然名列四大辅臣之末，却在后来一步步地居于了首位，连后世史学家都称四大辅臣时期为"鳌拜辅政时期"。可见鳌拜是何等胆大妄为，在利益与忠义的天秤上，鳌拜还是倾向了利益。鳌拜后期的"奸"终将把之前大半生的"忠"抹杀全无。

一个人从大"忠"到大"奸"，除了自身的变化之外，也离不开外界环境、条件的滋养。鳌拜一世英明的毁灭从根本上说，其他三个辅臣也有责任。索尼在当时的四位辅臣中资历最高，他本身文武兼备，是四朝元老，比鳌拜资历还要深得多。但是年龄不饶人，人到老年之后，对责任的认知度就会有所减弱，再加上也确实是年老体弱，很多事情都是力不从心；另外，索尼之所以对鳌拜采取放任态度还由于四大辅臣中的苏克萨哈实在不能入他的眼，因为苏克萨哈本不是顺治的人，而是多尔衮手下后又归顺于顺治的，四大辅臣中其他三位都看他不顺眼，所以，在鳌拜和苏克萨哈产生矛盾激烈争斗时，索尼的这个天秤就自然而然地偏向于鳌拜，倒不是因为他和鳌拜有多么地"情投意合"，只是因为对苏克萨哈太多厌恶。

而苏克萨哈虽然身为一人之下万人之上的辅政大臣，却由于自己曾经有过变节经历，所以不但别人瞧不起他，就连他自己也多有自卑心理。两者加起来就造成了苏克萨哈在四大辅臣中是最没有地位的一个，可以说完全是一个摆设，对鳌拜或者索尼都没有牵制的作用。所以，尽管鳌拜与苏克萨哈有姻亲关系，但是在很多行动上，鳌拜都是在针对苏克萨哈。

四辅政大臣最后一位，遏必隆姓钮祜禄氏——与后来的和珅同一个姓氏，有个背景很深厚的家庭，其父亲是后金的五大开国元勋之一的弘毅公额亦都，母亲是和硕公主。按说如若是有心者如果想利用名将之后的标签，在如此深厚的家庭背景衬托下，要大展拳脚未必是件难事，但是，这个遏必隆本人却是个胆小怕事、随波逐流之辈。虽然官至辅臣却完全没有乃父遗风，能力非常有限，常常追随同是名门之后的鳌拜。

正是在这种索尼老、病，苏克萨哈自惭形秽，遏必隆胆小怕事的背景下，毫无牵制力量的鳌拜胆子越发增大。其他三人有的想着明哲保身，有的自愧低人一等，有的只为趋炎附势。所以，在辅政期间实行的政策基本上是鳌拜一人之见，这无疑是往鳌拜野心的小火苗上实实在在地浇了一桶汽油，形成燎原之势、野心膨胀、势不可当。这样，从 1661 年到 1669 年的四大臣辅政时期的历史，实际也就是鳌拜逐渐独揽大权的过程、专权的历史。孝庄和玄烨，老的老、小的小，对于鳌拜来说不足为惧。不过，后来的事实证明，他小看了孝庄这个年过半百的女子，更低估了玄烨这个表面上只顾吃喝玩乐的小儿。

鳌拜是一代武将，先后跟随、辅佐过三个皇帝，辅佐顺治时，皇太极余威、余恩犹存，而且顺治也是他力争而立的，所以他还能忠心耿耿。可康熙玄烨就不一样了，辅政时鳌拜已然是三朝老臣，且掌握大权，没有与之对抗的人，所以他对年幼的康熙也就不那么看得入眼，蔑视之意渐渐公然表露。

在朝堂之上，鳌拜常常横眉怒目、张牙舞爪地当着重臣的面顶撞小皇帝，呵斥大臣更是毫不顾忌。遇到重大节日时，鳌拜也身穿黄袍，只用帽结作为唯一区别。他一次又一次地挑战康熙的忍耐力，更是无时无刻地打击着对他的权势构成威胁的人。可以说，康熙早期被载入史册辱没自身名声的事件，都是由鳌拜亲手炮制的。

无法无天的后半生

鳌拜后期简直到了无法无天的程度，一点小事就能点燃他心中的怒火，康熙的话更是不能入耳。朝中的大臣们也因为鳌拜的举动而草木皆兵，即使万分小心，得罪鳌拜都免不了一死，只是或早或晚的问题。苏纳海、朱昌祚、王登联三人是鳌拜屡次徇私中的陪葬品。康熙自然也深知其中奥妙，但是因为手上没有实权，便召集辅政四大臣询问意见，希望其他辅政大臣能站到自己的一边谋求转机。没想到索尼、遏必隆附和，苏克萨哈知道自己若反对极易惹火烧身，只是沉默不语。康熙气极，虽然鳌拜层层施压，但仍不允许鳌拜所奏，只是批准刑部拟定的处罚，即将三人各鞭一百，没收家产。康熙十分想把这三人的性命保住，不惜与鳌拜硬碰硬，没想到康熙破釜沉舟的反抗终究还是没能改变三人惨死的结局。这时，一代忠臣的影子在鳌拜身上再也寻觅不到了。

虽然，由于孝庄太后联合索尼、苏克萨哈在后台的运作，使康熙在14岁时终于得以亲政，但是鳌拜却不想就这样退出政治舞台，更加放肆地想要排挤甚至处死其他辅政大臣，而首当其冲的就是苏克萨哈，这时候鳌拜拟定那些莫须有罪名的功夫已经炉火纯青，他给苏克萨哈捏造了包括心怀奸诈、久蓄异志、欺藐幼主、不愿归政等24款罪名，提出将后者应处凌迟、族诛之刑这样的极刑。虽然苏克萨哈不该杀，康熙也对其极力保全，可是到最后还是难免死于鳌拜的肆无忌惮之下。这时候的康熙已然逼近了将要爆发的极点，鳌拜在民间为非作歹，自己为他背黑锅，朝中的忠臣又被他一个个迫害致死，大清如果继续这样下去，势必会被新崛起的力量推翻。孝庄太后也感到，这鳌拜已经到了不得不除的地步。

"巴图鲁"鳌拜有没有反心

康熙除掉鳌拜的真实原因

康熙八年（1669）五月十六日，权倾朝野威风凛凛的辅政大臣、一等公鳌拜，被康熙帝玄烨捉拿问罪。通常的说法是鳌拜被除是因为他欲图谋叛篡位。历史的真相真的是这样吗？

康熙五年鳌拜利用圈换土地沉重打击了以正白旗为首的反对势力，他的势力急剧增长。康熙六年六月，索尼病死。七月，苏克萨哈由于鳌拜的威胁而请求退出政界，"往守先皇帝陵寝"，被鳌拜定为不满康熙帝亲政的大罪，处死籍没。

这样，康熙初的四辅臣中就只剩下一个唯唯诺诺的遏必隆，鳌拜的势力就在康熙六年到八年五月他被逮前达到了顶峰。从他个人来说，他被授一等公，并加太师（有清一代大臣加太师者，唯鳌拜与遏必隆而已）；其子那摩佛承袭了二等公，并加授太子少师。就其集团成员而言，班布尔善为大学士，济世为工部尚书，马迩赛为户部尚书等，基本上把持了朝政。"一切政事先于私家议定，然后施行，又将部院启奏官员带往私门商酌"，甚至"红本已发科抄，辅政大臣鳌拜取回改批"。

正如法国传教士白晋所记，"在他（指康熙帝）十五六岁时，四位摄政王中最有势力的宰相，把持了议政王大臣会议和六部的实权，任意行使康熙皇帝的权威，因此，任何人都没有勇气对他提出疑议"。但与此同时，玄烨个人也随着年龄的增长而日益成熟，在鳌拜力主严惩苏纳海及苏克萨哈时，他已能明确表示自己的不同意见，虽然由于鳌拜势大而难以硬顶，但却更坚定了他清除鳌拜的决心。特别是鳌拜常常在"御前呵叱部院大臣，拦截章奏"，甚至在玄烨面前"攘臂上前，强奏累日"，极大地损害了玄烨作为一个皇帝的尊严。

随着玄烨在康熙六年七月宣布亲政，鳌拜就日益成为他大权独握的障碍。因此，他在捉拿鳌拜的谕旨中称，"鳌拜在朕前理宜声气和平，乃施威震众，高声喝问……又凡用人行政，鳌拜欺朕无权，恣意妄为"，这对于一代英主玄烨来说显然是不能容忍的。

所以说鳌拜被除的根本原因是他结党营私，擅权专横，其所作所为阻碍了皇权的高度集中，不利于玄烨的乾纲独断，而不是所谓的欲图谋叛篡位。

康熙八年五月，玄烨利用"布库游戏"擒捉鳌拜，结束了清史上的"鳌拜辅政时期"。

三十大罪状

随即，康熙帝颁布了鳌拜的三十大罪状：

鳌拜系国家大臣、背负先帝重托。任意横行。欺君擅权。文武各官、尽出门下。罪一。

引用内外奸党、致失天下人望。罪二。

与穆里玛、塞本得、讷莫、佛伦、苏尔马、班布尔善、阿思哈、噶褚哈、济世、马迩赛、泰璧图、迈音达、吴格塞、布达礼等、结成奸党。一切政事、先于私家议定、然后施行。又将部院启奏官员、带往私门商酌。罪三。

倚恃党恶、紊乱国政。所喜者荐举、所恶者陷害。皇上眷念旧臣、曲为优容。不思改恶。聚货养奸。罪四。

上违遗诏。下虐生民。凡结党败坏之处、奉上□日审问、巧供辞。罪五。

明知马迩赛、光泰、噶达浑、三族系太宗文皇帝世祖章皇帝时、不用为侍卫之人、复擅行起用。罪六。

于归政之后、即将苏克萨哈灭族。又将白尔黑图、乌尔把等、无罪枉杀。罪七。

原任尚书苏纳海、总督朱昌祚、巡抚王登联、以八旗更换地亩事、不顺其意、擅加杀害。罪八。

偏护本旗、将别旗已定之地、辄行更换。罪九。

皇上亲政、尊崇圣母孝康皇后、查取从前诏款。鳌拜不将配享太庙奉先殿典礼、奏请施行。此系欺君轻慢圣母之处。罪十。

贪揽事权、延挨不请辞政。罪十一。

因内大臣噶布喇之女、册立皇后、心怀妒忌、敢行奏阻。罪十二。

谬称济世贤能、授为尚书。罪十三。

妄奏户部旧设尚书二员、以同党马迩赛、补居要地。罪十四。

禁止科道陈言、恐摘发情弊、阻塞言路。罪十五。

熊赐履条奏之事、鳌拜以为劾己。意图倾害。罪十六。

马迩赛部议赐谥、奉有有何显功、不准行之上□日。鳌拜不遵、仍给与谥。罪十七。

于皇上前、凡事不依理进奏、多以旧时疏稿呈览、逼勒依允。罪十八。

御前呵叱部院大臣、拦截章奏。罪十九。

私买外藩人为仆。罪二十。

擅授败阵革职达素等原职。罪二十一。

议苏克萨哈罪状时、止同班布尔善等定议、恐大学士巴泰逆意不合、不使与闻。罪二十二。

因伊马匹被偷、将御马群头目、并偷马人、自批尽行处决、籍其家产入已。罪二十三。

以俄讷、喇哈达、宜理布等、在议政处、不肯附和、即裁止蒙古都统不使会议、罪二十四。

先帝遗诏内、鳌拜名列遏必隆之后、乃不行遵奉、凡起坐班行、皆居遏必隆之右。同党噶褚哈、于列名启奏时、亦将鳌拜名前列。罪二十五。

闻遏必隆因皇上传唤养鹰之人、激发怒言、有成何朝廷之说。不行举首。罪二十六。

费耀色、奉上□日放鹰。因其自行启奏、不先关白、辄加嗔怒。罪二十七。

皇上行幸海子、令鳌拜奏明太皇太后、乃不遵上□日、反云皇上自奏。罪二十八。

势勒克什克之父妾、配伊家人。罪二十九。

以克什克父之坟墓、有碍伊家风水、逼令迁移。罪三十。

逆恶种种、所犯重大。应将鳌拜革职、立斩。其亲子兄弟、亦应斩。妻并孙为奴。家产籍没。其族人、有官职、及在护军者、均应革退、各鞭一百、披甲当差。

从鳌拜的三十条罪状看，其中与其结党擅权有关的有二十三条，不尊重太皇太后的二条，对册立皇后妒忌、私买奴仆等有五条。

与康熙、雍正、乾隆时期其他权臣或朋党集团如明珠、索额图、年羹尧、隆科多及和珅等相比，鳌拜既无严重的违法乱纪又无恶性之贪污受贿，更无图谋不轨的勃勃野心，反之却做了一些有利于社会发展的事。对此，玄烨是很清楚的，所以他在捉拿鳌拜之后，只是将他"革职籍没，仍行拘禁"。不久鳌拜死去，时间不详。

死前逆贼，身后功臣

康熙五十二年，玄烨已到了晚年，犹记起鳌拜的功劳。一次，他召集诸王贝勒大臣，说："忆及数事，朕若不言，无敢言之人，非朕亦无知此事者。"其中特别提到，"我朝从征效力大臣中，莫过于鳌拜巴图鲁者……鳌拜功劳显著，应给世职"。讳而不言者，当年捉鳌拜系不得已之举。雍正帝执政后，"赐鳌拜祭葬，复一等公，世袭罔替"，并于雍正九年加封超武公。

第三节　刻薄皇帝手下的名臣下场

得以善终的十三阿哥

十三阿哥的身世

胤禛是在康熙王朝末年、社会出现停滞的形势下登上历史舞台的。复杂的社会矛盾，混乱动荡的朝廷为胤禛提供了施展抱负和才干的机会，也让他举步维艰。面对着"颇得人心"的八爷党，皇帝的位置坐得他心惊胆战，哪里还谈得上身为一国之君的舒心自在。

胤禛有一副在历史上都十分有名的铁血手腕。雍正王朝之初，由于九子夺嫡的余波尚在，再加上康熙始终以怀柔政策治国，导致雍正初年的政局十分不稳。为了扭转这种不利环境，雍正帝有条不紊地进行了多项重大改革，在短短的十三年中取得了不凡的业绩，修正了康熙年间以来的弊端，形成了承上启下的基础。可以说，正是拥有一副铁血手腕才能继往开来。如果是三阿哥继位的话，恐怕就会是另一番景象。看来康熙的识人之术还是非常厉害的。

康熙对他的儿子逐一筛选，最终选择胤禛是明智之举。康熙王朝后期，八爷党和四爷党是最具竞争实力的两派。八爷党的人数众多，四爷胤禛也有自己的心腹。虽然胤禛猜忌多疑，刻薄寡恩，统治严酷，但还是不能妨碍他在兄弟犹如陌生人的皇室结交到既是兄弟又更似兄弟的亲人加朋友，那个人就是胤祥。

在康熙的众多儿子中，被康熙称为最有侠义心肠的就属十三阿哥胤祥了。他也是和胤禛关系最铁的兄弟。兄弟那么多，为什么偏偏只有胤祥能入得了雍正的眼呢？要从胤祥的幼年谈起。

胤祥生于1686年，在胤祥14岁的时候，其生母章佳氏去世。此后的胤祥由德妃代为照料。从这以后，胤祥就逐渐地与德妃的长子胤禛十分要好了。

正如 1730 年怡亲王胤祥去世时雍正皇帝在祭文中写的那样：

忆昔幼龄，趋侍庭闱，晨夕聚处。比长，遵奉皇考之命，授弟算学，日事讨论。每岁塞外扈从，形影相依。

雍正皇帝继位后，将胤祥视为心腹，是以他们儿时就结下的情谊为基础的。如果他们对皇太子胤礽的看法与立场相左，或在康熙朝晚年的储位之争中未曾达成默契，这一基础势必发生动摇，情况就是两样了。也就是说，他们如果结党，应该是很早的事情。

难以解说的囚禁之谜

少年时代即失去母爱的胤祥生性淳诚，谨度循礼，在诸兄弟中虽算不得出类拔萃，但文才武艺都不后于人，又特别讲义气重情义，虽然贵为皇子，却一点都不蛮横娇纵，康熙皇帝将他视为最省心的儿子，在他 12 岁时便命随驾前往盛京谓祭祖陵，此后巡幸江南、避暑塞外、视察河工等都曾携他同往。但是，在他 22 岁那一年，却卷进了使父皇最为恼火的诸皇子党争旋涡中，与大阿哥胤禔，二阿哥胤礽同被拘禁。

以后胤礽获释复立。诸兄弟被加封爵位，但他仍没有获得宽释，十几年间默默无闻，以致在玄烨的前 14 个皇子中，除幼年早殇者外，只有他一人终康熙之世没有得到过任何封爵。有人认为，这并不是康熙多么地厌恶十三子，而是处心积虑地为雍正布置的一个棋子，表面上是把胤祥拘禁了，实质上是保护他，担心他冲动的脾气会被卷入是非之中落人把柄遭受陷害，以便为雍正在关键时刻所用。不知道这是否真的是康熙的良苦用心，但是最后的效果真的是显著的。雍正的顺利继位离不开刚刚被释放就加入战场的胤祥的功劳。这也更为加固了兄弟的情谊。

步步相随，十三阿哥的忠诚

在康熙皇帝去世的第二天，继承皇位的胤禛便任命胤祥为总理事务大臣，同日又将他从闲散皇子破格晋升为和硕怡亲王。当时这位新皇帝刚刚从与对手的激烈角逐中争得宝座，尚立足未稳，争夺中的失败者胤禩、胤禟、胤禵等人心怀怨忿，虎视耽耽，形势十分严峻。受任为总理事务大臣的四人中，胤䄉虽为雍正的弟弟外加重臣，但是，他做事的准则却都以和雍正对立为敌为标尺，位列胤禛的政敌之首，可以说雍正执政时期的大半烦恼都是出自于自己的八弟之手。虽然雍正铁面无情，但考虑到稳定人心，再加上父亲的临终遗言不许伤害自家兄弟，所以才没有处理八爷党。政敌动不了，提拔自己的人却是无可厚非的，所以，胤祥作为与胤禛情深谊重的兄弟，被特殊提拔、安插在佐理朝政的核心位置，显然是重臣之中最受倚重的一个。他在十几年含辛茹苦、遭受冷落之后，得到四哥如此厚待自然感恩不尽，竭全力报效，以偿知遇之恩。

雍正初年，面临康熙后期遗留的国库空虚、钱粮匮乏的财政状况，要想稳定时局，强国富民，扭转财政亏空的局面是当务之急。胤禛把这副重担交给了胤祥。

事实证明，胤祥也确实不是只会享乐的草包皇子，在工作中展现了十足的智慧。首次清理康熙王朝时的遗留旧案，由于数量颇大，胤祥决定打破以往常规，采取规定限期和奖励勤勉相结合的办法，数十日内即将几千宗旧案都理出头绪。为雍正长了脸面，被处分的人当中也少不了牵连八爷党的人，即使有八爷撑腰，也没能幸免，着实打击了八爷党的气焰。雍正初年清政府新设会考府，胤祥负责审核财政出纳，办理清查亏空、收缴积欠的事务。雍正对此要求很严格，谕示胤祥：此事必须办好，不能虎头蛇尾、半途而废。胤祥深知此事至关重要，遂尽职尽责，认真办理。在不到三年的时间里稽核、驳回不符合规定的奏销项目近百起，有效地防止了营私舞弊的浪费现象。同时，又查出户部亏空银250万两，经奏请皇帝，采取令有关官员赔缴和逐年偿补的办法加以解决。对一些与造成财政亏空有直接关系的王公亲贵也毫不留情，连敦郡王胤䄉、履郡王胤祹等人都被勒令变卖家产清还亏欠。胤祥不怕被人指骂，心甘情愿地扮黑脸、做实事，有人因此责怪胤祥过于苛刻无情，然而也正是凭着这种不徇情姑息的认真态度，他才较好地贯彻了雍正皇帝旨意，使亏补欠还，整顿财政取得显著成效，令雍正的皇位日渐稳固。

治河患、兴水利，是历代皇帝都十分重视同时也十分头痛的国家大计之一。康熙非常注重水利的修建，胤祥青少年时期也曾多次随父皇巡视河工，对此并不陌生。雍正王朝也同样没有得到上天的更多眷顾，水灾同样泛滥成灾，损失十分严重，解决水利问题成为雍正首要解决的头等大事。在治理水利的人选上，胤祥自然当仁不让，受命总理水利营田事务，主管营田水利府和下辖的四个营田局，首要任务便是在直隶地区修治河道，开垦水田，变水害为水利。胤祥领命后"建议兴修、疏浚河渠，筑堤置闸，区分疆亩，经画沟塍，躬亲巡视，往返辄经旬月，栉风沐雨，寒暑靡间，务成万世永赖之利"。胤祥开拓创新，在实地勘察的基础上亲自绘制出水域图进呈御览，雍正帝颇感满意，称赞胤祥等人亲至水患地区，不畏劳苦艰辛，无论大河巨川还是小渠细流，都作出详细调查，细心筹画，大大造福了人民。

雍正几乎将难办之事都交给了心腹胤祥去办理，只有胤祥出马，雍正才放心。

从上述内容可以看出，胤祥并没有被自己的功绩冲昏了头脑，也并不是冲着赏赐才肯为雍正全心全意地办事，其中的原因只是出于和雍正二人的兄弟情谊。也能看出胤祥其人颇为聪明，懂得身为"臣弟"怎样使君王感到满意和放心。不贪恋某些过分例外的恩赐，以免引起猜疑嫉妒而不利于已，这样也就能在宠极人臣之际确保平安，又能更多、更久地博得恩遇。

雍正也并没有卸磨杀驴，虽然此人多疑成性，但是对胤祥却也真正是百分之百的信任，做到了真正的"用人不疑"。

雍正自己是在康熙王朝中的皇权争夺之中经历过来的，皇子与大臣官员私结党羽，互相倾轧，甚至觊觎皇位、威胁君权的戏码，胤禛也曾亲眼所见，深知其危害。在他继位后，严禁王公官员结党，并御制《朋党论》以申其害。但对于十三弟则多有例外。

胤祥最终死于肺病，但也不排除劳累过度所致。他死后，雍正悲痛万分，食不下咽、寝不安睡。还因为三阿哥没有表现出悲痛之意而治他的罪，可见四哥对十三弟的情谊是何等深厚！

李卫当官，刻薄皇帝手下的能臣

并非乞丐出身的李卫

史料记载，李卫确有其人，祖籍江南铜山，即今日的江苏徐州，生于康熙二十五年（1686年），卒于乾隆三年（1738年）。李卫并非要饭出身，而是有着殷实的家境，正因此，得以花钱捐了监生资格，避开科举的正途走进官场。李卫虽顶着大字不识的包袱闹出了不少笑话，但凭着机敏的头脑和缜密的心思，确实当出了一副官的模样。

辅佐帝王的能臣

雍正即位不久，发现各省钱粮亏欠甚多，下诏彻底清查，各省官员闻讯，恐慌不已。李卫时任浙江总督，听闻此事，主动上奏朝廷，以钦差大臣初到地方恐有诸多不便为由，希望能够让自己协助其处理清查事宜。雍正看过李卫的奏折后，同意了他的提议，批准他协助被派往浙江的钦差大臣彭维新进行清查工作。

随后，李卫以生日为由，命各州县的官员速来拜贺，趁生日筵席之时将一干人等召进密室，让各人如实上报亏欠情况，示意他自有办法化解，众人早已被钦差大臣前来清查之事吓得乱了阵脚，听李卫这样一说，全部如实交代，并登记成册交予李卫。

再说钦差大臣彭维新，时任户部尚书，为人做事认真仔细，此前已在江南各省揪出了一堆贪官污吏，气焰甚是嚣张，无人敢阻。岂料一到浙江，便被李卫所持的协助清查的批示镇住了，不得不与李卫商量如何处理清查之事。李卫谈及共同清查的过程中恐有争执，故作为难，不知如何是好。逼得彭维新提出分县清查的方案，正中李卫下怀。

李卫当下便让随从把浙江各州县的名字写于纸上，揉成纸团，与彭维新抓阄分县。彭维新岂能料到纸团已被暗中做了手脚？那些存在亏欠问题的州县，几乎尽在李卫手中，而彭维新抓到的，不过是些问题不大的州县罢了。

如此这般，彭维新再认真清查也无济于事。李卫这边，名为清查，实则督促各州县填补亏欠。待所有清查工作结束，李卫故作焦虑地问彭维新："各地可有亏欠？"得到的当然是他早已肯定的答案："没有。"李卫佯装意外，同时开心地表示自己负责的州县也没有。

此事一经上报，雍正大喜过望，加封李卫为太子太保，大加赏赐。浙中各级官吏也因此各升一级。经此一事，李卫的手下众人对他佩服得五体投地，对这个大字不识的纨绔子弟刮目相看。

李卫为官，不乏耿直倔强的一面。对于官场中的不平事，如眼中沙粒，不除不快。不仅向雍正帝呈交弹劾奏章，更将奏章誊抄之后送至被他弹劾的官员面前，公开宣战，痛陈其恶行，直戳其痛处。那些被李卫弹劾的官员恨他恨得牙痒，却动他不得。

雍正为何宠信李卫

与李卫同朝为官的田文镜，小肚鸡肠，见不得李卫受宠，妒火中烧，暗地里在雍正面前说李卫的不是。雍正深知李卫的为人，对田文镜的挑拨不以为然。田文镜使坏不成，转而讨好李卫，欲与之结交。时逢李卫母亲去世，田文镜备下重金厚礼，派人前去吊唁。李卫不但不领情，反而当众大骂："吾母虽饿不饮小人一勺水！"并将来者赶出门外，田文镜的名帖与厚礼也被李卫愤然丢入茅厕之中。

雍正帝之刻薄，为政之严谨，在整个中国历史上都是极为罕见的。因此，李卫作为一个靠花钱买来乌纱的官员，能够在雍正朝大享官路亨通，实际上是他的所作所为正对了雍正帝的口味及对为官者的要求。是故，李卫方在清朝的历史上书写下自己的名字，并为后人所津津乐道。

清代名将年羹尧为何被雍正赐死

雍正朝的大功臣

年羹尧，字亮工，康熙三十九年（1700 年）中进士。为人聪敏，豁达，娴辞令，善墨翰，办事能力亦极强。后受到雍亲王的重用，各皇储争夺皇位时，他利用自己的精明才干，时时向主子雍正出谋献策，奔波游说，深受青睐。更使主子高兴的是，年氏将自己的亲妹妹献给了他，以示忠诚。那时，主仆二人曾发誓，死生不相背负，从此交情更加深厚。君有情，臣有意，再加上年氏的才能，官阶越升越高，不到十年即升为四川巡抚。接着，又升为川陕总督，独掌军政大权，成为雍正心腹。

年氏受到雍正的宠幸是在雍正二年（1724 年）十月年氏来京陛见以前，具体地说，在七月中旬以前，即平定青海叛乱以后。年氏手握重权，荣立青海大功，君臣之间，无猜无疑，如雍正所谓"千古君臣知遇榜样"。但七月中旬后，尤其是陛见抵署以后，即十二月初，雍正使出浑身解数开始置年氏于死地，雍正为什么转变得这么快？年氏的死因究竟是如何呢？

知道太多的秘密

有人认为年羹尧的死与雍正帝夺嫡有关。学者孟森的《清代史》、王钟翰的《清世宗夺嫡考实》等持此说。据说康熙帝临终时指定十四子胤祯嗣位。四子胤禛串通年羹尧、鄂尔泰、隆科多，矫诏篡位。其时，十四子胤祯在西北为抚远大将军，原可挥兵争位，然受制于川督年羹尧，遂无能为力。胤禛即位后，改元雍正，为酬报年羹尧拥立之功，大加恩赏。然而这不过是灌"迷汤"，雍正帝实已对这些知情者存有杀心，最终还是找借口除掉了他。

居功自傲找死路

有些人不同意此说。他们认为雍正初年年羹尧受宠，并非是雍正帝为他灌"迷汤"，而是皇帝对他效忠辅弼的奖励。雍正帝继位之时，年羹尧尚在四川平乱，并未参与其间，所以不可能知情，故上说不能成立。《清史稿》《清代七百名人传》等作者，都认为年羹尧是恃功自傲而致被杀。《清史稿》载："羹尧才气凌厉，恃上眷遇，师出屡有功，骄傲……入觐，令总督李维钧、巡抚范时捷跪道送迎……公卿跪接于广宁门处，年（羹尧）策马过，毫不动容；王公有下马问候者，年颔之而已。世宗前，亦箕坐无人臣礼。"《清代轶闻》作者说"年挟拥戴功，骄益盛"，且年羹尧残暴对待部下，任人唯亲，乱劾贤吏，引起公愤，也为雍正帝所不容，故被杀。

年羹尧成败之速，异于寻常，对于其死因的种种说法，人们到现在还是难辨真假，难怪被史学家列为"雍正八案"的首案。

第四节 "奸相"和珅的敛财之谜

和珅，是转世的嫔妃还是小小的侍卫

和珅的发迹之谜

关于和珅还是要从他的身世说起。和珅，字致斋，原名善保，钮祜禄氏，这钮祜禄氏是满洲八大姓之一，特别是镶黄旗这一支，出了很多功臣勋贵，比如清朝开国五大功臣之一的额亦都，还有他的儿子遏必隆，以及前文提到的讷亲。但很可惜和珅并不是名门之后，他出身正红旗，祖上乃是寻常八旗子弟。不过后来当他平步青云显贵之后，全家被抬入了正黄旗。

根据清史稿记载，和珅"少贫无籍，为文生员"。乾隆十五年（1750年），和珅降生在一个武职家庭，父亲常保曾经担任福建副都统。和珅的童年可称不幸：三岁那年，弟弟和琳出生，但母亲却因难产而死；九岁时，父亲又因病去世，父母早亡让和珅很早就尝到了人世的艰辛，因而发奋努力，希望改变久居人下的地位。

和珅兄弟俩都曾经在咸安宫学读书。咸安宫原为康熙末年圈禁废太子胤礽之处，雍正二年（1724年）胤礽死后就一直闲置；雍正六年（1728年），在此处设立官学，专门招收八旗宗室子弟入内学习。到和珅入学的时候，咸安宫学已经搬到了西华门。

和珅、和琳在这里受到了良好的教育。其实由于旗人有固定的钱粮，大多数八旗子弟不愁生计，自然不会对读书习字有多大兴趣。但和珅兄弟俩则不然，不仅四书五经等传统典籍烂熟于心，而且琴棋书画，诗词歌赋，满汉蒙藏诸种语言都有涉猎。值得一说的是他的老师吴省兰，这吴省兰本是个举人，乾隆二十八年（1763年）进入咸安宫学任教习，此时和珅恰巧在咸安宫内读书，师生二人颇为亲善。后来和珅发迹，吴省兰夤缘而上，反拜和珅为师。也算学林中一件不大不小的丑闻。

和珅的出众才华博得了咸安宫学内其他八旗子弟的交口称赞，使他获得了王公勋贵们的青睐。乾隆三十二年（1767年），他与大学士英廉的孙女冯氏成婚；两年后，他承袭了祖上的三等轻车都尉的爵位，并参加了顺天府的会试，虽然未能中举，但和珅并不发愁自己的前途。清代旗人进入仕途并不只靠科举一途，无论是进入六部担任笔帖式，还是做皇宫侍卫，都不妨碍日后飞黄腾达。由于和珅祖上是武职，又有大学士这门亲事的背景。乾隆三十七年，和珅被封为三等侍卫，随即被补入粘杆处侍卫。

粘杆处原本是伺候皇室日常生活起居琐碎事务的诸多机构之一，但雍正时则将其改造为一个情报机关和特务机构，负责监视王公大臣及可疑人员，另外也负责传递机密情报。乾隆时期这一机构虽然用处逐渐减小，但仍然与皇帝距离很近。因此和珅能够直接接触乾隆皇帝。由此开始，和珅踏上了他一帆风顺的仕途。

和珅的发迹，似乎可以用一句老话来概括："机会只偏爱有准备的人。"和珅担任三等侍卫，固然是接近皇帝的捷径，但倘若和珅与其他侍卫一样，没有任何出彩之处，乾隆又怎么能在这些芸芸众生中，独具慧眼地将他挑中呢？

小侍卫的大机会

乾隆四十年（1775年）的一天，乾隆正在御花园中散步，十几个侍卫小心翼翼地尾随在他身后不远的地方护驾，和珅也在其中。虽然天气不错，景色也极其宜人，但乾隆的心头却有一团怒火在燃烧着。他手里捏着一份云南送来的密折，向他禀报关押在云南的缅甸要犯逃脱。他再三地看这份折子，为当地官员的无能和疏忽感到气恼，不禁停下脚步，重重地将密折匣子摔在地上。

"昏聩！"乾隆恶狠狠地丢出一句话。十几个侍卫见乾隆脸色不善，不知道发生了什么事，吓得连忙伏地连连叩头。乾隆定了定神，心中的怒火稍稍平静了一些。他缓缓地自言自语道："虎兕出于匣，龟玉毁于椟中，是谁之过欤？"

话音刚落，从侍卫中传出一个从容平静的声音："是典守者不能辞其责耳。"这句话在周围侍卫的寂静中显得格外清晰。正是和珅在人群中发话了。

乾隆一愣，暗想这员侍卫不俗，居然猜得到自己的心思。于是便继续问道："底下的侍卫居然也知道《论语》吗？你起来说话，我考考你，你说说《季氏将伐颛臾》怎么讲？"

和珅不慌不忙，恭恭敬敬磕了个头，起来又打了个千，动作潇洒利落。他在咸安宫学苦修多年，此时真有"学成文武艺，货卖帝王家"的感觉。于是不疾不徐向乾隆讲说了一遍。

乾隆看到和珅眉清目秀，一表人才，虽然是个武夫，却大有恂恂儒雅之风。不由得心里大为喜欢。待和珅对答完毕，乾隆又问了些和珅的姓名籍贯，出身情况，从此记住了这个与众不同的侍卫。这件事情过去不久，一天乾隆移驾圆明园，坐在水榭读《孟子》。乾隆读得非常用心，不知不觉天色渐暗，朱熹的夹注渐渐看不清了。于是乾隆就命护驾在侧的和珅掌灯来看。不料和珅躬身为礼，向乾隆问道："皇上看的可是《孟子》？不知皇上看到哪一句了？"乾隆一愣，不知和珅用意何在，便告诉了他。谁知话音未落，和珅便将这一句的夹注背了出来，流畅纯熟已极。乾隆大喜，又背一句正文，和珅立刻又将夹注背出。就这样你来我往，交谈良久。乾隆颇为满意，连连夸奖和珅："不料尔竟然如此敏捷！"《清史稿》中用"骎骎向用"四个字来形容和珅此时的升迁速度。乾隆四十年（1775年）闰十月，和珅调为干清门侍卫；十一月，升为御前侍卫，授满洲正蓝旗副都统；乾隆四十一年（1776年）正月，授户部右侍郎；三月，在军机处上行走；四月，授内务府总管大臣；十一月，任国史馆副总裁，赏一品朝冠；十二月，总管内务府上三旗事务，赐紫禁城内骑马。短短一年多的时间，和珅以迅雷不及掩耳之势，由一名普通的侍卫摇身一变，成为掌管国家大事的重臣。其升迁速度实在令人叹为观止。

和珅是乾隆转世嫔妃的传说

和珅的快速升迁让很多人惊异不已，一个问题也就随之而来。乾隆为什么如此看重和珅呢？据说，雍正年间，弘历还是宝亲王的时候，有一次进宫办事，遇到雍正的妃子马佳氏，二人情投意合。但是此事却被乾隆生母，雍正帝的孝圣宪皇后发觉了。皇后认为是马佳氏勾引弘历，盛怒之下，赐马佳氏自尽于月华门，乾隆虽然伤心欲绝，但迫于母命，无可奈何，只得与马佳氏约定来世再见，并咬破手指，滴血在马佳氏额头为记。巧合的是，和珅额头上正有这样一块红记，因此乾隆认定他就是马佳氏的后身，于是自然对他万般宠爱。甚至有的野史中记载二人是同性恋关系，这一论点还被国外的汉学家所引用。而据说和珅自尽时的绝命诗也是此事的有力佐证。

不过齐东野语并不可信。平心而论，乾隆对和珅的任用并不是没有道理的。由于旗人较汉人来讲有很多优惠政策，衣食无忧，前程不愁，因此曾经是马背民族的八旗子弟逐渐腐化，每日无所事事，吃喝玩乐，既不能文，也不能武。对于清朝入关以后的历代皇帝来说，满人的逐渐衰退一直是他们感到头疼的问题。从康熙、雍正到乾隆，"整顿旗务"一直都是皇帝想做而做不到的事情。而汉人借助深厚文化的优势，逐渐取得了优势地位，尽管清政府的制度规定了满族官员与汉族官员的比例，但事实上到乾隆时期，汉员的数量和质量都要高于满员，特别是军机处更是如此。乾隆对这一格局并不满意，然而又迫于无人可用的窘况。在这种情况下，和珅的出现自然让乾隆喜出望外。家庭贫寒，勤奋刻苦，深通文化，所有这些都足以使和珅成为满人中的旗帜性人物，因此乾隆对和珅加意的拔擢，其中不仅是为了扶持满人，平衡满汉势力，也希望能够树立一个道德楷模与榜样。

投君所好的投机家

另外，乾隆性格比较刚愎自用，比较好大喜功，这一点从自封为"十全老人"、立下"十全武功"这些行为就看得出来。而和珅出现在乾隆面前时，乾隆已经65岁了。作为一个老年人，乾隆的性格中的这些不良习性都会变本加厉，他需要所有的人都为他服务，伏低做小，以自己之是非为是非，以自己之好恶为好恶。而和珅恰恰准确地把握住了乾隆的这一心理，因此对乾隆着意奉承。据史书记载，乾隆年纪大了，难免咳嗽吐痰会多一些，每当这个时候，和珅就亲自捧着痰盂侍奉，即使是担任要职之后也是如此。这也难怪乾隆会对他如此溺爱了。

和珅对乾隆的揣摩远远不止如此，他在许多方面都对乾隆投其所好。例如乾隆有作诗的爱好，因此和珅便在诗上暗暗下了功夫，不仅学诗、写诗，而且专门研究乾隆的诗，对其所用的语言文字和修辞方式都烂熟于心，然后在乾隆面前流露出对诗的爱好。当乾隆赋诗时，和珅也能像模像样地和上几首，由于他刻意模仿乾隆的诗格，乾隆自然对之大加赞赏。久而久之，很多时候乾隆索性就让和珅替自己赋诗。据说，现存于故宫崇敬殿的御制诗匾，其实乃是和珅的手笔。由此可以看出，和珅不但能作诗，而且书法也刻意模仿乾隆笔体。此外，清代皇家都与藏传佛教关系密切，因此和珅也虔信藏传佛教，与乾隆的共同话题就更多了。和珅如此逢迎，老小孩儿乾隆皇帝自然大为开心，觉得与和珅极其投缘。

对于和珅的一番苦心，乾隆报之以超规格的荣宠。例如乾隆四十一年（1776年）十二月，乾隆赐予和珅紫禁城内骑马的待遇。按清朝成例，这一制度是为了照顾年老体弱，行动不便的重臣，一般超过65岁的官员先由个人提出申请，再由皇帝批准才可享受这一待遇，对臣子来说是极高的荣誉。而此时的和珅只有26岁，又是乾隆主动赐予，真可称之为绝无仅有的殊荣。据统计，和珅共升迁47次，大大小小兼任过60余个官职，乾隆对他的信任可见一斑。

和珅是理财能臣还是敛财奸相

不会打仗的督师

即使是和其他乾隆倚重的大臣相比较，和珅的"圣眷"还是更胜一筹。

有一件事情颇可以说明乾隆对和珅的偏爱。据《清史稿》记载，乾隆四十六年（1781年），甘肃出现叛乱，乾隆命和珅为钦差大臣，与阿桂一同前往督师。由于阿桂染病，和珅便先行抵达甘肃。和珅到达甘肃时，名将海兰察等人其实已经打了好几个胜仗，叛军败局已定。

但和珅却自以为是，想要建功立业，便自作主张，命海兰察等人兵分四路进军，结果输了一仗，总兵图钦保阵亡。这本来是和珅指挥无方，可数日后当阿桂到来时，和珅却把责任推到几名将领头上，说他们轻慢自己，不听调遣。不明就里的阿桂当即表示："这些人该杀！"可第二天阿桂亲自安排作战计划时，几位将领都非常配合，心知和珅有错的阿桂便对和珅说，没人不听调遣啊，那你说杀谁好啊？

和珅自觉受到羞辱，从此对阿桂以及几位将领恨之入骨，屡屡参奏他们。乾隆得知此事后，也只是象征性地下谕旨批评了和珅几句，并把他调回北京；回京之后，根本不会打仗的和珅却代理了兵部尚书。由于阿桂和和珅同在军机处当差，难免抬头不见低头见，为了照顾和珅的情绪，乾隆便总是让阿桂在外带兵打仗或处理具体政务，这样一来，原本是首席军机大臣的阿桂被架空，和珅反而掌握了军机处的实际权力。

不过和珅不会打仗，并不代表他一无是处；相反，和珅具有很强的办事能力，在外交、司法特别是经济领域颇有政治手段。由于他精通满汉蒙藏四种语言，因此很多外交文书都需要由他撰写。乾隆曾经这样称赞和珅："去岁用兵之际，所有指示机宜，每兼用清、汉文，此分颁给达赖喇嘛及传谕廓尔喀敕书，并兼用蒙古、西番字。臣工中通晓西番字者殊难其人，唯和珅承旨书谕，俱能办理秩如，勤劳书旨，见称能事。"足见和珅虽然不会带兵打仗，但其作用和功劳仍然不小。

处理棘手案件的高手

和珅发迹初期，曾经很好地处理过一件棘手的案子：乾隆四十五年（1780年），云南粮储道海宁赴京参奏云贵总督李侍尧贪污受贿，乾隆将查办此事的责任交给了时任户部侍郎的和珅。李侍尧是乾隆朝的老臣，历任两广、湖广、云贵三总督，地位很高，而且又颇具才干，《清史稿》称其"短小精敏，过目成诵。见属僚，数语即辨其才否。"因此乾隆对他也是相当信赖。和珅明白，要查处这样一个聪明人，实属不易，如果没有真凭实据，就贸然定案，很有可能引火烧身。因此他并没有着急直接审讯李侍尧，而是迂回攻击，将李侍尧的管家抓了起来，对其刑讯拷问。结果此人受刑不过，将李侍尧历年贪污受贿的罪行一一吐露。

和珅得了这份口供，立刻召集云南全省官员，将李侍尧的罪状拿出给他们看，并软硬兼施，告诉他们应迅速与李侍尧划清界限，交代其罪状，就可以既往不咎，否则一并惩处。受到威胁利诱的官员见此纷纷倒戈，向和珅提供了大量李侍尧的不法情事。这时，和珅才提审李侍尧，在大量证据面前，李侍尧的聪明才智也派不上用场了，只得供认不讳，将所收受地方官员的贿赂一一招认。和珅回到京城，又趁热打铁，向乾隆汇报了云南吏治废弛，地方银库亏空的恶劣状况，又提出了自己关于云南盐务、钱法、边疆政策的意见和建议。和珅在审理这一案件中所表现出来的机敏和才干自然让乾隆龙颜大悦，随即提升他为户部尚书，议政大臣。

难得的理财能臣

其实，和珅真正的本领，在于他理财的能力。乾隆四十一年（1776年），和珅出任内务府大臣，内务府负责皇室以及上三旗的日常生活开支，花销极大，因此总是入不敷出，往往调拨户部库银以为接济，但和珅上任不久，内务府不仅填平了之前的亏空，甚至还略有盈余；乾隆四十三年（1778年），和珅又兼领了崇文门税务监督。崇文门税关是北京城税收的重要来源，按照惯例只有旗人才能担任这一职务，由此可见该职务的重要性。在和珅的管理下，崇文门税关的收入猛增，陡然一跃而成为全国三十余所税关的翘楚。后来和珅又担任户部侍郎、尚书，户部银库、内务府广储司银库和紫禁城银库都由他直接管理，乾隆朝几乎所有的财政部门都归和珅把持。而和珅也确实不负乾隆的信任，为乾隆的文治武功提供了坚实的经济支持。

康熙末年，由于吏治败坏，国库一度亏空得甚为厉害。雍正即位后，严厉清理国库亏空，到乾隆即位初年，国库中有数千万两白银，经济形势相当好。但乾隆好大喜功，重视享受，"十全武功"花费了大量白银，而吏治的逐渐松弛，官员的贪污腐败，使国库重新陷入亏空状态。乾隆为此事深感发愁，但却一直苦于没有理财能手管理此事。而和珅的出现无疑使得乾隆大喜过望。和珅确实有着极其高超的理财天赋，他总是能出乎乾隆的意料之外，创造出各种进项。

"议罪银"的是非争辩

和珅最为人所非议的财政制度就是"议罪银"的创立。乾隆四十五年（1780年），和珅向乾隆皇帝建议，今后各地官员若触犯大清律例，可以通过缴纳银两的方式抵消罪过，其数额根据罪行轻重多寡不等。这笔银两并不缴入户部银库，而是进入内务府银库。换句话说，和珅利用这一制度，为乾隆造了一个小金库。乾隆对这一意见自然拍手叫好，批准实行。

议罪银制度出台之后，各地官员纷纷以缴纳"议罪银"的方式抵消罪行。据史料记载，各地官员缴纳的议罪银均数以万计，甚至数以十万计。这些额外的收入让内务府挣得盆满钵满，乾隆也是喜笑颜开。因为这笔经费基本全用在了他的六下江南之行上，沿途修建的三十座行宫，居然没有动用户部银库一分银子；乾隆八十岁时举办的万寿大典所花费的开支也来自于议罪银。到后来，甚至户部银库每年的亏空还要议罪银来弥补。

乾隆自我感觉相当良好，他一定得意扬扬地认为，这些钱来自官员，避免了扰民。可是羊毛出在羊身上，官员的钱财难道大多不是从黎民百姓那里搜刮而来的吗？由于议罪银制度的创立，官员们有了充足的理由和借口变本加厉地剥削老百姓，大鱼吃小鱼，小鱼吃虾米。而贪赃枉法之徒得以继续把持权力为所欲为，吏治进一步败坏。这一政策的后果是相当严重的。

传统儒家士大夫讲究口不言利手不拿钱，因此和珅的行为颇让一些以气节自许的同僚轻视。《清史稿》中记载，同为军机处行走的王杰，对和珅相当不满，除了开会讨论政务，从来不同和珅交谈。有一天，也许是和珅想缓和气氛，就抓着王杰的手，一边看一边开玩笑："你皮肤不错啊！看这手，怎么这么秀气！"谁知王杰冷冷地顶了一句："我这手好看是好看，就是一分钱也捞不着！"和珅非常尴尬。

和珅家产究竟有多少

难解的家财之谜

据说，大臣孙士毅出使越南返回北京，进宫去向乾隆交旨，途中碰到了和珅。和珅看到孙士毅手中拿着一件东西，便问这是何物，孙士毅回答是一只鼻烟壶。原来这只鼻烟壶是用鸟蛋大小的明珠雕成，极其精致。和珅把玩良久，便向孙士毅讨要。可是这件宝贝是越南国送给乾隆的贡品，孙士毅无奈只得回绝。和珅微微一笑，并未多说什么。数日以后，孙士毅又巧遇和珅，谁知和珅一见孙士毅就叫他过来，说自己也弄到一件珍珠鼻烟壶，请孙士毅赏玩。孙士毅一看，这不就是自己进贡给皇上那件吗？他一肚子疑问，又不好随便问。后来才辗转得知，和珅进出宫禁，并无阻拦，见到自己喜欢的东西，直接拿走即可，甚至不需要告诉乾隆。

这则故事，颇能说明和珅的贪婪。

其实早在和珅发迹初期，和珅就有过因徇私舞弊和受贿而被惩处的记录，但也只是降级留任的轻微处分，而且往往过了不久，反而更要委以重任或者升官。这样就使得和珅愈发肆无忌惮起来。他仗着给乾隆理财的名义，在给内务府银库捞钱的同时，也在给自己谋取大量好处。他长期掌握的崇文门税关，号称京城十大优差之首，他不仅通过这一差使对士农工商巧取豪夺，而且绞尽脑汁搜刮金银财宝，后来甚至算计到了乾隆的头上。外省或者外国进贡乾隆的礼品，首先要送给和珅过目，和珅先挑，剩下的才交给乾隆。

和珅的家产到底有多少？这个数字恐怕除了和珅谁也说不清楚了。对于和珅抄家时的财产清单，各种学者的研究，野史的记载都各有不同。最夸张的说法是20亿两有余；一般认为有价可估的财产有2亿3000万两，未能估价者更是数不胜数。即使这样，时人仍旧认为"和珅家产甚多，断不止此查出之数"。和珅的财富有多少实在是一个难以想象的天文数字。据说，仅是乾隆五十五年至六十年的税收，就被和珅贪污一半。按当时朝廷岁入 7000 万计算，则和珅六年之内就获得了 2 亿两白银。

"二皇帝"贪污的手段

和珅不仅贪污腐败，而且还利用手中的权利培植党羽，扶植亲信，编织自己的势力网：乾隆朝重臣傅恒的幼子福长安，就被和珅拉拢成为自己的死党；前面提过的吴省兰自不必讲，苏凌阿、伊江阿等和珅亲信，都在和珅的安排下被委以封疆大吏的重任。和珅的弟弟和琳，一方面颇有才干，另一方面也受到和珅的照顾，由一个小小的笔帖式出兵放马，开府建牙，做到四川总督，指挥千军万马。一时间，和珅、和琳二兄弟一文一武，俨然掌握军政大权，时人为之侧目。难怪清代才子袁枚有诗云："擎天兼捧日，兄弟各平分。"

与和珅作对的人，则受到他的百般刁难和打击：阿桂贵为领班军机大臣，由于与和珅不睦，总是受到和珅的干扰；大学士松筠由于与和珅作对，被变相流放到外蒙任职。为了独揽权力，他尽量防止乾隆和朝臣接触。例如他规定凡是给皇上的奏章，都要誊录一份副本军机处记档；御史的位置只能由60岁以上的老臣子补缺。而乾隆皇帝晚年已是年老昏聩，对和珅又格外宠信，根本没有人能够撼动和珅的地位。难怪英国使者，著名的马戛尔尼曾经写道，中国很多人都把和珅称作"二皇帝"。

然而，和珅似乎并没有意识到，他的作威作福，引起了越来越多人的不满，其中就包括嘉亲王颙琰的师傅，大学士朱珪。而嘉庆元年（1796 年），乾隆退位，将皇位传给颙琰，朱珪自然得势。在这种情况下，和珅本应韬光养晦，然而和珅却凭借太上皇乾隆的余威，仍然与朱珪作对，甚至在乾隆面前进嘉庆的谗言。

据《清史稿》记载，嘉庆登基典礼时，朱珪曾经写了一道奏折，祝贺新帝登基。和珅便趁机挑唆，说朱珪对太上皇不敬。过了不久，乾隆打算将朱珪升为大学士，调入军机处。嘉庆得知这一情况，也写了一首诗祝贺朱珪升迁。和珅又对乾隆说，新皇帝此举是收买人心。乾隆被和珅说动，颇为不满，尽管有大臣正容直谏，乾隆还是借故取消了对朱珪的任命，并将他降为安徽巡抚。

嘉庆对和珅仗着乾隆的势力对自己不以为礼的态度自然是深恶痛绝，但他深知和珅势力庞大，关系网络错综复杂，又有乾隆的支持，此时的自己并不是他的对手。于是索性装聋作哑，对和珅的举动一概不闻不问。

其实进入嘉庆年间，和珅的好运气就似乎已经用完了。嘉庆元年（1796年），和珅的幼子夭折；同年，和琳在作战期间身染瘴气，不治身亡；嘉庆二年（1797年），和珅的孙子夭折；又过了一年，和珅的妻子冯氏也去世了。种种不幸似乎预示着和珅的悲剧即将来临。

果然，嘉庆四年（1799年），乾隆皇帝以89岁高龄去世，和珅和福长安进宫守灵。嘉庆皇帝抓住这个机会，急召朱珪进京，并解除和珅与福长安的职务，切断了他们与外界的联系，与此同时，嘉庆废除了和珅在军机处订立的规定，重新控制了军机处。墙倒众人推，见到和珅大势已去的官员们纷纷上奏折弹劾和珅。嘉庆随即将和珅与福长安交由刑部议罪，并抄没和珅财产。最终，在乾隆皇帝驾崩仅仅十余天后，49岁的和珅被嘉庆皇帝赐以白绫自尽。和珅的倒台和他的发迹一样迅速。

和珅绝命诗的巧合

据说，和珅在自尽之前，曾口占绝命诗一首：

五十年来梦幻真，今朝撒手谢红尘。

他日水泛含龙日，认取香烟是后身。

据好事者解释，这诗的前两句，暗示了自己正是前文提到的马佳氏转世投胎，前来与乾隆重聚；而后两句则是预示着自己的来世，所谓"水泛含龙"指的是发大水。嘉庆三年——就是和珅被赐死的前一年，黄河在河南境内决堤，这两句诗预示着在下一次黄河发大水之日，就是和珅转世为人之时。而"水泛含龙"又有夏后龙漦典故的含义在内，因此，这两句诗又有转世为女人为祸清朝之意。

也许真的是历史的巧合：和珅死后三十四年，黄河又在河南决堤了，这一年是道光十二年（1832年）。十月，在一个旗人家庭里，一名女婴呱呱坠地。

父亲笑眯眯地看着手脚乱蹬的小婴儿，和母亲商量着给孩子起了个名字，叫叶赫那拉·杏贞。很多年以后，她被人尊称为慈禧太后。

第五节　曾国藩平步青云之谜

"曾剃头"绰号的由来

审案局里的"曾剃头"

曾国藩，人们都叫他"曾剃头"，但这不是因为他杀太平军而获得的外号，而是因为他在长沙开审案局，杀了太多的所谓湖南"土匪"而得到的外号。杀错的人有没有呢？有。当时长沙的知府叫仓景恬，他写了一份回忆录，里面就记载曾国藩的审案局，仅因一个案子，就错杀了至少4个人。那是一个冤案，但是曾国藩把好人杀了，把坏人放了。

曾国藩在几个月内，杀了200多个人，很多人对他的行为不满，说他滥杀，太过分了。曾国藩信奉乱世就要用重典，只要长沙的治安、湖南的治安好了，哪怕大家说我曾国藩是"武健惨酷"，我也认了。但是，这已经不是他一个人认不认的问题，而是引起了很多湖南官员的反感。

清代嘉庆、道光以来，中国官场乃至中国社会，官与官的关系，官与民的关系，已经慢慢形成这样的局面：互相包容，官不去逼民，很多事情就不会酿成大祸，如果逼民逼得太紧，那么民众就会闹事啊。一旦闹事，严重点，闹到朝廷，皇帝发一通脾气，就更受不住了。当然，曾国藩有钦命在身，圣旨让他"团练乡民"，就是说练新军，然后还有"搜查土匪"，他有这个权限，审案局就是干这个的。因此，大家也没有办法立即对曾国藩怎么样，只能等。他们讲，曾国藩这么胡作非为，总会有报应，咱们等着看你的笑话吧。很巧，笑话很快就来了。

练军之际的窘境

曾国藩练军，除了罗泽南、王鑫的湘乡勇之外，手下还有一个塔齐布。塔齐布是满族人，满族的一个低级军官。他本来是绿营里面的，就是说国家正规军队里面的，但是曾国藩把他借调到手下，让他招募湘西、宝庆、郴州等处农民，组成辰勇、宝勇，让他训练。当时的湖南提督，驻所在长沙，那人叫鲍起豹，他对曾国藩这么做很不满意。塔齐布练军，练得很辛苦很严格，那些正规军，也就是提督辖下的绿营兵，不怎么操练，没什么人管，战斗力极差。相形之下，就有了是非。

那时候的士兵喜欢赌钱，湘军和绿营中互相认识的士兵，有一次聚在一起赌钱，因为一点小事，口角引发械斗，湘军士兵打了绿营兵。鲍起豹就要把人抓过去处罚，曾国藩没办法——因为手下打伤了人，且是赌博，只得把这个肇事士兵送过去，挨了军棍。鲍起豹虽然蛮横，却不是没道理。不仅如此，曾国藩的亲兵，绿营也敢打。直到有一天，又是湘军和绿营兵赌钱，这一回是绿营兵撒泼，杀伤了人。曾国藩总算找到一个机会了。前几次确实都是湘军这边有问题，人家找碴儿，没办法招架。这次可不一样，曾国藩找着机会，可以报复了。他说，鲍起豹你得把肇事绿营兵拿过来，我要依法处置。依法，这个绿营兵就是死罪。鲍起豹还真就给他送过来了。曾国藩没想明白怎么回事，发现人已经送过来了，随着这个肇事绿营兵而来的，还有很多绿营兵，都聚集到曾国藩在又一村的办公室外面鼓噪。局面大乱，曾国藩不敢杀了。他不知道杀了之后会发生什么事情。然而，外面越闹越凶，连续闹了一两天，再不制止，发生暴动都有可能。走投无路，曾国藩无奈，只好放人。

曾国藩的隐忍，就在这个事件体现出来，他说，长沙不是一个好待的地方，既然如此，干脆选择下策，走。可以说，曾国藩带着一颗破碎的心，离开长沙，去了衡阳。

蟒蛇转世曾国藩，可信吗

曾国藩出生的传说

一切都要从嘉庆十六年（1811 年）十月十一日的那个夜晚开始说起，在湖南省长沙府湘乡县荷叶塘一个叫白杨坪的村庄里发生了一件充满传奇色彩的事情。

深夜，在隆冬中酣睡的村庄不时传来几声狗叫声，显得格外静谧安详。给人一种不是世外桃源，胜似世外桃源的错觉。

村庄里有户人家姓曾，世代务农，不大不小的院落收拾得干净利落，被一株苍老巨大的白果树覆盖着。

一位须发皆白的古稀老人在床上翻来覆去，还不停地痛苦地呻吟着，好像有什么东西一下子要把他吞了似的。老人被吓得猛然醒来，浑身冷汗直冒，再也没有睡意，恰巧这时已经金鸡唱晓，看看外面的天空已经微微发亮，老人伸伸腰，起身来到了庭院。

想想刚才做的梦，老人还心有余悸：天空中云雾弥漫，压抑得人喘不过气来。一条巨大的蟒蛇在满是雾气的空中盘旋，忽的一下便降到院子上空，盘旋几周后，突然将半个身子探进屋里。大蟒蛇双眼闪着幽蓝的光芒，浑身黝黑，嘴里吐出血红的信子，嘶嘶声在耳边响个不停。大蟒蛇近在咫尺，就这样直勾勾地盯着老人，不是老人不想跑，实在是被吓得不知道怎么迈腿了。

正是这个恶梦把老人从睡梦中惊醒了，好端端的怎么会做这样的梦，老人摇摇头，抬起头不解地看着天空。

漫天的雾气还没有完全散去，天边露出了隐隐的红色，朝阳就要升起来了，老人深吸一口气，习惯地拿起扫帚打扫满地的落叶。扫了一会儿，便觉得腰有些酸，看来不服老是不行了，想想当年和佣人们一起下地干活，浑身有使不完的劲儿，仿佛就是昨天的事情一样。

老人挺直腰板，不经意地抬了一下头，猛然看见有一条巨蟒从房顶上蜿蜒进入院落。他着实被吓了一跳，连手中的扫帚也掉在了地上，但再仔细一看，原来是房后白果树旁的那株老藤，攀援着白果树，越过正房，进入了院落。梦境中的蟒蛇与现实中的老藤何其相似，更令他心跳不止。

就在老人还在为梦境和现实左右狐疑的时候，忽然传来"哇"的婴儿啼哭声，异常响亮。

接着，老伴便颤悠悠地走过来说："孙媳妇生了，孙媳妇生了。"

"男娃还是女娃？"

"是个胖崽！"

老人喜上眉梢，慌忙跟随老伴进入西屋。只见红烛光下，孙媳妇抱着刚生下来的婴儿，满脸幸福。婴儿额头四四方方，双眼还没有睁开，肤色光亮晶莹，在昏黄烛光里，好像是梦中的蟒蛇发出的光泽一样。老人浑身打了个寒战："这可就奇怪了，难道这个孩子是巨蟒转世！"众人疑惑地看着老人：什么巨蟒不巨蟒的，好好的婴儿怎么就跑出巨蟒来了。

于是，老人把昨晚的梦境和刚才在院子中的错觉讲给大家听。大家听到这种奇怪的事情，不免心中发虚，不知道是福还是祸。

历史上有两个人物大家都非常熟悉，一个就是西汉末年的王莽，据说是白蟒化身，另外还有一个唐朝名将郭子仪，据说也是蟒蛇投胎。现在轮到了曾国藩，既然和蟒蛇沾边了，当然希望成为大将郭子仪，而不是不得善终的王莽。

看着子孙们疑惑不定的神色，老人开心地说："当年郭子仪出生时，他的爷爷就做了大蟒临门的怪梦，后来郭子仪当上了唐朝兵马大元帅，成为一代大富大贵的名将。今天蟒蛇进入我曾家家门，正好婴儿降生，这分明是一个祥兆，以后这个孩子一定能光大我曾氏家族的门楣！"

这位年已古稀的老人正是曾国藩的曾祖父曾竟希，看来，这老人还有那么点学识，起码不是目不识丁，他把怀中婴儿和郭子仪相比，说明他多么渴望摆脱世代务农的局面，希望曾家能出个人中龙凤。

因为曾国藩出生的时候，他家仅仅是一个普通的农户，祖上的几代人都是务农的。自祖父向上推溯，至少五六百年连个秀才都没有出过，如果说丢人不妥吧，起码是颜面无光。人往高处走水往低处流，所以曾祖父曾竟希特别希望出现个文曲星，以便脱掉农民家庭的帽子，光宗耀祖，也不白白来世间走一遭，到了阴曹地府也可以向曾家祖先有个交代。

看着如醉如痴的老头子，极其孝顺的曾家子孙知道这不仅仅是一个梦想，同时也是一个希望和寄托，所以对怀中婴孩是蟒蛇转世、郭子仪再生的说法都深信不疑。

曾国藩出世后，曾家便实现了真正的四世同堂，此时，曾祖竟希公70岁、祖父玉屏37岁、父亲麟书21岁，祖孙虽然没有什么大的作为，但都比较健壮。于是，全家欢天喜地，杀猪宰羊，庆祝四世长孙的降生，盼望他将来能光耀曾家的门楣。

白杨坪不大，再加上寒冬腊月，农村里的人闲来无事，便把曾国藩是蟒蛇投胎的异相作为茶余饭后的闲谈，所以，很快曾国藩是蟒蛇投胎的说法就在当地传开了。后来，随着曾国藩的名气越来越大，这个说法在中华大地上越传越远。这样一传十、十传百，曾国藩就被人们认为是蟒蛇投胎了。

无巧不成书，在曾家后宅，有一株苍藤缠绕在古树上，已经枯槁了很久。这条巨藤很像一条巨蟒，乡人称它为蟒蛇藤。可是，在曾国藩出生后，奇迹出现了，这条巨藤又活了过来，藤叶藤枝，迎风摇曳，得意扬扬；等曾国藩死后，这条巨藤就叶落枝枯，不久就死了。人们都说这是由于巨蟒投胎的曾国藩和这个灵藤相应，一荣俱荣，一损俱损。

曾国藩从小就听别人无数次说起过这个蟒蛇的故事和房后那株古藤的传说。但他一直都只是把它当故事来听，没有跟自己联系在一起。但同时，他又朦胧地觉得自己似乎不平凡，将来可能大有作为。

关于蟒蛇转世的传说，还有很多类似的故事。

落水被蟒救

据说有一年，曾国藩已经进入私塾读书了。整天埋头在艰涩难懂的古文中，都快闷死了。正月十六到了，乡下出嫁的女儿要回娘家，母亲便带他准备去外婆家。一大早舅舅就划了船来接，于是他和母亲、妹妹上了小船，小船慢悠悠地划行。江水清澈见底，游鱼在小船两旁缓缓游动，曾国藩时而看着远去的山峦，时而爬在船边数着游鱼。突然，母亲一声尖叫："蛇！"小船随着母亲的叫声歪斜了一下，曾国藩站立不稳，便掉进了江水里。母亲和舅舅大惊失色，急得要跳水救人，却见曾国藩抱着一根木头稳稳地浮在水面上。舅舅把船轻轻划过去，伸过船桨把曾国藩拉到船上。母亲惊奇地说："刚才明明是一条大蟒蛇游过来的，怎么会是一根木棒？"这件事传开后，曾国藩"巨蟒转世"的说法更被越说越玄。

蛇皮癣的暗示

还有，曾国藩长了一身蛇皮癣，青少年时期还没怎么发作，但到了35岁以后，癣疥一天天严重起来，变得奇痒无比。曾国藩常常坐立不安，不断抓挠，样子活像个猢狲。曾国藩的满身蛇皮癣疥，被好事者说成是蟒蛇的鳞片，也被后人看作是巨蟒"鳞体"的根据。

天津教案，曾国藩为何没处理好

留下遗嘱赴天津

1870年7月2日，农历六月初四，在保定署衙，曾国藩留下了他生平第二份遗嘱。他说，他行将前赴天津，"查办殴毙洋人焚毁教堂一案"；他说，"外国性情凶悍，津民习气浮嚣……恐致激起大变"；并表示，"余此行反复筹思，殊无良策"，但自从咸丰三年组建湘军以来，他就誓死效命疆场，"今老年病躯，危难之际，断不肯吝于一死，以自负其初心……"

这一年，59岁的曾国藩右眼失明、肝病日重，眩晕病症又进一步地折磨着他。5月16日，他的日记记载，"床若旋转，脚若朝天，首若坠水，如是者四次，不能起坐"；5月21日，他乞假一月，开始卧床调养。然而，6月23日，就是他续假一月的奏折刚刚抵达北京时，朝廷以"曾国藩精神如可支持"的婉转口气，让他前赴天津，接手那块烫手山芋。

　　和朝廷谕旨同日抵达的，还有来自江西，他为自己做棺材订购的建昌花板。这个巧合让曾国藩心有戚戚，他预感到自己的日子不多了。为此，在调阅津案文牍、与幕僚反复商议之余，他开始以平淡、略显悲凉的心境，细细交代着自己的一应后事。

　　他说，此行若死，灵柩应归湘安葬，"沿途谢绝一切，概不收礼"；他说，他的历年奏折、生平文章，可留给后代子孙观览，但"不可发刻送人"，因为"刻出适以彰其陋耳"。

　　对于身后诸事，他事无巨细，一一道来。然而，与他晚年的大部分文字一样，在这份遗嘱里，后人看不到他对天下大势、对国家前途的任何评价。恰恰相反，"勤""俭""孝友""祥瑞""不忮""不求"……所有这一切，无不让人想起一个老年的农夫，一种寻常的乡绅形象。似乎在组建湘军、平定叛乱、出将入相、一生功业已达极致之后，这个青年时曾以"内圣外王之业""不愧为天地之完人"自期的传统士大夫，这个师法孔孟、兼取百家的"最后一个圣贤"，已经回到了他最初的来路。他苍老的目光，似乎仅限于自身、子孙和遥远湖南乡下的那个庞大家族。

一部奏折引发的质疑

　　7月8日，农历六月初十，曾国藩抵达天津。而仅仅十几天以后，7月21日，他的《查明天津教案大概情形折》，不仅在天津激起了口诛笔伐，并且使全国舆论为之哗然。一时之间，"自京师及各省皆斥为谬论，坚不肯信"，在"谤讥纷纷、举国欲杀"的氛围中，"诟詈之声大作，卖国贼之徽号，竟加于国藩"……

　　那么，这份引发了轩然大波、让曾国藩"积年清望几于扫地以尽"的奏折，究竟写了些什么呢？

　　在这份奏折的开篇，曾国藩分析了教案的由来。当年晚春，一则沸沸扬扬的传闻在天津附近不断扩散：天津地方已先后有几百名幼童失踪；这些幼童，大多被法国传教士收买的人贩子诱拐；每诱拐一名儿童，人贩子可得到五两银子，而法国传教士可以幼童的眼睛、心肝为原料，配制西洋药方……

后来，在写给国务卿斐士的一封信中，美国驻华公使镂斐迪也描述了传闻的盛况："这种风闻一传十、十传百，很快地，不仅在天津，而且在它周围许多英里的范围内，为老百姓所普遍相信"。

对此，曾国藩认为，该传闻"全系谣传""毫无实据"。他说，来到天津后，他细细查问了几百名拦轿递禀者，挖眼剖心有何实据？结果"无一能指实者"；他也逐一讯问了河楼教堂的150余名中国教民，"均称习教已久，其家送至堂中豢养，并无被拐情节"。更重要的是，抵达天津十几天以来，"亦无一遗失幼孩之家控告有案者"……

也就是说，传闻的任何一个环节，从幼童失踪、人贩诱拐到"挖眼剖心"，都是不折不扣的谣言。如果说，这个论断已经让全国舆论"坚不肯信"的话，那么，对教案的导火索，那个叫武兰珍的人贩子的讯问，更让人觉得语焉不详。

6月18日，天津桃花口居民抓获了一名叫武兰珍的人贩子；由于传闻沸腾，民间组织"水火会"对他进行了刑讯逼供。严刑拷打之下，武兰珍供认，他是受河楼教堂王三的指派，前来诱拐儿童的。

正是武兰珍的口供，引发了6月21日的教堂取证，并进而引发了教案。然而，曾国藩强调，河楼教堂并没有叫王三的教民；教堂对质那天，在天津知府张光藻、天津县令刘杰的敦促下，武兰珍也不能指认出任何一个教民的名字。他由此认为，武兰珍纯属屈打成招、信口攀附；而他自己的日记也记载，在武兰珍的身上，他发现了"跪伤""棒伤"和"踢伤"。

换而言之，在曾国藩看来，直到教案爆发的那天上午，法国人都没有什么理屈之处。他为此写道，"仁慈堂之设，其初意亦与育婴堂、养济堂略同，专以收恤穷民为主，每年所费银两甚多。彼以仁慈为名，而反受残酷之谤，宜洋人之忿忿不平者也"……

那么，对直接导致教案的丰大业"对官放枪"事件，曾国藩又是怎么看的呢？

6月21日，张光藻等地方官提带武兰珍教堂对质时，教堂外已聚集了几百名"水火会"成员。当天下午，人越聚越多，不知道由谁挑头，有人开始向教堂内的教民投掷石子，抛掷瓦片。这些石子和瓦片，激怒了法国驻天津领事丰大业；他怒气冲冲地闯进三口通商大臣崇厚的署衙，要求派兵弹压；而当崇厚担心激起民变、只肯派出两名巡捕时，这个资深的外交官翻脸了。后来，崇厚这样回顾丰大业的风度和武功："神气凶悍，腰间带有洋枪二杆，后跟一外国人，手持利刃。……（崇厚）告以有话细谈，该领事置若罔闻，随取洋枪当面施放，幸未打中……"

事情还没完呢！将这个一向颟顸、对洋大人们小心翼翼的满人大员吓得半死后，丰大业不顾"民情汹涌""街市聚集水火会已有数千人"的境况，来到海河边的狮子林桥上。在这里，他遭遇了疏导民众刚刚回来的知县刘杰；一通咆哮之后，丰大业又掏出枪来，重伤了刘杰的家丁高升……

天津教案就这样爆发了。当天傍晚，天津城锣声大作、"万民聚集"；在打死丰大业及其秘书西蒙后，以"水火会"成员为骨干，绅民们又先后烧毁了河楼教堂、法国领事馆和收养中国幼童的"仁慈堂"。在这场大骚乱中，英俄各国也遭遇池鱼之殃，除13名法国人丧生之外，另有3名俄国人、2名比利时人、1名意大利人和1名爱尔兰人死去。英国讲书堂和美国讲书堂也在大火中化为一片灰烬……在几十万天津绅民、所有与闻此事的中国人看来，倘若没有丰大业事件，教案是不会发生的；而对此，曾国藩只是轻描淡写地谈到，"迨至府县赴堂查讯王三，丰领事对官放枪，而众怒尤不可遏。是以万口哗躁，同时并举，猝成剧变"……

激怒全国舆论的，又何止是这些？在这份奏折的末尾，曾国藩拿出了教案处置意见：不仅主张以命抵命，他也像天津绅民盼望的那样，打算调兵入津；不过这些军队不是来"备兵以抗法"，而是来威慑、弹压不肯息事宁人的天津绅民的……

难怪乎，几天以后，当朝廷将这份奏折发抄朝野、征求意见时，声讨曾国藩的舆论浪潮，在瞬间卷起了：不仅举国汹汹、"责问之书日数至"，原本以他为荣的湖南同乡，也视之为奇耻大辱。时人记载，在北京湖南会馆，不仅他的"官爵匾额……悉被击毁",就连他的名籍也被削去,即不承认他是湖南人。一个举子撰写了这么一副对联,刻薄地挖苦他的这个人生转折,"杀贼功高,百战余生真福将;和戎罪大,早死三年是完人";而与他几经分合、不久前刚刚重归于好的密友左宗棠,也毫不客气地致书斥骂他。后来,曾国藩也以"物论沸腾,至使人不忍闻"的话语,表达了自己的懊悔。

但在举国声讨之际,几乎没有人注意到,在朝廷将这份奏折发抄朝野时,有意删去了曾国藩为天津绅民辩护的五个"致疑点"。

五个"致疑点",不仅解释了谣言愈传愈盛、天津绅民"积疑生愤"的缘由,而且折射了交汇之初、东西方风俗与文化的巨大隔阂。曾国藩谈到,西式建筑均设有地窖,这些地窖,不过用来隔潮、储放煤炭,但由于不是本地匠人建造,以讹传讹,天津绅民渐渐相信,"地窖深邃,各幼孩幽闭其中"。

对天主教信仰的无法理解、"不可理喻",更导致了众多疑点的出现。以前任江西进贤县令魏席珍之女贺魏氏为例,她进入河楼教堂,原本为了治病,但信教之后,坚持不肯回家,"因谓有药迷丧本心";以施洗仪式为例,教民初死,神甫"以水沃其额而封其目,谓可升天堂也",对习惯哭丧表达悲伤的中国人来说,这也显得异常诡异、鬼祟……

更要命的是,当年晚春,天津谣言四起、各处檄文揭帖层出不穷之际,河楼教堂又遭遇了一场空前瘟疫。几十个死去的幼年教民,大多在夜间掩埋,"或有两尸三尸共一棺者";这些棺木尸身,埋葬极浅,经觅食的野狗发掘后,"胸腹皆烂,肠肚外露",这就难怪天津绅民对谣言信以为真、"各怀愲恨"了……

如果说,即使不删去这五个"致疑点"、奏折完整面世,曾国藩也难逃其咎的话,那么,这些分析至少使教案显得合乎情理,曾国藩"持平办案"的心迹,也不会被一边倒地被认为是"卖国"。问题在于,对这个"中兴以来、一人而已"的晚清重臣,对这个被认为是"汉之诸葛亮、唐之裴度、明之王守仁,殆无以过"的当代圣贤,朝廷为什么要这么做呢?

曾国藩，慈禧太后的替罪羊

这就不能不谈到那个年仅 35 岁，但异常工于心计的女人。几乎是教案刚刚爆发，慈禧太后就下定了息事宁人、维持和局的决心。但她不愿表明自己的意图，不愿为此招来骂名；为此，6 月 23 日，在派遣曾国藩前往天津处置教案的谕旨里，她这样表达自己的态度："持平办理""顺舆情而维大局"。

她似乎丝毫没有意识到，在"战""和"两难，"论理"与"论势"者相持不下的情况下，所谓"顺舆情"和"维大局"，是不可克服的矛盾，是无法平衡的冲突。几乎是教案刚刚爆发，以奕䜣、宝鋆、李鸿章为代表的洋务派官员，即决心和平结案、维持大局，为此他们强调，"津民无端杀法国人，真是借端抢掠"；而以奕譞、李鸿藻、"清流"势力为主的守旧派官员，则认为"民心尤不可失"。他们甚至主张，借舆论沸腾、"民气大张"的势头，与洋人们决一死战，彻底驱逐西方、天主教势力于国门之外……

她迟迟不肯表态，甚至在 7 月 25 日《查明天津教案大概情形折》送抵北京、朝廷又一次进行大辩论时，她还欲擒故纵地表示，"此事如何措置，我等不得主意"。这一天，在传达给曾国藩的又一道谕旨里，她再次强调那如同冰与火不可兼容的两个立场："和局固宜保全，民心尤不可失。"

她不仅要把这块烫手山芋，彻底扔给曾国藩，她还要曾国藩为她承担起"理""势"对立，"战""和"两难的代价。为此，她将那份奏折发抄朝野、公诸天下，这么一来，汹汹民心、滔滔舆论，自然会将矛头对准曾国藩。她甚至一不做二不休，删去了曾国藩为天津绅民辩护的五个"致疑点"。这也不是什么画蛇添足之举，这么做，只会有一个结果：一方面，让洋人看到曾国藩办事之难、态度之毫无保留，从而见好就收；另一方面，对远道而来、旨在通商和传教的洋人来说，被彻底激怒的民众无论如何都是一个值得重视的因素，而并不"持平"、没有只言片语辩护的奏折，正适以火上浇油……

甚至，在她深不可测的心中，她还有着进一步削弱曾国藩，使他在丧失湘军势力之后、"清望"和影响力也大打折扣的打算。这不是没有可能的。

慈禧自从执掌这个国家，就不间断地感受着种种前所未有的尴尬处境：

不仅是"理"和"势"的对立、"战"与"和"的两难，还有"内轻"和"外重"的失衡、"中体"和"西用"的纠缠，以及作为少数民族却统辖这个国家的先天不足，身为女人却"牝鸡司晨"的名不正言不顺之处……所谓"三千年未有之大变局"，不仅包含了"天朝"和"夷狄"的主客易位，还包括着人心、社会、民族、深宫、权力格局与文明演替的种种紧张关系。

在这种情况下，她开始了此牵彼制、翻云覆雨的权术生涯：1861年前后，几乎上台之初，她就在曾国藩的湘军嫡系之外，制造了左宗棠、刘长佑两个旁支，以及李鸿章的淮军势力，以制衡曾氏兄弟；1864年，刚刚克定天京，她就以旁敲侧击、恩威并施的手笔，逼迫曾国藩尽裁湘军；次年，她以"祖宗家法"的名目，削弱了与她分庭抗礼的洋务派领袖奕䜣，而伴随着"师夷长技"之洋务运动的兴起，她又有意地培植起一批守旧士大夫，形成"清流"势力，以避免东南督抚的成为国家与社会主导力量……

在十年的历练之后，她的这些手法如此娴熟，如此得心应手，天津教案就是一个表现。在长达四十八年的岁月，在与她共事的众多大臣中，很少有人能够瞥见她的深处内心。或许，不久后自甘沉沦、余生碌碌的奕䜣，是一个；而二十多年以后，在甲午战败的阴影下，面对俾斯麦婉转地抱怨"麻烦来自女人"的李鸿章，是另一个。

或许，还有一个，那就是曾国藩。

一生三变的曾国藩

有人曾以"一生三变"的说法，概括曾国藩的几个阶段：做京官时，曾国藩"以程朱为归依"；出办湘军后，"则归申韩"；及至晚年，他以旷达为意，"以禹墨为体，老庄为用"……这个说法，后来广为流传、普为人知。然而，它依旧拘泥于皮相。在曾国藩渐行渐远、愈磨愈平的心路历程背后，不仅有着他始终不变的儒家本色，还有着一个人和一个时代的深刻尴尬。

他以儒生带兵，"被服论道，以忠诚为天下倡"。做京官时，他曾上书皇帝，直言不讳地批评他"琐碎""徒尚文饰""骄矜自是"；组建湘军之初，他设立"审案局"、得罪骆秉章、参奏陈启迈、弹劾宗室崇纶……凡此种种，无不有着传统士大夫"以天下为己任"的雄健色彩。然而，与他的一腔热诚、披肝沥胆对比，不仅那个腐朽官场对他处处侧目，那个颠顶、摇摇欲坠的朝廷也不信任他。据说，在他湘潭首捷之后，大学士祁隽藻这么提醒皇帝，"曾某以在籍侍郎，犹匹夫耳。匹夫居闾里，一呼蹶起，从之者万余人，恐非国家福也"……

他为此度过了一生中最艰难的几年。从长沙到衡州、江西，他不仅屡战屡败，而且形影孤单，"每逢春风之怒号，则寸心欲碎"。在几年处处碰壁、几次自杀未遂后，他才走进湘乡荷叶镇的那片老屋，以"守制"的名义，开始了长达一年多的痛苦反思。

他只能改造自己。他由此开始了处处变通、时刻夹杂着拙诚与做作的生涯。在攻武昌、克九江、夺安庆、定天京的历程中，他次次推首功于朝廷信赖的满人大员官文；而在与骆秉章、沈葆桢、左宗棠、毛鸿宾等汉族大员的合作中，他也处处与人为善，见功不掩、见过不责……他自觉地使自己锲合于那个腐朽年代，一切行为都与社会规则丝丝入扣、天衣无缝；他并以近乎苛责的姿态，保持着自己内心的独立和自我体察。他由此成为一个戴着镣铐的善舞者，一个貌似分裂、实则异常统一的末世圣贤。

一个时代，就这么改变着一个人；而在被改变之后，他不仅无力、也不再企图改变这个时代。他在事功方面倾注了太多的心力，这就注定了他要被时代所局限；他成为这个时代的集大成者了，然而他身上汇集的，不仅有美好与坚韧，还有局限和狭隘……

在中国历史上，他是不多的"立功""立德""立言"三不朽的圣贤之一，他不但是最后的圣贤，也是最不起眼的圣贤。正如风雷激荡的春秋可以成就孔子；而养士百年、气象开阔的两宋，可以造就朱熹；那个万马齐喑、死气沉沉的社会，只能造就这么一个世俗、世故、烟火气十足的人。他后来赖以传世的《家书》《日记》以及前往天津前夕的遗嘱，无不证明了这一点。终其一生，他都是一个儒家人物，只不过青年为"士"、中年为"大夫"，而到了晚年，他开始向最初的来处、向一个老年农夫或者说寻常乡绅回归罢了……

至少，在天津教案的处置中，他处处表现出乡绅的、近乎族长的态度。

天津教案，有心救国，无力回天

在天津教案的处置中，他的一系列手笔都让参与斡旋的总税务司罗伯特·赫德感到难以置信。后来，赫德以一长串刺耳的词汇评价曾国藩，"优柔寡断""被评价过高的人物""与他的崇高声望名不副实""才能不过平庸而已"……一句话，在赫德看来，曾国藩老朽而昏聩，他对外部的世界一无所知。

比如惩治凶犯。7月17日，法国驻华公使罗淑亚抵达天津，与曾国藩会晤。在厚葬死者、重修教堂、追究地方官责任的要求面前，他均无异议。但他强调，在确认凶手方面，该案有其特殊性，"常例群殴毙命，以最后下手伤重者当其重罪。此案则当时群忿齐发，聚若云屯，去如鸟散，断不能判其孰先孰后，孰致命，孰不致命"……

他由此提出了一个让罗淑亚和罗伯特·赫德目瞪口呆的意见：他说，"拟一命抵一命"，既然洋人被殴毙命20人，那么，中国官府也处决20名案犯好了。

这种东方式的自我惩罚，让人想起广漠乡土里的宗族械斗。对此，罗伯特·赫德谈到，他"似乎是在一个祠堂里和另一个族长对话"。

又比如地方官的追究。初晤罗淑亚时，曾国藩日记记载，"辞气尚属平善""无十分桀骜要挟之象"。然而，仅仅两天以后，因为英国公使威妥玛的上下其手，罗淑亚骤然翻脸，他要求赔银50万两、处决全部凶手，并处死天津知府张光藻、天津知县刘杰和直隶提督陈国瑞。他并诉诸以战争威胁：倘若十日内不予回复的话，"已驶抵红海的法国第三舰队，以及已启航的英国加尔各答舰队，将炸平天津，进攻紫禁城"……

对此，除了就事论事，曾国藩什么也不答应：他同意将张光藻和刘杰"交部议处"，但这只因为教案前夕，他们曾张贴布告，宣称有两名人贩子"受人嘱托"，从而助长了谣言的可信度；他们应为此负责。但他们的刑罚不应该是杀头。曾国藩说，倘若法国人进一步逼迫他，他将"惟守死以持之"……

又何止于此？10月5日，当张光藻、刘杰被发配到黑龙江"效力赎罪"时，曾国藩先是让幕僚赠银三千两；此后，他又多方张罗，筹集了一万两银子，以安顿他们的家属。据说，在他们前往满洲前夕，曾国藩与他们促膝长谈，而他们也不怨恨曾国藩……

更加让人目瞪口呆的是，9月18日，在判决冯瘸子等15名案犯后，曾国藩急急奏报，其中一个叫"穆巴"的案犯，系属误判，"（但）又抓获范永一犯，自承杀人……以范永替穆巴"；而10月19日，当20名案犯在天津被集体处决后，曾国藩或担心其中必有冤枉，或多少产生了怜悯之心，他决定赔付每家抚恤银五百两……

凡此种种，无不让赫德觉得他面对的是"一块古老世纪的活化石""有着一种令人窒息的霉烂味道"。那么，赫德知道吗？这个被他讨厌的老人，不仅是传统社会的"最后一个圣贤"，他还是西方物器的最初引进者。在那个华洋杂处、两种文明初遭遇的年份，他绾接了二者，并成为后来渐行渐远、沧海桑田般剧变的起点。

他的转折从1860年开始。此前，广州入城纷争初起时，他遥为议论，"自古称国富者，以地大为富；兵强者，以人众为强……英夷土固不广，来中国者人数无己，欲恃虚声以慑我上国"；他并且预言，"此次角斗，彼必不能坚守"。如果说这些论调折射了他和众多士大夫的相近与相似的话，那么，不久后一连串的残酷事实，则让他食不甘味、寝不安席：火烧圆明园时，他"为之悲泣，不知所以为计"；《北京条约》签订后，他"阅之不觉呜咽"。次年秋天，他的日记记载，"四更成眠，五更复起，念（夷人）纵横中原……为之忧悸"。

除了他，这一年，胡林翼视师安庆，为西洋轮船而"中途呕血、几至坠马"；据说，临死之前，他的最后一句话是"天要变了"；而十几年以后，他的学生李鸿章则以"两千年未有之大变局"，描述了一种前所未有的夷祸……

随即，他驻节东南、应酬洋场。在这里，他目睹了光怪陆离而又自成一体的西方情态：不仅西洋开花大炮让他"惊心动魄"，上海失陷期间，洋人曾"代收"关税七十余万两，此时如数交还，这个手笔让他大为感慨。他说，"彼虽商贾之国，而颇有君子之行"；他说，"诸夷不知三纲而尚知一信"。

他由此开始迥异于前代圣贤的生涯：他设立安庆内军械所、创办上海机器局、翻译多种西方书籍、派遣幼童"出洋学艺"……他希望以西洋的技术，护卫他所热爱的文明；他说，"师夷智以造船制炮，尤可期永远之利"；他甚至产生了"海上争雄之志"，他说，"未敢遽问九世之仇，亦欲稍蓄三年之艾"。

然而，他很快发现，这是一条渐行渐远、无法再回头的长路：为了造船制炮，他必须引进"制器之器"；上海机器局落成后，"各委员详考图说，以点线面体之法，求方圆平直之用"，换而言之，伴随西方物器滚滚而来的，是声光电化、"制器之所以然"；以洋枪装备淮军后，他曾经赞叹，"余平生所见步队不逮此远矣"，然而，这样的军队却必须"纯用洋人规矩"操演；在几艘轮船下水前夕，他已经意识到，"船成之后，仍需酌改营制，略仿西洋之法"……

从船炮、"制器之器"到操演规矩、营制，西方文明就这样水银泻地般渗透着。不仅船炮、"器具"从来不是孤立的，它背后的人心与社会也如此。"中体西用"从来是个模糊不清、近乎臆想的概念，因为它回避了"体"与"用"的互为联系、"道"和"术"的彼此作用。而这种联系与作用一经展开，它必将裹挟一切：正如后来中国人所亲历的那样，在器具变迁之后，是观念之变、社会之变、政制之变和"道体"之变。在这个意义上，与曾国藩同时代的倭仁，无疑更有先见之明，他一开始就反对同文馆的开办；而几十年以后，梁启超的"变亦变、不变亦变"，则说出了这段历史的关键……

或许，曾国藩也隐约感觉到了这一点。史料记载：在他生命的最后两年，他很少再触及洋务，"而日从事于经史"。

第三章
浮华背后的忧患多——军政秘闻

第一节　后金与明朝的正面交锋

范文程先生的身世之谜

初出茅庐第一功

明朝万历四十六年，满洲天命三年正月，太祖率领后金兵浩浩荡荡杀奔抚顺关来，拟遣将攻城，忽有一书生求见，太祖便令侍卫将他宣进来。太祖见他生得粉白的面皮，相貌清秀，便问道："你是满人是汉人？来俺这里做甚？"那书生道："下臣姓范，名文程，字宪斗，沈阳人氏，原是宋朝范文正公仲淹之后……因屡次上书明皇，明皇不用，落拓一生，无凭无藉。今因陛下崛起满洲，故不避斧钺，效毛遂自荐来见陛下，陛下如爱惜人才，下臣当尽毕生之力，上辅明主。"太祖听了这番言语，语语中入心坎。便说道："贤士远来，朕之幸也；朕处正少一汉文先生，劳你任了此职，并拜为军师，参赞军机。"文程叩首谢恩。太祖称他为范先生。

——民国·许啸天《清宫秘史》

《清宫秘史》又曰《清宫十三朝》，乃一部小说家言的野史，其中不符史实之处颇多，如上段文字中所述，努尔哈赤攻打抚顺城是正月，实际上是

"七大恨"告天之后的第二天，也就是四月十四日。不过小说中有一点却是史实，那就是在努尔哈赤攻打抚顺城之前，迎来了一位被诸多历史学家称为中国历史十大谋士之一的范文程。

当时努尔哈赤已经下定决心向明朝开战，他的第一个目标便是抚顺城。自李成梁镇守辽东以后，抚顺城便是女真人同大明王朝进行粮食、牲畜等货物贸易的地方，无论是对后金政权还是对大明王朝来说，都极具战略意义。但抚顺城在李成梁的多年经营下极为坚固，易守难攻，是雄踞在后金军面前的一只拦路虎。

面对固若金汤的城池，努尔哈赤并没有与之硬碰硬，而是先用5000兵马佯攻马根单（今辽宁抚顺市境内），将明军的注意力予以分散；随后主力部队的15000人对抚顺发动了突然袭击。

但抚顺城毕竟不是不堪一击的纸老虎，努尔哈赤也不想让自己的首战胜利以重大伤亡作为代价。正在这时，范文程毛遂自荐地站了出来，称自己有办法劝降抚顺守将李永芳。并挥笔写下一封书信，差使者送入抚顺城内。

明发兵疆外卫叶赫，我乃以师至。汝一游击耳，战亦岂能胜？今谕汝降者：汝降，则我即日深入；汝不降，是误我深入期也。汝多才智，识时务，我国方求才，稍足备任使，犹将举而用之，与为婚媾；况如汝者有不加以宠荣与我一等大臣同列者乎？汝若欲战，我矢岂能识汝？既不能胜，死复何益？且汝出城降，我兵不复入，汝士卒皆安堵。若我师入城，男妇老弱必且惊溃，亦大不利於汝民矣。勿谓我恫喝，不可信也。汝思区区一城且不能下，安用兴师？失此弗图，悔无及已。降不降，汝熟计之。毋不忍一时之忿，违我言而偾事也！

——民国·赵尔巽《清史稿·李永芳传》

收到范文程劝降书后，李永芳犹豫了半天，一时拿不定是战是降的主意。而努尔哈赤那边却没有坐等。后金先遣队假扮成商人混进了城中，诱使城内的商人和军民出城交易，趁城门大开之时，八旗主力突然攻入城内。李永芳别无选择，宣布向后金投降。抚顺城被顺利地攻克。

大明王朝的名臣之后

在许啸天的小说《清宫秘史》中，范文程乃北宋名臣范仲淹之后，这一点历来不为史学界所承认。一般认为，历史中的范文程其曾祖父乃明嘉靖年间的兵部尚书范鏓，后因得罪权臣严嵩而离任，后被贬为平民，直至隆庆年间才复官；其后，范文程的祖、父都没有达到其曾祖父的高度，到了范文程这代，虽有满腹经纶，却无法攀上政府的高枝。直到万历四十六年（1618年），努尔哈赤带兵南下，攻克抚顺，此后范文程成为清朝的重臣。

北宋名臣的第十九世孙

但在已发现的一份范仲淹族谱之中，我们却发现了范文程的名字。

1 范仲淹 –2 纯仁 –3 正国 –4 直筠 –5 公宁 –6 良傥 –7 士玉 –8 祥 –9 监文 –10 有恒 –11 信 –12 岳 –13 孝文 –14 傑 –15 祯 –16 鏓

–17 沉 –18 楠 –19 文程 –20 承祚 –21 时绪 –22 宜文

–17 沉 –18 楠 –19 文程 –20 承廱 –21 时望 –22 宜俶、宜偲、宜僖、宜谦、宜诚

–17 沉 –18 楠 –19 文程 –20 承谟 –21 时崇 –22 宜中

–17 沉 –18 楠 –19 文程 –20 承勋 –21 时绎 –22 宜賔、宜宗、宜定、宜戒

–17 沉 –18 楠 –19 文程 –20 承斌 –21 时捷 –22 济、泽、渊

–17 沉 –18 楠 –19 文程 –20 承烈 –21 时御 –22 宜恭

–17 沉 –18 楠 –19 文程 –20 承祚 –21 时纯 –22 宜琰

–17 沉 –18 楠 –19 文程 –20 承祚 –21 时统 –22 宜瑜、宜瑛、宜璋、宜瑞、宜琛

–17 沉 –18 楠 –19 文程 –20 承祚 –21 时绪 –22 宜恩、宜茂、宜文、宜庭、宜生

–17 沉 –18 楠 –19 文程 –20 承祚 –21 时绩 –22 宜瑶、宜珪、宜清

–17 沉 –18 楠 –19 文程 –20 承祚 –21 时缙 –22 宜申

–17 沉 –18 楠 –19 文程 –20 承祚 –21 时绶 –22 宜恒

–17 沉 –18 楠 –19 文程 –20 承祚 –21 时纪 –22 宜勷、宜勋

从此表中我们可以明确地看出，范文程确实是范仲淹的第十九世孙。

当然，这份族谱是否是真实的，还有待考证。

命运之战，11 万打不过 5 万

萨尔浒大决战

凡安居太平，贵于守正。用兵则以不劳己、不顿兵，智巧谋略为贵焉。若我众敌寡，我兵潜伏幽邃之地，毋令敌见，少遣兵诱之，诱之而来，是中吾计也；诱而不来，即洋察其城堡远近，远则尽力追击，近则直薄其城，使壅集于门而掩击之。倘敌众我寡，勿遽近前，宜预退以待大军。侯大军既集，然后求敌所在，审机宜，决进退。此遇敌野战之法也。至于城郭，当视其地之可拔，则进攻之，否则勿攻。倘攻之不克而退。反损名矣！夫不劳兵力而克敌者，乃足称为智巧谋略之良将也。若劳兵力，虽胜何益？盖制敌行师之道，自居于不可胜。以待敌之可胜，斯善之善者也

——后金·努尔哈赤《兵法之书》

这是努尔哈赤在"七大恨"告天的前一天，即后金天命三年四月十二日所颁布的旨在训练士卒、克敌制胜的作战方针，也可以说是他一生战争策略的总结。自努尔哈赤起兵以来，其所历经的大大小小的战役，无不是在遵循此作战方针而行之。面对着即将到来的明朝大军，一个前所未有的强大对手，努尔哈赤依然遵循着这种军事思想。

明军共集结 11 万大军兵分四路向赫图阿拉进逼，意欲会师于后金都城；而努尔哈赤手中总共只有 4.5 万人马，虽然在准备与大明军队正面交锋时便已经把军备准备充分，但相对于可以随时调拨全国武装力量的明朝廷来说，还有着天壤之别。与之硬碰硬，无异于以卵击石。

面对这种不利局面，努尔哈赤并不担心。范文程在了解了整个局势之后，提出一条"管他几路来，我只一路去"的作战方针，后金无须忌惮明军的强大实力，因为明军的内部矛盾，正为后金提供了各个击破的条件。

　　明军方面战略部署完毕之后，原计划于明万历四十四年、后金天命元年（1616年）二月二十一日兵出辽东，然而天公不作美，自十六日起普降大雪，出兵日期被迫推迟。但内阁首辅方从哲却无视天气状况，一再敦促杨镐出兵。

　　方从哲担心，一旦战况被拖延，那么庞大的军费开支势必会给本已千疮百孔的国家经济带来雪上加霜，只有速战速决才是正道。在这些朝中大员眼里，一个小小的后金不足畏惧，"数路齐捣，旬日毕事耳"，根本无须大费周章。而久经战场的杨镐清楚地知道天气因素会给作战带来什么样的不利影响，尤其是深入对手所控制的范围中去；再加上粮草迟迟未到，更是无法出兵。

　　明军方面的文武双方各执一词，却没有想到正是因此而把出兵时间泄露给了努尔哈赤。努尔哈赤又让治下的汉人充当间谍，深入明军腹地，把杨镐方面的作战意图、进军路线、兵力部署等各方面侦察得了如指掌。如此一来，战端未开，明军就已失胜算，陷入被动局面。

　　再加上明军四路大军的将领之间早有罅隙，作为最高统帅的杨镐也无力约束，兼之明军战线铺开足有600里之广，相互之间信息沟通不便，这对于分路配合作战来说是最为不利的。这一点，正是范文程提出"凭尔几路来，我只一路去"的信心。

　　努尔哈赤毫不犹豫地认可了这个作战方针。

　　明军西南路军由李成梁之子李如柏率领，努尔哈赤仅用500人便抵挡住了来自西南方向的佯攻；西路军则由杜松率队，4.5万（一说为3万）正遇到努尔哈赤的主力部队，顷刻之间便灰飞烟灭，杜松中箭身亡。

　　西路军覆灭后，努尔哈赤率主力北上，在萨尔浒山（今辽宁抚顺东）直接面对马林的北路军，又形成了一场单方面的屠杀，马林侥幸逃脱。

　　而此时的东南路军统帅刘綎尚且不知道其他两路军均以战败，仍旧按原计划继续北上，恰恰陷入了后金军的包围圈。激战之后，刘綎命丧辽东。

　　李如柏方面受到后金500兵马阻拦在虎栏关（鸦鹘关东）之后，始终按兵不动。杨镐得知杜、马两路相继惨败，急命李如柏、刘綎军后撤，而刘綎尚未接到命令便已全军覆没，李如柏只得匆忙回撤。得知李部撤退的消息之后，努尔哈赤仅用了 20 名哨骑便将李如柏军搅得大乱，明军自相践踏，伤亡惨重。

此次大战自三月二日正式打响，三月五日宣告结束。不到五天的时间里，明军方面 45800 多名士卒战死，刘綎、杜松等 310 多文武官吏魂归西天，马、骡等牲畜损失近 3 万匹；而后金军，仅付出了 2000 多人伤亡的代价。

一场影响后世的战役

萨尔浒之战对于作战双方来说都有着极其深远的影响。

明军方面，杜松与刘綎战死沙场，仅仅过了三个月，侥幸从萨尔浒战场上逃生的马林也死在了同样是与后金军交战的开原之战中，四位明军主将已去其三，仅剩下李如柏因为始终没有与后金军正面交锋而留得一条性命。然而战火没有烧掉李如柏，朝中政局却让他魂归西天。

萨尔浒之战结束后不久，监察官便对李如柏提出纠劾。原因是李如柏的父亲李成梁曾经把年幼的努尔哈赤收归帐中，厚待于他，甚至还有将之收为义子的传言。所以努尔哈赤跟李如柏"有香火情"，否则"何以三路之兵俱败？何以如柏独全？"奏折之中已明显地透露出对李成柏有通敌嫌疑的怀疑态度。不过当时的万历皇帝对此不置可否，此事暂且风平浪静。然而过了一年半之后，辽东地区的局势更加紧张，这件事又被某些别有用心之人重提，重压之下，李如柏为表心意，自尽明志。四大军事将领的相继离世，对于本已风雨飘摇的明朝武装力量来说，无异于雪上加霜。

作为萨尔浒之战明军方面的最高统帅、辽东经略杨镐，自然也推卸不了为战败而负责的后果。杨镐在兵败之后引咎辞职，此时的朝廷还算是网开一面，让他"姑令策励供职，极力整顿以图再举"。然而没过多久，辽东的开原和铁岭又相继在杨镐的手里沦陷，最终被定罪入狱，直到明崇祯二年（1629年）病死狱中，结束了十年的牢狱生涯。杨镐之后的辽东经略一个战死，一个被朝廷处死。尤其是被处死的熊廷弼，更因他的死，而导致了明末朝中的党争。究其根源，还是出于萨尔浒之战的失利。

兵败萨尔浒的消息传到京师之后，北京城的米价顿时暴涨，为数不少的人认为后金军即将打出山海关，进而围困北京城，从而开始纷纷囤积大米，以备不急之需。这就进一步破坏了明朝的财政。

明军的目中无人

在萨尔浒之战打响前，明朝并没有把后金当回事，至少此次战役中明军方面最高统帅、辽东经略杨镐就是如此。据说在萨尔浒战役之前，杨镐曾与努尔哈赤修书一封，称大明王朝集结了 47 万大军将袭，并将出兵日期如实相告，似乎想以天朝神威威吓后金，好不战而屈人之兵。由此可见，在当时的杨镐看来，"消灭贼酋"不过是手到擒来的事情，根本没有想到会有战败的可能。而就是这种狂妄，恰恰导致了明军的惨败。

满洲兵的各个击破战术

满洲资料表示，努尔哈赤见到明军燃点火炬，夜间行军到达攻击准备地点，即利用满军骑兵之机动性，无时无地不造成局部的及暂时的数量上的优势，遂行各个击破，以攻作守。整个战役中，满洲的都城都是以极少的守军防御，有时甚至没有守兵。明军纠集的兵员则出自五花八门，来自南北，有征派者，也有雇募者，这在全军的统领上已经发生了无数问题，况又千里裹粮，没有开战便已显出疲惫之态。从其装备看来，此远征军准备以诸兵种协同之姿态作战，但从战役过程中之记录看来，其兵员很少像这样训练。杜松与刘綎均以个人之武艺驰名，所恃者"家丁"。可见得其未放弃传统战法：主将出阵，家丁护卫。其他兵卒胜则蜂拥上前，败则部队瓦解。当刘綎到达辽东战场时，携有家丁 736 人，最后与之同殉难者有"养子"。

满方将领亦亲临前线，但彼等专恃骑兵，组织单纯。从满洲资料看来，不仅努尔哈赤亲率坐骑一千独当一面，而且子洪台吉（皇太极）、安巴贝勒（大贝勒）、侄阿敏台吉均为高级将领，也都在战场上指挥若定。

明朝腐败导致战役失败

从根本原因上来看，拥有火器、兵力占优的明军之所以败在了一个本以游牧为生的政权手中，实质上是因为其官僚机构之腐败已经到了一个无可挽回的地步。这种腐败早已有之，只不过是萨尔浒将之彻底地暴露出来罢了。明帝国之覆亡，只此便可以预见。

熊、王之争，谁才是最后的胜者

死于法场的忠贞之将

天启五年（1625 年）八月二十五日五更，熊廷弼高昂着头跪在京师西市的刑场上，胸前挂着一个执袋。刑部主事、监斩官张时雍便问其中所装何物，熊曰："《辨冤疏》也。"张曰："君未读《李斯传》乎？因安得上书？"熊曰："未读《李斯传》耳。此赵高语也。"张时雍无言以对，下令行刑。一代名将熊廷弼冤死法场，传首九边（九边指的是明朝在北方边境设立的九个军镇）。

缘何自李成梁之后的辽东主心骨熊廷弼没有战死沙场，而是死在了明朝廷的法场？

明廷内部斗争的自我消耗

努尔哈赤攻取沈阳、辽阳之后，下一个目标便是广宁。

如果说辽阳是辽东的政治、经济、文化、商业中心，那么辽东的军事中心则在广宁。辽东总兵府便设在这里，而辽阳仅仅是副总兵府。因此，广宁是明朝在东北地区最高的军事机关驻地，是控制蒙古弹压女真的军事重镇。沈、辽丧失之后，明朝仅剩此地可以用来与后金相抗。可以说，如果明朝失去了广宁，那么就等于彻底失去了在辽东、辽西地区的控制权。

更为不利的是，虽然颇有外交能力的王化贞替明朝暂时缓解了来自蒙古方面的压力，但广宁一旦失守，那蒙古方面将有很大的可能会与后金政权完全联合起来，因此，无论是对明朝来说，还是对后金而言，广宁都是一个极为重要的阵地。

但此时驻守广宁的辽东经略熊廷弼和辽东巡抚王化贞之间却毫无默契可言。王化贞的目标是攻，声称要"一举荡平辽东"。他上任巡抚之后不久，便派干将毛文龙率200人走海路到达镇江（今辽宁丹东）沿海岛屿，开辟敌后战场。

明朝时期的镇江，是中朝边境、鸭绿江边一个举足轻重的军事要塞，是与朝鲜取得直接联系的一个要冲之地。可以说，谁占据了这块土地，谁就能得到来自朝鲜半岛上的承认，并取得其支援。天启元年七月二十五日，毛文龙通过侦查得知，此时属于后金政权的镇江城兵力空虚，几乎是一座不设防的要塞，便与生员王一宁计划突袭。

毛文龙事先收买了后金驻扎镇江的中军陈良策，让他当明军的内应，自己则亲自率领220余人夜袭镇江城。此役，镇江游击佟养真及其子佟松年等60多人束手就擒，镇江城再属明廷。一时之间，全辽震动，汤站（今凤城县南30公里汤山公社所在地的汤山城子）、险山（今辽宁省丹东市凤城县东南大堡公社土城子大队所在地）、宽甸（今辽宁省宽甸县）等城堡守军相继向毛文龙归降，"数百里之内，望风归附"，"归顺之民，绳绳而来"。

此役在史学界被称为镇江大捷。镇江的大捷，让王化贞志得意满，他以为在自己出兵辽东之时，便可与辽东后方的毛文龙前后夹击，打后金一个措手不及。为了确保对后金作战的胜利，他又计划秘密策反已经降了努尔哈赤的李永芳，希望以里应外合之势让后金防不胜防。再加上经过王化贞的一番努力，察哈尔蒙古等部答应出兵40万以协助明军的军事行动，更算是锦上添花。

可以说，王化贞的这番部属是周密而详细的，所以他也就信心百倍地上书朝廷，称：

愿请兵六万，一举荡平，臣不敢贪天功，但厚赉从征将士，辽民免赋十年，海内得免加派，臣愿足矣。即有不称，亦必杀伤相当，敌不复振，保不为河西忧。而臣将归老林泉，臣愿足矣。仲秋之月可高枕而听捷音。

然而长时间与后金打交道的熊廷弼却深知努尔哈赤的厉害。他依然坚持"三方建置"的既定方针，即以积极防御为主，调动各方面大军，对后金政权实行三面合围，继而攻之，必会大获全胜。一旦此措施得以施行，那么努尔哈赤肯定不敢对广宁动兵，否则的话，他将受到来自海上的威胁。

然而朝廷却没有采纳熊廷弼的建议。首先，王化贞为朝廷画的这张大饼看起来是那么地可口，是那么地周密；而熊廷弼的计划却无疑是慢工出细活，时间成本上让收复失地心切的朝廷难以承受，更不用说已经处于崩溃边缘的经济成本了。

其次，王化贞原是东林党人，而且善于结交政要，在朝中人缘颇好，现在又在极力巴结魏忠贤，有投靠阉党的倾向。而天启初年，正是这两个派别在左右政局。熊廷弼则是楚党之人，在天启初年早已没有多少政治地位可言，再加上此人生性暴躁，即使经历过一次罢官风波，也没改掉秉性，与朝中官员势如水火，也就没有够硬的后台做朝内支撑，自然无法让自己的策略付诸实践。

王化贞的"急"和熊廷弼的"稳"形成了尖锐的矛盾。将帅不合历来是兵家之大忌，而这一点，正被休养生息十个月之久的努尔哈赤敏锐地觉察到了。

自找死路的熊廷弼

天命七年（1622 年）正月十八，正是北国千里冰封的时候。努尔哈赤利用辽河水结冰、人马易渡的时机，率八九万大军向广宁发起了进攻。

此时王化贞的"周密"部属完全破灭：后金后方的镇江已经得而复失，毛文龙逃往朝鲜，腹背夹攻的可能性化为乌有；蒙古察哈尔部答应的 40 万大军仅仅来了一万，以多压少的希望破灭（此时的明军仅有 10 万人）；对李永芳的策反不仅没有成功，反而让自己的爱将、抵挡后金铁骑的先锋孙得功被李永芳策反，里应外合的愿望没有实现，自己却被从内部突破了。

如此一来，明军惨败，王化贞弃城而逃，与闻讯自山海关率兵赶来的熊廷弼在大凌河（今辽宁锦县）相遇。王化贞放声大哭，而熊廷弼却挖苦道："六万众，一举荡平竟何如？"王化贞无言以对。

见到大势已去，熊廷弼并无起死回生之能，只得掩护自广宁逃出来的军民退回山海关。

由于广宁战败，王化贞被论罪入狱，熊廷弼被革职还乡。然而熊廷弼认为自己在广宁之败中并不存在过错，故意上书请罪，希望以此来让小皇帝重新任用自己，并采纳自己所提出的攻取辽东之建议。但他没想到的是，这正给了一向与熊廷弼不合的阉党以口实。他们以熊廷弼援救来迟为由，并罗织罪名，将熊廷弼与王化贞同罪下狱。

在魏忠贤的指示下，御史梁梦环弹劾熊廷弼贪污饷银17万，御史刘徽则称说熊廷弼家资百万。但直到抄家之后才发现，熊家的全部家底才不足17万。无奈之下，抄查者竟连熊廷弼的姻亲家一并抄了，但也没能凑齐百万之数。最后，熊廷弼在王化贞之前被处死。直到明崇祯二年（1629年），才由崇祯帝朱由检为其沉冤昭雪。

党争之害，令熊廷弼无路可走

明末朝政腐败，党派林立，党争迭起。以原吏部郎中顾宪成为首，一批下野官吏在无锡东林书院讲学，讽议朝政，一部分在职官吏如赵南星等也遥相应合，东林党因此得名。与此同时，另有一批官吏士绅组成浙、齐、楚、宣、昆各党派。这些党派既互有矛盾，又互相利用。其中，以东林党人势力最为强大。

起初，乃是东林党与齐、楚、浙三党之争，后来则演变为东林党与阉党之争。到明熹宗天启年间，东林党人得势，浙、昆、宣各党派受到排斥。于是，以魏忠贤为首的阉宦便与浙、齐、楚、宣、昆各党中的一部分人结成联盟，被东林党称为"阉党"，形成了直接对抗。照理说，熊廷弼原为楚党，与东林党人并不是一路人。但是，当时的东林党代表人物杨涟等人，曾在辽东军事等问题上为熊廷弼说过好话，熊廷弼同后来所谓的"东林党六君子"也有不错的个人关系。这一切，都为其最终的杀身之罪埋下了祸根。

据《明史》记载："天启元年，沈阳破，应泰死，廷臣复思廷弼。"甚至有人感叹："使廷弼在辽，当不至此。"于是，熊廷弼被召出山，重任辽东经略。

然而，阉党们不放心，"搭班子"的时候，生生替他配了一个叫王化贞的巡抚。《明史》评价曰："化贞为人而愎，素不习兵，轻视大敌，好谩语。文武将吏进谏悉不入，与廷弼尤抵牾。"熊廷弼虽为辽东经略，却无实质的兵权，而握有实权的王化贞却好大喜功，盲目冒进，与熊廷弼的"防守策略"大相径庭。《明史》中说："廷弼主守，谓辽人不可用，西部不可恃，永芳不可信，广宁多间谍可虞。化贞一切反之，绝口不言守。"

应该说，熊廷弼的策略是正确的。然而，熊廷弼与王化贞之间，虽说是上下级关系，可是王化贞自恃朝中有人，根本不把熊廷弼放在眼里。这一切，直接造成了广宁兵败，致使辽东尽失。

兵败问罪，朝廷震怒，下令处置败军之将，《明史》记载："二月逮化贞，罢廷弼听勘。"一个是逮，一个是勘。显然，朝廷对两人的定罪是有差别的。然而，最后的决议却是"廷弼、化贞并论死"。

熊廷弼为保命，曾托一个叫汪文言的人向魏忠贤行贿，要四万两。但熊廷弼根本拿不出这笔钱，"既而背之"。于是，"魏忠贤大恨，誓速斩廷弼"。此时，正值"东林六君子"案发，杨涟等人被下狱。魏忠贤便指使人诬陷熊廷弼也曾向杨涟行过贿，将熊廷弼行贿之事与"东林党案"硬扯在一起。"甚其罪"，"党同伐异，招权纳贿"，那就是罪加一等了。魏忠贤的党徒冯铨，还趁着陪皇帝吃饭的时候，拿出一本民间流传的《辽东传》，上面有记载熊廷弼英武善谋的言辞。冯铨挑拨说："此廷弼所作，希脱罪耳。"于是"帝怒"。

性格刚毅，树立冤家

另一说是熊廷弼的性格所致。《明史》说："廷弼身长七尺，有胆知兵，善左右射。自按辽即持守边议，至是主守御益坚。然性刚负气，好谩骂，不为人下，物情以故不甚附。"也就是说，熊廷弼的脾气不太好，遇事特别容易激动，也因此得罪了不少人。此评价，甚为形象。

熹宗初立之时，有人"劾廷弼无谋者八、欺君者三"，也有人说他经略辽东失职。熊廷弼的反应是什么呢？《熊廷弼传》说"廷弼愤，抗疏极辨，且求罢"，"廷弼益愤，再疏自明"，甚至公开"掼纱帽"。说到激动的时候，"抗疏辩，语颇愤激"，即使皇帝在场，也从不忌讳。但凡有人弹劾，他总是要抗辩上疏一番。因此，给满朝大臣留下他根本听不进任何意见的深刻印象。万历皇帝在，可以包容他，但熹宗皇帝不会。

熊廷弼同王化贞的矛盾，虽说责任在王化贞。但熊廷弼也有责任，他反对王化贞的军事策略，又无法阻止，便上疏告状，话说得很难听，且不留余地。王化贞自然心存不满。到王化贞兵败之时，两人相见，"化贞哭"，熊廷弼却微笑着说："六万众一举荡平，竟何如？"弄得王化贞无地自容。两人同被朝廷究责之时，熊廷弼依然故我，态度不好；相比之下，王化贞伏罪，痛哭流涕，态度倒是端正。

凡此种种，都说明熊廷弼是不谙为官之道的。恃才自傲，这在任何时候的官场都是很危险的。

熊、王之争，谁才是最后的胜者？答案恐怕只有一个：两者均败。唯一的胜者，只有努尔哈赤。

宁远之败，是大意还是愚蠢

袁崇焕与努尔哈赤的交锋

天命十一年（1626 年）八月，太子河，华丽的龙舟里，努尔哈赤躺在厚厚的毡毯上，眼望棱窗外的湛蓝天空，身上的毒疽隐隐作痛。"难道这就是天命？"壮志未酬的他心中无限遗憾，虽然完成了女真的统一，却无法见到攻破京师的那一刻，而这，恰恰是他起兵反明时的愿景啊。

为了这个愿景的实现，努尔哈赤穷尽了毕生的精力：谋建州，平海西，统野人，建立起属于自己的政权，打造出一支可以与明廷相对抗的尖锐长矛；战萨尔浒，迁都辽阳，尽取辽西，确立起自己在东北边陲的绝对统治权。为了进一步对大明王朝采取行动，他甚至不惜放弃辛辛苦苦建立起来的新都辽阳，迁都沈阳。

迁都沈阳，是努尔哈赤在一统辽东之后做出的又一大举措。"沈阳四通八达之处，西征大明从都儿鼻渡辽河，路直且近，北征蒙古三日可至，南征朝鲜自清河路可进"，可见从战略角度上来说沈阳要比辽阳更为有利。

同时，"沈阳浑河通苏苏河，于苏苏河源头处伐木顺流而下，材木不可胜用，出游打猎山近兽多，且河中之利亦可兼收矣"，从经济利益方面来看，也是辽阳所无法比拟的。让努尔哈赤下定迁都决心的，更出于当时辽东、辽西的局势。

广宁之战后，后金的战线拉得过长，领地内矛盾纠纷不断，努尔哈赤无力维系后院的稳定，被迫作出了毁弃广宁、弃守辽西的决定。这就给了明廷以喘息之机。待到孙承宗、袁崇焕固守宁远，后金政权感到了前所未有的压力，"公（孙承宗）渐东，奴（努尔哈赤）惧，遂弃宫室而北徙于沈阳……自筑宫于瓮城，屡不就……"努尔哈赤弃守广宁的弊端显露出来。

另外，迁都辽阳之后，女真人和汉人之间的矛盾进一步尖锐，努尔哈赤所采取的镇压手段只会激化矛盾。辽阳城已经是鸡犬不宁之地，丧失了一国之都的意义，努尔哈赤唯有再行迁都。

孙承宗毛遂自荐督师辽东的那一年，山海马世龙等人频繁出巡被努尔哈赤攻取又弃守的广宁、三岔河一带地区，驻守在辽南的毛文龙，没有了山海关的后顾之忧，也活跃起来，对靠近三岔河一带的牛庄（今辽宁省牛庄镇）、跃州（今营口北牛庄附近）等为后金政权所据的各城不断骚扰。此外，麻羊岛守备张盘夜袭金州（今辽宁省大连市金州区），让女真人终日惶恐；复州（今辽宁省瓦房店市西北复州）的后金总兵刘爱塔偷偷地向登莱（今山东省登州和莱州）地区运送军备物资，并且希望把复州当为明军的内应，一旦明军向后金展开进攻，便与其里应外合等。毫无疑问，这些对后金政权的稳定都构成了极大的威胁。

除了来自明军方面的压力外，后金政权还面临着塞外蒙古各部的觊觎。这些不利之局逼迫努尔哈赤必须对他的战略防御问题进行重新考虑。因此，为了在战略上取得主动，他只能选择将后金的首府迁往沈阳，并将沈阳改称为盛京。

虽然迁都盛京，但后金政权的稳定问题仍然无法解决，汉民与女真贵族之间的矛盾也不会因为迁都而化为乌有，努尔哈赤能做的，只能迎着孙承宗和袁崇焕打造出来的铜墙铁壁进一步扩张领土。

恰在这时，明廷的党争给了他一个天赐良机。

此时的明廷朝政大权已经完全旁落在了"九千岁"魏忠贤的手里，天启帝朱由校只知道在后宫当他的木匠，对朝政大事基本上是不闻不问，这更让阉党有恃无恐，大力排除异己。不幸的是，孙承宗正是阉党眼中的异己之一。

孙承宗经略辽东之后，一时间功高权重，誉满朝野。势力猖獗的魏忠贤和他的党羽自然不会错过这个值得利用的人，威逼利诱，魏忠贤动用了各种手段去拉拢这位封疆大吏。而孙承宗对阉党深恶痛绝，对魏忠贤抛来的橄榄枝视而不见，这就让一向专横跋扈的魏忠贤对他怀恨在心。

明天启四年（1624 年）十一月，孙承宗到蓟、昌西巡。此时恰临近十一月十四日，正值天启帝的生日，孙承宗便上书朝廷，希望入朝为皇帝庆贺万寿节，并打算借此机会当面向皇上汇报机宜。

把握朝政大权的魏忠贤在皇帝之前先得知了此消息，生怕孙承宗拥兵入京，做出对自己不利的事情来。于是"绕御床哭。帝亦为心动，令内阁拟旨。次辅顾秉谦奋笔曰：'无旨离信地，非祖宗法，违者不宥。'夜启禁门召兵部尚书入，令三道飞骑止之。（魏忠贤）又矫旨谕九门守阉，承宗若至齐化门，反接以入。承宗抵通州，闻命而返。忠贤遣人侦之，一襆被置舆中，后车鹿善继而已，意少解"。

紧接着，魏忠贤和他的阉党党羽称孙承宗是"拥兵向阙，叛逆显然"，意图借此事来扳倒孙承宗，但天启帝不是不理朝政的万历帝，心中还有点儿分寸，对魏忠贤的攻讦没予理会。

次年，太监刘应坤在魏忠贤的委派下前往山海关犒军，带去犒金十万两，然而孙承宗一点儿也没给魏忠贤面子，鄙视之意溢于言表。

同年八月，马世龙轻信自后金逃归的"降虏生员"（其实是后金方面的间谍）刘伯镪的话，派兵渡柳河，袭取耀州，结果掉进了努尔哈赤早已设好的圈套，惨败而归。

柳河之败正给了阉党挤垮孙承宗的口实，以马世龙损失 670 匹马、大量甲胄等军用物资为借口，向马世龙发起了围攻，其根本的目的还是要弄倒孙承宗：弹劾奏折雪片一样飞向天启帝的御案。阉党的无耻手段让孙承宗大为恼怒，连上两书称病辞官。天启帝拗不过去意已决的孙承宗，只得应允。

孙承宗罢官，辽东经略一职再度出现空缺，魏忠贤趁此机会将自己的同党高第推上了辽东经略的位置。胆怯无能、对军事又一窍不通的高第抵达山海关后，将孙承宗所做的军事防御部署全部推翻，将锦州、右屯、大凌河、宁前诸城守军，连同器械、枪炮、弹药、粮料等后勤物资一并移到关内，绵延 400 里的关外土地尽皆放弃。

高第的胡乱部署让朝野上下响起一片反对之声，袁崇焕更是怒不可遏，他在给高第的揭言中说：

兵法有进无退，锦、右一带，既安设兵将，藏卸粮料，部署厅官，安有不守而撤之？万万无是理。脱一动移，示敌以弱，非但东奴，即西虏亦轻中国。前柳河之失，皆缘若辈贪功，自为送死。乃因此而撤城堡、动居民，锦、右摇动，宁、前震惊，关门失障，非本道之所敢任者矣。

然而袁崇焕仅仅是一个监军，无力改变身为兵部尚书、手持尚方宝剑的高第的决策，更何况高第背后还有把持朝政的阉党撑腰，所以他只能眼睁睁地看着高第将锦州、右屯、大凌河及松山、杏山、塔山守具的屯兵屯民尽皆驱赶入关，10 余万石粮谷被抛弃。这次不战而退，闹得军心不振，民怨沸腾，尸体塞路，哭声震野，刚刚振奋起来的士气又再次陷入低谷之中。

得不到上司支持、朝中又没有后台的袁崇焕不甘心就此放弃辛辛苦苦打造出的防线，决意死守宁远。在关外城堡撤防、兵民入关的极为不利情势下，袁崇焕率领一万余名官兵孤守宁远，抵御后金。

明廷因为内斗而产生的自我消耗给努尔哈赤创造了再侵朱明的良机。后金天命十一年、明天启六年正月十四，努尔哈赤率领十万八旗大军，西渡辽河，直取孤城宁远。

十万士气高昂的八旗大军，一万多被朝廷弃之不顾的明朝军队；一位是积蓄了数年力量、一生未逢一败的后金国主努尔哈赤，一位是孤立无援、从未参加过战争的山海关监军袁崇焕。双方就在这样的悬殊中，于正月二十三拉开了战幕。

然而让努尔哈赤没有想到的是，历时四天的大战，竟然以自己的惨败而告终。

明军缘何能以孤城取胜

袁崇焕驻守孤城宁远，城中士卒不满 2 万人。但城中兵民，"死中求生，必生无死"，誓与城共存亡。他面临紧急态势，上奏疏，表决心："本道身在前冲，奋其智力，自料可以当奴。"他采纳诸将的议请，做了如下守城准备：

第一，制定兵略，凭城固守。宁远战前，彼己态势，强弱悬殊。袁崇焕前临强敌，后无援兵，西翼蒙古不力，东翼朝鲜无助，关外辽西，宁远孤城，只有扬长避短，凭坚城以固守。他尝言："守为正著，战为奇著，款为旁著。以实不以虚，以渐不以骤。"他吸取抚（顺）、清（河）、开（原）、铁（岭）、沈（阳）、辽（阳）、西（平）、广（宁）失守的惨痛教训，不出城外野战，决意凭城坚守，拼死固守。敌诱不出城，敌激不出战。袁崇焕守卫宁远的要略是：孤守、死守、固守。

第二，激励士气，画地分守。袁崇焕偕总兵满桂，副将左辅、朱梅，参将祖大寿，守备何可纲（也作"刚"），通判金启倧等，集将士誓死守御宁远。他"刺血为书，激以忠义，为之下拜，将士咸请效死"。又部署官兵，分城防守，画定责任：总兵满桂守东面，副将左辅守西面，参将祖大寿守南面，副总兵朱梅守北面；满桂提督全城，分将画守，相互援应。袁崇焕则坐镇于城中鼓楼，统率全局，督军固守。

后金大意失荆州

在政治方面，后金进攻宁远的战争，已由统一女真各部、反抗民族压迫的正义战争，变成为掠夺土地人民、争夺统治权力的不义战争，因而遭到辽东民众的强烈反对。尤其是努尔哈赤对辽沈地区汉族人民的错误政策，引起后金与明朝两方面辖区民众的不满和恐惧，从而促使宁远军民拼死抵御后金军的进犯。

在军事方面，三年之间，后金兵没有大的野战，军队怠惰，兵无斗志，器械不利；忙于整顿内务，未做军事准备。明朝袁崇焕却在积极备战，修筑坚城，整械备炮，训练士马——组成关宁防线。而西洋大炮也是袁崇焕获胜与努尔哈赤失败的一个基本因素。后金打了一场最为兵家所忌的无准备之仗，后果可想而知。

第二节　鸦片战争的难解内幕

英吉利为何远侵中国

骄傲自大带来的隐患

（乾隆）五十八年，英国王雅治遣使臣马戛尔尼等来朝贡，表请派人入京，及通事浙江宁波、珠山、天津、广东等地，并求减关税，不许。

——民国·赵尔巽《清史稿·高宗本纪》

1793 年，正是乾隆五十八年，在中西交流史上发生了一件具有划时代意义的大事——英国使臣马戛尔尼使华。当时，欧洲强国英国希望和东方强国中国正式建立外交关系，以求彼此开放贸易，为此派出了庞大的使团，随员 700 多名，乘坐 5 艘战舰，载满英国工业革命以来最先进的冲锋枪、大炮、世界地图、纺纱机、蒸汽机等，漂洋过海来到中国。可惜，英国"蛮夷"平时给国王行礼也就是鞠躬，哪懂得天朝规矩。马戛尔尼坚持不给乾隆下跪，老乾隆虽然接见了英国时节，但拒绝了英国使团的全部请求。

马戛尔尼的日记中写道：

"中华帝国只是一艘破烂不堪的旧船，只是幸运地有了几位谨慎的船长才使它在近 150 年期间没有沉没。它那巨大的躯壳使周围的邻国见了害怕。假如来了个无能之辈掌舵，那船上的纪律与安全就都完了。"

1816 年，正逢嘉庆在位，不死心的英国再次派人出使中国，希望强强联合，开放贸易。然而，嘉庆坚决要求使团行叩拜礼，英国正使阿美士德则坚持只能行脱帽鞠躬礼。仅仅因为一个参见礼节问题，英国主动的两次拜访都无功而返。

和平手段没有效果，使节们又看透了大清虚有其表的现实，这就使英国确立了日后武力叩关的方针。

由明至清的 300 多年来，中国一直奉行闭关锁国的政策，一方面禁止大陆人民出海离境与海外各国进行贸易往来；另一方面又严格限制和管理海外各国洋人来华贸易和活动。某些人认为，郑和下西洋的壮举，证明中国有变成海上强国的可能。实际上，自古以来，中国一直以大国自居，对其他国家以蛮夷视之。就连郑和下西洋，也是明朝向列国炫耀武力之举，并不是为了贸易。也正是因为这一点，自古以来，列国朝贡中国天子，只需带很少的礼物，就能得到价值数倍的封赏。在古代，中国一直以接济穷亲戚的思想对待列国，从没有将列国摆在与自己平等的地位。这就养成了骄傲自大的虚荣心，不能正视其他国家。

清朝继承并发展了明朝的闭关锁国政策。清朝初年，为了打击郑成功等沿海抗清力量，沿袭明朝海禁政策，规定"片板不许下水，粒货不许越疆"，禁止商民出海。自施琅收复台湾、郑氏给沿海地区带来的隐患不复存在后，"海禁"一度放宽，出现了松江、泉州、广州、宁波等对外开放的港口。然而到了乾隆年间，西方世界的殖民浪潮正是最烈的时候，他们对于这个神秘而又富庶的东方古国自然垂涎三尺。而处于世界大变革中的清政府想到的不是顺应潮流，而是采用了鸵鸟政策，用闭关锁国的方式将自己与外界隔离开来，漫长的海岸线上。只留下广州一处开放口岸，对于涉外贸易更是严加限制。随着西方殖民主义的深入发展，清政府在乾隆之后，始终采取了这一政策，以求一片宁静的"桃花源"。

封建中国闭关锁国，当然也有当时中国地大物博，完全可以自给自足的因素。这与当时英国等国国土狭小，需要通过贸易来满足自身需求完全不同。古中国是排外的，古中国是骄傲的。在当时中国的眼中，周边无非蛮夷戎狄。外国传来的西红柿，称"番"茄；外国传来的南瓜，称"倭"瓜；外国传来的火炮，称红夷大炮……强大的中国看不起国土狭小、礼仪粗浅的其他国家。乾隆即位后，在海禁方面基本上沿袭了先祖的政策。乾隆五十二年（1787年），皇帝写了这样一首诗：

间年外域有人来，宁可求全关不开。

人事天时诚极盛，盈虚默念惧增哉。

在他看来，目前国力虽盛，以后将有盈虚损益，对外交往将会带来危险，给国内统治增加不安定因素，宁可闭关不开，排拒外来势力。

顺差逆差，英吉利的怒火

18世纪中叶，英国率先完成了资产阶级革命。以英国东印度公司为首的西方商人，一直希望打开中国市场。虽然康熙朝开放了广州、厦门、宁波、云台山四个通商口岸，但完全是本着施舍的态度，满足不了英国商人贸易的需求。这和英国人心中所想的自由贸易相去甚远。一些英国商人不堪清朝官吏勒索，要求变更贸易路线，另开通商口岸，当时的乾隆却认为这是洋人居心叵测，断然拒绝。

实际上，中国与西方直接开展的正常贸易，到鸦片战争之前，一直都是顺差。仅乾隆在位时的1781年至1790年短短9年，在中国输往英国茶叶一项就为中国赚取了9600万元；而同一时期英国输入中国的所有工业品，价值仅及茶价的六分之一。19世纪初，每年从英国流入中国的白银在100万元至400万元之间。如果能继续双方的贸易，嘉庆根本不必为财政困难发愁。

但是，贸易逆差是英国难以容忍的，而清朝的贸易态度又使英国商人不能满足，这就使得英国政府和英国商人一致希望扩大中国市场。为此他们开始贩卖鸦片。

鸦片贸易，逆转中英交易的关键

英国使团成员巴罗在书中对乾隆晚年中国社会上鸦片的流行程度做了这样的描述：

"上流社会的人在家里沉溺于抽鸦片。尽管当局采取了一切措施禁止进口，还是有相当数量的这种毒品被走私进入这个国家……广州道台在他最近颁布的一份公告中指出了吸食鸦片的种种害处……可是，这位广州道台每天都从容不迫地吸食他的一份鸦片。"

乾隆初年，英国商人第一次向中国输入鸦片。东印度公司员工偷偷把印度的鸦片运到广州，第一次就尝到了甜头。每箱鸦片在印度的购价不过250印币，运到中国后，售价高达1600印币，翻了有六倍多。鸦片已经开始为害中国。令人痛心的是，上至皇帝贵族，下至贩夫走卒，并不知道鸦片的危害，以致陷入毒瘾中不能自拔。

通过对中国的贩卖，鸦片税收成为英属印度政府的一项重要财源。为增加产量，东印度公司不断地开辟新的鸦片产区，研究怎样使鸦片更能符合中国人的需求，以求扩大鸦片的输出量。英国人认为鸦片有害，必须严格限制它的国内消耗，但并不限制用鸦片进行对外贸易，反而积极鼓励外销。许多英国鸦片贩在中国发了横财。据最大的英国鸦片贩子查顿说，在最好的年头，鸦片的利润高达每箱1000银元。

乾隆四十五年，中国政府已经有所察觉，乾隆皇帝重申雍正年间的禁令，禁止烟具的输入和贩卖。但此时中国对于鸦片的危害，认识并不深刻。因此，这道禁令成了一纸空文，清朝海关官吏很高兴地接过英国商人的贿赂，为其放行。根据英国人自己的记载，鸦片虽然被禁止贩卖，但只要花一点钱给主管官员行贿，被朝廷禁止的鸦片买卖就成了合法的，可以可公开进行。

19世纪的最初20年中，英国输入中国的鸦片每年约4000箱，到了1839年就扩大了10倍，利润达到每年四千万银元。鸦片贸易在英国的对华贸易总值中占到1/2以上。

靠鸦片的输出，英国政府一举扭转了对华贸易的逆差，中国则由两百多年来的出超国变成入超国。英国人发了大财，中国人则倒了大霉。鸦片贸易从此由英国政府的默许变为公开的认可了，开始强迫印度生产鸦片，换取中国白银。

鸦片贸易造成中国大量的现银外流，吸食地区也从"海滨近地"扩大到数十省，银荒已从沿海省份蔓延到全国各地。到鸦片战争前夕，中国每年白银外流至少一千万两，接近清政府每年总收入的四分之一。白银大量外流使得银价上涨，百姓负担加重，各省拖欠赋税日益增多，清政府陷入了财政危机。而且，因为吸食鸦片，几百万中国人身体和精神上都深受毒害，中国的社会经济和国家财政遭受重大的破坏和损失。

意识到大事不妙的清王朝当然要展开行动。而尝到了甜头的西方鸦片贩子自然不会轻易收手。战争，不可避免。

禁烟运动的新开端

邓廷桢禁烟

朝廷内部有弛禁和严禁两种言论，两派争论不休，面对这种情况，道光帝一开始并未作出明确的决定。道光十六年（1836 年）八月初九，他在上谕中说：鸦片烟来源于外洋，流散到中国内地，屡次禁止。近来言论不统一，有的请求变通一下，有的请求严加禁止，必须详细考察情形，统筹安排，能长期实行而没有弊端，方为妥善。如邓廷桢折子中所说的，那些从事贩卖的奸民、行商、包买、蟹艇、兵丁，一定要严密查办，据实上奏。同年十一月二十日，邓廷桢等人在奏折中筹议杜绝鸦片流弊，认为"朱樽所陈议论，极为正大"，并明确提出，现在关于弛禁的议论，并没有明确奉旨，虽然朝廷外部未必毫无知觉，但终究没看到明文规定，那么禁烟的条款，仍然要遵守。对此，道光帝采取了默认的态度。邓廷桢等人在奏折中还提出，鸦片流传内地，以致纹银日渐消耗，今欲力塞弊源，唯杜绝纹银出洋，是最为重要的，若能于从出之地，必出之途，实力稽查，俾汉奸夷人，估计没有什么伎俩可施，自可渐塞漏卮。道光十六年（1836年）十二月二十日，道光帝批复说：各位都督所奏很有见地，一定要同心协力，认真巡察，严厉惩处与外商勾结的奸民，杜绝外商的贪欲。做到白银不外流，行之有效，一定不要空谈禁烟，一定要名副其实。这个谕旨标志着喧嚣一时的弛禁论的失败，清政府的禁烟运动翻开新的一页。

道光帝的谕令到达广州后，邓廷桢立刻遵奉谕旨精神在广东各地查禁鸦片，禁止纹银出洋，并勒令许球奏折中列举的鸦片贩子离开广州。英国鸦片商受到了前所未有的沉重打击。道光十六年（1836年）十二月底，义律向伦敦报告说，最近两个月来，广州的禁烟运动已取得显著成就。

十七年（1837年）六月十二日，道光帝又谕令驱逐鸦片趸船，责成各位都督，严厉整饬洋商，传谕各国在当地的洋人，命令他们尽快回国，不允许借故逗留寄泊船只。并且一定搜查窑口巢穴，依次按察治理，不要姑息。七月十八日，道光帝又命令邓廷桢缉办鸦片私贩。

邓廷桢接到谕旨后，按照谕旨命令，要求义律尽快撤走趸船，并多次重申，而义律置若罔闻。道光十七年（1837年）岁末，义律报告说，到达广州后，中国官方商人就不断地催促我遣散鸦片趸船。由于义律负隅顽抗，于是为驱逐趸船，邓廷桢下令铲除名叫快蟹的小船，以此断绝趸船的接济。到道光十八年（1838年）秋，快蟹已基本消灭。鸦片趸船虽然还能依靠其他快艇来维持局面，但情形已今非昔比。除此之外，邓廷桢还在查拿国内鸦片贩子方面取得了一定进展。

黄爵滋和"死刑论"

但是，应该看到，道光十七年至十八年（1837~1838年）间，在邓廷桢的领导下广东的禁烟活动虽有成效，鸦片进口量却仍然没有减少。在这种严峻形势下，道光十八年（1838年）闰四月，鸿胪寺卿黄爵滋上疏痛陈禁烟要害，这就是著名的《请严塞漏卮以培国本折》，禁烟运动又掀起新的高潮。

黄爵滋认为，鸦片屡禁不止的关键是没有好方法。他指出："耗银之多，由于吸烟之盛。贩烟之盛，由于食烟之众。无吸者，自无兴贩；无兴贩，则外夷之烟自不来矣。"根据这种情况，黄爵滋提出了"重治吸食"的办法。那就是采用严惩的办法，比如死刑，来对付吸食者，其具体内容是，"准给一年期限戒烟，虽至大之瘾，未有不能断绝。若一年以后，仍然吸食，是不奉法之乱民，置之重刑，无不平允。查旧例，吸食鸦片者罪仅枷杖，其不指出兴贩者，罪杖一百，徒三年，然皆系活罪……若罪以死论，是临刑之惨急，更苦于断瘾之苟延，臣知其情愿断瘾而死于家，必不愿受刑而死于市"。这是中国首次有人提出用死刑严惩吸食鸦片者。

黄爵滋的奏折引起了道光帝高度重视。道光帝当即谕令"盛京、吉林、黑龙江将军、直省各督抚，各抒所见，妥议章程，迅速具奏"。不久，各督抚大吏先后上折表述自己的观点，只有贵州巡抚贺长龄看法独特，他认为，银贵钱贱的原因在于铜钱是由官府铸造的，年年都有增加，而银子却供给不上。其他督抚大员都认为银贵钱贱的根源在于纹银流出海外，纹银外流，是由鸦片造成的后果，因此都同意严禁鸦片，只是在禁烟措施和打击重点等方面，意见有所分歧。基本拥护黄爵滋观点的有湖广总督林则徐、两江总督陶澍、湖南巡抚桂良、护理湖北巡抚张岳嵩、安徽巡抚卜星额，其余的人则认为以死刑治吸食者过于严厉。他们各抒己见，对于严惩的对象表白不一，有的主张应严惩贩烟和开设烟馆之人；有的主张应严禁烟船入口及查逐趸船；有的主张首先应严海口之禁，次加兴贩开馆之罪；有的则主张必先重惩海口接引奸商；还有的主张必须先严惩官吏中的吸烟人犯。应该说，这些督抚大吏各有见地。因为黄爵滋提出的以死刑重治吸食的主张固然十分必要，但是应该看到烟毒泛滥的严重程度，因此必须从惩治走私、入口、贩运、囤积、海口接引、开设烟馆等多方面全面治理，只有这样，才能达到预期的效果。可以说，这些不同意见是对黄爵滋主张的补充和完善。

林则徐担重任

在地方大吏回奏中，林则徐的看法卓尔不群。林则徐不仅完全赞同黄爵滋的主张，而且还酌拟了禁烟章程六条，拟定了重治吸食的具体措施。没过多久，他又向道光帝奏报了自己在湖广辖境内严行禁烟的成果，指出民间情形不是不畏惧法律，习俗完全可以改变，只要法令森严就可达到禁烟目的。林则徐让道光帝看到了现实，也让道光帝看到了希望所在。林则徐同时还呈上了《钱票无甚关碍宜重禁吃烟以杜弊源片》，这份附片进一步阐述了鸦片贸易的危害，警告说："当鸦片未盛行之时，吸食者不过害及自身，故杖徒已足蔽辜。迨流毒天下，则为害甚巨，法当从严。若犹泄泄视之，是使数十年后中原几无可以御敌之兵，且无可以充饷之银。"

综观道光十八年（1838 年）清政府内部有关禁烟问题的大讨论，其焦点不在于弛禁或严禁，而在于如何严禁。无论"死刑论"是否能够通行，朝廷厉行禁烟的决心已经昭然若揭。十八年（1838 年）七月以后，因吸鸦片而被治罪的皇亲国戚、政府要员有很多，比如辅国公溥喜、伯爵贵明、男爵特克慎等。各直省大员也担负起查拿烟土的重任，直隶、山东、江苏、湖北、湖南、福建、浙江、江苏等地都有多起烟土案被查获。与此同时，两广总督邓廷桢依然在广州推行他的禁烟措施。

道光十八年（1838 年）十月，估计有二千多名鸦片贩子、掮客、吸食者被捕，有一些人因为罪重而被处以死刑。十二月中旬，鸦片商见大势已去，纷纷逃亡，一箱鸦片都卖不出去。在东海岸，鸦片烟船与军队的冲突在加剧，鸦片销量有限。道光十八年（1838 年）十一月，《广州价格时报》已无法报道鸦片的具体价格，因为鸦片贸易已不存在了。由此可见，邓廷桢在广东地区的禁烟行动给了英国商人以很大打击。

在全国禁烟浪潮中，道光帝把工作重点作了转移，那就是杜绝鸦片进口。他在上谕中说："鸦片烟传染日深，锢蔽日久，如果不清查来源，那么这个患祸到什么时候为止呀？"十八年（1838 年）九月二十三日，道光帝谕召林则徐进京，于十一月十五日，任命他为钦差大臣，前往广东"查办海口事件"。3 天后，道光帝又谕令两广总督邓廷桢和广东巡抚怡良全面支持林则徐，完成禁烟任务。道光帝对此寄予厚望，希望他能为中国铲除一大祸患。道光十九年（1839 年）一月，林则徐到达广州，开始采用前所未有的严酷手段清除烟祸，轰轰烈烈的禁烟运动自此掀开了又一个新篇章。

鸦片战争的导火索是什么

林则徐，拉开鸦片战争序幕的人

"苟利国家生死以，岂因祸福避趋之？"这是民族英雄林则徐于1842年八月所作《赴戍登程口占示家人》诗中的两句。

林则徐是福建侯官（今福州）人，生于1785年8月30日。他的父亲林宾日因眼病不能参加科举，靠教书谋生，家境清贫。林则徐自幼读诗书，27岁时终于考中进士，历任江南道监察御史、浙江盐运使、江苏按察使、湖北布政使、两江总督、湖广总督等职。林则徐是个正直的读书人，对官场腐败非常不满，自己在任上进行了一些"利国便民"的改革，深受百姓称颂。

林则徐任湖广总督时，鸦片已在中国大量贩卖。据估计，全国有二百万以上的人吸食鸦片，严重影响了清政府的国防和财政收入，影响了百姓的生活，有识之士遂开始力主禁烟。林则徐也三次上书，力陈鸦片之害。他在任江苏巡抚时就开始禁烟，并取得成效。在随后的湖广总督任上，他提出了"禁烟六策"，搜缴烟土、烟膏总价值12000余两，烟枪1264杆，同时下发戒毒药方、偏方，以期治病救人。他在给道光皇帝的《筹议严禁鸦片章程折》讲述了六项禁烟方案，又连续呈递《查拿大烟贩收缴烟具情形折》和《钱票无甚关碍宜重禁吃烟以杜弊源折》。

道光帝当时对林则徐的作为给予了充分肯定，并于1838年11月27日起连续八天宣见林则徐，授以林则徐钦差大臣关防之职，到广东查办海口事件，并表示自己决心禁烟。

林则徐在京期间的短暂时间内，除了接受召见外，还访朋会友、拜师问道，广泛征求对严禁鸦片的意见。其中，得到了其挚友、时任礼部主客司主事的龚自珍的大力支持。

严禁鸦片，英国驻华商务监督的恐惧

林则徐接旨后立即赴任，在广州进行了六七天的实地调查，还雇了四个翻译深入了鸦片贩卖情况，然后采取相应对策。在禁烟行动中，林则徐遭遇了空前的压力。不仅英国人图谋反抗，甚至中国的十三行也极力阻挠。十三行是清政府特许经营对外贸易的十三家商行，他们在长期的内外贸易中与外国商人共同勾结，包庇鸦片走私，是外商代理人。其中有一个叫伍绍荣的人，自以为在大清国有钱能使鬼推磨，企图贿赂林则徐，遭到了林则徐厉声喝斥。林则徐严肃指出十三行参与买鸦片的罪行，要求他们自首以求宽大处理，同时传谕各国商人，要求他们将鸦片尽数缴出，保证再不贩卖，并表示自己将与鸦片贩卖斗争到底。

英国驻华商务监督义律得知消息，连忙从澳门赶到广州，企图保护英国鸦片商人，被义愤填膺的中国百姓围在商馆。林则徐得知后当即下令封舱、围馆，督促外商缴烟。义律等人迫不得已，交出少量鸦片。林则徐不为所动，传下命令，鸦片不缴清，义律就不能离开商馆。义律等人没有办法，只好如数交出20283箱鸦片，签署"永不夹带鸦片"的保证，这才在林则徐的驱逐下得以离境。

林则徐以严密的计划方法、严肃的纪律，顺利地完成了空前绝后的收缴鸦片的任务，皇帝对他的作为表示了嘉奖和肯定。

鸦片是众所周知的毒品。一旦吸食成瘾，时间长了，吸食者就会变得骨瘦如柴，丧失劳动力。并且，毒品价格昂贵，属于暴利品。许多人为抽大烟败尽家财，甚至卖儿卖女卖妻子。不仅如此，鸦片贩子为了贿赂高官，还诱惑清朝官吏吸食鸦片，使鸦片浸透了清朝的整个官僚体系，瘫痪了清朝的海防。

许多仁人志士都已经意识到了鸦片对人体的巨大伤害，强烈要求禁烟。龚自珍、林则徐等都是典型的代表人物。但由于道光初期的绥靖和无为，他们也是束手无策，只能定期会面交谈，表达他们的无奈。

随着鸦片毒害越来越深，人民禁烟的呼声越来越高，道光皇帝不得不下诏书严禁鸦片，但由于整个清朝的海防系统都参与其中，因此，禁烟令下达后遭到了既得利益集团的强力反抗。他们从鸦片走私中获得了大量的贿赂，反对禁烟，悍然对抗广大人民群众正义的要求。另外一派看到了鸦片大量输入对封建统治造成的严重后果，主张严厉禁止鸦片，湖广总督林则徐就是典型代表。在林则徐的推动和两广总督邓廷桢强力支持下，一场人民的禁烟运动能够如火如荼的开展下去。最终有了 1839 年虎门沸腾的一幕。

虎门销烟，点燃炸药包的导火索

在林则徐的指挥下，从 1839 年 6 月 3 日开始，历时 23 天的虎门销烟拉开序幕。当天，人们纷纷前往虎门浅滩。林则徐在广东巡抚怡良等人的陪同下登上礼台，宣布以"海水浸化法"开始销烟。海水浸化法的办法是在海边挖两个水池，池底铺石，四周钉板，以防鸦片渗漏。然后再挖一条水沟，使海水流入池中，然后把鸦片捣碎，投入池中浸泡一些时候，再撒下石灰。等到海水退潮时，打开销烟池前面的涵洞，销溶后的鸦片就随着海浪流入大海了。全部鸦片销溶后，再用清水刷涤池底，以求不留残余。

林则徐在销烟前发出告示，准许外国人到现场参观。一些外商、领事、外国记者、传教士不相信林则徐有办法不留贻害地销毁所有鸦片，特地前来观看，到最后无不向林则徐脱帽致敬。从 6 月 3 日到 25 日，除留下 8 箱作为样品送往京城外，200 多万斤鸦片全部销毁了。

销烟同时，林则徐制定了《禁烟章程十条》，规定：吸食者要主动把烟土和烟具交官，不追究交者姓名，也可让别人代交。同时设立官办的收缴总局和分局，收缴烟土烟具，劝说戒除毒瘾。颁布规定之后，林则徐严厉查禁，两个月内捕获毒犯 1600 人，收缴烟土 46 万两、烟枪 4 万杆、烟锅 200 多口。广东禁烟取得节节胜利，为各地起了带头作用，各地禁烟运动随即纷纷展开。

林则徐受命禁烟，是在外临强敌，内对奸臣的关头。他说过，"苟利国家生死以，岂因祸福避趋之。"在这一严峻情势下，他正是表现出的大无畏的爱国主义精神，成为中国近代史上一位敢于反抗帝国主义侵略的民族英雄。史书这样评价他："虎门销烟是我国近代史上反帝斗争中的光辉一页，林则徐领导禁烟运动的胜利，是中国人民反侵略斗争史上第一个伟大胜利，这一壮举，维护了民族的尊严和利益，增长了中国人民的斗志。"

经历了这次禁烟运动，广大民众对鸦片危害性有了清醒的认识，使很多人看清了英国向中国贩卖鸦片的本质。同时虎门销烟也大大抑制了英国在中国的鸦片交易，沉重打击了英国资产阶级在中国的贸易掠夺，也唤醒了国人的爱国意识。从世界范围看，当时，鸦片毒害已扩展到世界各地。印度尼西亚已因鸦片遭到了亡国弱种的命运。东南亚其他各国，也不同程度地受到了鸦片的危害。但是，各国对禁鸦片并未给予足够的重视，只有中国大张旗鼓地进行禁烟运动，并取得卓有成效的成绩。林则徐可谓是世界禁毒的先驱。

道光皇帝曾赞扬此举为"除中国大患之源""可称大快人心一事"。马克思也赞扬过虎门销烟是中国政府采取严禁措施以来的"顶点"。从此，禁烟英雄林则徐也被人们尊为民族英雄，为后人传颂。

虎门销烟大火虽然熄灭了，但是不屈不挠的中华民族把火种却保存了下来，一代又一代流传。时代总是需要点精神和意志作为支撑的，这种精神和意志必定是民族的，独立的，坚强的，就像林则徐虎门销烟一样。

禁烟运动对中国而言是善举，却直接损害了英国政府和英国鸦片商人的利益。为了维护自己的不法利益，强迫清政府屈服，英国政府决定对中国发动蓄谋已久的侵略战争。从这个角度看，"虎门销烟"成为这一场大战的导火索，加速了中国半殖民地化的脚步。

虎门销烟的具体经过

林则徐受命

道光十九年（1839年）一月初八，林则徐离开北京的那天，发出"传牌"一道，晓谕自良乡县至广东省城沿途各州、县、驿站的官吏：这次出差，他自备轿、车，自带役夫，自付工价，沿途供应不许铺张，随行丁役不准向地方需索，地方官吏不许私送规费，如有犯者，严惩不贷。这道传牌造成了一种严肃的气氛，使人们感觉到林则徐的认真与负责。特别是广东方面的英国毒贩已意识到情况不妙。驱逐了一年多而不肯离开广州的老毒贩查顿慌忙逃去，伶仃洋面的鸦片趸船也开始移动。一月十一日，林则徐又在途中密剳广东布政使、按察使查拿汉奸61名，包括"包买之窑口，说合之行虰，兴贩各路之奸商，护送快艇之头目"。他们都是外国毒贩的忠实走狗，逮捕他们，是对外国毒贩的严重警告。

一月二十五日，林则徐到达广州。翌日，林则徐在行馆门首张贴告示：严禁打点关说，慎密关防，所有随从工作人员不准擅离左右，藉端出入。这个告示再一次表示了林则徐禁烟的决心和认真的态度，使鸦片贩子无机可乘。

林则徐决定禁烟分两步走，第一个步骤是了解鸦片流毒的情况。除了和邓廷桢会晤之外，他把有关的行商散商集中在行馆附近，日夜传询；他与士大夫共同探讨时事，又借举行"观风试"的名义，召集书院肄业生数百人，要他们开列贩卖鸦片的所在地和贩卖者的姓名，要他们报告水师舞弊的情况。没过多久，林则徐已充分掌握了广州方面鸦片走私和鸦片经营的情况。于是，他一方面着手整顿水师，另一方面进行第二个步骤：缴烟。

二月初四，林则徐召集贩卖鸦片的行商，宣布谕贴，限他们3天之内让所有外商保证永不夹带鸦片。谕贴历数过去行商欺饰隐匿、袒护外国毒贩之事，并警告说："如此事先不能办，则平日串通奸夷，私心外向，不问可知。本大臣立即恭请王命，将该商择尤正法一二，抄产入官，以昭炯戒！"同时又将另一谕贴交行商送往外商公司，义正辞严地指出外国毒贩贩卖鸦片是骗财害命，是"人心所共愤，天理所难容"的。林则徐宣布了"必尽除之而后已"的意图之后，命令所有外商在3天内将鸦片造具清册，等候收缴，并用汉文和外文立下字据，声明"'嗣后来船永不夹带鸦片，如有带来，一经查出，货尽没官，人即正法，情甘服罪'字样。"林则徐立下誓言：鸦片一日不绝，本大臣一日不回，誓与此事相始终，一定不中止禁烟行动！

一百年来，中国政府和官吏一直委曲求全，从没采取过如此严厉的方针。外国毒贩虽有畏惧之心，但在英侵略者代表义律和英国老毒贩颠地的唆使与阻挠之下，还抱着观望态度，希望有机可乘。

林则徐早已预料到毒贩们不会就此罢休的。在发表缴烟的次日——二月初五，就命令粤海关禁止外人离开广州，以为防备。二月初八，三天期限满了。毒贩们企图蒙混过关，只肯呈缴一千余箱鸦片，当即为林则徐所拒绝。于是林则徐下令逮捕颠地，理由是颠地为"钦交"烟犯，在中国居住已久，凡纹银出洋、烟土入口，都由他统一负责，在此次缴烟中，颠地因所带烟土最多，乃屡加阻挠，意图免缴。但颠地实为外国毒贩首恶，断难姑息纵容。逮捕令又说：其他毒贩有首先呈缴者，必加奖赏。英侵略者代表义律本在澳门，当他得知要逮捕颠地时，乃于初十日赶到广州，想掩护颠地逃离。与此同时，林则徐宣布如外商违抗政令，即将停泊黄埔各国商船先行封舱，不准上下货物进行贸易。同时下令人民不准将船只、房屋租赁给外商，所有外商公司所雇佣的中国人员一概撤出。而且又派兵包围了外商洋行。初十日下午起，275 名外商完全被隔离了，不论是通讯，还是饮食供应都与外界隔绝。

外国毒贩没有想到林则徐比他们技高一筹，行动会这样迅速。他们以为鸦片趸船隐藏得很深，在波涛汹涌的伶仃洋上，清朝政府的水师力量单薄，不敢把他们怎么样，万一没有出路时，还可逃回澳门或逃下船去。但万没想到林则徐会如此冷静缜密，采取了强有力的措施和方案。

毒贩的诡计没能得逞，"隔离"使他们有机会来认识林则徐执行法令的坚决态度。二月十二日，林则徐一面派员指出义律指使大鸦片贩子颠地逃跑，并阻止英商呈缴鸦片的罪行，一面发出《示谕夷从速缴鸦片烟土四条》，从天理、国法、人情、事势四点晓之以理，动之以情。

二月十三日，义律终于作出了让步，禀呈林则徐表示服从清政府的决定。次日又具禀说，英商共有鸦片 2 万余箱，等待查收。同月二十一日，林则徐派人同义律的代表到澳门商讨缴烟事宜。二十八日，林则徐和邓廷桢亲自到虎门监视，次日开始收缴，至四月初九，全部收缴完毕。英国毒贩在缴烟过程中，曾屡次节外生枝，企图反悔，但由于林则徐的态度坚决和对英商的阴谋有所防范，使毒贩无计可施。

　　道光十九年（1839 年）二到三月，林则徐除了同外国毒贩进行斗争外，同时也加紧了对内部的清查工作。他在进入广东境内之初，就发现奸徒们对于禁令还抱有侥幸心理，以为官禁未必长久，到处打听罪名重轻与新例是否颁行。所以林则徐断定对这些奸徒只有以生死相胁，才足以使他们生震恐之心，他要求清朝政府从速定颁严例。在充分掌握毒贩奸徒贩卖、毒害民众的资料、捕拿大小烟贩的同时，林则徐根据先晓之以情理、后惩之以严法的原则颁布严例。在二月初，他通令全省士、商、军、民人等速戒鸦片；限定广州一地自二月底到三月底止，各府州县到二月底以内，各家呈缴烟枪、烟斗等烟具，由所在地方有司负责；责令各学堂教官清查生员有无吸食鸦片与贩卖情况；颁布查禁营兵吸食鸦片条规和编查保甲以断绝吸食兴贩的条规。在各种命令和条规中，林则徐决不放过广东绅士、官吏、将弁、兵丁等过去的徇私、舞弊行为。

　　广东虽然是鸦片烟毒的渊源地，但民众对于烟毒是深恶痛绝的，因此，林则徐有计划有步骤的禁烟措施，受到广东人民的拥护与支持。禁烟运动由广东扩展到各省。

虎门销烟

　　林则徐在鸦片收缴完毕后，呈请清朝政府如何处置。道光帝复命就地销毁，让沿海居民及居住在广州的洋人亲眼目睹，以示朝廷的威严以及禁绝之决心。

　　过去销毁鸦片的方法是用桐油搅拌，以火焚烧。但烧过之后，部分鸦片渗入地下，如果掘取泥土再加煎熬，还可获得相当数量的烟膏。林则徐认为这种旧方法不能彻底烧毁鸦片。经过再三研究，决定用盐卤和石灰来浸化。于是在虎门海滩高处开挖两个大池，长阔各十五丈，池底平铺石板，四周则栏椿、钉板，池前开一涵洞，池后通一水沟。浸化的过程是：先从水沟车水入池，加入食盐使成浓卤，然后将烟土切碎抛入，浸泡半日之后，再将整块烧透的石灰投入，使其分解。在石灰盐卤浸蚀鸦片之际，另派人用铁锄木耙反复翻戳，让烟土颗粒尽化，到潮退去时，打开涵洞，让池内经过腐蚀分解的鸦片浆流入大洋；并用清水刷洗池底，不让烟土有涓滴存留。如果第一天甲池尚未清洗，第二天便使用乙池。焚烟手续周密而科学。

道光十九年（1839年）四月二十日，从这一天起，林则徐开始在虎门海滩用上面说的方法销毁英国毒贩所缴呈的鸦片。销毁时，布置防备颇为慎重严密。钦差大臣林则徐、两广总督邓廷桢、广东提督关天培事必躬亲，粤海关监督经常在虎门照料销毁事宜，而广东巡抚、布政使、按察使、盐运使、粮道则分班到场查视，广东将军、左右驻防都统则轮流稽查弹压。在现场，池岸周围树立栅栏，外人禁止入内，工作人员出入均经查核。

鸦片浸化程序烦琐，耗时太长，开始每天只能烧毁三四百箱，后增加至八九百箱。到五月十五日鸦片全部销毁完毕，共计237.6万余斤，值时价2400万元。

小人物引发的大变局

小人物之死

虎门销烟之后，英国向中国输出鸦片的贸易受阻，无事可做的英国商船都聚泊在香港九龙尖沙咀一带海面，拼命寻找着一线商机。

1839年6月20日上午，一伙英国水手来到尖沙咀上的一个小渔村的小杂货铺里买酒，当即喝起来。几瓶酒不够尽兴，而小杂货铺里的酒已经都卖给了他们。店主做手势解释说，酒已经卖完了。这些英国水手认为店主这是故意不卖，开始闹事行为。

附近村民闻讯赶来，对于洋人的行为非常愤慨。英国水手却肆无忌惮，甚至还用中国话骂人。青年农民林维喜上前指责洋人，喝醉了的英国水手不知收敛，反而动手动脚，引发了村民的更大不满。见此架势，几个英国水手立即操起杂货铺前的一根木棍，朝村民们打去，多人受伤，林维喜因离得最近，被击中后脑，当场昏倒，因救治无效而亡。几名英国水手则在村民们追打时逃走。林则徐调查清此事后，立即派人和英国海军上校义律交涉，命令他交出凶手。

义律的对应手段

义律是一个行事细密和擅于辞令的人，闻迅后知道林则徐一定会让他交出凶手，所以在命案发生后随即展开调查。当他知道这次冲突是与英船"卡纳蒂克"号和"曼格洛尔"号的水手有关时，马上采取了在案发当地收买人心，用金钱封住死者亲属之口的措施。

通过支付金钱，义律"买"来了死者之子林伏超所签下的字据，表明其父是意外死亡，跟英国的水手没关系。其字据如下：

"父亲维喜，在九龙贸易生意，于五月二十八日出外讨账而回，由官涌经过，被夷人身挨失足跌地，撞石毙命。此安于天命，不关夷人之事。"

林则徐对此当然不能容忍，坚决敦促义律尽快交出凶手。狡猾的义律开始和林钦差要起花招。他用外交辞令答复说：

"查尖沙咀村民一名，被殴毙命，远职遵国主之明谕，不准交出罪犯，而按本国律例，彻底调查情由，秉公审办。如查出实在凶犯，也准备治以死罪。今现职谨报诚言：该罪犯不（没）发觉（现）。"

林则徐义正辞言地驳斥道：

"查该国一直有定例，本国人到哪个国家贸易，即遵守哪个国家法度，……该国王远在数万里之外，怎能谕令不准交出凶犯？"

最后，8月12日，义律假模假样地在一艘英国货船上设立了"法庭"，自己充当"法官"，声称被审者就是刚被他缉拿的参与"林维喜案"的5名凶犯。经过一番所谓的"审讯"，义律当"庭"宣布，五人中的三人判处监禁六个月，各罚款20英镑；其余的两个人则判处两个月监禁，各罚款15英镑。

这样的"判决"哪里还有公平可言？林则徐被深深地激怒了。

8月15日，林则徐发布一道禁令，禁止与英国进行一切贸易，清兵进驻澳门，进一步将英人驱逐出境，所有卖与英国人的食物一律停止供应，英国人所雇用的中国买办、佣工全都撤回。无奈之下的英国人只得撤离澳门，在货船上寄居。

告示发出后不久，林则徐再发谕帖，要求英方将打死林维喜的凶手交出。而义律则对中国钦差的要求拒绝回应。双方陷入了僵局。

禁令发出后，从澳门被驱逐到船上的英商和侨眷断绝了赖以生存的物资，原有的中国雇员和仆役也纷纷离去。英商和侨眷自然把怨气发泄在包庇凶手的义律身上。迫于同胞的压力，义律致信葡萄牙官员，请求予以支援。但葡萄牙不想卷进这场纷争，明确表示他们不能保证其安全。

9月5日，义律派传教士郭士立与林则徐谈判，要求他解除禁令，恢复正常贸易关系，被林则徐拒绝。下午14时，义律发出最后通牒，林则徐不予理睬。15时，在义律的授意下，英国军舰向负责封锁的中国船舰开火。对于这种挑衅中国主权的行为，林则徐勃然大怒，于次年初下令正式封港。同年4月，英国议会正式通过发动战争的决议案，于5月调集大量英国军舰，云集珠江口，准备开战。对于英国的这种嚣张行为，林则徐毫不示弱，与5月9日晚派10艘火船主动出击，击毁11艘英船。鸦片战争，自此揭开了序幕。

道光帝为何惧怕英吉利

亘古清光彻九州，只因烟雾锁琼楼。

莫愁遮断山河影，照出山河影更愁。

——清·樊增祥《中秋夜无月》

樊增祥写下这首诗的时候，已经距离鸦片战争整整六十年，一个甲子的时间。然而依旧是一副"山河影更愁"的残破景象。由此可见，这场战争给中国带来了什么样的灾难。

作为大清帝国一国之君的道光帝，作为积极支持林则徐禁烟、并且抵抗英国侵略的大清最高统治者爱新觉罗·旻宁此时却害怕了。

这位万圣之尊并不被英军大张旗鼓的入侵所吓倒。虽然英军在装备上要强于清军，但在林则徐、关天培等抗英将领的率领下，连日的血战也没能打开广州的城门。真正让道光感到空前恐惧的，是定海之战。

军队登了岸，英国旗就展开，从这一分钟起，可怕的抢劫光景就呈现在眼前。暴力地闯入每一幢房子，劫掠每一只箱箧，街道上堆满了图画、椅子、桌子、用具、谷粒……一切这些都被收拾去，除了死尸以及被我们无情的大炮弄残废了的受伤者。有的丢了一只脚躺着，有的两只脚都没有，许多被可怕地割裂，被霰弹射穿。只当已经没有什么东西可拿的时候，才停止抢劫。更惨无人道的是，英军攻陷定海后，即在城乡进行血腥劫掠与屠杀……（英军进入定海后）成群结队，或数十人，或百余人，凡各乡各岙，无不遍历，遇衣服银两，牲口食物，恣意抢夺，稍或抵拒，即被剑击枪打。……数十万生灵，如坐针毡，延颈待毙。

——1840 年 7 月·浙江定海战役·一名英国军官的笔录

仅仅是两代之前，也就是乾隆帝在位的时候，英吉利还只是国人眼中的化外蛮荒之地。一则故事能充分地说明这点：

法兰西使者前往京城，向乾隆寻求两国之间的贸易往来。而乾隆帝却没听说过法兰西。轻蔑地认为："什么法兰西、比利时，都不过是英吉利穷得活不下去了，又不好意思总相求于我国，换个名字罢了。"

当然，这只是个故事。实际上乾隆与法国大革命期间的波旁政府关系十分密切，不可能不知道法兰西和英吉利有什么区别。但也从一个侧面反映出闭关锁国的清王朝与世界之间的差距所在。

正是这种日益加深的差距，让道光帝从最开始的积极禁烟与迎战，变得开始懦弱退让。定海一战所导致的空前浩劫，彻底摧垮了旻宁的自信，让他开始畏英如虎。

定海失陷后，清政府内部出现了两种不同的声音。一种是以穆彰阿、琦善等满族贵族为代表的主和派。在他们眼里，英军船坚炮利，武器先进，凭着朝廷现有的武力，根本不是西方列强的对手，不可能战胜，因此即使是作出一些必要的妥协，也要绝对避免与其发生冲突。另一种则是以林则徐等人为代表的主战派。作为开眼看世界的第一批人，他们对两国军力的对比有着相对客观的认识，从这一点上来说，与英军战场相见，并非所愿。不过要是上升到整个中华民族利益的层面上，这些爱国人士便无法容忍外国侵略者凭借着强大的武力在中国肆无忌惮，将中国主权肆意践踏，唯有团结一心，抵抗外侮，方能保住大清的江山。在此基础上，主战派提出了一系列可行方案，他们认为，只要将中国的有利条件充分利用起来，将侵略者赶出中国的领域并不是痴人说梦。在虎门销烟时，林则徐就曾向西方列强庄严地表示："我们不怕战争。"

政府内部两种截然相反的对待英国武装侵略的态度，哪一种能成为清政府的对英方针，决定权还应该由作为手握大清帝国最大权力的道光帝来行使。

道光帝虽有心再造大清盛世，但终究在日渐衰败的国家面前无力回天。一方面，他仍然对祖父乾隆时期的鼎盛记忆犹新，祖业的衰败并不是他所希望看到的，而是想要在这个位置上有所作为，扭转嘉庆时期的不利局面，再造盛世的辉煌；而另一方面，他却在世界范围内的大革命风暴中无动于衷，甚至是毫不挂怀，依旧沉浸在"天朝上国"的幻梦之中。对于工业革命掀起来的科技迅猛发展风暴，他也毫无了解的兴趣，认为那只是化外野蛮之民的奇技淫巧罢了。世界范围内的巨变，压根儿不是他所在意的。他唯一不知道的是，闭关锁国的清王朝早已远远落后于时代。

内，腐败丛生，民生哀怨；外，鸦片枪炮，强权外交，纷至沓来。清王朝危机四伏。面对着政府内部运转不良、财政入不敷出、清兵孱弱不堪的现状，面对着鸦片战争节节失利、大好山河寸寸沦丧的局面，道光帝唯一能做的就是勉力维持一个看起来天下太平的表象，最起码，也要做到祖辈浴血打下来的江山不沦丧在他的手中。不求有功，但求无过。

在这种心态下，道光帝对有可能威胁到统治的变乱十分恐惧。从很早开始，他便提出了所谓的"天朝体制断不可失，外夷衅端断不可启"的对外原则。而他对林则徐禁烟的大力支持，也只是因为鸦片输入，白银外流，出超变入超，让本已不复当年之局的财政变得更加捉襟见肘。同时，日益废弛的军队已毫无战斗力可言，一旦战事突起，道光帝就不得不面对无御敌之兵的尴尬。这种局面有损于天朝体制事小，危及清王朝统治的情况却是天大的事。而且，道光把禁绝鸦片看得很简单，以为禁烟之举引起的只是鸦片贩子的反抗。以一个国家之力，对付几个鸦片贩子还不是小菜一碟？总不至于引起大规模的战争。他所不知道的是，鸦片贸易并不只是区区几个鸦片贩子的私人行为，在这嚣张的背后，是英伦三岛的官方支持，是英国女王维多利亚手中的东印度公司对财富的贪婪。对英吉利来说，对华鸦片贸易是打开中国市场的一块敲门砖，也是扭转多年以来对华贸易逆差局面的唯一方法。古老的东方帝国之富庶早已传遍世界，谁都垂涎于这块肥肉。一旦打开中国的大门，那么对于本国的经济发展来说，将起到一个质的飞跃。日后的事实也证明了确是如此。

从一副高傲的姿态，到抱有一丝侥幸心理，再到信心的彻底粉碎，道光帝所经历的心路之变，已足矣摧毁他那根粗大的神经。在他的眼里，英吉利已经不是那个蛮荒之地，而是地狱来的使者。

迁怒林则徐，道光帝的愚蠢选择

鸦片战争的一声炮响，英军大举来华侵略，攻陷定海，道光帝惊恐地发现，事态的发展完全出乎自己的意料，局面变得越来越不可收拾，于是他的强硬态度开始动摇。但一开始的动摇只是摇摆不定，他当然不愿放弃他的对外原则，来维护天朝上国的威严和自己的统治地位。因此他首先想到的就是要设法消弭"边衅"，防止事态扩大。这与琦善等人的妥协主张正相吻合。因此，他转而站到穆彰阿、琦善一边。结果导致清政府对英方针趋向妥协。

此时，道光帝对于林则徐的抵抗意见充耳不闻，反因定海失守迁怒于林则徐并派琦善前去与英军商讨。而琦善在广东与义律的一系列妥协却被道光帝认为"片言片纸，连胜十万之师"，"退敌"有"功"。于是，道光帝将林则徐革职查办。

道光帝作出惩处林则徐委派其汕尾钦差大臣的的决定，表明它在英国威胁面前背弃了正义立场，为了洁身自保，为了自己的皇权而弃民族大义于不顾。只想求得英国侵略者不要再打了，畏惧武力，畏惧侵略，而向侵略者屈膝投降。

历史自有公道，丧权辱国是千世万世的人民都不能原谅的。以道光帝为首的一群昏聩糊涂的清朝统治者执行的投降妥协的卖国政策代替抵抗自卫的政策，使中国在战争中各种有利形势化为乌有，并且直接导致战争在本该不输条件下却以惨败而告终。

不得不承认，道光帝亦有他的无奈，而民族利益，国家主权是不能妥协的。然而他却把丧权辱国说的冠冕堂皇：

览奏愤懑之至，朕惟自恨自愧，何至事机一至于此，于万物可奈之中，不能不勉允所请者，成以数百万民命所关，其利害不止江浙等省，顾强为遏抑，照议办理。

冠冕堂皇的语言遮盖不了辱国丧权的事实，一系列不平等条约的签订，彻底撕掉了自我感觉良好的大清王朝最后一块遮羞布。

林则徐临死为何大呼"星斗南"

林则徐之死

林则徐，晚清时期民族英雄，道光十八年被道光皇帝派往广州禁烟，历史上有名的"虎门销烟"就是由林则徐组织的，林则徐于 1851 年 11 月 22 日逝世于去广西赴任途中的广东潮州普宁县。林则徐当年病逝的房间至今保存完好，这个房间就是在普宁分司衙署后楼楼下左侧的房间。

在死前，林则徐大呼"星斗南"。据郭柏苍《林文忠公遗事》云："后刘孝廉述公弥留时，群见大星坠地，公举一指曰'星斗南'即逝，闻者不知谓。"此外，金安清《林文忠公传》、李元度《林文忠公事略》《福建通志·林则徐传》等文籍均有"星斗南"记载，但均未释其意，林则徐死前为何大呼"星斗南"？围绕这一问题，人们根据各种迹象，以及自己的主观臆想，作出了截然不同的解释。

林则徐的死因之谜

第一种说法是官方和一般的说法，这种说法认为林则徐是病死的，林长期患有多种疾病，在赴任途中由于劳累交加，导致病情加重，最终暴病而亡。至于他所喊的"星斗南"，实际是"北斗南"之误。据说在林临死之前，一颗巨星坠落于北辰星之位，根据星相学所说，北辰星之南是中国，北辰星之北是俄国，上述星相预示中国边疆最大的危险将是俄国。林见到这种情况忧心如焚，故大呼"星斗南"。

第二种说法认为林则徐是被广州十三行的不法商人谋害的。林则徐于1839年在广州禁烟时，曾沉重打击了十三行中的不法商人勾结外国侵略者从事鸦片活动。并且义正词严地拒绝了英国商务代办义律的贿赂，因而使不法商人、外国侵略者对他痛恨不已。清政府官风腐败，官员受贿成风，所以英国商务代办义律认为林则徐也不会例外，便想通过贿赂林则徐让他在查禁鸦片时手下留情。

一次，义律请他到私邸赴宴，宴席间，义律递给林则徐一只精美的方盒，林则徐接过方盒打开一看，发现盒内大红软缎衬垫上放着一套豪华的鸦片加工工具秋鱼骨烟嘴，白金烟管，钻石烟头，还有一只光彩夺目的金簪和一盏小巧雅致的孔明灯，这些东西价值应在10万英镑。看完了这些后，林则徐明白义律的恶毒用意，但他不动声色地说道："义律先生，本人奉皇上旨意到广州查禁鸦片，这套烟具是违禁品，本当……"义律还没等林则徐讲完，便抢着问道："本当怎样？"林则徐接着说："本当没收。"义律大喜，认为林则徐收受了自己的贿赂了，马上回答说："好吧，大人只管没收"。没想到的是，林则徐把话锋一转，又说道："这种禁品本当没收，但中英之间的友谊为重，请阁下将这珍贵的烟具收好、存好。"义律听了一下子说不出话来了，心里觉得这位官员无缝可插，便暗生杀机，要与中国的不法商人联手除去林则徐，因而当林则徐复官南下的消息被不法行商得知后，他们在惊恐之中花重金将林则徐的厨子郑发收买了。郑发在林则徐的米粥中下了毒，林则徐喝了粥后腹泻不止而死。"星斗南"的谐音是"新豆栏"。广州十三行附近的一条街名是"新豆栏"。那里是中国和外商买办的聚集地，林临死前喊出了此语，是因为他知道自己中了他们的暗算。

林则徐是突然死在赴任途中的，所以随行人员没有详细记载此事，因而林则徐死前为何大呼"星斗南"这一问题只能成为一个千古之谜了。

清政府为何一败涂地

投降派的卖国行为

1840~1842 年，英国殖民者对中国发动了一场侵略战争，这场战争是由于英国强行向中国推销鸦片而引起的，故称鸦片战争，也叫作第一次鸦片战争。

1840 年 8 月 11 日英军闯入天津，向直隶总督琦善递交了英国首相帕麦斯给清朝的照会，在照会中，他们向清政府提出赔款、割地等侵略要求，引起清王朝极大震动。在此危急时刻，大臣们纷纷把斗争矛头指向主战派林则徐，说他禁烟操之过急。他们转向以琦善为代表的投降派，道光帝遂派他去与英国侵略者谈判。8 月 22 日，钦差大臣琦善赴广东继续办理中英交涉，并将林则徐、邓廷桢等官员革职查办。他一反林则徐所为，立即惩办积极抗英的清军将领，并将珠江口附近防务设施全部拆除，遣散水勇、乡勇，还大骂广东人民都是汉奸，企图以此举措来讨好英国侵略军。琦善的卖国行为，更加助长了英军的气焰。

1841 年 2 月 6 日，英军向虎门炮台发起猛攻。

3 月，奕山率领大军齐集广州，但他们都不会打仗，贪生怕死，很快，便在广州城竖白旗投降求和。27 日，奕山同英国侵略者签订了屈辱的《广州和约》。和约规定：清军退离广州六十里；奕山缴纳六百万元的所谓"赎城费"，然后英军退至虎门。

皇亲国戚的腐败无能

9 月，道光帝为挽救浙江前线战场的败局，任命自己的另一个侄儿奕经为扬威将军，侍郎文蔚等为参赞大臣率军前往浙江指挥军事。奕经同奕山一样腐败无能，在南下途中，尽情地游山玩水，丝毫不顾前线吃紧，到苏州便屯兵不前，整天沉溺在花天酒地之中。

1842 年 7 月 13 日，耆英、伊里布等人与璞鼎查在英舰"汉华丽"号上签订了丧权辱国的不平等条约——中英《南京条约》。签约后，英军舰船陆续撤往定海一带，第一次鸦片战争遂告结束。

可以说，这次战争的失败，一是由于清政府的闭关锁国政策，二是与当权者的态度有很大关系。

第三节　洋务运动失败之谜

清派留学生为何没能改变大清的命运

中国留学生之父容闳

1847 年，一艘去往美国的轮船上，三位不满 20 岁的中国青年容闳、黄宽及黄胜跟随美国教育家勃朗牧师赴美留学。他们十分清楚当前大清朝的积贫积弱，摇摇欲坠的紧迫形势。因此他们怀着一颗扶大厦之将倾的雄心壮志前往就学。虽然最终只有容闳一人留在美国升学，但他回国后却做出了骄人的成就，被誉为"中国留学生之父"。

1854 年冬，容闳学成回到祖国，国内那些黑暗的现实却使他感到无限苦闷、彷徨和焦虑不安。他一度想通过"藉雄厚之财力"创办实业的方式来挽救国家于危难之中，但不久便发现自己既然"志在维新，自宜大处落墨，若仅仅贸迁有无，事业终等于捞月"，于是决计弃商从政。

容闳在曾国藩、丁日昌的支持下，于 1870 年提出了派遣幼童赴美留学的计划。基于曾国藩的地位和影响，为了引起清廷的重视，曾氏决定由他领衔会奏，清廷迅即批准。

按理来说，留学生正监督一职应当由精通英语、擅长西学的人来担任。也就是说，非容闳莫属。但是朝中的顽固派却表示激烈的反对，为了能让留学成行，曾国藩、李鸿章又联袂领衔会奏朝廷，决定在为留学生设立的两名监督中，正监督由翰林出身、思想保守的刑部主事陈兰彬担任，副监督则以容闳任职。

令西方人刮目相看的东方面孔

1872 年 8 月，第一批 30 名幼童（年龄定为 10 岁至 16 岁）抵达美国，它揭开了中国近代历史上批量走出国门、留学西方的第一页，是中国近代教育史上的一座里程碑。此后的三年时间里，中国留学生分三批按计划抵达美国。他们用自己的刻苦耐劳、勤奋好学征服了西方人，许多人的成绩甚至在美国学生之上。

据当时美国《纽约时报》报道：

中国幼童均来自良好高尚的家庭，经历考试始获甄选。他们机警、好学、聪明、智慧。像由古老亚洲来的幼童那样能克服外国语言困难，且能学业有成，吾人美国子弟是无法达成的。

功败垂成，千古之恨

幼童们来美后的积极奋进，刻苦学习的精神以及美国人士的好评，让容闳内心极为欣慰。但没有想到的是，支持自己实现此项"教育计划"的曾国藩却于 1871 年冬因病逝世，这一噩耗令容闳感到无限惋惜与悲痛。他说，如果上苍"赐以永年"，使之"得见其手植桃李，欣欣向荣""手创事业之收效""其乐当如何耶"？

真是"祸不单行"。令容闳更加没有料想到的困难接踵而至。曾国藩的去世使他的"教育计划"失去了有力的后援，以致这些留学幼童逐渐习染西风。开始西装革履，信奉基督教，尤其是不习汉文，不再遵守封建礼节。时任留学生正监督的陈兰彬及其继任者吴子登等人便与朝廷内部的顽固派沆瀣一气，对派遣幼童赴美留学的"错误做法"群起攻击。认为这些学生"若更令其久居美国，必致全失其爱国之心，他日纵能学成回国，非特无益于国家，亦且有害于社会"，因此为了防患于未然，应当马上将留美学生尽数撤回，"能早一日施行，即国家早获一日之福"等。

这场斗争实际上是改革与保守、前进与倒退、西学与中学之争，自始至终能够坚定不移站在支持方一边的，整个朝廷里只有容闳一人。虽然李鸿章对留学生给予了一定的同情，却也是爱莫能助。他只能在朝野的反对声中采取妥协的方针：在责令正副监督对留学生进行严加管束的同时，向美国政府提出希望能让中国留学生进入美国陆海军专门军事院校学习的交涉，希望以此培养出国家所急需的高级军事人才，同时也可减轻顽固派所施加的压力。然而美国政府断然拒绝了这一要求。容闳的一再努力终归无效，1881 年夏，清廷最终作出解散留学生事务所、撤回全部留学生的决定。

堪堪功败垂成之际，容闳并不甘心就此承认自己努力的失败，他毕竟为此耗费了全部的精力。而此时自 1872 年以来先后赴美的留学幼童中，最小的也已满 20 岁。在他们中间，有很多人不仅高中毕业，甚至已经考入耶鲁、哥伦比亚等名牌大学，他们若是中道辍学，那将令人十分惋惜。

于是容闳向美国友人呼吁并请求他们伸以援手，希望他们可以利用自己的身份向清政府施压，请清政府收回成命，让留学生们在美国继续学业。哪怕读的不是军事院校，理、工及其他高等院校也是可以选择的对象，学成归国后，一样可以帮助大清加快国家近代化的进程。

无奈的结局

容闳的呼吁博得了美国教育人士的响应，一时之间，致清政府的函文如雪片般飘落在皇帝的案头。在这些信中，美国耶鲁大学校长波特（Porter）及美国教育界众多名流联名呈递给清总理各国事务衙门的信最为真诚殷切。他们在信中说到，"（留学生们）自抵美以来，人人能善用其光阴，以研究学术……成绩极佳……咸受美人之欢迎……实不愧为大国国民之代表，足为贵国增荣誉也。"波特及众多名流希望，清政府能够收回成命，并且指出："令学生如树木之久受灌溉培养，发芽滋长，行且开花结果矣，顾欲摧残于一旦而尽弃前功耶？"

可言者谆谆，听者藐藐，清廷顽固派依然反对派遣留学生出国，严令这些在海外求学的孩子们必须全部克期归国。1891 年 11 月，除了坚决不归以及夭亡于异国他乡的 28 人外，剩下的 94 人回到上海。

至此，容闳心中最为华彩的教育救国之梦就这样破灭了。

虽然派遣幼童赴美留学一事本身未能善始善终以竟全功，但也未遭完败，因为这百余名归国留学生仍然在为祖国的富强奉献出了自己的一份力量。因而容闳后来说：

"今此百十名学生，强半列身显要，名重一时，而今日政府（指清廷）似亦稍稍醒悟，悔昔日解散留学事务所之计划，此则余所用以自慰者。"

同文馆，最后的努力

1861 年的一天，奕䜣上奏朝廷，请求创立"同文馆"，其意在于培养外语翻译人才。这使朝廷想起一件痛心疾首的事情来。从 1842 年的第一次鸦片战争后，与英国政府签订的《南京条约》直到与洋人签订《天津条约》和《北京条约》时，竟连一个懂得外文的中国人都找不到，任凭侵略者蒙骗。这期间，大清朝真是哑巴吃黄连，有苦说不清。语言不通、文字隔阂，也是受欺蒙遭失败的原因之一。所以，辅政的两宫皇太后毫不犹豫地准奏，专门培养外语人才的同文馆便轰轰烈烈地开张了。

同文馆，附属于总理衙门。设管理大臣、专管大臣、提调、帮提调及总教习、副教习等职。总税务司英国人赫德任监察官，实际管理日常事务。先后在馆任职的外籍教习有包尔腾、傅兰雅、欧礼斐、马士等。中国教习有李善兰、徐寿等。美国传教士丁韪良自 1869 年起任总教习，历经 25 年之久。

同治元年（1862 年）京师同文馆正式开办。该馆为培养翻译人员的"洋务学堂"，也是清代在北京开办的采用班级授课制的第一所洋务学堂。最初只设英文、法文、俄文三班，后陆续增加德文、日文及天文、算学等班。一开始，招生对象仅限 14 岁以下八旗子弟，结果 6 月份入学的就 10 个人；后来招生范围开始扩大，年龄较大的八旗子弟、汉族学生以及 30 岁以下的秀才、举人、进士和科举正途出身的五品以下满汉京外各官均可入学。

学生逐年增多。1872 年，拟订了 8 年课程计划。每 3 年举行大考一次，列入优等者升官阶，次等者记优留馆，劣等者除名。同文馆的学员待遇非常优厚，除膳食、书籍、纸笔由官家供给外，每月发给薪水银 10 两。

　　学习期限初定三年毕业，但自光绪二年（1876年）后改为两种：由外文而延及到天文、化学、测地等各类学科的，8年毕业；年岁稍大，仅仅学习翻译的，5年毕业。课程设置在开始时只有英、法、俄、汉文，同治六年后增设算学、化学、万国公法、医学生理、天文、物理、外国史地等科目。除汉文外的其他课程大多由外国人担任教习。其经费、人事等权利基本被控制在总税务司赫德手中。

　　京师同文馆的课程设置和管理章程极为统一，"四书五经"之类的传统科目基本上不在课程设置之中，中国近代新式学校的发端就源于这京师同文馆。毕业后的学生多数就任政府译员、外交官员、洋务机构官员、学堂教习等职。该馆所附设的印书处、翻译处，曾先后编译、出版自然科学及国际法、经济学书籍20余种。此外还设有化学实验室、博物馆、天文台等。1902年1月年并入1898年创建的中国第一所具有现代意义的大学——京师大学堂。

　　1863年前后，上海广方言馆和广州同文馆相继成立。

　　成立于1863年的"广方言馆"是上海建立的第一所外国语专科学校，明显带有上海特色。所谓的"方言"即相对于京畿使用的官话而言的地方语言；而所谓"广方言"，就是对方言进行推广。妄自尊大的清政府认为外国语是"方言"，显然还沉浸在天朝上国的美梦中。

　　客居于上海的翰林冯桂芬早在1861年就曾提出"宜在广东、上海设翻译公所，选颖悟儿童，住院肄业，聘西人课以西国语言文字，并习经史算学"。李鸿章对冯桂芬的这一建议表示支持。

　　翌年，上海广方言馆于旧学宫（今学院路四牌楼附近）建立，昔日提出此议的冯桂芬被举荐为馆长。最初，上海广方言馆曾被拟名为"上海外国语言文字学馆"，这个名字曾经在李鸿章请设学馆的奏折中出现。不过在冯桂芬所拟试办的章程中，被改称为"学习外国语言文字同文馆"，简称"上海同文馆"，这也成了当时所使用的正式名称。这个名字沿用了四五年，1867年改名为"上海广方言馆"。

　　成立后的上海广方言馆培养出了一批精通西文和西学的中国学生。1872

年 8 月 11 日，上海广方言馆的第一批 30 名 14 岁的学童，在陈兰彬、容闳的率领下赴美留学，近代中国官派留学生之先河由此开启。詹天佑，日后著名的近代中国铁路工程师就是其中之一。1874 年 9 月 19 日，第二批广方言馆学生在上海人祁兆熙的率领下赶赴美国。唐绍仪，日后的北洋政府国务总理便是其中一员。不少广方言馆毕业生经选拔后成为中国第一代外交官，汪凤藻、陆征祥、吴宗濂、刘镜人、唐在复等一干在日后大放光彩的名字均是个中翘楚。

同治元年(1862 年)，广州同文馆在李鸿章的奏请下开始组建。同治三年，在广州市北大门朝天街正式成立。继京师同文馆、上海同文馆后，这是近代中国建立起的第三所外国语学校，也是洋务派在广州所办的第一件较重大的洋务事业。

广州同文馆第一期共招收 14~20 岁的正途学生 20 人，其中满汉八旗子弟 16 人，汉人世家子弟 4 人，学制 3 年，学习科目主要有英语、汉语和算学。

待到光绪五年，广州同文馆再添设法文、德文两馆，各招学生 10 人，共20 人，其中 10 人来自原英文馆中英语已经学有所成的，其余均在八旗子弟中选出。学制也由 3 年激增到 8 年，自然科学、社会科学、文学、艺术等课程均包含其中，同时又开设生理学、解剖学等若干选修课；不久之后又增设东语（日语）馆和俄语馆，定向对日语、俄语方面的翻译人才进行培养。广州同文馆的英语教习三顺所著的《三顺调音》《三顺文法》等书，是近代中国较早的学习英语拼音和文法的工具，尤其是《调音》一书，利用广州发音作说明，成为广东人学英国语音的津梁，后来也因此而被"两广方言学堂"等校继续采用。

在广州同文馆中的一干毕业生中，同样不缺乏日后栋梁。清政府驻英属新加坡的第一任总领事左秉隆就是首届毕业生中的代表，曾出任外交部署主事的傅柏山，曾合译《各国史略》的杨枢、长秀，均出自广州同文馆。

洋务派如何以技术立国

改变信息传递技术的电报学堂

洋务运动在李鸿章为首的一批人的带领下已经如火如荼地进行了数载，随着洋务运动步伐的大迈进，"运动"中致命缺陷也越发显现出来——那就是如果想真正实现富国强兵的目标，单单靠培养军事人才是不行的，必须全方位地占有当前世界上全部的领先学科。而最能触及他们灵魂的莫过于信息的传递了。当李鸿章看到洋人使用每秒 30 万公里传输速度的电报，而此时的清政府还使用老旧的驿站快马加鞭的方式传递情报的时候，办电报学堂及掌握世界领先技术的欲念便在李中堂们的心中与日俱增。

其实，在架设电线之前，中国已经自己开始创办电报学堂了。福州电报学堂就是中国的第一家电报学堂。1875 年，丁日昌任福建巡抚后，将老百姓所拔的丹麦大北电报公司在厦门福州间和马尾擅自架设的电线杆和电线"买回拆毁，仍将电线留存，延请洋人教习学生。"这就是福州电报学堂。大北公司的工程师成为学堂里的洋教习。至于学生来源：一是从广州、香港招来的精通英文者，二是船政学堂已有一定的"数学知识者"。

津沽电线架设之初的 1880 年，李鸿章即于当年 10 月派官员在天津设立电报学堂，聘丹麦大北电报公司洋人来华"教习电学打报工作"。李鸿章认为，自己设学堂培养电报人才，可以做到"自行经理，庶几权自我操，持久不敝"。可见设电报学堂其实是为了把电报业的利权掌握在自己的手中。

事实上，天津电报学堂所起的巨大作用在中国电报事业发展中无法抹杀。随着津沪、沪汉、沪浙闽粤等电线的架设，对电报人才的需求极为迫切，一时"皆由天津学堂随时拨往"。学生的供不应求进一步促进了学堂的发展，一年后，天津电报学堂即"招谙习英文学生四五十名一体教习"。但仍不能满足社会上的需要。

为此，左宗棠于 1882 年在南京设同文电学馆。此学馆采取淘汰制，放宽对所招学习电报的幼童的人数限制，注重在学习的过程对其资质进行考察，做到"聪颖者留，鲁钝者去"。在一定程度上对学生的整体素质及专业技能有所提高和促进。

1883年，电报在全国范围内推广开来，电报专业的人士成为各地急需的人才。为了满足需要，在上海成立起一座较大的电报学堂。没用多长时间，上海便成为清朝训练电报人才的中心。正像李鸿章所说的那样，"因推广各省电线，在上海添设电报学堂教习学生"，以分拨各地。

西学馆，名副其实的实业学堂

在洋务运动中所成立的所有实业学堂中，最名副其实的应属西学馆，而西学馆中当推广东为先。这是由两广总督刘坤一所倡导的。刘坤一对广东同文馆只学习外语、而不务实业之学很是不满，且"专用旗人子弟，一味训课时文，虽仍聘一英员教习，略存其名"，"毫无实际"。他认为，根据当时的形势，务实的"西学馆之设，诚为急务"。于是在1876年时"以银八万元购买黄埔船澳为将来扩充机器局及开设西学馆地步"。这种西学馆的特点，"自不在外洋语言文字之末，以力求实际为是"。为办好这种务实的西学馆，刘坤一捐银15万两。

虽然广州西学馆是在刘坤一的提倡下建立起来的，但使它真正成立起来的却是后来担任两广总督的张树声。在论述办西学馆的目的时，张树声曾言：

"（中国）开厂造船，设局简器，讲求效法，积有岁年。而步其后尘，不能齐驱竞捷；得其形似，不能开径自行。则以西学入门层累曲折，皆有至理，不从学堂出者，大抵皮毛袭之，枝节为之，能知其所当然，不能明其所以然也。"

在他的眼里，只有学习西方科学技术知识，才能有所创造。刘坤一所捐的15万两银子，正给了张树声以启动资金，开辟出黄埔对河之长洲地方，购买外国船坞，"可为考证学业之资"。是年冬天开始动工，一年之后工程结束开馆，取名"实学馆"。学习的科目主要是制造。当时在籍丁忧的翰林院编修廖廷相被招聘为总办馆务。他说这样以来可以"称名正而言之顺，任人正而学者从"。

1883年，督办宁古塔等处事宜的吴大澂奏请在吉林创办表正书院，"数理精深，又能循循善诱"的江苏候补知县了乃文接受掌管教习事宜的委任，分教习则为候选从九品廖嘉缓。该书院的校址在吉林机器制造局东部，建造房屋26间，隶属于总办机器局的江苏候补同知朱春鳌负责监督建造。

其学生来源，是"吉林府教授衙门送满汉生童三十余名住院肄业，专令学习算法"；"该生童等有志向学，渐入门径，颇有可造之材，将来日进有功，与机器制造测量诸法，触类可通"。吴大澂在奏则中指出，学生的学习颇有成效。由此便可知道，表正书院的兴办与军用的制造局有着密不可分的关系。

应洋务事业需要，台湾巡抚刘铭传在台湾成立台湾西学堂。

之所以台湾要拥有自己的"西学堂"，首先是"台湾为海疆冲要之区，通商筹防，动关交涉"，然而台湾地区没有精通外国语的人才，内地的人才也处于紧缺状态中，难以向台湾输入；其次是"台地现办机器、制造、煤矿、铁路"等工业企业，对此类科技人才有着迫切的需求。

出于这样的目的，1887年4月，台湾西学堂正式建立。首批招收20余名"年轻质美之士"，聘两位汉教习，并"延订英国人布茂林为教习"，"于西学余间，兼课中国经史文字，既使内外贯通，亦以娴其礼法，不致尽蹈外洋习气，致堕偏诐。"

学堂的学生在第一年学习外语，而后"渐进以图算、测量、制造之学，冀各学生砥砺、研磨，日臻有用"。这样，台湾便涌现出了大批的外交人才以及备有工业近代化中所需的科学技术等工程管理人才。

李鸿章为何偏爱洋枪炮

太平军带来的沉重打击

李鸿章在上海剿灭太平军的过程中，发现外国枪炮性能优越，杀伤力强，而中国自己生产的质量却非常低劣。同时他还观察到，太平军专用洋枪，尤其是李秀成所部用洋枪最多。这件事给李鸿章的自尊心予以严重的打击。为了在战场上掌握主动权，于是他决定用西方新式武器装备淮军。

通过兄长李瀚章，李鸿章在广州购买了大量的西方新式枪炮，这些武器不仅用来武装改编后的淮军，同时也分拨给曾国藩、曾国荃的湘军使用。从1862年6月开始，李鸿章的淮军里面也出现了"洋枪队"。从此，湘淮两军开始了新式武器装备的使用，后来，曾国藩也曾多次提到，湘淮采用洋枪，是李鸿章倡导的。

其实事实上也的确如此。曾国藩并不迷信洋枪洋炮，因为他更注重战争中人的作用。当时，曾国荃屡次要求李鸿章为他代买洋枪洋炮时，曾国藩就表示，打胜仗"在人不在器"，关键还是训练好。

这种认识确实存在一定的误区，不过当时的曾国藩受到种种条件的制约，没有认识到武器设备在近代化战争中的重要作用。但他并不保守，对洋枪洋炮的威力有所了解后，不仅不对李鸿章的行动表示反对，反而给了他的这个得意门生以大力支持。可以说，正是在曾国藩积极地扶持和引导下，李鸿章才走上了洋务强国的道路。

最终，在奕䜣的帮助下，李鸿章的建议终于得到了慈禧太后的首肯，允许他在"剿匪"的前提下，学习制造军火。

这期间，李鸿章的洋务自强思想也在实践中不断得到深化。他认识到，想要自立自强，外国的生产技术必须掌握，长期依靠购买西方军火，只能增加对外国的依赖性。国家创办和发展自己的军工企业，实现自主生产才是强军的唯一途径。从此，他开始有意识地与经验丰富的外国军事人员接触，学习相关知识。在不断地了解过程中，逐渐坚定了生产先进西式武器的决心。

丁日昌与上海洋炮局

1862年10月，在李鸿章所提供的军费资助下，技工们由韩殿甲领导开始生产炸药及雷管。

次年，英国人马格里在李鸿章的雇用下，会同直隶州知州刘佐禹，首先在上海设立了一个洋炮局，这是上海最早成立的洋炮局，主要生产炮弹铜帽等军用品。

同年9月，李鸿章将曾国藩的幕僚丁日昌调到上海，再建一局，对西式的短炸炮以及各种新式炮弹进行仿造。

早在李鸿章组建淮军的时候，就曾提议让丁日昌跟自己去上海；而曾国荃则提出要丁日昌跟自己去攻打太平天国的首都天京（今南京）。结果曾国藩谁也没有给，把丁日昌和李瀚章一起派到广东去办理厘金事宜去了。当时还在到处寻找人才的李鸿章听说丁日昌在广东军营已经督制出了36尊大小炮，2000多发子弹，心下十分羡慕，动了让他来主持炮局的心思。于是他便极力追着曾国藩要人，终于让朝廷批准把丁日昌调到上海。

其后的事实足以证明丁日昌的炮局是最有成效的，因为他办的炮局能制造"田鸡炮（迫击炮）"，还有能发射80磅炮弹的"开花炮"。后来，丁日昌一直跟随李鸿章做事，已然成为他身边最得力的助手，并成为"洋务运动"的积极实行者。

三个洋炮局先后成立，李鸿章将其合称为上海"炸弹三局"，当时也称之为上海洋炮局。

按理说，随着1864年5月苏南各城的收复，与太平天国的战争已接近尾声。此时的洋枪洋炮制造也该放松下来。但李鸿章不仅没有放松，反而认为更应当继续加强。同时，他进一步强调，要在仿制洋枪洋炮的基础上，不但要仿造，而且还要逐渐学会制造"制器之器"，而且刻不容缓。他还建议朝廷向近邻日本学习，将西方的先进技术掌握在自己的手中，以此来加强国家的国防力量，扭转被动挨打的局面，再现中华世界强国的荣耀。

由韩殿甲和丁日昌分别主持的炸弹局，"都不雇佣洋匠，只选中国工匠，仿照外洋做法"，采用手工铸造炸炮的方式。

由"炸弹三局"生产出来的各种弹药被源源不断地送往与太平军作战的前线，不仅为李鸿章镇压太平天国起义提供了有力的支持，也为他日后创办江南制造总局、金陵机器局积累了宝贵的经验。

自立自强，江南制造总局的目的

成立于 1867 年 9 月的江南制造总局又称上海机器局，初建时以生产枪炮弹药为主，待到后来修船造舰方面也能胜任，成为一家综合性的新式军用企业。曾国藩和李鸿章师徒二人成立江南制造总局的主要目的是"自立自强"，这也是该局的主旨。因此，二人事无巨细，无论是机构的设立还是人事的任免甚至是购置机器他们都要过问，这使得江南制造总局从一开始就有了强大的人力和物力的支持，所以发展得非常迅速。

凭借洋炮成为公认的洋务派首领

1864 年，淮军攻占苏州，马格里、刘佐禹主持的洋炮局被李鸿章迁往苏州，成立了苏州洋炮局。地址设在太平天国纳王府，占地比上海大得多。这期间，在李鸿章的允准下马格里又从外国购买了一批机器，所以，洋炮局的规模不断扩大，生产也颇有成效，每一星期就可以生产 1500 枚到 2000 枚枪弹和炮弹，还制造了规模不同的开花炸炮。总理各国事务衙门大臣奕䜣鉴于此，便于 1864 年 5 月奏请朝廷允准，从保卫宫廷的火器营中选出了 8 名武弁、40 名兵丁前往苏州洋炮局学习。于是此时的李鸿章已经成了让人们另眼相看的洋务派首领之一了。

金陵制造局便是苏州洋炮局，是被李鸿章迁到南京后改的名字。搬迁至南京后的金陵制造局规模逐渐扩大，生产力也随之迅速提高。该局主要以生产各种口径的大炮、炮弹和子弹为主，其他军用品也兼顾生产。该局以南京中华门外的瓷塔山为局址，规模又有所扩充，设备也有所改进，到 1879 年计有三个机器分厂，翻砂、热铁、柞厂各两个，还有火箭局、洋药局、水雷局等，能够制造炮位门火，车轮盘架，子药箱具，开花炮弹、洋枪、抬枪、铜帽、大炮、水雷等。

江南制造局和金陵制造局都是制造近代化军用器械的兵工厂。它们用蒸汽机作为动力，以机器为工具，雇用了一批工人，这表明此时中国已经出现了一种新的社会生产力。

来自近邻日本的启示

1864年5月，同太平军的战争即将结束，李鸿章再次强调制器事宜刻不容缓。他在致总署函中说：

"前者英法各国以日本为外府，肆意诛求，日本君臣发愤为雄，选宗室及大臣子弟之聪秀者往西国制器厂师习各艺，又购制器之器在日本制造，现已能驾驶轮船造放炸炮。去年英人虚声恫吓，以兵临之，然英人所恃为攻战之利者，彼已分擅其长，由是凝然不动，而英人固无如之何也。

"日本以海外区区小国，尚能及时改辙，知所取法，然则我中国深维穷极而通之故，夫亦可以皇然变计矣。"

1865年，李鸿章接过曾国藩两江总督的职务。这时候的他发现，三个洋炮局的设备不全，于是在曾国藩的支持下，将原来设在上海的两个洋炮局与购买的上海虹口美国人的一座旗记铁厂合并，扩建为江南制造总局。江南制造总局规模极大，该局经费来自于两江海关二成的洋税，主要制造军械。此外，江南制造总局还附设译书局，专门翻译外文科技书籍。

该局以"自立""自强"为主旨，从经费的筹措、机器设备的购置、管理人员的委派到洋匠的雇用、机构的设立等问题，李鸿章和曾国藩都要一一过问，可谓尽心尽力。1867年夏天，江南制造总局从虹口一带迁至高昌庙，规模继续扩大。后经陆续扩充和添置设备，到19世纪80年代上半期，制造总局已拥有各种工厂十余座，船坞一座。1867年，用原有购置的设备及部分自造机器，每天已能生产毛瑟枪15支，12磅开花弹100发；每月平均生产发射12磅炮弹的开花炮18门。自1867年至1894年27年间，该局共计生产各种枪支5万多支、大炮585尊、水雷563枚、炮弹12万发以上。这些军工产品统一由清政府调拨，除供应淮军外，还供应南洋系统及各地的炮台、军舰，各总督所辖地区的军队。在制造枪炮之外，江南制造总局同时还生产"制器之器"，也就是生产制造机械。除此之外，还专门设立了一个制造轮船的分厂。李、曾二人都清醒地认识到，要对付西方列强，实现自强，关键在于对海域的争夺，因此，就要多造船，用来更好地防御沿海各个重要港口。为了达到这个目的，曾国藩又奏请另外划拨两江海关的两成洋税，其中一成作为江南制造总局专造轮船的费用。终于，江南制造总局在 1868 年造出了第一艘大型新式兵轮。中国近代的船舶制造业从此开始。

李鸿章调任直隶总督之后，对崇厚所办天津机器局进行了接管并加以扩充。在他的经营之下天津机器局，分设东、西两局，规模比以前大得多，主要生产火药、枪弹、炮弹、水雷等，辅之以修造船舰等。产品主要供应给淮军以及北洋水师。

这几个由李鸿章创办及接办的制造局加上左宗棠于 1866 年创办的福建船政局，成为中国早期军事工业的主干。几年间，初具规模的制造局，奠定了中国军事近代化的根基。可以说，这是和李鸿章的"偏好"和努力分不开的。在李鸿章和曾国藩的带领下，许多省份也先后用"机器局""制造局"的名义，不断设立军火工厂。至此，中国通过多年的不懈努力，终于开始有了自己生产新式武器的能力，从根本上改变了清朝军队的落后状况，走上了国防近代化的道路。

第四节　谁害死了北洋水师

谁才是北洋水师的开创者

北洋水师组建的缘起

北洋水师，始终是清政府的一项骄傲。但其兴起之轰烈，覆灭之惨烈，却也是后人所诟病之一。它的缘起是这样的：1874 年 6 月，清政府藩属国琉球的几艘渔船，因为大风意外飘流到了台湾，渔民与当地高山族人民发生了冲突。清政府已经对此事作了妥善处理。但是，这件小事却引起了邻国日本的不满。原来，日本早已在琉球国内部暗中发展自己的势力，企图在条件成熟时以琉球为跳板侵占台湾。因此，他们以此次渔民冲突中清政府袒护台湾为借口，于 1874 年 6 月 15 日，派出几艘商船秘密出发，阴谋占领台湾。

日军入侵台湾的消息马上就被清政府知道。清廷急派林则徐的女婿——总理船政大臣沈葆桢，率领几艘近代化兵舰前往台湾。第一次见到了大清国的舰队，日本兵十分惊慌，因为他们乘坐的只是几艘商船。所以，迫于清军威力，纷纷逃离台湾。这场近代史上中日双方的第一次正面冲突，似乎以清军的获胜结束。但实际结果却并非如此。

由于施行了"明治维新"，使日本几乎在一夜之间从封建时期进入了"近代文明"时代。它通过外交手段废除了与列强签订的不平等条约，而这次改革也使日本这个亚洲国家开始向欧洲列强靠拢，成为被西方国际大家庭认可的一员。因此，当日本的目的没有达到时，他的同盟者美国联合英国和法国，帮助日本一起向清政府施压。在三国的支持下，理亏而又仗势欺人的日本向清政府索赔军费 50 万两，软弱的清政府竟然接受了日本的无礼要求。在这件事件中，清政府感到无比惊讶的是，日本竟然也像列强一样敢侵犯大清国土。此时国家信心再一次遭受了来自海上的重创。

鉴于此，恼怒的总理各国事务衙门在与日本签订赔款条约后的第六天，愤然上奏清廷，强调了海防问题的急迫性。而此时的清政府似乎也已认识到问题的严重性，以前所未有的高效率，在当天就发布上谕，令沿海沿江各省督抚们在一个月内将各自的讨论意见上奏朝廷。

海防战略大讨论

随即一场关于"海防战略"的大讨论迅速展开。

虽然时任直隶总督兼文华殿大学士的李鸿章对这次海防大讨论并不抱太大希望，但争强好胜的他还是提出了许多务实的看法。

限期一个月的海防大讨论，被拖延了大半年后，终于在 1875 年 5 月由恭亲王总结整理后上奏朝廷。依据讨论的结果皇上决定成立南、北洋水师，两支水师齐头并进。不久后，林则徐的女婿沈葆桢被任命为南洋通商事务大臣，而李鸿章则担任北洋通商事务大臣，他们兼办各自的海防事宜。

李鸿章和沈葆桢的明争暗斗

李鸿章和沈葆桢都是当时洋务运动中的领军人物，同时也是清政府大臣中较早放眼世界的有识之士，他们都赞成发展工商业以富国力的思想，并积极主张创立中国近代的海军，以增强国力。因此，他们互相提携，步调一致。但私下他们却因为清政府决定分配给南北洋水师共同使用的每年约400万两白银的海军军费而明争暗斗。

两人经过几个回合的较量，沈葆桢败下阵来。最终擅于权术的李鸿章得到了大部分的海军经费，而沈葆桢的南洋水师只拿到了很少的部分。在拿到了大笔的银子后，对军舰一无所知的李鸿章心中犹豫不决，因为他不知道应该向哪个国家购买最先进的军舰。

在担任清政府总税务司的英国人赫德的大力推荐下，李鸿章从1875年到1879年，先后从英国订购了8艘蚊炮船用于港口的守卫。

然而，经过考察，李鸿章发现同时订购的两艘巡洋舰"超勇"和"扬威"存在许多弱点。吃一堑长一智的李鸿章后来经过细心比对，并暗中打探价格后，决定向德国购买军舰，而最主要的原因就是，德国是新兴的资本主义国家，价格比较便宜。与此同时，李鸿章把北洋提督的人选，锁定在了当时清政府骑兵总兵丁汝昌身上。

中日两国的军备竞赛

就在李鸿章抓紧时间组建北洋水师的时候，雄心勃勃的日本也在马不停蹄地购买军舰。日本入侵台湾未果后，并没有放弃自己的妄想，而是马上向英国订购了"扶桑""金刚""比睿"三艘军舰。8年后，朝鲜的亲中派与亲日派之间爆发战争，中日两国各自派军舰进行干预。日本再次因海军实力远不如淮军将领吴长庆所率领的中国舰队，没有冒然发动战争。几次想要入侵朝鲜都被清政府的舰队阻碍，如此一来，日本对中国的海军恨的是咬牙切齿。把大清海军、尤其是大清海军的主力舰队北洋水师彻底击败，是日本海军从上至下的愿望。与清军其他兵种相比较，北洋水师的正规化及近代化显然已经远远地走在了前列，即使是日本也要望其项背。因此，日本海军若想将这个愿望化为现实，并不是那么容易的事。

自有阶级社会以来，胜利果实的占有都在于人才的具有。这是古往今来的有识之士的共同见地。故而，中日两国都不约而同地开始收集人才。

1866 年，福建、广东等地的大街小巷贴满了一张张马尾船政学堂的招生告示。船政学堂是一所新式的军事技术学校，虽然它没有引起那些想通过科举考试走入仕途的学子们的极大兴趣，但是却吸引了许多家境贫寒的子弟。其中就包括邓世昌、刘步蟾、方伯谦在内的几十名十二岁至十五岁的孩子，他们也成为马尾船政学堂的首批学生。

几乎与此同时，位于日本獭户内海南端的江田岛，也成立了一个与马尾船政学堂类似的学校，叫江田岛海军兵学校。他们选拔那些日本青年中出类拔萃者，对他们进行世界上严酷无比的艰苦训练，最终将其培养成为具备古代武士道精神的现代海军军官。而具有长远眼光的李鸿章，也将首批马尾船政学堂中的大部分学生送到英国皇家海军学院留学。甚至有些人毕业后还会在当时世界一流的英国地中海舰队实习。

李鸿章不仅对他们的能力没有产生过丝毫怀疑，而且当这些中国第一代近代海军军官带着一口流利的英语学成归来后，他在各方面都给予了他们最好的待遇。

在北洋水师中，李鸿章给海军官兵支付的军饷远超陆军的标准。海军提督丁汝昌的报酬是每年 8400 两白银，比同级别的陆军将领的报酬要高出两倍多。就连北洋水师中刚入伍的新兵，每年也会有 48 两银子的收入，这也使得陆军的弟兄十分眼馋。此时，苦心经营北洋水师多年的李鸿章只差最后一步，便可以使这支水师称雄亚洲。但这关键一步也是萦绕在他心头多年的一个夙愿。

1879 年年底，首创大清海军的海防大臣沈葆桢去世。他在临终前的口述遗嘱中说道：

"臣所每饭不忘者，在购买铁甲舰一事，至今无及。臣以为，铁甲舰不可不办，倭人万不可轻视。"

一代名将沈葆桢抱着深深的遗憾离开人间。直到他身死，也没能看到属于大清国自己的铁甲战舰。李鸿章与沈葆桢有着同样的梦想，他不甘心让沈葆桢的悲剧重演在自己的身上，因此，李鸿章将后半生的大部分精力都投入了海军的建设之中。

北洋水师的雄起

铁甲舰在当时海军中的地位，相当于今天的战列舰。是一支舰队中最重要的战舰，它有着巨型的火炮、坚硬的装甲和巨大的身躯，具有极大的杀伤力。但价格也异常昂贵。

在1879年日本吞并琉球，中国的海疆再一次受到了威胁。局势更加紧迫。清政府这才下定决心，下令李鸿章尽快向外国购买铁甲舰。

在驻德国公使李凤苞的大力推荐下，李鸿章选定了由德国伏尔铿船厂所建造的"定远"号和"镇远"号两艘铁甲舰，另外一艘铁甲巡洋舰"济远"号也一并在该厂订造。

"定远"和"镇远"属同一级别的姊妹舰。这两艘铁甲舰在设计时，集合了德国"萨克森"号和英国"英弗来息白"号这两艘当时世界上最先进的铁甲舰的优点。

伏尔铿造船厂先后花费了近5年的时间才完成了两艘舰艇的建造。两舰长93.87米、宽17.98米、排水量7335吨、航速14.5节，装甲总重为1461吨。为保证造舰的质量，李鸿章特派曾留学英、法的刘步蟾、魏翰等人进驻工厂监督制造。造成后的这两艘军舰，为当时世界第一等的铁甲舰，在亚洲地区，更是第一巨舰。

北洋水师在装备实力上大大超过日本。这种状况一方面暂时遏止了日本的扩张野心，但同时也直接刺激了日本发展海军的狂热心理。

1887年，清政府向英、德两国订造的四艘新式巡洋舰驶回中国。为了和西方海军接轨，李鸿章亲自下令制定北洋水师的军旗。按照海军军旗的设计惯例，军旗要以国旗作为设计基础。但是当时，大清国连自己的国旗都没有，更何况是军旗。最后几经讨论，北洋水师终于有了自己的军旗，这是一面明黄色的旗帜，上面绣了一幅蓝龙戏珠的图案，开始时做成三角型，后为与西方保持一致改为长方型。军旗做成后，清政府十分满意，索性把这面北洋水师的军旗也做为大清国的国旗，一旗两用。

至此，包括已经全部归国的中国订购的外国军舰以及原有的国内自建的军舰在内，此时的北洋水师共拥有50多艘各类舰艇，总排水量达4万多吨。1888年12月17日的刘公岛上，北洋水师正式成立，再加上南洋、广东、福建等地区的水师，中国海军的装备实力一下跃居世界第九，更是成为亚洲的龙头。

其实，在当时的腐败政府的制约下，再好的武器装备也都好像是舞台上的道具一般，摆设而已。最终，北洋水师也难以逃脱被覆灭的惨淡下场。

马尾海战引发的噩梦

观音桥事件，马尾海战的导火索

观音桥是清朝时期中国对越南北黎地区的称呼，"观音桥事件"是中式叫法，而外国人一般称之为"北黎事件"。时间是1884年6月23日，该事件是中法战争第二阶段的起火点。

法国窥犯中国西南边疆已久，因此蓄意侵占越南。1884年6月22日法国将军杜森尼于率军700人强行向谅山前进，到达观音桥，命令清军撤让或投降。

次日，清军派三名联络官到法国军营去交涉。法军气势汹汹，一副傲慢姿态，声称是前来接收越南谅山、高平两省，将前来与之协调的清军联络官无辜枪杀，并向清军发起大规模进攻。和谈不成，清军被迫还击，接连两日战斗，均以法军溃败而告终。

28日，法国代理公使福禄诺以"中国背约"为借口向总署提出抗议，并要求给予赔偿，同时要求清军立即撤出越南北黎地区。7月12日，福禄诺下达了最后通牒：给清廷一星期的时间，满足其赔款、撤兵的无理要求。清朝表示可以撤兵，但赔款之事绝无商量。16 日，在清廷的命令下，驻越清军全部撤至边境。这就是史家所称的"观音桥事件"。

"观音桥事件"发生后，中法两国的谈判仍没有完全结束。为了在谈判桌上取得没有在战场上获得的利益，法国决定用武力来迫使清廷屈服，用"踞地为质"的方式对慈宁宫政府施加压力。因此，法国政府在不到一年之后，将它在中国和越南的舰队合编成远东舰队，任命远东地区扩张的积极鼓吹者孤拔为统帅，准备攻占福州和基隆，扣押为质，作为谈判的筹码。

远东舰队基隆之败

就在法国人组建远东舰队同一天的 1884 年 6 月 24 日，为加强台湾地区的防卫力量，清政府接受了曾国荃的推荐，派淮军将领刘铭传前往台湾，对军务进行督办。

没过多久，法国的远东舰队便气势汹汹地杀赴台湾，对基隆展开进攻。在大炮的猛烈轰击下，清兵暂且撤退，避其锋芒。法军误以为清军羸弱，不堪一击，便强行登陆，哪知道正中了刘铭传所设下埋伏。等到法兵上岸后，清军突然三路杀出，把法兵杀得晕头转向，吓得他们落荒而逃。而这时海面突然涨潮，下船容易上船难，不少法兵在清军的追赶下，葬身大海，幸好有军舰炮火的掩护，残兵才得以撤离。

法国人本以为拿下基隆不过是闲庭信步，轻而易举，没想到反被打得狼狈逃窜，还损失了上百人，眼睁睁地吃了个大败仗，这使他们十分颓丧。

其实，法国实在是太小看中国军力。负责守卫台湾的刘铭传本是李鸿章的老部下，淮军主将之一，是沙场老将了。同时，刘铭传与李鸿章还是同乡，两人关系过密。临行前，李鸿章还特意面授机宜，并拨给刘铭传 3000 洋枪，还有江南制造局造的 30 门大炮，以加强台湾的防卫。刘铭传到了台湾后，形势当然大不一样。

虽然基隆一战使法国人受到重创，但是他们并不甘心失败。8 月 16 日，法国议会决定扩大战争，为了使中国屈服，还特别拨出专款 3800 万法郎，专款专用。同时，法国的外交部门在谈判中也同步调整了要价，要求清廷赔偿因基隆战败导致的 8000 万法郎的军费。

1884 年 7 月 14 日，趁着中法还在议和之机，两艘法国军舰以"游历"为名，驶进福建闽江口。两天后，法国舰队司令孤拔也乘军舰到达闽江口，随后法国舰队居然大摇大摆地驶进了福建水师的马尾军港。两个近乎交战国的舰队同处一港，也可以算是世界战争史上的奇闻。

战争史奇闻的渊源

其实，这种怪现象也有其历史渊源。在太平天国运动被镇压下去后，左宗棠在福州筹备创办福州船政局设厂造船，当时邀请的是江汉关税务司的日意格和退役军官德克碑，他们都是法国人，当时以这两个人为福州船政局的技术总监，来负责设址、建造和延请欧洲洋教习以及洋匠（多为法国人）等事务。

后来左宗棠调任陕甘总督，由沈葆桢接手福州船政局后，仍旧是以法国人为主，开展了海事海军教学、建造兵船和建设福建水师三大事宜。客观地说，这些外国专家对于船政局的各项事务还算是尽心尽力的，譬如福建水师的很多战舰如旗舰"扬武"号等，就是在法国人日意格和安乐陶等人的监督下完成建造的。等到福州船政局和这些外国专家们所签订的五年合同期满的 1874 年，他们才陆续离开福州。

位于福州东南的马尾是闽江下游的天然良港，内有福建水师和马尾船厂。当时的钦办福建海疆事宜大臣张佩纶、闽浙总督何璟、船政大臣何如璋、福建巡抚张兆栋和福州将军穆图善等人，也许是有这一份师生情缘和故国友谊，或者是因为当时认为和议将成，因此，当法国军舰陆续闯入闽江口并进泊马尾港的时候，清廷严格遵循了"不可衅自我开"的训令，不但没有拦阻法国舰队的进入，反而给予了热情款待，这也应该成为一段奇谈。

由此，法舰可以随意进出马尾港，反而是福建水师在该港处处受制，左右为难，已经成为法国的瓮中之鳖，就双方实力而言，两国的军事实力相差太多，这在后来法国舰队不到半小时就重创福建水师的情况可以看出。

更何况，福建水师的战舰大多数是法国人设计监造的，因此，法国人对福建水师的战舰可以说是了如指掌。同时，由于战舰都是由福州船政局自己生产的，所以和强大的法国舰队相比，根本就是不可同日而语。

当时的中法双方实力对比为：泊于马尾的法国有8艘军舰，两艘鱼雷艇，14500吨的总排水量，77门重炮，1800名水军官兵；虽然福建水师的兵舰比法军多了1艘，但总排水量只有9900吨，47门普通火炮和1100名水师官兵，均在法军之下；同时，为防止清军塞江封口，以保障后路的安全，法军另有两艘军舰停泊在金牌、琯头一带江面。

相比之下最为糟糕的是，法国舰队都是铁甲船，而福建水师兵船的材质都是木头，正如张珮纶所言，"船略相等，而我小彼大，我脆彼坚"。法国舰队配置的都是重炮，可以轻易击穿福建水师的木肋甲板，而福建水师的火炮却对法国舰队的铁甲丝毫没有威胁。从吨位、防护能力、重炮数量、兵员素质等方面来看，法国舰队有着太过于明显的优势。而中国在马尾海战中根本就是在以卵击石。因此这场海战如果说是一场战争还不如称之为一场屠杀。

战争领导者的致命失误

由此，似乎没有理由去苛责福建水师和妥协的官员。如果要追究马尾海战的失误，那么关键问题就在于不该让法国舰队进入港内。其实马尾港的地理位置十分优越，闽江口外，满是岛屿礁沙，譬如五虎岛、大小龟屿等，两岸都是山岭夹峙，地形相当险峻，而从闽江口至马尾港，水道极为狭窄，最窄处仅300米，如果法国舰队没有熟悉的引水员引航，则很难在此航行，譬如法国就曾有一艘炮艇因此搁浅。

同时，马尾港沿途两岸都建有炮台，对于贸然进入的法国舰队也可以构成很大的威胁，但闽浙总督何璟和福州船政大臣何如璋等人却担心阻止法舰进港会发生冲突，甚至会影响中法和谈，责任太大，于是便无所作为，究其原因无怪乎是将个人利益摆在了国家利益之上而已。等到法国舰队进入马尾港后，一切就都来不及了。当时也有人建议对驶入马尾港的法舰进行武力驱逐，但最终的结果却是中国水师反被法国舰队掣肘。与此同时，清廷当时抱定"彼若不动，我亦不动"的妥协方针，恐怕也是无奈之举，而何璟和何如璋等人又是唯朝廷命令所是从，因此他们的"严谕水师不准先行开炮，违者虽胜亦斩"的政策，也就不足为怪了。

在谈判毫无进展的情况下，8月22日，法国政府电令孤拔消灭中国福建海军。孤拔准备完毕，便决定于次日下午开战。据说，当时法国人曾经十分傲慢地向福建水师的"扬武"号舰长张成递送战书，张成见后赶紧送到福州船政大臣何如璋手中，可是何如璋收到后，不仅手足无措不说，竟然还封锁消息，秘而不发。

次日，原本安置在马尾港内军舰上的各国领事和商人都急匆匆地下船离开，很明显是大战在即的征兆。见此情景，福建水师的将士们纷纷向上级请战，要求立刻开始进入战争状态，为即将打响的战斗做准备。毕竟海军在战前要做升火起锚、调整炮位的准备工作，无法像陆军那样在仓促间也可以很快地进入战斗状态。

然而当时督办福建军务的总负责人张珮纶对请战将士的态度是大声斥责，让其滚出自己的营帐，其至连军火武器也不发下去。据说，连当时的法国教习迈达都跑来告诉他的学生魏瀚说，马上要开战了，应该速速做好准备。可是这些迂腐的领导就是不听。直到下午一点，法国舰队都已经升火起锚，张佩纶和何如璋等人才慌了神，赶紧派魏瀚去见孤拔，要求明日再战。

可是这战争在即，是箭在弦上不得不发，而且也不能说改就改。再说，孤拔早已进行了仔细观察，所以才选择中午退潮时开始攻击。这是因为当时泊在马尾港口里的军舰都是泊用船首，随着潮水涨落，船身也相应地改变方向：涨潮之时船头指向下游，退潮时则正好相反。如果是退潮时开战，福建水师正好将暴露在法国军舰的炮火下，这种对自身作战极为有利的局面，孤拔岂会随便放弃？

下午一点半，马尾港中潮水涨平。此时的天空突降大雨，法军趁机向福建水师发起攻击。事发突然，两艘福建水师的军舰还没能起锚就被击沉，多艘军舰受到重创。唯有旗舰"扬武"号对何如璋的禁令不予听从，在管带张成的命令下已经做好战斗准备。当法国军舰发起攻击时，在第一时间给予回击。更值得一提的是，战斗之中，"扬武"号的尾炮击中了法军旗舰"伏尔泰"号，5名法军水兵被当场击毙。

法军鱼雷艇见"扬武"号凶猛，便对其进行偷袭，发射了几枚鱼雷。在火力网的交织下，"扬武"号不幸被击中，搁浅后渐渐沉没，混乱之中，舰长张成等人跳水逃生，事后居然被清廷以临阵脱逃的罪名问斩！

尽管福建水师的官兵都很英勇，但是，毕竟实力相距太大，又没有做好充分的准备，海战进行了还不到30分钟，11艘福建水师军舰有9艘被击毁，其余两舰自沉，19艘运输船尽皆沉入海底，760名水师官兵英勇殉国。而法军方面，只有旗舰上的5名水兵被"扬武"号击毙，15人受伤，另有两艘鱼雷艇在战斗中受重伤，剩余的几艘战舰基本上没有遭受任何损伤。

福建水师官兵上下英勇作战，而总负责人张佩纶和何如璋却在海港内的隆隆炮声中冒着大雨和电闪雷鸣落荒而逃。在亲兵的拖曳下，张佩纶一路逃到了鼓山，然而败军之将不足言勇，更何况是临阵脱逃的一军之将。当地百姓一致拒绝对他进行接待，只好在一个距离船厂足有20多里的禅寺下院里藏匿了一夜。次日，张佩纶一路跑到鼓山彭田乡，正在此时朝廷圣旨传到，闽浙总督何璟到处都找不到张佩纶，最后只好悬赏1000两，才算把张佩纶找到了。

不久之前的张佩纶还在朝廷上慷慨激昂地大骂别人卖国投降，待到朝廷派他到福建主持军务时，却漫不经心，骄傲自大，导致福建水师全军覆没。而当法国舰队大举进入马尾港后，张佩纶竟然采取了一个极为荒诞的对策：集中起福建水师所有的战舰，近距离地同法国舰队聚泊，还美其名曰是在效仿韩信，背水一战，来一个置之死地而后生。可结果是，这种所谓的背水阵形正给了法军以聚歼福建水师的良机，无异于是奉送给孤拔的一份厚礼。如果福建水师的兵舰可以分散停泊，战败虽然不可避免，但全军尽没的可能性会小一点。

落荒而逃的船政大臣

当马尾海战进行到最关键时刻、也是福建水师败相尽露之时，福州船政大臣何如璋竟然吓得落荒而逃，躲进了安施氏祠中。乡人们怎么能容忍这个无耻之徒对祠堂的"羞辱"？为了把他赶走，一把火将祠堂烧成了平地。最后何如璋迫于无奈，只好连夜逃走，投宿到洋行。第二天早晨，入城后他想借住在两广会馆，结果又被商人们驱逐，真可谓是狼狈不堪。

8月24日上午，马尾船厂在遭到法国舰队持续炮击五小时后，船厂厂房、仓库和一艘尚未完工的巡洋舰都遭到了极大破坏。海战结束后清军已经料到法国人会对马尾船厂进行夺取，事先已经埋好地雷，打算将船厂炸毁，不能把好处留给敌人。然而大作的风雨却把引线浇湿，地雷无法点燃，不过法国舰队炮轰船厂时距离有些远，所以对船厂的破坏效果十分有限。战争结束后，船厂经过维修后又恢复了生产，这也算是不幸中的大幸了。

法国舰队在炮击马尾船厂后的几天里，又把布防于两岸的炮台尽数摧毁，这才离开闽江，宣告马尾大战最终结束。

法国海军受挫

马尾之战大败，清政府认为法国"专行诡计，反复无常，先启兵端"，正式对法国人宣战，并做好了发动反击的准备。

9月中旬，孤拔率5艘军舰进攻台湾基隆，副司令利士比则率3艘军舰，对台湾淡水展开攻击。法军的意图很明显，就是先占据这两处，然后继续分军行动，在台北会师。

刘铭传考虑，由于当时的台湾兵力有限，分兵防守只会造成两地皆失，故决定放弃基隆，集中兵力坚守淡水。要知道，法军之所以要占据基隆，实质上是为了将当时已经开发完善的基隆煤矿纳入自己的囊下，以保障舰队对燃料的需求。10月1日，法军在猛烈的炮火掩护下攻占压根没有设防的基隆。不过令他们万万没有想到的是，清军早已在法军到达之前将煤矿破坏，所以留给法国人的，只是一片荒滩废墟。

然而更在法国人意料之外的是，本以为是轻而易举的淡水登陆战竟然受到清军优势兵力的顽强抵抗，非但没有如愿占领淡水，反而扔下了上百具尸体，狼狈地逃回军舰。虽然孤拔军占领了基隆，但由于没有补充到所必需的燃料，军队无法深入，只得退而求其次，对台湾实行全面的海上封锁。

鉴于刘铭传的英勇表现，刘铭传被清廷任命为第一任台湾巡抚。

1885年年初，法国舰队对浙江镇海进行骚扰，截击南洋水师由上海派往台湾进行援助的五艘军舰。其中，"澄庆""驭远"两舰由于航速较慢，脱离舰队，于是就近避入了浙江石浦，后来这两艘军舰被七艘法国军舰追上，最终被鱼雷击沉。

另外三艘"开济""南瑞"和"南琛"巡洋舰，凭借着较大的速度，并且依赖于大雾弥漫的海上天气，方才侥幸逃脱法国舰队的追击，进入岸防严密的浙江镇海口躲避起来。

法国军舰在击沉"澄庆""驭远"两舰后便离开了石浦。但他们希望的是全歼南洋水师五舰，得知逃脱的三舰在镇海口停泊，便又对镇海施展攻击。后来清军在浙江提督欧阳利见的指挥下，沉着应战，最终法军在守军猛烈的炮火中，多次袭击非但没有成功，反而自己的旗舰被击伤，连指挥官孤拔本人也在炮战里中弹受伤，最后只得悻悻然撤离镇海，南撤后转而攻占澎湖岛。不久，孤拔就在浩瀚海洋包围的澎湖岛因伤势严重不治身亡，受到了应有的惩罚。

这场战役之后，南洋水师寿终正寝。

北洋水师密电码泄露之谜

北洋水师是胜是败

北京，颐和园，万寿山。

距离慈禧太后的六十大寿还有月余，但宫中早已开始了隆重而又奢侈的庆典。此日，慈禧太后正在为自己的大寿举行放生百鸟仪式。

各种珍稀名贵的鸟类脱开樊笼，振翅高飞。引来宫女太监、王公大臣们一阵阵欢喜的惊呼。

一身朝服的李鸿章也站在人群之中，但他的脸上却丝毫也看不出欣喜的迹象。

幕僚伍廷芳在他的身后低语着。声音很小，却字字如刀，刺得李鸿章心里阵阵疼痛，随之而来的，是一阵昏阙，漫天五色斑斓的鸟儿，在他的眼里模糊起来。

此前，有人报告他说，黄海海战，北洋水师精锐尽丧！

李鸿章怎么也想不到，他半生的心血，竟如此轻易地付诸东流。

1894年8月1日，中日两国同时向对方宣战，甲午中日战争打响。

决定这场战争胜败的是黄海之战。

1894年9月17日，中日双方遭遇于黄海海域。是日上午10时30分前后，北洋舰队正准备起锚加航旅顺，发现日本舰队自西南驶来，丁汝昌即令舰队起锚迎战。日本舰队随后也发现了北洋舰队。

中日双方，就在这场"偶遇"中展开了激战。

黄海一役，北洋舰队损失"致远""经远""超勇""扬威""广甲"（"广甲"逃离战场后触礁，几天后被自毁）五艘军舰，死伤官兵千余人；日本舰队"松岛""吉野""比睿""赤城""西京丸"五舰受伤（"西京丸""赤城"两舰被拖行不久后沉没），死伤官兵600余人。

仅仅从这个战果来看，北洋水师似乎是失利了：沉没五舰，阵亡千余人，优秀将领邓世昌、林永生以身殉国；而日本仅沉两舰，三舰受伤，阵亡人数也比北洋水师少得多。

不公平的对决：北洋水师密电码泄露之谜

自甲午战争打响之后，日本便一直寻求着与北洋水师来一场大决战。两军的"遭遇"并不是"偶遇"，因为北洋水师的所有动向早就被日本知道得清清楚楚。

在甲午中日战争打响前夕的1894年6月22日，日本外务大臣陆奥宗光致函清朝驻日公使汪凤藻就国事进行商讨。次日，汪凤藻用密电码的方式向清廷总理衙门发出一封长篇电报，连带陆奥宗光发来的那篇函文也包括在内。

他没有料想到的是，这封电报被日本电信课长、负责监听中国方面信息的佐藤爱磨所截获。然而佐藤拿着中方通讯中的明码本苦恼了好久也没有破译出汪凤藻写的到底是什么玩意。

结果是那封出自陆奥宗光之手的函文给了这位电信课长以启迪。他用函文的原文与电报相比较，终于将中国密电码的编排规律大白于天下。

令人扼腕的是，密电码泄密一事中方毫不知情。甲午战争期间仍然在继续使用。这就等于将清陆、海军的行踪及各方面的情况全部暴露在了日军的面前。黄海之上，日本联合舰队其实早已布下天罗地网，只等待北洋水师自来投。

因此，黄海海战并不是一场遭遇战，而是一场单方面的预谋之战。蒙在鼓里的，只有清军罢了。

日军发动此战的目的是要"聚歼清舰于黄海中"，但最后的战果却是北洋水师的16艘主力战舰在此战中仅仅损失五艘，这并非一个李鸿章所不能承受的数字。日军并没有实现最初的狂妄计划。而北洋水师此次的目的是为前往平壤的清军提供护航，且完成了任务，对清朝海军来说此战才是真正意义上的遭遇战。因此不能就此认定清败日胜。

在战斗进行的过程中，日军在第一阶段处于明显的劣势，至第二阶段方才扭转。到了第三阶段，北洋水师已经重整阵型，"镇远""定远"等六艘军舰会合数艘鱼雷艇再度向日军发起攻击。

日军对于"定远""镇远"二舰的会合十分惊恐，且此际天色已晚，不敢再战，拖着受伤舰只加大马力"向西南一带飞驶遁去"。北洋水师在追击了一段之后，收队返回旅顺。

由此可以看出，实际上是日军率先撤出战斗。

此役之后，北洋水师的中坚力量尚在，中日两国海军的实力对比并没有从根本上得到改变，黄海制海权在此时也未完全沦落于日本手里。除却北洋水师损失较大的因素外，双方可以说是打了个平手，而北洋水师略占上风，并没有黄海战役北洋水师大败一说。

有此前因，黄海海战后，日本联合舰队司令官伊东佑亨不敢再与北洋舰队直接交锋，而采取守弱观变的策略，以待日本陆军的配合和帮助。这也正能说明日本并没有取得此役的胜利。

奇袭日本本土计划为何而流产

奇袭日本，宋育仁的奇想

甲午中日战争的硝烟燃起之时，清廷驻外使节宋育仁正在伦敦任中国驻英、法、意、比四国公使参赞。黄海海战清军惨败之后，宋育仁产生了一个奇想，准备就地购买英国的五艘兵舰，十艘鱼雷快艇，再招募 2000 澳大利亚水兵，假借为澳大利亚商船护航的名义，从菲律宾起航北上，直扑日本的长崎和东京。

据宋育仁事后回忆：

"澳大利亚为英国的属地，西例商会本有自募水师保护商旅之权，中倭战起，澳洲距南洋最近，颇为震动，商会发议，举办属地水师一旅，以资保护，（英国候补议绅）庵洁华特暗联议院同党主行其议，而以此谋所购一旅假名于澳洲商会所为，仍挂英旗出口，则局外无嫌，而踪迹不露。"

从这点上来看，这个想法算不上异想天开，倒也有成功的可能。即使奇袭不成功也罢，最少可以逼得日本自中国退军以求自保。

此计策得到了两江总督刘坤一、张之洞的支持，同时，宋育仁方面也已经借到三百万英镑的费用。只要有钱就好办事，不几天，宋育仁最初设想的舰船、武器、战斗人员均已齐备，由前北洋水师提督琅威里率领，可以随时出发。

万事俱备，东风难起

然而后院起火。此时的清廷已经决定于日本媾和，准备赴日谈判的李鸿章对宋育仁的做法表示坚决地反对。又没过好一个生日的慈禧太后也以宋育仁"妄生事端"为由，将购舰募兵等事一概作废，同时严令宋育仁速回国内。

宋育仁功亏一篑。

《马关条约》：中国人的耻辱

北洋水师，就在这样的内外交困中成为历史。而甲午战争的失败，让李鸿章不得不再一次签署丧权辱国的耻辱条约——《马关条约》，将中国进一步推向了半封建半殖民地社会的深渊。

《马关条约》，一个在中国人心中永远也抹不去的伤痛。

赔偿日军两亿两白银，割让辽东半岛（后因三国干涉还辽事件被清廷以5000万两白银赎回）、台湾及澎湖列岛，日本可以在通商口岸开设工厂……

因黄海海战的失败导致甲午中日战争的失败，再导致《马关条约》的签订，中华民族就这样宰割。

日本方面利用战争赔款将近代资本主义迅速发展起来，一举扭转了长久以来的颓势，并且将一部分资金投入教育中去，日本变得愈加发达，最终走上了军国主义的侵略道路。

再反观中国。《马关条约》的签订让中国的国际地位进一步下降；洋务运动的努力彻底失败，民族资产阶级暗无天日；同时，也激起了人民的反抗之心，直接导致戊戌变法的发生，更为日后辛亥革命的爆发奠定了根基。

第四章

最恨生在帝王家——皇子争位真相

虎毒食子，残忍的是父亲还是政治

铁血太子的身世

在辽阳东郊阳鲁山上，有一处青砖素瓦的皇家陵园。清王朝入关前，因努尔哈赤建都东京（辽阳古名），曾一度将祖茔奉迁于此，故被敕封为东京陵。东京陵现存努尔哈赤胞弟舒尔哈齐、长子褚英、庶母弟穆尔哈齐及其子达尔差等人的四座陵寝，其中褚英的墓被当地老百姓称为"太子坟"。然而，褚英之墓远无皇家陵寝的风光，不仅面积小到不及舒尔哈齐陵寝的一半，墓前也是落寞孤寂，连一座石碑都没有。

这位生前勇武善战、为努尔哈赤统一女真立下赫赫功绩的太子，身后之所以如此凄凉，是因为300多年前，他在王朝内部一场政治角逐中落败获罪，被自己的父王努尔哈赤拘禁处死。

爱新觉罗·褚英，又称爱新觉罗·褚燕，清太祖努尔哈赤的长子，1580年生于北砬背山城（今新宾县网户村后山）。褚英的母亲为佟佳氏哈哈纳扎青，是努尔哈赤的结发妻子，因此，褚英是努尔哈赤的嫡亲长子。

明万历十一年（1583年），努尔哈赤以父、祖十三副遗甲起兵，开始了他长达半生的统一女真的征战，这年褚英刚满3岁。努尔哈赤起兵之初，首先面对的是一些族人的对抗和暗杀。有刺客来袭，努尔哈赤就把儿子褚英、代善和女儿东果藏进板柜底下。褚英在格杀争战、险象环生的境况中长大，刀光剑影、血雨腥风，造就了他性格上的勇敢和躁烈，严酷的生活磨炼以及父亲的悉心训导，使他很快成长为一个英姿勃发、壮怀激烈的勇武少年。

万历二十六年（1598年）正月，褚英受命与他的小叔巴雅喇、一等大臣费英东等，率一千精兵征讨东海女真安褚拉库路。这是褚英首次担任主帅，他率军披星戴月，昼夜兼程，一连攻取二十余座屯寨，尽数招来所属民众，大胜而归。对此，努尔哈赤十分高兴，亲赐褚英为洪巴图鲁（满语"英勇"的音译）的荣誉称号，并晋封他为贝勒。这年褚英刚满18岁。

万历三十五年（1607年）正月，蜚悠城主策穆特黑到赫图阿拉归服努尔哈赤，请求建州派兵前去迎护家眷和部众。努尔哈赤便命他的弟弟舒尔哈齐与长子褚英及次子代善等统兵三千前往蜚悠城。行军路上，发生了一件奇怪的事情：一天夜里，阴云密布，伸手不见五指，迎风招展的军中大旗上忽然射出一道白光，闪电般撕裂夜空，刺人眼目。兵士们放倒大旗细看，旗上并无一点光亮。但当他们重新将旗竖起，旗上便又射出耀眼的白光。舒齐哈奇大惊失色，说："我自幼跟大汗四处征讨，经历的事说来不少，但从来没有见过这样怪异的事。这是不祥之兆！我们应该撤军，避开这个凶兆。"舒尔哈齐的话遭到褚英和代善的坚决反对。在他们的坚持之下，大军终于到达蜚悠城。

在护佑着500户蜚悠部众返程途中，建州军在一个叫乌碣岩的地方，遭到乌拉兵的堵截。舒尔哈齐见敌军过万，惧于敌众我寡，畏缩山前，按兵不动。褚英和代善见状，便鼓动众将士说："乌拉首领布占泰曾是我们建州的俘虏，因其归顺父王，父王才把他放回。我们过去能把他放回去，今天就能再把他抓回来。他的兵虽然比我们多，我们却有老天的眷顾，有父王的威名，只要奋勇厮杀，敌兵必破。"

部众士气受到了鼓舞，军心大振。他们在山上立栅扎营，派兵守护那500户部众。由扈尔汉、扬古利率200人同乌拉军前锋殊死拼杀，吸引敌军的注意力。而褚英则与代善各率兵500，分两路夹击乌拉军。褚英率先冲入敌阵，吼声震天，无人敢挡。乌拉兵兵败逃窜，"如天崩地裂"。这一仗，建州兵斩杀乌拉兵 3000 多人，获马 5000 匹，甲 3000 副，代善擒斩了乌拉大将博克多。

乌碣岩大战不仅大大地削弱了乌拉部的力量，而且打通了建州通向乌苏里江流域和黑龙江中下游地区的通道。努尔哈赤自然欣喜万分，以褚英"奋勇当先"，赐以"阿尔哈图图门"尊号。阿尔哈图图门是满语音译，即足智多谋之意。

之后，在宜罕山城等战役中，褚英也是军功卓著，为努尔哈赤完成女真统一大业作出了重要贡献，堪称建立后金王国的卓越功臣。

史籍上失踪的太子

就在褚英崭露头角、地位不断上升的时候，从明万历四十一年（1613 年）以后，这位屡立军功的"皇长子"的名字，竟突然在大清的史册上消失了。在《清太祖实录》中再也找不到有关他的记载，他有无任职，有何功过，何时去世，是病逝善终，还是战死疆场，或是因罪诛戮，皆无记述。

直到三十五年以后，《清世祖实录》卷三十七才第一次提到，"太祖长子，亦曾似此悖乱，置于国法"。再过六十年，康熙帝提到："昔我太祖高皇帝时，因诸贝勒大臣讦告一案，置阿尔哈图图门贝勒褚燕于法。"以后，《清史列传》卷三《褚英传》才简略地写道："乙卯（1615 年）闰八月，褚英以罪伏诛，爵除。"但"悖乱"为何？"讦告"何事？罪犯哪条？是囚禁而死，还是被下令处决，皆讳而不述。因此 300 多年来，太子褚英之死只是流于各种民间传说，而从史学研究的角度，一直未得破解。

《无圈点老档》中的解密

直到 1962 年，在台湾台中市雾峰北沟"故宫博物院"地库里，发现了《满文老档》的原档，即《无圈点老档》，找到了有关褚英生平的原始记载，才解开了褚英死因之谜。

万历三十九年（1611 年），努尔哈赤 53 岁了。那个时代，女真人的平均寿命都不高，五十多岁已是高寿，努尔哈赤不得不对自己的身后事作出安排。经过再三斟酌，他于万历四十年（1612 年）六月，正式立褚英为太子，并授命其执掌国政。

褚英18岁开始领兵打仗，22岁执掌白旗，参与议政。34岁被指定为储君，秉执国政，是努尔哈赤亲手培养的继承人。然而，实际上不论资历还是威望，褚英都远没有父亲那样至高无上。再加上年轻气傲，见识短浅，心胸偏狭，多年戎马，也没有经历过真正的政治上的训练，在权力角逐和抗衡中，不懂得韬晦绥靖，所以，做了很多蠢事。

此时，他本已是一人之下万人之上，但他却对父王"爱如心肝"的四大贝勒和父王"信用恩养、同甘共苦"的五大臣心存忌惮，总想着趁努尔哈赤在世时，逐渐削夺四大贝勒和五大臣的权力，巩固自己的储位，为自己顺利即位铺平道路。他的这种做法使四大贝勒和五大臣人人自危，更促进了他们的联合，使自己陷于孤立。

更愚蠢的是，褚英对自己的处境不但没有省察自警，反而为了树立自己的权威，竟号令诸贝勒与诸大臣对天发誓，效忠自己。四大贝勒和五大臣怎么能买他的账呢？于是，纷纷上书告状，状告其缺乏治国公心，离间五大臣的关系；逼迫弟弟们在夜里发誓，背着父亲忠于自己；并且威胁贝子们如不顺从自己，将在父亲死后断绝对他们的供养，即位之后，弟弟和大臣们谁反对他，他就杀掉谁。

努尔哈赤接到这些告状后，心情十分沉重。他拿着那些状告文书当面对褚英说："儿子，这是你四个弟弟和五大臣告发你的文书，你先看看，如有不实之处，你可以据理辩白。"这其实是给褚英一个检讨自己、痛思悔过的机会，只要他能把事情解释清楚，承认自己狭隘偏私给兄弟和大臣造成的伤害，或许会得到父亲的宽宥和一如既往的扶植。可是，褚英仍然固守己见，表示无话可说。他的态度惹怒了父亲，他在立储之时，本就顾虑褚英"从幼偏狭，无宽宏恤众之心"，本希望他通过执掌政务得到锤炼，能够"弃其偏心，为心大公"，不想他一意孤行，不思悔改。于是，努尔哈赤下令削夺了他的权力，并将其所属部民和牧群等悉数收回，分给了其他儿子。至此，褚英从被立为储君到他最后失去执政权力，只经过了短短的三个月时间。

之后，努尔哈赤两次率兵征伐乌拉时，都让他留守建州，却把守城之责先后委代善、莽古尔泰和皇太极，明显表现出对他的不信任。对此，他不但没有反躬自省，心中反而更加愤懑和不满。于是当父亲出兵在外的时候，他竟焚表诅咒努尔哈赤及诸贝勒、众大臣兵败。并扬言说，如果他们兵败回来，我是不会让他们进城的。

努尔哈赤回兵后，褚英的诅咒被部下揭发。努尔哈赤盛怒之下将他囚禁。被押两年之后，明万历四十三年（1615年）八月二十二日，距努尔哈赤建国称汗只有不到四个月的时间，褚英被努尔哈赤以不思悔改之名下令处死，年仅36岁。

一场惊心动魄的政治谋杀

几百年来，人们一直在探询：是什么让努尔哈赤残忍地杀害了自己的亲生儿子？

有人试图从努尔哈赤性格上找原因，说他是一个生性残暴的人，"虽其妻子及素亲者，少有所忤，即加杀害。"也有人认为努尔哈赤杀褚英是要保住自己至高无上的地位；还有人戏说，其父子反目是为了争夺一个女人。

其实，努尔哈赤同样也是一个情意深重的父亲，他一生最后悔的事就是囚杀了长子褚英。特别是年老之后，努尔哈赤每每回顾这件事情，都痛彻心扉，久不平静。据《清太祖武皇帝实录》卷三记载，为了不愿再看到子孙们骨肉相残的事，天命六年（1621年）正月十二日，努尔哈赤召集诸子侄代善、阿敏、莽古尔泰、皇太极、阿济格等对天地神祇，焚香设誓："吾子孙中纵有不善者，天可灭之，勿令刑伤，以开杀戮之端。……昆弟中若有作乱者，明知之而不加害，俱坏（怀）礼义之心，以化导其愚顽。……自此之后，伏愿神祇，不咎既往，惟鉴将来。"

对于这桩史上鲜见的父杀子的悲剧，有史学家认为，努尔哈赤是一位具有远大政治抱负的政治家，当他的力量还很弱小时，他需要一支强有力的骨干队伍，同心同德，朝着既定的大目标共同奋斗。当时这支骨干队伍主要是两个集团：一个是宗室贵族集团，以四大贝勒为代表；另一个是军功贵族集团，如五大臣。当褚英被推到执掌国政的地位时，因为他没有恰当地处理好各种关系，两个集团的主要成员都反对他。努尔哈赤不处理褚英，就会出现三个不合：宗室贵族不合、军功贵族不合、宗室贵族与军功贵族不合。除掉褚英之后，使宗室贵族合，又使军功贵族合，更使宗室贵族与军功贵族大合，从而为建立后金政权、创立大清事业奠定了基础。

由此看来，褚英被杀，残忍的不是父亲而是政治。

自斩手足，努尔哈赤之弟的悲剧

军功显赫的兄弟

清咸丰十一年（1861年）七月，咸丰皇帝在热河避暑山庄去世，怡亲王载垣、郑亲王端华、尚书肃顺等称"赞襄政务王大臣"，受遗诏辅政。不久，慈禧与恭亲王奕䜣发动北京政变，肃顺陈尸西市，载垣、端华赐死宗人府。这端华、肃顺系同胞兄弟，时人号"端三肃六"，他们是清太祖努尔哈赤亲弟舒尔哈齐的八世孙。

有清一代，舒尔哈齐默默无闻，即使今人闲话清史，述及帝业肇起，也唯知太祖而已。其实舒尔哈齐是一个很了不起的人物，他与努尔哈赤一起奠定了清朝300年江山的基石，若说他是仅次于太祖的清帝国的缔造者，也并非过誉。努尔哈赤弟兄5人，但称得上同胞手足的只有三弟舒尔哈齐、四弟雅尔哈齐。1583年，努尔哈赤的祖父和父亲被明军误杀，当时努尔哈赤25岁，舒尔哈齐20岁，兄弟遽失护恃，明人谓为"孤雏"，十分可怜，明朝政府为了补偿他们，就让努尔哈赤继父、祖领建州左卫都指挥，给还敕书、马匹，也未加留意。谁想努尔哈赤兄弟沉潜有心计，为报父、祖亡仇，生聚教训，秣马厉兵，不几年间，建州异军突起，不但令周围女真名酋刮目相看，明朝和朝鲜也都知道有"奴速"兄弟二人多智习兵，其志不在小。

无处寻觅的丰功伟绩

明朝人称努尔哈赤为奴儿哈赤，舒尔哈齐为速儿哈赤，故有"奴速"之称。当时朝鲜政府得到情报说，努尔哈赤自称为王，其弟称船将，立志"报仇中原"。明朝留心边事的人记述说，凡军机大事，努尔哈赤兄弟登高密议，决定之后，雷厉风行，竟无一人了解内幕。以后努尔哈赤晋都督，加龙虎将军勋衔，舒尔哈齐也被明廷授予都督崇阶，故在建州内部人称舒尔哈齐"二都督"，到万历三十九年（1611 年）舒尔哈齐去世时，不仅统一了建州女真，而且灭掉了海西女真哈达、辉发二部。昔人曾三，"女直（即女真）兵满万，天下不能敌"。此时建州有精兵劲卒数万，鲸吞女真，虎视辽东，已成不制之势，总之，在开创帝业的最艰苦的头 30 年间，是努尔哈赤兄弟二人打的天下，然而清代官修史书中，舒尔哈齐对清王朝的丰功伟绩却无从追寻，这实在耐人寻味。

被囚杀的一奶同胞

据《清实录》所记，1611 年 8 月 19 日舒尔哈齐"薨，年四十八岁"，但何以致死，丧仪如何，全不作交代，不免让人疑窦丛生。当时明朝方面的记载则为："奴酋忌其弟速儿哈赤兵强，计杀之。""奴儿哈赤杀其弟速儿哈赤，并其兵。"对这次骨肉相残的内幕，明代黄道周说得绘声绘影："酋疑弟二心，佯营壮第一区，落成置酒，招弟饮会，入于寝室，银铛之，注铁键其户，仅容二穴，通饮食，出便溺。弟有二名神以勇闻，酋恨其佐弟，假弟令召入宅，腰斩之。"黄氏所云不可目为无稽之谈。清人撰《满文老档》记舒尔哈齐事始起于万历三十七年（1609 年）。

3 月间，努尔哈赤以舒尔哈齐图谋出走自立尽夺其所属军民，又杀舒尔哈齐一子及一僚属。两年后，舒尔哈齐死去。揣度当时情状，舒尔哈齐自有军兵，不可能束手就擒。努尔哈赤用计囚禁，杀其亲信以震慑其族党，是意中之事。舒尔哈齐以一代雄杰，纵非被戮而亡，亦会自毙于囚室。明人谓努尔哈赤杀弟，并非诬传。今天史家即奉此说，认为舒尔哈齐为其兄囚杀。

同室操戈的疑问

坐实努尔哈赤杀弟之后，这桩疑案仍余波未平。努尔哈赤兄弟二人相依为命，最为亲厚，为什么竟闹得同室操戈、骨肉相残？通常认为是权力之争使然。舒尔哈齐与其兄同为明廷任命的管理建州女真的官员，二人又分别统辖自己属下的兵马，若舒尔哈齐能屈身事兄，自然相安无事，而舒尔哈齐偏偏又是桀骜难制的人，他虽不及其兄兵强马壮，但处处要分庭抗礼，兄弟之间难免产生龃龉，裂痕日大。舒尔哈齐最后决心离兄出走，自树旗帜。在努尔哈赤看来，当时强邻环伺，断不容在自己身边又立一敌国，由此而导致努尔哈赤火并舒尔哈齐。近年来又有新的解释，认为努尔哈赤兄弟之争，绝不单是权力的争夺，而是一场"叛明"和"拥明"的斗争，建州内部本有拥明派的社会基础，明廷又扶持舒尔哈齐重建建州右卫以削弱勃兴中的努尔哈赤。持这种看法者，还考察得出新设建州右卫治所黑扯木在辽宁铁岭东南。看来，清太祖杀弟疑案一时还难以完全澄清。

不敢翻案的后世帝王

不管权力之争也罢，政见之争也罢，二者互相交织也罢，舒尔哈齐为其兄有意诛除则确定无疑。舒尔哈齐生前有大功于清室而身后竟寂寥无闻，清人所修官书虽不得不记其死，但又不敢明言其死事，国初诸王冤案后被清帝昭雪者不乏其例，独不及舒尔哈齐。这些固然因为努尔哈赤的子孙们不愿以杀弟恶名加之其祖，另外，在清人看来，努尔哈赤杀弟也是出于维护帝业的目的。舒尔哈齐之子济尔哈朗后以功得封郑亲王，终清之世，功爵世袭罔替，俗称"铁帽子王"，这在一定意义上讲，是努尔哈赤对舒尔哈齐开创之功的酬答吧。

手足相残，最恨生在帝王家

被禁锢的功臣

明崇祯二年、后金天聪三年（1629 年）十二月十七日，皇太极亲率八旗和蒙古联军十余万兵出关内，直扑北京城。结果在永定门外遭到了大同总兵满桂的重创，只得大肆掠夺一番后班师返回关外，于天聪四年三月初二，抵达盛京。

但放弃关外、偏安辽东又岂是皇太极的心愿？一次的挫折算不了什么，壮大自己的实力，伺机而动才是王道。于是，他派二贝勒阿敏、贝勒阿巴泰、济尔哈朗等人率领5000八旗军驻守在关内的滦州、迁安、永平、遵化四座军事重镇。

此时的明廷辽东经略一职再度起用孙承宗。在孙、袁二人的部属下，明军开始由战略防御转变为集中优势兵力收复辽东失地。他们首先要收复的，当属永平四镇。

率先迎来明军攻势的是滦州。然而作为此地的最高军事长官，阿敏却对滦州的被动无动于衷，拒不发援。滦州为明军所收复。

这时候的阿敏犯了一个更大的错误：他将降金的汉将、并且是由皇太极钦定的永平巡抚白养粹处死，在永平城中大开杀戒，屠戮无数，紧接着趁着夜色弃城出关，逃亡关外。

身在盛京的皇太极对阿敏在永平城里的作为毫不知情。得知永平四镇被明军所攻打的战报之后，忙派贝勒杜度星夜率兵驰援永平，同时让杜度带去一张敕令，告诫阿敏要对城中官民加以善抚，不得胡作非为。为了保住永平四镇，他甚至已经做好了亲征的准备。

然而阿敏弃城出逃的行径彻底将皇太极的战略计划打乱，屠城的暴行也对皇太极的权威造成了严重的不利影响。永平保卫战之前，皇太极刚颁布一项厚待俘虏的上谕，结果阿敏就将之糟践得体无完肤，不但投降的汉人心寒如冰霜，就连皇太极费尽心思在关内布下的"棋子"也被轻易葬送。这怎能不让皇太极怒火中烧？

阿敏辗转逃回盛京，盛怒之下的皇太极拒绝放他入城。六月初七，皇太极召集诸贝勒大臣，议定阿敏之罪。议毕，命岳托当众宣布，历数其十六大罪状，遂命夺其人口、财物给其弟济尔哈朗，只留庄园八所，将阿敏"送高墙禁锢，永不叙用"。

皇太极为何要除掉功臣阿敏

永平四城的失守，其实只不过是皇太极欲除掉阿敏这个隐患的导火线。

当年努尔哈赤尸骨未寒之时，阿敏便向皇太极提出了一个拥立他为嗣位之人的条件："我与诸贝勒议立尔为主，尔即位后，使我出居外藩可也。"分裂之心昭然若揭。后来皇太极回忆说："若令其出居外藩则两红、两白、正蓝等旗亦宜出居于外藩，朕统率何人，何以为主乎。"尽管他在支持皇太极继承汗位的过程中起过积极作用，但实质上是不赞同，并放言"谁畏谁，谁奈谁何"。先汗病死，对于后金是何等危急时刻，而阿敏的三位福晋却"盛装列坐"。

出征朝鲜时，岳托等劝阿敏班师，阿敏却说羡慕明朝皇帝及朝鲜王宫，一定要到王京去看看，还有"屯种以居"的话语。皇太极发现阿敏"颇怀异志"，却隐忍不发。这一招正是帝王常用的手段，要令对方欲加张狂，以便处之有道。

天聪三年十月，皇太极统兵扰明，阿敏留守沈阳。次年春，岳托、豪格率军先还。阿敏出迎，居中而坐，令留守诸臣坐于两侧，"俨如国君"。

次年，阿敏受命驻守永平后，对皇太极委任的城中汉族降官、招徕的乡民其为反感，任意杀害。又擅自在明军将至之时弃城逃回沈阳。

皇太极先拿堂兄开刀，采取故意放纵的策略，不动声色地除掉三大贝勒之一，又使其余诸人无法反对，高明之至。削夺二贝勒之举自然引起了另外两大贝勒的警惕，尤其三贝勒莽古尔泰，对皇太极的做法大为不满。

莽古尔泰的悲剧

莽古尔泰性格鲁莽、暴躁，因为心有怨言，自然在行为举止上表现出来。这正是皇太极所希望的。

天聪五年（1631 年）皇太极统军进行了大凌河之役。一天，皇太极到岳托营巡视。莽古尔泰与岳托一同上奏说："昨日之战，我旗中将领受伤者较多，我旗下的士兵，有的跟着阿山出哨去了，有在达尔汉额附的营中当差者，能不能让我把他们收回来？"

皇太极故意用怒气的语调说："我听说你所率领的部队，凡是被差遣到外面去的，都是违反军令的。"

莽古尔泰不服气，道："我的部队哪里曾违反了军令？"

皇太极回答说："果然，是别人的诬告；我回去后亲自追究诬告者的责任。"

莽古尔泰一时按捺不住，愤怒地说："大汗你应当公正处事，为什么非要与我为难？我出于考虑到大汗的颜面，无论什么命令都完全服从，你们不肯放过我，难道还想要置我于死地不成？"并伸手将佩刀拔出刀鞘五寸许，用眼斜睨着皇太极。

当时莽古尔泰的弟弟德格勒也在场。德格勒劝阻他，不听；挥拳殴打他，他仍怒骂不止。事情发生后的第二天，莽古尔泰以"饮酒过度狂态失言"为辞，向皇太极叩头请罪。众贝勒大臣议论说，莽古尔泰拔刀露刃，"欲犯上，大不敬"。皇太极遂降其秩（降和硕贝勒秩同诸贝勒），罚银万两及马匹甲胄。

同年十二月，礼部参政李伯龙奏定朝仪说，诸贝勒皆言莽古尔泰不当与皇太极并坐。皇太极说："从前跟诸位平起平坐，今天却不是这样，要是让外人知道，会怀疑我怠慢了各位兄长。"

代善主动说："我们既然已经拥立大汗为君，再与大汗平起平坐，恐怕会遭到国人的议论，说我们已经奉大汗为君，还与大汗平起平坐，于礼不合。如果仍像以前那样，必定会受到上天的惩罚。所以自今以后，大汗在南面中间坐，我与莽古尔泰在侧面陪坐，外国蒙古诸贝勒等人，就坐在我和莽古尔泰的下面。"

这种座位的变易，不只是表示朝仪的形式，也是后金内部渐趋统一的明证。

次年，三贝勒莽古尔泰在忧郁中死去，又一大贝勒的势力被皇太极轻易削除了。

完全掌握大权

削除阿敏、莽古尔泰十分容易，二人一个有不臣之心，一个性如烈火，容易做出授皇太极以口实的事，而削除大贝勒代善就比较困难了。代善素无异心，且性格平和，并曾力主拥立皇太极，想将他削除，必须找到理由。而代善此时已是权力仅次于皇太极的人物，若不削除他，皇太极之前的努力等同于徒劳。

天聪九年（1635年）十月，大贝勒代善盛情款待了三贝勒莽古尔泰的妹妹哈达公主莽古济格格。皇太极对莽古济格格成见本来就很深，见代善宴请她大为震怒，声称"正红旗的诸贝勒轻视我"。不久，皇太极历数代善不遵旨令、悖乱多端等罪，但这些罪名不足以作为削除代善的借口，因此皇太极声言"别举一强有力者为君"，从此杜门不出。众贝勒大臣闻讯人人惶恐，到朝门外跪请皇太极出朝听政，还哀告说："大小纲纪，俱听睿裁。"从此，大贝勒代善几乎被削夺了大贝勒的名号，其子贝勒岳托、萨哈廉也因此受到牵连，俱同时获罪任罚。

十一月，莽古济家仆冷僧机，忽然到刑部自首，告发正蓝旗主莽古尔泰、德格勒生前曾与莽古济、索诺木（原蒙古敖汉部长，归附后金后，取莽古济公主为妻）、屯布禄、爱巴礼等跪焚誓词，结党为乱，图谋不轨，于是构成惊动一时的大案。在抄没莽古尔泰的家时，果然查获"所造木牌印十六枚，视其文，皆曰：'金国皇帝之印'"。皇太极于是严厉镇压参与其事者。莽古济及其夫索诺木以"谋危社稷""逆迹彰著"的罪名被处死。屯布禄、爱巴礼及其亲支兄弟子侄俱磔于市。莽古尔泰有两个儿子被杀，其余六子同德格勒之子皆废为庶人。正蓝旗附入皇太极旗，被吞并。皇太极长子豪格由两黄旗分出，专门主管重新编制的正蓝旗。

天聪末年，皇太极实际上已经控制了两黄、两蓝、两白六族，势力还渗入镶红旗，结束了"八和硕贝勒共理朝政"的局面，开始"制令统于所尊"。后金的朝政大权完全掌握在了他的手中。

努尔哈赤传位九王子的遗诏

多尔衮，暴风雨中的降生

多尔衮降生在建州本部统一之后，大军征服东海三部与扈伦四部的炙热年代。他还在娘胎里蠕动时，姥姥的乌拉部已遭到父亲的大军攻击，失掉6城；

刚降生 5 个月，姥姥和舅舅已无家可归，部落被父亲兼并。可见，他是在战争的暴风雨中降生。

多尔衮生母阿巴亥生于万历十八年（1590 年），父亲是乌拉贝勒满泰，母亲姓都都祜氏。努尔哈赤兼并哈达、辉发部后，为打通朝鲜后门东海地区贸易通道，尽量争取乌拉部合作。万历二十四年（1596 年），贝勒满泰及其子因故死亡，努尔哈赤将 9 部联军之战中俘虏的满泰之弟布占泰贝勒送回乌拉部成为国主。布占泰使用刚柔并举手法对付努尔哈赤，既治国强兵、兼并临近各部，又试图与努尔哈赤友好。他先请求努尔哈赤将舒尔哈齐之女额实泰、额恩哲及努尔哈赤之女穆库锡娶为妻子。又将自己的妹妹滹奈嫁给舒尔哈齐，侄女阿巴亥嫁给努尔哈赤。在这种相互政治联姻交易中，阿巴亥作为交易的政治筹码，于万历二十九年（1601 年）十一月，在叔父布占泰陪同下，进入建州赫图阿拉城。阿巴亥作为刚满 12 岁的少女，与 43 岁的努尔哈赤就这样成了婚配。

阿巴亥初嫁时，仅是个小姑娘，不足以引起努尔哈赤关注。后宫最受青睐的是皇太极母亲，叶赫之女即孟古姐姐。然而不幸的是阿巴亥入宫两年，万历三十一年（1603 年）九月，孟古姐姐病卒。努尔哈赤痛苦异常，他"爱不能舍，将四婢殉之，宰牛马各一百致祭，斋戒月余，日夜思慕，痛泣不已，将灵柩停于院内三载，方葬于念木山"。

孟古姐姐病逝后一年，阿巴亥满 15 岁，成为努尔哈赤卧榻上最受宠的美人。此后 10 年在努尔哈赤的婚姻生活中，除有时关注侧妃叶赫那拉氏、庶妃西林觉罗氏、伊尔根觉罗氏外，主要热恋着阿巴亥。因此，阿巴亥连生三子，即万历三十三年（1605 年）七月十五日生阿济格，万历四十年（1612 年）十月二十五日生多尔衮，万历四十二年（1614 年）二月二十四日生多铎。

历史上女真社会部落与部落政治联姻，实际上都是为维护相互力量暂时的平衡，没有什么亲戚、感情可言。当努尔哈赤需要，并有能力征服乌拉部时，尽管乌拉部女儿夜间还卧在他的卧榻中，而早晨他便率领大军向乌拉部开战。当多尔衮在胎中数个月后，努尔哈赤同阿巴亥的叔父布占泰翻脸，夺取乌拉首都之外 6 座城市，大肆焚烧谷物。多尔衮降生刚满 5 个月，其父大兵的铁蹄已踏平他姥姥的安乐窝，乌拉部彻底灭亡。姥姥和舅舅都无家可归，逃往叶赫部。多尔衮就是降生在女真社会大动荡的暴风雨中。

关于九王子嗣位的传说

在努尔哈赤安排嗣位的规划中，总是能够看到一个人的身影，他就是八子皇太极。他天生就有一种优越感。这种优越感来自母亲家族的威望，来自汗父对孟古姐姐特殊的钟爱和他本人文武双全及过人的聪明。所以，当努尔哈赤第一次分析家产时，除长子褚英、次子代善外，皇太极在其他诸子中首屈一指，其次是德格类、阿济格，连大名鼎鼎的莽古尔泰都没有份。当努尔哈赤将汗位交给长子褚英承袭期间，刚满 20 岁的皇太极，就与父亲身边的巴克什额尔德尼往来密切，而额尔德尼正是陷害褚英、"进谗言"的主要人物之一。天命八年（1623 年，天启三年）五月初三日，努尔哈赤对于杀褚英多有悔意，曾在诸贝勒大臣面前说："昔大阿哥在时，额尔德尼、乌巴泰等曾进谗言"，并严肃地指出："于辽东时，伊逊、额尔德尼，即已去四贝勒巡察之处，往而不问，归而不告其所往。如此之举，不唯挑唆，岂有他哉？"足见，在对大阿哥"进谗言"的问题上，皇太极难于脱离干系，有觊觎汗位之嫌。

在努尔哈赤临终前的数年间，关于他立嗣的问题传说纷纭，其中有："贵永介曰：'九王子当立而年幼，汝可摄位，后传于九王。'"根据这一条材料，近年诸多著作认定此为事实，也有的著作持完全否定意见。那么到底是怎么回事呢？

代善的遗憾

关于努尔哈赤遗诏真假之事，我们还要先回顾一下那个错综复杂的继位之争。首先是大贝勒代善的失政之事。正是因为他的失政，才掀起了后来的一系列风雨。

天命四年（1619 年，万历四十七年），在萨尔浒大战取得决定性胜利之后，四月初三日，努尔哈赤决定移兵于明朝边境驻扎，在界凡山筑城。经过两个月施工，便于当年六月初十日，将都城暂时迁到界凡城。然而，尽管天命五年（1620年，万历四十八年）三月，有大福晋事件冲击，努尔哈赤对大贝勒代善不满，却"不欲加罪其子"，便借"大福晋窃藏绸帛、蟒缎、金银甚多为辞，定其罪"，休废于另室，代善便躲过了罪责。

当然，从根本上说，代善没有什么过错。而当时的努尔哈赤一心只想国家必须"得辽而后生"，不进入辽沈地区将无法生活，关于继嗣问题不再提起。

因统一事业发展很快，当年十月又决定临时迁都。代善作为合法汗父嗣位人，应当胸中有数。然而，在住房问题上他却弄得很复杂。先是他看到长子岳建的宅院比自己的宽敞，想要移入。本来父子之间可以自行协商，但他却以关心汗父姿态，希望汗父移出自建的狭小院庭，移进自己宅院。努尔哈赤很是高兴，认为"果较其欲居住之地颇为宽大"，于是宣布："大贝勒住我整修之住地，我居大贝勒整修之地。"而代善没有看上汗父宅院，认为太狭窄，不便装修。暗指拨岳宅院给自己。诸贝勒不知道他葫芦里装的什么药，他又不明说。大家都成了丈二的和尚，摸不着头脑。莽古尔泰没有与诸贝勒商议，请示汗父派工千余人给代善重新建筑宅院。新宅院完工后，代善仍不满意，提出"该地优佳，请汗居住"。努尔哈赤前往观看后，决定进驻，并将代善原先建筑的宅院作为诸贝勒会议大衙门，将自己初建的房屋仍赐给代善。代善没有达到愿望，指使阿敏再次请命。努尔哈赤只好从新建的"优佳"宅院搬出，回到自己初建的宅院中。

代善是努尔哈赤诸子中最勇敢善战的将领，功勋赫赫。但是，做出如上蠢事，实在令人失望。他目光短浅、心胸狭隘、不识大体且相当自私。同时，他还怕老婆。继妇虐待次子硕管理牧群，肆行无忌。致使硕无法生活，造成极坏影响。阿敏、莽古尔泰、皇太极、达尔汉虾等都曾劝告他，竟迟迟不能改悔。早年李朝使者曾赞扬他宽宏、能得众心，将来必然承继汗位。而今天却批评他"特寻常一庸夫"。天命五年五月二十八日，他发誓说："我不恪守汗父教导之善言，不听三位弟弟、一位虾阿哥之言，而听信妻言，以致丧失汗父委托于我指挥之大政。我乃杀掉我的妻子，手刃我之过恶，日后若仍以是为非，以恶为善，怀抱怨恨和敌意，我愿受天谴责，不得善终。"这段誓词，如同认罪书。事实不难看出，在努尔哈赤的心目中代善已黯然失色。

从天命四年至天命六年的三年中，后金政权围绕李朝问题，内部发生较大争论。主要是两个问题，即对待李朝战俘和出兵李朝。萨尔浒大战结束后，李朝都元帅姜宏烈率领 3000 兵投降。代善与姜宏烈在战场上共同盟誓讲和。代善想先移兵都城，令姜宏烈等朝见努尔哈赤后，将李朝官兵再释放回国。而努尔哈赤知道这批官兵有很强的战斗力，将对后金构成威胁，除采取分散办法，将一部分分到村庄外，借口杀掉数百人。代善认为双方已讲和，"阵上之约不可负"。同时，他鉴于后金"四面受敌，仇怨甚多"，大非自保之策，对于李朝"极力主和"，坚决反对杀害李朝官兵，丧失信誉。皇太极和莽古尔泰等主张屠杀投降官兵，并主张出兵李朝，然后再进攻辽东。因此，在李朝问题上两个代表人物代善与皇太极"和战异议，所见相左"，争论十分激烈。兄弟争论最终裁判自然是汗父。从正常人情道理说，真理是在代善一边。努尔哈赤无奈，表态说："好！好！当从汝言"。而皇太极和莽古尔泰早就摸清汗父心思。因此，这场军事路线的大争论，也是努尔哈赤对代善嗣位动摇的重要原因之一。

经过两年争论，转眼之间已是天命六年（1621 年），嗣位问题已成了烫手山芋，想拿拿不得，想放放不下。九月初十日，努尔哈赤遇到叔兄弟阿敦，闲聊起来。这位阿敦是一位"勇而多智"的人物，在后金将领中"超出诸将之右"，往昔各次战阵几乎"皆其功也"，现任镶黄旗满洲固山额真，是努尔哈赤身边的智囊人物。努尔哈赤遇事一向独断专行，而在嗣子问题上却听阿敦意见。他开口便问："诸子中谁可以代我？"智慧的阿敦听到这样的敏感话题，哪敢轻易插言，巧妙地说："知子莫如父，谁可有言？"努尔哈赤告诉他说说无妨。阿敦仍不肯直接点出名字，只说："智勇双全，人皆称道者。"努尔哈赤明白他所指的就是皇太极。可见，努尔哈赤放弃代善嗣位，已有意于皇太极，从"人皆称道"这句话可知，皇太极在官民中的口碑不错。

然而，阿敦对待这样的严肃问题，却采取不严肃态度，他将与努尔哈赤的谈话内容告诉了代善，使代善心情不安而怨恨。皇太极摸到汗父脉搏，便同莽古尔泰、阿巴泰等频繁秘密交往。阿敦洞察到其中隐情，便悄悄地警告代善：皇太极、莽古尔泰等"将欲图汝，事机在迫"，你要做好准备。阿敦本是好心，让他提防，可哪里想到代善竟跑到父亲跟前哭了起来。努尔哈赤十分愕然，问清缘由，原来是阿敦从中有话。为弄清真相，努尔哈赤将皇太极等招来盘问，而他们都矢口否认。结果阿敦以在诸子中"交媾两间"罪被幽禁，籍没家产。从实而论，尽管代善经过种种挫折，嗣位已基本丧失，而皇太极仍不放心，对兄长几乎是落井下石，在社会上已形成一种氛围，连李朝使者都已洞察到，他们"兄弟位次相逼"，指出皇太极"恃其父之偏爱"，"潜怀弑兄之计"。当然，阿敦在爱新觉罗家族中是智谋高远之人，努尔哈赤在嗣子问题上，任何人的意见都不顾，偏偏征求他的看法，说明他已引起努尔哈赤的特殊担心。然而，他一时不慎却给努尔哈赤抓到把柄，借机将他杀掉，防止身后乱政。这就是政治斗争的残酷性，李朝使者对此惋惜地说，努尔哈赤"是自坏其长城也"。

八贝勒共同理政方略的背后

自从褚英被杀，努尔哈赤经过7年努力，解决嗣子问题宣告失败，诸子相争，愈演愈烈。于是他在剩下的5年中，无可奈何地实施八和硕贝勒共同治理国政的方略。这个方略的提出和实施共有四个问题。

其一，总结历史教训。努尔哈赤在训诫诸王时，说他的思想来自祖宗六王时代，即"我祖六人及东郭（栋鄂）、王佳（完颜）、哈达、夜黑、兀喇、辉发、蒙古俱贪财货，尚私曲，不尚公直，昆弟中自相争夺、杀害，乃至于败亡"。从这段历史教训中他得出结论：我"以彼为前鉴，预定八家"。

实际上，他也是吸取自己的历史教训，因为他为争权夺势、利益、政见分歧，竟杀弟、屠子，当他进入64岁高龄时，反思过去，展望未来，不寒而栗。所以，天命六年正月十二日，他教训诸子："吾子孙中纵有不善者，天可灭之，勿令刑伤，以开杀戮之端。"实际上，开杀戮之端者、不善者正是他自己，今天只是希望诸子不要重蹈覆辙。事实证明，努尔哈赤晚年推行的治国方略，与吸取历史教训大有关系。

其二，八和硕贝勒共治国政的经济内容是要求"重义轻财"，凡得财务，八家平分；政治上，从诸贝勒中推选出一人为君。要求君主善良、贤能、受谏、有才、有德、有威望，反对"恃力自恣"者；有事八家同议，未经同议不准私行。诸贝勒朝见君主须同往，共商国是、举贤良、退谗佞，不可一二人至君前；君主"若不纳谏，所行非善"，可以共同计议更换；如果被更换的君主不悦，则"强行易之"。同时，要求严法度，信赏必罚，加强法制管理。

其三，奉行儒家忠孝思想，主张社会和谐，提出"人君无野处露宿之理，故筑城也。君明乃国成，国治乃成君。至于君之下有王，王安即民安，民安即王安。故天作之君，君恩臣，臣敬君礼也。至于王宜爱民，民宜尊王；为主者宜怜仆，仆宜为其主。仆所事之农业与主共食，而主所获之财及所畋之物亦当与仆共之。如是，天欣人爱，岂不各成欢庆哉"。很显然，他要求从君主到奴仆上下都要"互相关切"，使社会达到"天欣人爱"境界。如何达到这个目标，需要一种统治思想，那就是儒家思想。

天命十年（1625年）四月二十三日，他在诸贝勒欢宴上正式引用《论语》说："其为人也孝悌而好作乱者未之有也，吾世世子孙当孝于亲，悌于长。其在礼法之地勿失恭敬之仪。至于燕闲之时，长者宜合洽其子弟，俾翕如欢聚。"并指出，作为君主凡是"除夕谒堂子拜神主后，先由国君亲自拜众叔、诸兄，然后坐汗位。汗与受汗叩拜之众叔、兄，皆并坐于一列，受国人叩拜"。

为了给诸子和国人做出榜样，当年正月初七日，他把过去在统一战争中受到冲击、对自己大为不满的建州本部叔父、伯父，叶赫部的诸媪、额驸之母，包括乌拉部岳母都都祜等都请到自己家中，坐在西炕上，令自己的三位福晋以儿媳之礼，"叩拜二伯父及四媪"，自己也捧酒跪饮。同时，在民族政策方面，遵循儒家思想，主张改变往昔政策，认为"昔我国满洲与蒙古、汉人国别俗殊，今共处一城，如同室然。为和洽，乃各得其所"。

其四，推行监督机制。天命八年二月初七日，决定八旗设都堂8员，满洲每旗设审事官2员，蒙古、汉人各设审事官8员。而对各贝勒特别设立"卦文启示者"，将汗的教诲之言，随时提醒贝勒遵循，给予严格监督。

八和硕贝勒共治国政，实质上是重新确立政治体制，将正在过渡和完善的君主制，退回到贵族共和制，是一种倒退政策，没有前途。在一定程度上提高了诸位小贝勒的地位。并对争权夺势的大贝勒是个有力的牵制。在一定程度上缓解了激烈的嗣位之争。同时，也不难看出，所谓"九王当立而年幼"，令代善摄位，将来"传于九王"的传闻，绝不会是这种体制下的产物，而是努尔哈赤在实施此制之后，对嗣君的一个适时的思考方案。

望风捕影的立嗣多尔衮

朝鲜李朝使臣传出多尔衮当立嗣，代善暂摄政一事，后世史家常常一言以蔽之，"望风扑影"。就算如此，那么影子又是什么？

其一，多尔衮为贝勒，不代表八家。早在天命四年李朝官员李民寏提到代善、皇太极、莽古尔泰之后说，"余三子幼"，当时阿济格15岁、多尔衮8岁、多铎6岁。这里指的是受重视、有地位的六个儿子。其中这三位幼子，在李朝人的笔下只是"余"子，并无明显社会影响。第二年九月二十八日，努尔哈赤因代善的"过恶"，废除其执政地位，宣布八家的列名是："阿敏台吉、莽古尔泰台吉、皇太极、德格类、岳、济尔哈朗、阿济格阿哥、多铎多尔衮八贝勒为和硕额真。"从此，9岁的多尔衮由一名闲散贝勒成为正式和硕额真。但在八家中只是与7岁之弟多铎合为一家，且在多铎之后。

天命六年（1621年）十二月初一日，召开八家会议时，有代善、阿敏、莽古尔泰、皇太极、多铎（8岁）、岳参加。天命八年五月初五日，在八角殿审事时，出席的是代善、阿敏、皇太极、多铎（10岁）、阿济格等。天命九年元旦出席八角殿叩拜的是代善、阿敏、莽古尔泰、皇太极、阿济格、多铎等贝勒。初三日，参加与蒙古恩格德尔盟誓的是代善、阿敏、莽古尔泰、皇太极、阿巴泰、德格类、斋桑古、济尔哈朗、阿济格、多铎、岳、硕、萨哈廉。如上的情况终努尔哈赤时代，不曾有变化。

事实证明，多尔衮既是八家成员，又不代表八家，准确的定位是闲散贝勒、和硕额真。

其二，多尔衮不主旗。努尔哈赤三位幼子分旗当在天命五年（1620年）

九月二十八日分析八家时。当时两黄旗 60 牛录，分成四份，努尔哈赤与三位幼子各分 15 牛录。总管自然是汗。多铎掌正黄旗，多尔衮附之，具体管旗大臣是达尔汉虾，包括巴克什额尔德尼都在此旗。阿济格掌管镶黄旗，汗的 15 牛录当属此旗。具体管旗大臣是阿敦阿哥。多铎作为旗主贝勒，除上述旗主贝勒聚会出席外，军事行动自然是他出面。

所以，天命九年（1624 年）正月初六日，努尔哈赤派八旗每牛录出 10 名甲兵往取复州户口时，出兵的贝勒是代善、阿敏、莽古尔泰、四贝勒、阿巴泰、岳、阿济格、斋桑古、济尔哈朗、多铎。代表两黄旗的贝勒是阿济格和多铎。十一日，出兵取恩格德尔额驸户口时，是代善、阿敏、莽古尔泰、四贝勒、阿巴泰、德格类、阿济格、斋桑古、济尔哈朗、多铎、岳。代表两黄旗的仍是阿济格和多铎。事实说明，多尔衮虽属正黄旗，并有 15 牛录而不主旗。

其三，多尔衮尚未分居。

理由之一是天命五年（1620 年）五月，查抄大福晋藏隐财产时，从阿济格家中抄出"二个柜，内藏有绸缎三百匹"，证明阿济格此前已分居另过。

理由之二是天命九年（1624 年）四月二十二日，努尔哈赤命令"多铎阿哥，将尼堪阿哥财产诸物合于尔处"，并指出"尔家"作为"八家"不得"挥霍"尼堪财物。证明多铎作为八家亦有自己的家。多尔衮所属 15 牛录虽然附于多铎的正黄旗，但兄弟之间不属于同一个家。一个月后的五月二十八日，多尔衮娶妻子，也不曾涉及自己的家和财产问题。大半是多尔衮同努尔哈赤仍然住在一起。多尔衮并未分析家产。此事有先例为证，早在褚英兄弟首次分析家产时，德格类有份，而莽古尔泰无份，可能是重视幼子习俗所致。理由之三是多尔衮既然不是旗主贝勒，地位尚居多铎之后，为什么李朝传出他将嗣位之事，这是多尔衮与父亲的亲密关系所致，一则多尔衮住在汗父身边，不曾分居；二则多尔衮与鲁莽粗俗的阿济格、文雅但好色贪玩的多铎不同，他为人聪明多智，工于心计，善于洞察时势，能够随机应变，在某些公开场合必得汗父特殊青睐，为外人所洞知。同时，不能完全排除努尔哈赤在私密情况下倾听大妃阿巴亥要求令多尔衮承袭之想。

无风不起浪，李朝消息多来自"六镇藩胡"，所谓六镇藩胡是指朝鲜会宁、稳城、钟城等图们江东六城居住的女真人，随着万历二十三年（1595年）大酋长罗屯等全部归降，多数迁入建州（后金）。这些所谓"藩胡"曾在李朝领有职名帖，受到虚封官衔，对李朝很有感情。天命四年三月初八日，有一名"藩胡"叫仁必，就有如上身份，他乘在后金充侍卫之机，将见到的事情，悄悄地告诉李朝官员，即所谓"凡房中所为，尽情密言"。多尔衮嗣位问题就是这些人通报的消息，引起诸多猜测。多尔衮嗣位之说在正常情况下，不合逻辑。但是对大权独揽的努尔哈赤来说，私下曾与大妃密议，或许是有可能的。

多尔衮死亡之谜

骤然辞世的摄政王

顺治元年（1644年）十月，多尔衮被封为叔父摄政王后，俸禄、冠服、宫室之制均超过一般亲王。据说他的府第"翚飞鸟革，虎踞龙蟠，不惟凌空挂斗，与帝座相同，而金碧辉煌，雕镂奇异，尤有过之者"。顺治二年（1645年）五月，根据赵开心的建议，多尔衮称"皇叔父摄政王"，重新规定了各项仪注，如跪拜，等等，几同于皇帝。顺治四年，他又根据群臣的意见，元旦朝贺时不再对福临跪拜。到顺治五年十一月，又"加皇叔父摄政王为皇父摄政王，凡进呈本章旨意，俱书皇父摄政王"。至此，他的权势地位已达到无以复加的程度。多尔衮大权在握，"凡一切政事及批票本章，不奉上命，概称诏旨。擅作威福，任意黜陟。凡伊喜悦之人，不应官者滥升，不合伊者滥降，以至僭妄悖理之处，不可枚举。不令诸王、贝勒、贝子、公等入朝办事，竟以朝廷自居，令其日候府前"。

随着权力的迅速增长，多尔衮个人的生活穷侈极欲日益发展。顺治二年时就曾想仿明制为己选宫女，后来还"于八旗选美女入伊府，并于新服喀尔喀部索取有夫之妇"。他曾逼朝鲜送公主来成婚，但发泄欲望之后，又嫌其不美，让朝鲜再选美女，搞得朝鲜国内鸡犬不宁。他又于顺治七年（1650年）七月下令加派白银二百五十万两，在承德修建避暑之城，还亲临其地勘察，不料竟死在这里，工程才告停顿。

顺治七年（1650年）十二月初九日戌时，多尔衮死在边外喀喇城。噩耗传到京城，福临下诏为他举行国丧，"中外丧仪，合依帝礼"。国丧之后，他被追尊为"懋德修道广业定功安民立政诚敬义皇帝"，庙号成宗。顺治八年（1651年）正月十九日，又将多尔衮夫妇同祔于太庙，二十六日，福临正式颁诏，将尊多尔衮夫妇为义皇帝、义皇后之事并同祔庙享之事公诸于众，并覃恩大赦。

被顺治与孝庄谋害之说

多尔衮壮年辞世，且死于塞外，这不能不令人起疑。尤其是他与顺治皇帝关系的恶化，让人们对他的死更是起了巨大的疑心。

根据《清世祖实录》记载，顺治皇帝继位后，多尔衮采取了两个方面的措施。

第一，规定从孝庄皇太后开始，严格执行后宫不得干政的制度。

第二，在对于顺治皇帝的教育问题上，采取顺其自然的办法。首先，在学习满汉两种语言的问题上，先学哪个，后学哪个，全由着小皇帝的喜好自行选择。文化和武功的教育上，也完全听任皇帝自己的意见。一个小孩子，自然对骑马射箭的兴趣更加浓厚，以至于荒废了文化课上的学习。

入关以后，多尔衮又继续对顺治进行教育。结果，小皇上不满意。顺治皇帝在成人以后，经常埋怨多尔衮，认为多尔衮怕他在文化、治国等学习上有所成就，所以只让他学习骑马射箭。

正史上不论是《清史稿》，还是《清世祖实录》，都有大量的关于顺治皇帝如何不满意多尔衮对其教育的说法。但这些说法，都是一家之言，都是出自顺治小皇帝的嘴。

其次，在治国方针的问题上，多尔衮要求顺治皇帝随他临朝听政。用这种方式让他学习治国之策。

从以上两种教育手段来看，多尔衮倒也没什么大错，但是在长幼关系和君臣关系上，多尔衮做得很不好。多尔衮这个人号称睿亲王，可能他太把这个顺治帝当成一个小孩了，忘了这个小孩是皇上，对顺治的错误经常毫不留颜面地教训。

而顺治的汉文师傅却对此看不过眼。他一再点醒顺治的皇帝身份，认为在皇帝面前，多尔衮这么做就是犯上。因此，随着年龄的增长，顺治对多尔衮的不满之心更加剧烈。

再加上多尔衮禁止孝庄干政，更引起了孝庄的不满。因此，孝庄与顺治合谋害死多尔衮，也便有了依据。

多尔衮死于偏头痛之说

除了多尔衮被谋害之说外，病死之说占据了主流观点。

多尔衮身体一直欠佳，据他自己说，是在松山大战时劳神太多而种下的病根。而入关之后，他"机务日繁，疲于裁应，头昏目胀，体中时复不快"。他自己也知道"素婴风疾"，即患有脑血管病。也有人猜测他患的可能是脑溢血或脑瘤。不过脑溢血的人一般较胖，而且发作几次就会毙命，或留下偏瘫等后遗症；脑瘤患者应该发病后很快毙命，不会拖那么久，而且应该越来越严重，很难缓解。从历史的记载中来看，不太符合多尔衮的死亡方式。因此有人猜测多尔衮有可能是死于偏头痛。

偏头痛的形态有好几种，主要分一般性和传统性两种：一般性偏头痛在发生时毫无前兆，而且可持续数小时或数日之久。传统性偏头痛在出现时有15至20分钟的先兆，通常是视觉上的，例如眼前出现星星和闪电般的亮光，以及模糊或扭曲的视线。对于大部分患者来说，促使偏头痛发作的诱因可达五六种之多，较常见的有气候变化、剧烈运动、精神压力、闪烁不定或炫目的光线、旅途劳顿、睡眠方式变动等。

各种偏头痛还常常引起情绪上的变化，例如抑郁、易怒或丧失食欲。尾随上述症状而来的就是头部疼痛、恶心感及呕吐，而且通常会持续4~12个小时。偏头痛发生的高峰期在20~35岁，不过也可能更早就出现。

上述的偏头痛临床症状，与史书中记载的多尔衮的情形颇多吻合。压力诱发，情绪易怒、抑郁，发生的高峰期在 20~35 岁。

偏头痛与我们平时偶尔感到紧张所引起的头疼有很大差别。它不仅使人感到极度疲惫和无奈，而且常伴以各种令人难以忍受的症状，例如由轻到重的、每每波及单侧头部的抽搐式阵痛，恶心和呕吐，对光亮和细微声响格外敏感，稍微一动就有不适感，同时，视力上也会出现屈光、盲点、彩虹状"光晕"等异常。偏头痛经常伴有虚脱和呕吐现象。它既可表现为半边头痛，又可从一边头痛开始，扩展到两边的剧烈头痛。偏头痛是一种反复发作的头痛，一般尚无危险性。

所以尽管多尔衮很年轻时就患有此症，备受折磨，可并没有危险，当心情好，休息好时，病情就可缓解。他还能领兵打仗，筹划国事。

历史上多尔衮自述是在松山大战时，劳神焦思，几天几夜，不眠不休，落下病根，也非常符合偏头痛的发病原理。

多尔衮率军入关后，疾病缠身，相信是和日理万机、疲劳过度、精神紧张，兼水土不服以及关内关外气候差异过大这些因素有关，这些全是偏头痛的诱发因素。

"气胸"致死说

另有人认为多尔衮的死因有可能是"气胸"。

气胸指当空气或其他气体进入肺周围的胸膜间隙时所有或部分的肺塌陷。气胸可分为：开放性、自发性和张力性气胸三种。本病是常见的呼吸急症，大多发病急骤，病情严重，要求迅速作出诊断和正确处理。否则可因肺脏萎缩和纵隔受压移位导致急性进行性呼吸、循环功能衰竭而死亡。

对于多数自发性气胸，病因不甚明了，一般认为是肺尖部胸膜下大疱破裂，典型的患者是身材削瘦的高个青年。尤其合并有抽烟习惯者身上。对照这些临床症状来分析多尔衮的死因。多尔衮是个瘦高个，根据他穿过的甲胄估算，其身高将近 1.90 米。多尔衮又喜欢抽烟，史书上记载："九王好南烟"，大概是整日劳神焦思，体力精神不济，要用烟来刺激提神。由此可看出多尔衮属于典型的气胸高危险群。

气胸患者初时几乎可以没什么感觉，可能会偶感胸闷，有些轻微的呼吸困难，这是在肺部萎缩小于 20% 时。若是肺部萎缩大于 30%，病程就会发展得很快。

史书上多尔衮的病况记述中提到他常略感到胸闷，但是无其他大碍。后来多尔衮去喀喇城行猎，发病坠马，摔伤双膝，可是膝伤绝不会导致死亡。以此可以推断，多尔衮从京城到喀喇城，路上鞍马劳顿，加上那时正是十二月，塞外气候严寒，与京城大不相同，劳累和气候的大差异诱发了他的偏头痛，使他坠马。

坠马使多尔衮的胸部受到撞击震荡，撞击震荡应当并不是很严重，但由于多尔衮已有不为人察觉的自发性气胸，这撞击就是致命的了。但当时还觉察不到。而他的偏头痛经过几个小时的卧床休息后，应该大大缓解，所以多尔衮第二天又出猎了。气胸患者最忌剧烈运动，多尔衮本来患自发性气胸，肺底部的肺泡破裂漏气，加上坠马的撞击震荡，使得肺部的伤口更大，再去骑马行猎，肺部漏气就更快了。而且肺内部的伤口也会扩大，就会有出血，史书上说多尔衮坠马后有咯血，很符合气胸患者的临床表现。但咯血不是致命原因，咯血说明他肺部的破洞更大了，肺漏气就更快，漏出来的气积在胸腔内，行成正压，导至肺萎缩，令他无法呼吸，这才是致命原因。

当然，这些都只是后人的猜测。多尔衮的死因究竟是何？恐怕只能成为一个永久的谜了。

史上最不幸的皇太子

被两立两废的太子爷

康熙一生中总共有 35 子 20 女，可谓壮观。中国封建社会几千年的历史中，皇位都是采取世袭制的传统。拥有众多儿子的康熙是不会有无人继承家业的烦恼的，反而选谁做下一代接班人倒成了这千古一帝心中的难题，所以，太子位几立几废，康熙一直在斟酌考量，最后还是没有设计出一个完美的结局，还给继承人留下了一个永远都说不清楚的烫手山芋。

清朝前期奉行"有德者即登大位"，而不是嫡长子继承制。在这一点上，还是有一定进步的。但"有德"这个评价标准在现实中不好操作，正因为如此，各皇子才为争夺皇位而打得头破血流、不可开交。

在康熙王朝中，太子位的争夺始终是赚人眼球的巨大噱头，众多皇子中，二皇子胤礽的两起两落也是最为精彩的。年仅一岁凭借其母的原因就荣登太子位，这是何等幸运！但随着时间的延长，这种幸运慢慢转化成了一种尴尬，毕竟当了40多年的太子还真是前无古人、后无来者的。随着其他皇子的羽翼越来越丰满，胤礽的耐心也终将溃灭，渐渐对自己不利的形势促使他一次又一次地铤而走险。不过他可能不太了解自己父亲的实力，伴随着反抗的是康熙愈加决然的镇压。最终成就了胤礽成为历史上第一个也是唯一一个被两立两废的太子爷。

康熙立胤礽的原因何在

事实上，在胤礽之前还有一个哥哥，即皇长子胤禔。为什么康熙不选长子而选二子为太子呢？一般的说法是皇长子的母亲只是一般的嫔妃，而皇次子胤礽的母亲是皇后且年纪轻轻又死了，康熙与胤礽之母感情非常之好，为了让她安心地离去，康熙满足了她最后的愿望，决定立其子胤礽为皇太子。

其实，史料记载中也能看出在最初之时，康熙也真的是十分喜爱这个小太子的。因为康熙深爱着胤礽的母亲，而这个红颜薄命的女人又早早离去，致使多情的康熙将对爱妃的怀念之情统统转移到了这个孩子的身上，胤礽自幼即被视为父皇掌上明珠。康熙皇帝将胤礽留在自己的身边，一起在宫中生活，他亲自照看这个幼小的孩子，看着他一天天成长。

之所以特别爱护这个幼年丧母的孩子，也与康熙自己早年的经历有关。康熙本身就在幼年时失去了父母，虽然有祖母悉心照料，但是也十分渴望父母的爱怜，所以康熙皇帝深切知道，虽为贵为衣食无忧的皇子，其实也同样渴望着父爱，一个孩子完美的幼年生活离不开父亲的呵护。因此，他对胤礽充满爱怜，倍加体贴、照顾和呵护，亲自教他读书，在后者六岁时又特请大学士为师；胤礽经父、师指点，确实显露出几分不可多得的灵气。他文通满汉，武熟骑射，加上仪表堂堂，着实惹人喜爱。康熙特意在畅春园之西为胤礽修了一座小园林，赏他居住，连出巡时也命他随侍左右。可以说，胤礽的太子之位绝不是源于本身的功德实力，那么康熙为什么要立这个根本就没有才能的皇子为太子？

其实这也是他的一种策略。康熙本身熟知历史，知道自封建王朝的开始之初，便有无数人死伤于皇位之争上，为了避免这种血肉相残的情况在自己身上发生，所以，胤礽的太子之位一坐就坐了40多年，以避免继位引起的过早纷争，还可以保护自己真正看中的继承人不成为被攻击靶子的危险。没有早早宣布太子人选是觉得时间未到。只是，连康熙自己都没有想到会误算时间，使雍正的继位被重重包围于迷雾之中。

太子爷的背景

太子胤礽在皇室中有着很深的背景，他的外祖父噶布喇是领侍卫内大臣，外叔公索额图是大学士，当朝宰相，领侍卫内大臣。其曾外祖父便是康熙的辅政大臣索尼。可见为他撑腰的都是朝中举足轻重的大人物，而他的顺利登基也可以成为周围的亲人在危机四伏的朝廷的坚固保护网，所以，这些人不遗余力地给胤礽出谋划策，在他的周围形成了一股政治势力，这就是太子党。

正所谓宫廷深似海。皇帝始终不是普通百姓人家的父亲。伴君如伴虎不仅是给臣子的忠告，同时也是给皇子们的一种警言。随着胤礽长大懂事之后，这对亲密的父子之间也渐渐地产生了一些矛盾。随着康熙初年国内外的混乱形势的逐渐改善，到了康熙王朝中期已经初露"康乾盛世"的景象，困苦艰难的时期已经过去，朝廷的国库也日渐充盈，国内外边疆都显出一片和谐之状。安逸的生活使身为统治阶级的贵族子弟滋生了一股享乐奢侈之风，身为太子的胤礽同样在温室的胚胎中滋养出不愿奋进的骄气和惰性。再加上在同辈兄弟中，他所处的地位优越。于是，更加放纵任性，为我所欲，从而忽略了身边潜伏着的忧患，他不曾想过其实自己始终处在一个巨大的透明舞台上，一举一动都展示在众人的眼中、供人审阅，更是忽略了康熙那一双犀利而又挑剔的眼睛。

皇帝与皇子之间的关系毕竟不是普通人家的父子，相互残杀的案件都曾有过，更别说矛盾了。康熙与胤礽之间首次出现裂痕是在康熙亲征噶尔丹之时。当初为了安抚噶尔丹，康熙不惜把自己最心爱的女儿远嫁他乡，不想还是没有压制住噶尔丹的野心，不得已康熙亲征讨伐自己的女儿和女婿。战争加上心痛，使康熙深深地沉浸到了疲惫之中，十分想念亲人的陪伴，于是特召胤礽至行宫借以安慰。康熙是一个感性敏感之人，洞悉他人的情绪更是仔细入微，胤礽在面对老父所表现出来的倦怠是无动于衷，这使康熙大为伤心，更是对这个太子产生了失望之情。从此，父子之间原本亲密的关系蒙上了一层阴影。

关键时刻掉链子的胤礽

接下去的日子，几次关键时刻，胤礽的表现都使康熙失望透顶。康熙虽然生在皇室，本应十分淡薄的亲情在康熙这里却是最受他重视的，在晚年时，最不愿意看到的也是自己的儿子互相残杀来争夺皇位。可胤礽最不能把握的就是身为皇太子所应该表现出来的兄友弟恭，对自己的兄弟姐妹，就算是一副伪善的面孔他都懒得去装。

有一次，康熙出巡塞外时带上了最喜爱的小儿子胤祄，不料因为气候恶劣外加年纪尚小，导致这个小孩子途中暴病，即使康熙用尽各种手段，也没能挽留住他死去的脚步。老来丧子是任何人都无法忍受的事，即使像康熙这样儿子众多的父亲，总也是不忍心看着自己的儿子死去的。

胤祄死后，康熙早无游玩之心，白发人送黑发人使他的心中痛苦万分，但更让他伤心的是，其他皇子对胤祄的病情漠不关心，甚至根本就是无动于衷，这让重感情的康熙非常痛心，也深感皇室亲情的淡漠。由此，康熙对自己的儿子们十分失望，特别是对皇太子胤礽，更是失望之至。

其实，在康熙对胤礽审视的同时，胤礽自己也在心中打着小算盘，对父亲的一举一动更是一刻也不放松地观察揣摩。在胤祄病死后，康熙对皇子们大发雷霆，喜怒不定，让这些皇子们感到十分恐慌，而皇太子胤礽挨了骂，更为惶恐不安。心中感觉康熙对自己已经失望透顶，眼看着储君之位摇摆不定，心情更为紧张，慌中出乱地派出自己的亲信去侦察康熙起居，观察他的一切动向，他自己也曾在夜间偷偷到康熙帐前窥视动静，不巧的是消息走漏。康熙的儿子太多，皇位只有一个，其他皇子巴不得太子出错，一旦抓到胤礽的把柄是不可能轻易放过的，便把胤礽偷窥之事密告给了康熙。康熙知道后必然大为震怒，随后便召集了所有的随从大臣和武将，并令将太子和其他皇子全部招来。康熙当着儿子大臣们的面，痛骂这些无情无义的皇子，决定对胤礽新账旧账一起算，细数起胤礽平时的种种过失。

客观地说，胤礽也确实不是一块当皇帝的好料。这位皇太子由于背景强硬，身为储君具有特殊的权力，便不自制地养成了过分骄纵和暴戾的性情，平时对臣民的稍有不从便任意殴打，就连他的侍从都狗仗人势地肆意敲诈勒索，仗势欺人，激起公愤。

胤礽的种种恶劣行径终于让康熙忍无可忍，狠下心来下令，废除胤礽的太子之位，将其囚禁在上驷院侧，由皇长子胤褆看守，还将废皇太子胤礽之事宣示天下。

魔术，帮助胤礽再度上位

如果此事的发展就到此为止的话，胤礽也许就再没有什么翻身之地了，可是，多方利益的相互牵制下引一处而动全身，何况太子的位置又是各种利益与欲望的衔接点。废太子的高潮还没有退下，皇三子胤祉就将大皇子胤褆当场揭发，揭秘皇太子之所以行为举止古怪异常完全是因为大皇子在暗中用巫术所操纵的，大皇子才是奸诈阴险的小人，并且提出上门搜索罪证的要求，康熙震惊之余连忙派人搜查，果真发现了"魇胜"，确信胤礽为魔术致狂。

康熙气愤万分、心痛无比，自己的儿子竟然为了太子之位如此无所不用其极地相互算计，甚至想取自己的兄弟的性命。相比较胤礽的昏庸无术，胤褆的小人招数更让康熙痛彻心扉，如此乱臣贼子再不能让他留在宫中祸害他人。于是，康熙将胤褆幽禁在府第高墙之内严加看守起来，使后者彻底失去了竞争皇位的权利。

不管胤礽的奇怪之举到底是不是巫术所为，但确实为他带来了置之死地而后生的转机。康熙认为胤礽是被魇至狂，立即召见胤礽，问及以前所作所为，胤礽顺水推舟地竟全然不知，到底是不是魇术灵验，只有他自己心里最明白。而康熙帝也觉得这个太子废得为时过早，在群臣又纷纷建议复立皇太子的情势中，便顺其自然地复立胤礽为皇太子，立太子福晋石氏为太子妃。就这样，刚刚萌起的太子之争又被胤礽的复立而扼杀在了萌芽之中，刚要掀起的风浪被硬生生地按压了下去。

可惜的是胤礽并不理解康熙的用心良苦，虽然被放出来了，但依然不明事理、骄奢狂暴，被废的余惊未平，更加意识到自己的太子位并不是牢不可摧。而那些被迫散去的太子党重新聚结起来，更加卖力地为其出谋划策。

彻底丧失希望

康熙已经六十有余，四爷党和八爷党更是虎视眈眈。胤礽自恃手中的砝码有限，对权力的渴望已经完全蒙蔽了他的心，甚至不顾及亲情，打起了逼宫的主意，不成想自己的一举一动早已在康熙的密切监视之中，而且经历过大风大浪的康熙帝怎么会制服不了一个执绔子弟的反叛之举，再加之对于胤礽的不知悔改，康熙已经感到彻底的失望，于是一举将太子党分别遣责、绞杀、缉捕、幽禁。胤礽也不得不再次尝试被废的滋味，禁固在咸安宫内。

胤礽并不甘心，用尽了方法试图与外界联系，康熙对他已经十分戒备，胤礽的诡计被识破实在是意料之中的事情。以后也再不提立太子之事，直到康熙驾崩，储君之位也始终空着。凡有大臣上奏立储者，或置之不理、或处死、或入狱。

康熙死后，四阿哥胤禛继位，两立两废的皇太子胤礽被迁居到祁县郑家庄，被众兵严加看守，最后于雍正二年十二月病死于住所，时年51岁。

康熙虽然两次废立太子，但仍旧无法解决诸皇子为争夺储位的纷争。在康熙年老力衰后，各皇子更是结党营私，钩心斗角之势日益严重，而老年的康熙也没有能力再去处理好这件事。最终，康熙至死之前都没有公布皇储人选，这样也就有了雍正继位是否正统的争论。

皇长子和皇三子的美梦

大阿哥的一帘美梦

康熙一生有很多丰功伟绩，但他有一个最大的失败之处，就是没有做好皇位继承的工作，致使他的很多儿子遭遇不幸，也让其实为清朝作了很多贡献的雍正背了杀父篡逆的黑锅。

康熙不愁没有儿子继承大清的江山，因为他有很多儿子，成年之后有所作为且受册封的有20人，别说20个儿子，就是在十个之中也能选出个像样的人，何况有个康熙这样聪明睿智的父亲，儿子们的能力自然也差不到哪里。在康熙的儿子当中，有两位皇子有着与众不同的特别之处，表面上看，他们是想开了一般置自己于皇权之外，但实际上却也是想分得一份羹，他们就是大皇子胤禔和三皇子胤祉。

大阿哥爱新觉罗·胤禔其实并不是康熙的第一个儿子，他前面还有四个哥哥，因为前四子幼年夭折，故胤禔为皇长子。虽说是皇长子，但是在皇位的继承上并没有任何的优势，满洲皇族并不是像汉人那样规定长子继位，也许胤禔也曾自叹过生不逢时，不但生不逢时，母妃的娘家还没有深厚的实力背景，这在讲究关系背景的清廷，相比皇二子胤礽的生母皇后的身份高贵，在争夺皇上的战争中是很少有机会胜出的。所以，和很多皇子一样，胤禔的生命中大部分时间也是在期待、等待、失望、绝望中度过的。胤礽因是嫡出而被立为皇太子。虽贵为皇长子的胤禔却没有因此而得到康熙格外的赏识。胤禔表面上遵从父命，似乎对皇位并没有过多的非分之想，但内心里对太子的地位十分觊觎。

康熙本身是人中楚翘，胤禔自然也是比较聪明能干的，再加上仪表堂堂是个美男子，所以，早期的时候康熙是非常喜欢这个儿子的。由于他是大皇子，年纪比其他皇子大，所以最先开始为康熙办理朝中政事。边疆发生战乱时，胤禔更是亲自随军出征，每次都有立下战功，为康熙分了不少忧，也得到了康熙的器重。但是随着其他皇子的羽翼逐渐丰满起来之后，胤禔的风采便随之被掩盖。四皇子的铁血手段、八皇子的长袖善舞、十三皇子和十四皇子在军事上的过人天赋，再加上还有一个背景不容小窥的皇太子，胤禔的优势就变得不足为奇了。那么，难道他就真的心甘情愿地在将来当一个王爷了吗？

胤禔虽然不被康熙视为继承人，但并不妨碍他一心想夺嫡继大统，所以他努力地使自己在众皇子之中脱颖而出。在皇位之争中，二阿哥胤礽尤其是其他皇子的眼中钉、肉中刺，胤禔自然也不例外。皇子们超越了兄弟亲情这层关系，时刻注视着太子胤礽的一切动向，就等着捉他的小辫子。

从康熙二十九年（1690 年）开始，直至康熙四十七年（1708 年），这近二十年来皇帝和太子之间发生的一系列事件以及随之引起的关系变化，胤禔看在眼里，记在心上，认为对他谋取皇储之位创造了有利的条件与时机。

愚蠢的巫术终害己

眼看着康熙逐渐老去，而太子之位又总是不太稳固，使胤禔急切起来。由于他迷信"魇胜"巫术，无知地想以匿术咒死皇太子胤礽，以便增加自己的胜算而取而代之。此等招数其实荒谬至极，但在当时的紧迫形式下，都被用作了夺取皇位的一种手段，可谓是到了无所不用其极的地步。而太子却也真的整日精神涣散，尽做出些匪夷所思的举动，最后阴错阳差的如胤禔所愿，在康熙塞外行围时被废，他一时间少了一个强有力的竞争对手，而且康熙还亲自授权他来监视胤礽，这令胤禔十分得意，甚至到了得意忘形的程度。胤禔以为，康熙已经恨胤礽入骨，但是为了社会舆论又不能杀他，所以自以为是地贴心地想要为父皇充当武器去除掉废太子，还大言不惭地说，为祖宗江山、为康熙，即使背上这个杀害兄弟的骂名也无怨无悔，无耻之心昭然若揭，说是为了康熙分忧，其实暴露的只是自己想要取兄弟性命的残暴心事。

由此可以看出，胤禔还是不够了解康熙的性格。所谓虎毒不食子，何况是人呢？此举势必引起了康熙强烈的失望与反感。让胤禔的如意算盘彻底落空的是皇三子胤祉，胤祉将胤禔使用魇术魇废皇太子之事的告发，彻底让胤禔在皇位争夺中出局。

康熙皇帝对胤禔不顾亲情的所作所为极为气愤，称他为"乱臣贼子"，下令彻底剥夺他的一切职位，严加看守起来，胤禔就没有他二弟那般的幸运了，被关押之后还能阴错阳差的转危为安放出来，他这一押就押了26年，直至雍正十二年十一月初一日被幽死，终年63岁。

学业优秀的三阿哥

有人欢喜有人愁，大阿哥彻底落败，而在这期间，三阿哥胤祉算是出了不小的力。

胤祉出生于康熙十六年（1677年）。与胤禔的母亲一样，胤祉的母亲地位也不高。在这点上，老大和老三似乎有着同样的命运。

康熙的这么多儿子，有一点还是非常能令他欣慰的，就是各个都十分聪颖好学。或许是因为从小就生在帝王之家，即使自己没有紧迫感，母亲们也会每天耳提面命动之以情晓之以理地为其分析利害关系，所以康熙的儿子们或文或武都练就了一身的真本事，胤祉亦然，尤其在文学、书法上更是多次得到康熙的称赞。也许在胤祉心中，康熙似乎有意传位于自己，所以一直以来走的都是保守道路——与世无争，温文尔雅。但是，对于胤祉的优秀之处，康熙似乎也有自己的一番定论：学业优秀未必就能做皇帝，就像会读书未必能做官一样，这其中的关键还是取决于个人的性格，毕竟能够很好的统治一个国家的话，仅仅凭借着琴棋书画是远远不够的。

但胤祉就真的想靠着琴棋书画过一辈子了吗？事实并非如此。

打错了的如意算盘

太子落马之后，因为大阿哥胤禔向康熙进言说由他来将废太子胤礽处死，惹得病中的康熙暴跳如雷，胤祉觉得表现的机会已经来了，便及时地向康熙告发了胤禔使用"魇胜"巫术谋害太子胤礽的事情，一举结束了胤禔的政治生涯。为什么只有胤祉知道大皇子的秘密，这可能也与他平时表面上并没有意图争夺皇位的表象有关，容易让人疏于防范。而胤祉决定在这个时候出马，也是考虑到康熙病重，当时因为大阿哥胤褆和老二胤礽都被圈禁，这样他自己便成了家中长子，群龙无首的时候，长子的地位还是有那么一点优势，他打的也正是这个如意算盘。

只是没有想到的是，如意算盘也有不如意的时候。在第二年，也就是康熙四十八年，出乎所有人的预料，康熙决定复立胤礽为太子，显然没有其他皇子什么事，胤祉也没能如愿以偿。他自视文化素质高，满腹经纶、出口成章、文武双全，但从后来的事态发展看来，康熙自始至终都似乎不看好他在政治上的前途。在康熙的眼里，胤祉虽然聪明，但似乎缺乏一种政治家的魄力。

最有力的竞争者退出夺嫡之谜

出类拔萃的八贤王

康熙帝第八子，人称"八贤王"的胤禩，在这场激烈的帝位争夺上可谓是一个主要角色，但归根结底也是一个悲剧人物。

胤禩的母亲出身卑微，没有资格亲自抚养皇子，所以胤禩是在大阿哥胤褆的母亲惠妃身边长大的，也正因为如此他与惠妃感情甚亲。没有强硬的家族背景就意味着要比别人付出更多的努力，胤禩深知此道，所以从小便忍辱负重，加倍地学习文武知识，以此希望引起康熙的注意力。

好在努力终有回报，在康熙的众多皇子中，胤禩可以说是非常出类拔萃的。

可能他的出身使他在众兄弟子侄间并不得贵重，甚至颇受冷遇，也给了他一定的紧迫感，让他从小就发奋图强。并没有诸如二阿哥那样实力雄厚的背景，也使他少了一些与生俱来的傲气和飞扬跋扈，反之是一种自然的随和好脾气。诸臣奏称其贤，就连康熙的哥哥裕亲王也在皇帝面前夸他"心性好，不务矜夸"。

康熙本就是一个宽宏大量、心性随和的皇帝，自然也愿意看到自己的儿子能像自己一样待人为宽。所以，在容忍之量上，胤禩深得康熙喜爱。于是，在受到康熙封赏的皇子中，胤禩往往都是最小的一个皇子。虽然年纪甚小，但是和哥哥们同样得到了父皇的重视，对于从小就颇受冷遇的胤禩来说绝对是一个好机会，毕竟皇位所带来的权利是永无止境的。

胤禩是何等聪明之人，且甚晓世故，深知既然母亲这边没有什么人能够依赖之人，就一切要靠自己了。他潜心研究康熙的脾气秉性，并一切行为准则均以其为准则。加之本来就没有身为阿哥的骄纵之气，又故意与朝中大臣处好关系，可谓是有求必应，深得众意。因此广有善缘。不仅在众兄弟中与皇九子、皇十子、皇十四子交情非比寻常，与众多王公朝臣亦相交甚欢，朝廷之中一旦有什么风吹草动，这些王公大臣们往往会第一时间去八王府那里打探消息，可见他们对胤禩的逢迎之情、追随之意。就算是同位竞争对手的大皇子，在自知自己没有希望的前提下，都会把手中的一票投给这个八弟，可见，胤禩在为人处事上是何等高明。虽和四皇子胤禛实力相当，但是在人缘方面，这个四哥也真真要自叹不如了。

康熙 8 岁登基，亲政以来经历无数坎坷，一步步走来，把所有的问题都解决掉之后，没想到临到老了，还要为自己的儿子们操心。更没想到儿子们之间的皇位之争比以往的战争都更为激烈、也更为撕心裂肺。康熙一天天老去，他的皇子们也渐渐地愈加蠢蠢欲动起来。

效仿康熙，只见其表不见其内

康熙四十七年，太子胤礽被废的时候，胤禩被康熙授权全权处理、审讯有关涉嫌之人。之所以追究到底，是因为康熙一方面是想打击朋党之人，另一方面也是因为要找个倒霉蛋来为自己的二儿子背黑锅。儿子终究是儿子，做父母的始终不忍心自己的儿子丢掉性命。所以，努力在给胤礽找一条退路留着。可见，事到如此康熙还是非常顾及自己的儿子的。所以，要狠整太子党羽，迁怒于他们没有能好好地辅助太子，使得太子有被废的下场。

可胤禩倒好，平时学康熙学得还不够透彻，仁义道德也只是表面而已。哥哥们相继落马，胤禩平时的仁慈荡然无存，心狠手辣的一面完全暴露了出来。看到当了几十年的太子终于下马了，而这次主审人还是自己，千载难逢的机会到手，下定决心要让这个昔日的太子彻底没有翻身之地。办起案来手下是毫不留情。他虽有一颗七窍玲珑心，却真正低估了康熙对自己儿子的爱。太子是再也没有翻身之地了，可他自己多年的仁义形象也在康熙的心中彻底崩塌。

眼看康熙的身体愈见衰败，时间不等人，胤禩决定主动出击来进一步制造康熙最为看中的宽容、仁义的形象。私下聘用了张明德这个相士，让他大肆吹捧，说什么胤禩"白气贯顶"，乃明君之相。没想到康熙得知后大发雷霆。

聪明反被聪明误。胤禩的本意是想利用朝野舆论给康熙以压力，从而迫使其就范顺从众意立自己为太子，孰不知此举已是形同对抗，大大地触动了康熙的龙须，让康熙痛不可耐，也必会招致康熙的强烈抵触。

这招不成又出下招，胤禩虽然与十四皇子胤禵交好，但是一旦涉及皇位就完全不念兄弟之情了。在康熙的寿辰之时，暗中掉包换掉了胤禵送给康熙的礼物，变礼物为一只死鹰，气得老父心脏病发作。从这就可以彻底看出胤禩平时的孝心、善心是何等虚伪。

康熙何等圣明，早已看透了胤禩的心思，对这位"仁义"的皇儿已经彻底失望。康熙临终前也曾对他的儿子们作了一个短短的总结，给胤禩的评价就是：处处学朕，又处处学不像。

康熙六十一年（1722年）十一月初三日，康熙终于寿终正寝，病逝于畅春园。做了一辈子八贤王的胤禩到后来也没有如愿登上皇位。心有不甘，最后还是败在了胤禛的手下。

第五章

千奇百怪紫禁城——宫廷奇闻异趣

故宫为何称为紫禁城

明、清两代的皇宫是故宫，旧称紫禁城，今称故宫。明永乐四年至十八年，也就是1406~1420年开始建故宫。有24个明清两代皇帝在此执政。

紫禁城为皇家宫殿，红墙黄瓦，气势辉煌，为什么称皇家宫殿为紫禁城呢？大致有如下三种说法。

紫气东来说

一种说法认为这与古时候"紫气东来"的这个典故有关。传说老子出函谷关，有紫气从东而至，被守关人看见，未久，老子骑着青牛冉冉而来，守关人便知道这是圣人。守关人请老子写下了著名的《道德经》。因此，紫气便被认为具有瑞祥含义，预示着帝王、圣贤和宝物出现。杜甫的《秋兴》诗曰："西望瑶池降王母，东来紫气满函关。"从这以后，古人就把祥瑞之气称为紫云，传说中的仙人居住的地方称为紫海，将神仙称为紫皇，把京城郊外的小路称为紫陌。紫气东来，象征吉祥，由此可知紫禁城中紫大有来头。皇帝居住的地方，防备森严，寻常百姓难以接近，所以称为紫禁城。

天帝之子所居说

另一种说法认为，紫禁城的来历与迷信和传说有关。皇帝自命为是天帝之子，即天子。天宫是天帝居住的地方，也自然是天子居住之地。《广雅·释天》曰："天宫谓之紫宫。"因此皇帝住的宫殿就被称为紫宫。紫宫也称为紫微宫，《后汉书》说："天有紫微宫，是上帝之所居也，王者立宫，象而为之。"《艺文类聚》记："皇穹垂象，以示帝王，紫微之则，弘诞弥光。"

我国古代帝王常自以为道家仙人。我国古代道家称仙人之居所为紫府、紫清、紫台、紫阁，所以帝王将自己的居住之所也称为紫台、紫阁。这种称呼常见于各种文献，如《文选》记："若夫明妃去时，仰天太息，紫台稍远，关山无极。"《艺文类聚》记皇家宫室"紫阁青台，绮错相连"。

古代天子之车以紫为盖，御辇又称紫轩。车冠紫，宫冠紫，城亦冠紫，紫禁城系由天宫——紫宫而来。皇宫除称紫台、紫阁外，也称紫庭、紫雷、紫阙、紫闼。而紫房则用来称呼皇太后居住的宫室。

"星道"学说

还有一种说法认为紫禁城的来历与古代"星垣"学说有关。古时，天上星垣被天文学家分为三垣、二十八星宿及其他星座。三垣指太微垣、天市垣，而紫微星垣是代称天子的，处于三垣的中央。紫微星即北斗星，四周由群星环绕拱卫。古时有"紫微正中"之说和"太平天子当中坐，清慎官员四海分"之说。

既然古人将天子比作紫微星垣，那么紫微垣也就成了皇极之地，所以称帝王宫殿为紫极、紫禁、紫垣，"紫禁"的说法早在唐代即已有之。王维《敕赐百官樱桃》诗曰："芙蓉阙下会千官，紫禁宋樱出上兰。"北京故宫占地1087亩，南北长961米，东西宽753米，周长约7华里，全部殿堂屋宇达9000多间，四周城墙高10余米，称这座帝王之城为紫禁城不仅名副其实，且含天子之城的意思。考察故宫中的建筑，象征着"天"的崇高和伟大的太和殿，位于故宫中极，是最高大突出的地方；象征着天和地的乾清、坤宁二宫紧密相连接；它们两侧的日精、月华二门，象征着日和月；而象征着十二星辰的东西六宫以外的数组建筑则表示天上的群星。这些象征性的建筑群，拱卫着象征天地合璧的乾清、坤宁二宫，以表明天子"受命于天"和"君权神授"的威严。

故宫的旧称——紫禁城，从"星垣"学来看，其命名与建筑设计可以说是高度统一、珠联璧合的。

紫禁城里的鬼影

诡异的紫禁城

据专家介绍："有很多人在故宫里曾经见过这样的鬼影，一个穿着白色满服的女子从故宫的墙壁上轻轻飘过，还有过这样的记载，有一个小偷，偷到故宫里去了，结果在故宫迷路了，找不到出口，眼看天黑了，他很累，所以就躲在珍妃井后面的墙壁里休息，打算晚上逃跑。终于到了晚上，他开始想办法跳墙出去，可怪事就在这时发生了，他跳了很多次也跳不出去，几次掉下来，他感觉不对劲，有点害怕了，于是，他就把偷来的宝贝放到珍妃井后面的墙壁里，然后，再试着跳出墙，结果，他成功了。

除此之外还有一件诡异的怪事发生在故宫里。据说，有一对母女去故宫游玩，在游玩途中，女儿不幸与母亲走散，走散后的女儿非常害怕，她就顺着景阳宫开始寻找母亲，可天渐渐暗了，她心里充满了恐惧，她总是听大人们说，故宫里有鬼，她不相信，但如今一个人的她也有些害怕了，她不敢看后面，继续往前走，直到路过御花园时，怪事发生了，她看见一个穿着格格衣服的女子吊在御花园的中间，女孩"啊"了一声，引来游客围观。可当时女孩就吓傻了，一直在不停地哆嗦，等她妈妈来的时候，她才有所好转，她把这件怪事告诉妈妈和家人，可却没有一个人相信她的话，无奈，她也只能咬紧牙关了。

心理暗示的结果

类似的故宫怪事有很多，其中最恐怖的就是，故宫里惊现鬼影，不知是不是太监？是不是因为得罪了慈禧太后？有人说，故宫本来就是怪事连连。有人相信，有人怀疑，但最多的还是半信半疑。除非亲眼所见，否则，绝对不要胡乱猜测。

有人认为：故宫的宫墙年久失修，被雨水冲刷掉色，所以形成了照片里的不规则掉色的斑迹。加上晚上宫内人少，守夜的人在月光下看到宫墙上的斑迹，很容易联想到人影、鬼影。而且，人本身就是一种群居动物，所以当单独一人时，从心理学角度分析，内心是恐慌的，极易出现幻觉，或者胡思乱想。所以，看见鬼影一说也就不足为怪了。

虽说故宫里经常出现许多怪事，但大部分只是传说，并没有人亲眼见过。

宫墙变成录像带

故宫在1992年雷雨天气出现宫女事件，确有此事，被许多游人所拍摄，得到了有利证据后，专家已经给予了科学解释：故宫能看见宫女是有科学依据的，因为宫墙是红色的，含有四氧化三铁，而闪电可能会将电能传导下来，如果碰巧有宫女经过，那么这时候宫墙就相当于录像带的功能，如果以后再有闪电巧合出现，可能就会像录像放映一样，出现那个被录下来宫女的影子，但还是让大家难以置信。

紫禁三大殿为何没有树

嘉庆皇帝的心有余悸

有学者认为，这和清嘉庆年间的一次农民起义有关。说起义军为白莲教的一支八卦教，教徒们在其教主，宛平县（今大兴县）宋家庄人林清的指挥下，攻打紫禁城。义军们就是利用宫墙外的大树，爬上大树后跳进紫禁城，和宫内的清军护卫展开战斗的。最后，终于因力量太小，寡不敌众而失败。因林清本人没有直接参加攻打紫禁城的战斗，他在宛平县的家中被捕。而故宫内的皇子旻宁在突发事件中能沉着应战，并用火枪打死两个义军，这样就奠定了他继承皇位的基础，即后来的道光皇帝。事后，清嘉庆皇帝心有余悸，惊呼："从来未有事，竟出大清朝"。于是"传谕伐树，遂不复植也"。

故宫其他地方为何会树木茂盛

但是，也有人认为此说法不对。起义军攻打紫禁城，并不是从墙外的大树上爬上去的，况且也爬不上去。他们是分成两队，趁守门的军士没有注意，突然杀入东华门、西华门的。另外，如为安全考虑，像皇帝起居的养心殿，妃嫔们住的西六宫等处，古柏很多，帝后们游玩的御花园、乾隆花园以及太后们养老的慈宁宫花园里更是花木扶疏，古树葱茏，极易隐藏外人，危险更多。有一次也是嘉庆年间，一个刺客刺杀嘉庆帝就是隐藏在御花园的树木中。

突出皇权的用途

故宫的三大殿和后三宫不植树，是为了突出皇权的至高无上和宫殿的威严气氛，因为三大殿是皇帝举行盛典和行使权力的地方。实际上，从天安门起，经端门到午门，这之间都是不植树的。（端门后面的两排洋槐，是民国时期种植的）。这样，悠长的御道，开阔的广场，蔚蓝的天空，把紫禁城、太和殿映衬得高大雄伟，巍峨壮丽。使官员们上朝之前，仰目而视，肃然起敬，又不寒而栗，有一种诚惶诚恐的感觉。

另外，像社稷坛（中山公园内），太庙（劳动人民文化宫）的大殿，以及天坛的祈年殿、圜丘台等处，都不植树，也是同样的原因。

为什么故宫里的"门"字没有钩

北京城门知多少

在北京众多的建筑中，最能显示古都雄伟壮观的，莫过于城门与城楼了。然而北京在日新月异的变化中，早已看不到旧时的模样。原来的城墙成了通衢大道，城门只作为地名而保存，如今仅有三座残存——正阳门，德胜门箭楼和永定门。

北京旧城共有"内九外七"十六座城门。内九指内城的九座城门，分别是东城墙的东直门、朝阳门；南城墙的崇文门、正阳门、宣武门；西城墙有阜成门、西直门；北城墙的德胜门和安定门。外七分别是指东城墙上的东便门、广渠门；南城墙上的左安门、永定门、右安；西城墙上的广安门和西便门。

"门"字带钩不吉利

非常有趣的是北京的内九门牌匾上的"门"字，个个都没钩儿。"门"字为何没钩儿呢？据说有一年，不知哪位皇帝出入正阳门祭天时，无意中抬头看了看城楼上的匾额，而这一看可就看出毛病来了。原来他觉得城楼门匾上"门"字带钩十分别扭，认为"钩"除了可以钓鱼外，还可以钓一切水的动物，当然也包括龙了，皇帝是龙，因此他觉得非常不吉利，于是心中非常不悦。等到皇帝祭天回到皇宫后，第一件事就是下了一道旨意。命人重写"正阳门"匾额。并下令内城悬挂的匾额上一律不准有钩以示吉利。

朱元璋禁止"门"字带钩

其实紫禁城里的牌匾上的"门"没有钩，源自于朱元璋，马朴《谈误》卷四记载了一个为写"门"字而丧生的故事，更能说明宫殿匾额"门"字无钩的原因：明太祖在南京命中书詹希原写太学集贤门匾，所写"门"字，末笔微微勾起，多疑的明太祖便大发雷霆说：我要招贤，你詹希原这厮要闭门，塞我贤路！遂下令斩之。真是伴君如伴虎！"太祖初命詹希原书太学集贤门。门字右直微钩起。上曰：吾方欲招贤，原乃闭门，塞我贤路耶？遂杀之，而以粉涂其钩。"后来虽然明从南京迁都北京，但旧例应在，所以，后来的"门"都无钩。

"门"字带钩引火灾

不仅明清如此，宋朝的"门"也没有钩。与明清不同的是，宋朝的"门"没有钩却是另一个说法。清代《坚瓠壬集》引马愈《马氏日抄》：门字两户相向，本地勾踢。宋都临安，玉牒殿灾，延及殿门，宰臣以门字有勾脚带火笔，故招火厄，遂撤额投火中乃息。后书门额者，多不勾脚。我朝南京宫城门额皆朱孔易所书，门字俱无勾脚。

南宋宫殿发生火灾，有人将此归咎于门匾上"门"字最末一笔挑了钩，

"门字有钩脚带火笔，故招火厄"云云。把门匾摘下扔到火里，火被扑灭了。于是，门匾上的门字再不敢信笔落墨，未一笔只可直直地坚在那。

由此看来，古代的皇帝都有一个迷信，不管是怕被钓，还是怕绊脚，还是怕招火，都是一种忌讳，并没有多少科学根据。

东华门的门钉为何是偶数

故宫门钉数目的规定

故宫各门均有铜质鎏金门钉，按清代《工部工程做法》规定，有9路、7路、5路三种。即每扇大门上使用的门钉数为9路，则9行9列，共81个，等级最高；7路，即7行7列，49个；5路，即5行5列，25个。这些门钉均为奇数，唯有东华门例外，门钉为8行9列，共72个，是偶数。

为什么单单东华门的门钉数不按规定，采用偶数呢？一直众说纷纭。

李自成起义造成的结果

比较流行的一种说法是，东华门的门钉原亦为81枚，明末李自成起义，攻陷北京，明思宗朱由检仓皇从东华门逃出，至煤山（今景山）自缢。清朝重修东华门时，为笼络汉族官僚地主之心，将门钉减去一行，以责其未能挡驾之罪；并决定皇家的灵柩由此出门，以符合"奇数为阳，偶数为阴；人生属阳，人死属阴"的迷信传说。

兴建紫禁城时的将错就错

另一种说法是，在兴建紫禁城时，原打算午门、神武门全用大号门钉。待神武门做好以后，发现错把东华门的2号门钉用上了，故东华门施工时，只好将错就错，用神武门的大号门钉。由于东华门的门扇窄，每扇门就少用了一行门钉。

尚不可解的谜团

这两种说法都有明显的破绽。

前者"清初重建东华门时，将门钉减去一行"的说法无史料可证。据史料记载，清初曾修过东华门，但只修理崇祯末年被火烧坏的城楼，并未修理城门。另外，如果说灵柩进出的东华门的门钉应为偶数，那么明十三陵及清东、西陵等门的门钉怎么反而是奇数呢？后者"门钉用错"说法不大可能，因为给皇帝建造宫殿是绝对不能出差错的，哪个监工也不会拿自己的脑袋开玩笑。因此东华门的门钉究竟为什么少了一行，目前仍然是一个谜。

清廷皇帝登基大典有何特点

顺治元年（1644年）十月初一，清朝定都北京，清世祖再次举行登基大典。次日，派遣官员拜祭太庙和社稷坛，皇帝身穿专门的祭祀服装，在天坛拜祭天地，结束后，接受群臣拜贺，大学士献上御玺，并祝贺说："皇帝威临万国，我国臣民无比欢喜。"所有礼仪结束，皇帝回宫，再行朝贺礼，九天后才诏告天下。

清圣祖以后诸帝除仁宗外，也都是在先朝皇帝丧期登基，仍让官员告祭天地、宗庙、社稷，皇帝服衰服至大行皇帝筵席前三跪九叩，拜祭结束后，才可登基。然后改穿礼服，朝拜皇太后，行三跪九叩礼。礼毕后到中和殿接受内廷大臣的拜礼。进入太和殿，王公大臣上表行礼，三跪九叩，丹陛大乐（乐器有大鼓、方响、云锣、箫、管、笛、笙、杖鼓、柏板等，陈于殿外）、中和韶乐（陈于殿外檐下，乐器有匏笙、陶埙、建鼓、搏拊、木柷、木敔、石编磬、石特磬、镈钟、编钟、琴、瑟、排箫、箫、笛等，配有乐舞唱词）等设而不奏，不宣表，不赐宴（清圣祖即位时曾赐茶，世宗以后都无此礼），仪式完后，皇帝回宫换上丧服。随后诏宣告天下。

皇帝大婚制是什么

清朝入关后的皇帝共有十位，其中顺治、康熙、同治、光绪四帝都是冲年即位，所以他们的大婚和册后都是同时进行的，他们在紫禁城先后举行过五次大婚礼。其中，顺治皇帝举行过两次大婚。皇帝再行纳彩礼、大征礼、册立、奉迎礼、合卺礼、庆贺礼和赐宴礼等名目众多的繁缛礼仪。清代四帝的大婚立后，规模盛大，典礼隆重。而雍正、乾隆、嘉庆、道光、咸丰五个皇帝是婚后即位，不需要再行大婚礼了，只须在即位时通过行册立礼，将原嫡福晋册立为皇后正位中宫。末代皇帝溥仪（宣统）在清之时，尚不满六岁，不能成婚立后。

清朝帝后丧葬之礼是什么样的

清初各种典章制度未备，太祖、太宗二帝的丧葬之仪亦很简略。顺治十八年（1661年）正月初七日，清世祖驾崩，礼官因明朝列帝丧仪并结合满州旧制，制定出清朝皇帝的丧仪。其制，嗣皇帝圣祖、亲王、百官、公主、福晋以下，宗女、佐领、三等侍卫、命妇以上，男子摘掉帽上红缨、截去辫发，女子去掉粉装首饰，剪发。大敛以后，梓宫设于乾清宫，设几筵，每日早、午、晚三次上食祭奠，皇帝亲行礼。三日内缟素朝夕哭临，王公大臣至宗室公夫人以上在几筵前，副都统以上在乾清门外，汉文官在景运门外，武官在隆宗门外，以次排班随哭。第四日起，王公百官在官衙斋宿二十七日，以后每日哭临一次，军民二十七日除丧服。音乐、嫁娶，官员之家停百日，军民停一月。禁屠宰四十九日，京城自大丧之日为始，各寺、观皆鸣钟三万杵。百日内票本俱蓝笔批签，移文用蓝印。外省地方官服丧二十七日，军民男女服丧十三日。

清朝沿袭前代以日易月的服丧之制，凡遇帝后大丧，嗣皇帝和王公百官服斩衰之服二十七日而除，皇帝在宫中仍须素服三年，以循古礼三年丧之制。三年丧满，在太庙行祫祭礼，其仪同岁暮祫祭。

康熙以后，清朝诸帝后丧葬之仪皆仿世祖例行之，唯有两点突出变化：一是皇太后、皇帝及部分皇后之梓宫赴陵大葬，皆由在位皇帝亲送至陵园，一应典礼遂由皇帝主祭。二是清初太祖、太宗、世祖三朝帝后多遵从满州旧制火葬，即将遗体连同梓宫、随葬宝物一起焚化，然后以盛贮骨灰之坛（宝宫），葬入陵中，惟死于康熙二十六年（1687年）、五十六年（1717年）的太宗孝庄文皇后、世祖考惠章皇后例外。康熙朝开始，清朝帝后葬俗文化，不再火化遗体，而是实行棺木葬，即直接将梓宫葬入陵中。

正大光明匾与清廷传位制的关系

清乾隆皇帝即位时，不是雍正亲口宣布，而是通过秘密立储和传位诏书来实现的。

秘密立储制度是雍正鉴于康熙年间因立储不当导致内宫动荡而想出来的。雍正即位不到一年，即创秘密立储，他把继嗣写出，藏于匣内，密不示人，然后让总理事务五大臣，将密封锦匣置于乾清宫正中世祖皇帝御书"正大光明"匾额之后，此匾为宫中最高之处，也是最安全的地方。直至雍正病亡，乾隆即位，整个接班过程没出一点差错，雍正的秘密立储制度非常成功。

雍正秘密之储，收到了巩固人心的政治效果。乾隆即位后，也遵照这个方法，于元年（1736年）七月，预书皇二子之名，藏于"正大光明"匾后。皇二子早死，乾隆又密立皇十五子，即仁宗。后来嘉庆、道光也相继用此法立嗣。秘密立储制实行后，争夺储位的斗争就基本绝迹了，这不得不归功于雍正的良苦用心。

皇帝服饰和御赐黄马褂制

清代皇帝一般会穿明黄色的袍服,祀天时用黄,夕月时用白,朝日时用红。春天和夏天,袍子的边缘可以镶上缎子,秋天和冬天就会用珍贵的野兽皮毛。日常穿的所谓的龙袍是在明黄袍上绣九个龙,穿龙袍要挂上朝珠,束上腰带。龙袍主要是明黄色,有时也有杏黄和金黄等颜色。龙袍上的九条龙的位置也很特别,从正面和背面看都是五条龙,那是因为前后各有三条,有两条绣在肩上的缘故，而第九条从外面根本看不到，那是因为它被绣在衣襟里面了。龙的周围是五色云和十二章纹，下面是八宝立水，它的上面还绣有一些山石宝物，表示一统山河。

清代文武官员穿的是蟒袍，蟒与龙乍一看基本相同，它只比龙少一爪，四爪的是蟒，五爪的则是龙。如果皇帝赐给某个大臣一件黄马褂，为了表示忠诚，这个大臣应主动从绣龙上拆下一爪，作蟒袍穿用。

龙袍的制作过程非常复杂，先由北海画舫斋内如意馆的师傅专门设计出图样，再由皇帝审查，通过后再交送苏杭内务府织造机构，制作手工十分精细。

同时，清廷对大臣还实行御赐黄马褂制，对一些功高而不宜加封的大臣，便御赐黄马褂以示恩宠。

被误解的清朝男子发式

清朝辫子的真貌

我们看的清宫戏里满族男子都梳着所谓的"阴阳头"，也就是头发的前半部分剃掉，后半部分编成发辫。然而实际上历史上真正清朝发式是金钱鼠尾，就是留的发辫要比小拇指还细，要能穿过铜钱中的方孔才算合格（几乎就是光头），阴阳头是清末才慢慢出现的。

秦世祯《抚浙檄草》："小顶辫发"每个炎黄子孙，都被迫把以前"受之父母不敢毁伤"的头发屈辱地剃去，只留下铜钱大一点，梳成一根小辫，叫"金钱鼠尾"式。将四周头发全部剃去，仅留头顶中心的头发，其形状一如金钱，而中心部分的头发，则被结辫下垂，形如鼠尾。对此，清廷在1647年颁布的广州剃发易服令解释说："金钱鼠尾，乃新朝之雅政；峨冠博带，实亡国之陋规。"

而福州明朝遗民所撰《思文大纪》对此愤怒地写道："时剃头令下，闾左无一免者。金钱鼠尾，几成遍地腥膻。""华人髡为夷，苟活不如死！"

（顾炎武·《断发》）。

值得一提的是，那种清末才有的"阴阳头"发式，放在当时也是死罪，因为清朝规定："剃发不如式者亦斩。"顺治四年，浒墅关民丁泉"周环仅剃少许，留顶甚大"，被地方官拿获，以"本犯即无奸宄之心，甘违同风之化，法无可贷"为由上奏，奉朱批："着就彼处斩"，县官也以失察"从重议处，家长、地邻即应拟罪。"

1793年英国访清使团随团画师威廉·亚历山大的纪实画稿证明，乾隆时期还是金钱鼠尾。上海科技文献出版社中译本为《大清帝国城市印象》。

不断发展的清朝发式

事实上，清朝发式从明代到清末是一直变化的。

明代女真男性的发式，与清末那样的前剃后辫有很大距离，剃发数量与结辫粗细差别很大。在1595年，即明朝万历二十三年，朝鲜派往赫图阿拉的使者申忠一，在《建州纪程图记》一书中详细记述了赴使在建州女真努尔哈赤的营垒里所见到的各方面情况。其中关于发式这样写道：女真习俗都剃发，只留脑后少许，上下二条结辫以垂。除上唇胡须只留左右十余根外，其余都镊去。女真男性的发式，即其剃发的习俗，是将大部分头发剃掉，只留脑后很少的一点头发，结成辫子下垂。如此得到了女真发式的全貌：脑后留下小手指细的头发，拧成绳索一样下垂，余发全部剃掉。配合这样的发式，胡须只留上唇左右十余根。

而1644年日本商人竹内藤因海难在北京旅居一年，著成《鞑靼漂流记》一书。书中这样描写清人的发式："他们的人都剃头，把头顶上的头发留下来，分成三绺编成辫子。他们男子把唇上的胡须留下来，把下面的剃掉。无论是大官、小官和老百姓都一样。"对于满洲"留头不留发"的标准发式"金钱鼠尾"，当时人也都有描述。1648年七峰道人《七峰遗编》叙明末常熟福山陷落前后事，记载满人发式，是所谓"金钱小顶"。

1799年，日本宽政十一年，伪嘉庆四年，中川忠英于长崎访谈清国商人，出版了一本专门辑录清国人习俗的书《清俗纪闻》一书，其中《冠礼》卷的绘画中，一侧背站立的教书先生头顶蓄发，编一长辫垂于后背，其长度已达腰部，辫尾有发带系结。从这张实图上看，头顶蓄发，部位没有变，但面积已远不止于一个金钱大，而是足有4个金钱大，相当于一掌心的面积。按照图上的式样同清初金钱鼠尾的情况相比，蓄发从一个金钱变成四个或五个金钱，数量比清初增多是明显的，但是如果将剃发与蓄发相比较，剃发还是主要的，也就是说剃发占大部分，蓄发仍然属于少部分。

而再过一百年，即在扬州十日二百年后，清人的辫子变粗了，剃头面积变小了，由初期的金钱鼠尾式变成了今人所熟知的"阴阳头—半瓢"式。陈登原《国史旧闻》中描述得：剃发，就是把额角两端，引一直线，依此直线剃去直线以外之发。现将清末发式与剃发令发式比较一下，结果令人吃惊地发现，两者虽是继承演变关系，但差别较大。前者几乎将全部头发剃掉，只留脑后小手指细的结辫下垂。而清末则将大部分头发保留下来，结辫下垂，仅剃掉极少一部分头发。都是又剃又辫的发式，却给人以判若两人的印象。辫子和剃头是成反比的，这时的辫子已经简直比一条小蛇还粗！为什么会长粗？遗老张钫《清末社会鳞爪》记载：清军"在打交手白刃战时，将辫子缠于脖项，借以避刀砍。所以军人的辫子较大，如发少则搭以假发，或加黑丝线，以壮其形态。"就这样，清朝的辫子，经历了：鼠尾——猪尾——蛇尾的发展过程，才发展到我们今天认识的阴阳头的形态。

孔子后人，原任陕西河西道孔闻谍闻听剃发令奏言：

近奉剃头之例，四氏子孙又告庙遵旨剃发，以明归顺之诚，岂敢再有妄议。但念孔子为典礼之宗，颜、曾、孟三大贤并起而羽翼之。其定礼之大莫要于冠服。……惟臣祖当年自为物身者无非斟酌古制所载章甫之冠，所衣缝掖之服，遂为万世不易之程，子孙世世守之。自汉、唐、宋、金、元以迄明时，三千年未有令之改者，诚以所守者是三代之遗规，不忍令其湮没也。即剃头之例，当时原未议及四氏子孙，自四家剃发后，章甫缝掖不变于三千年者未免至臣家今日而变，使天下虽知臣家之能尽忠，又惜臣家未能尽孝，恐于皇上崇儒重道之典有未备也。……应否蓄发，以复本等衣冠，统惟圣裁。

孔闻谍搬出孔子这块招牌，又引金、元二代为例，满以为可以为孔家抵挡一阵，保住先世蓄发衣冠。不料却碰了个大钉子，"得旨：剃发严旨，违者无赦。孔闻？疏求蓄发，已犯不赦之条，姑念圣裔免死。况孔子圣之时，似此违制，有玷伊祖时中之道。著革职永不叙用。"

清代辫子的演变过程

清朝自从建立之日起，一道剃发令改变了占全国人口一半以上的全体男性的传统发式。也由此展开了有清一代特有的激烈、残酷、持久的民族征服与反征服。

然而，清朝一代男子的发式并不像我们在影视剧中看到的那样一成不变，而是经历了数次的演变。

一、后金时期以剃发为汉人归降的标准，男人的大部分头发被剃掉，只留脑后小手指细的一绺，拧成绳索一样下垂，称作"金钱鼠尾式"。配合这样的发式，胡须只留上唇左右十余根。

二、清初时期以剃发为治国之策，自辽东地区广大汉族民众的反抗，至清入关后的无数次反剃发斗争中，成千上万的汉人为了护发作出巨大牺牲。而此时的蓄发部位已悄然无声地逐步由脑后移到了头顶，但仍可称为"金钱鼠尾式"。

三、清代中叶，经过清初大屠杀以后，发式约自嘉庆初年起有所变化。头顶著发的部位虽没有改变，但面积已远不止于一个金钱大，而是相当于一个掌心的面积，蓄发数量明显增加。胡须亦从只留上唇左右几根变成包括下巴在内的全部了。

四、清代后期，即嘉庆以后男子的发式，逐步演变为将顶发四周边缘只剃去寸许，而中间保留长发，分三绺编成辫子一条垂在脑后，名为"辫子"或"发辫"。

五、清代末期，在觉悟了的知识青年和学生掀起的革命斗争中，把"剪辫子"作为一项重要内容。从清末开始，到清朝灭亡之时，"剪辫子"成了全国范围从下到上又从上到下的革命运动。

清朝辫子的演变原因

纵观清朝一代经历的辫子演变过程，这个自然和必然的经历，具有如下一些很有意思的特点。

第一，发式沿著蓄发越来越多的固定趋势演变。从前期"金钱鼠尾"式到中期的掌心大蓄发面积，再到后期绝大部分头发被保留下来。

第二，用一句形象的话比喻，可以说是由鼠尾巴变猪尾巴，再由猪尾巴变牛尾巴，亦可以说是头发越蓄越多，辫子越编越粗，但始终是象征奴隶的标记。

演变历经整个清代，是一种不以统治者的意志为转移的、没有人倡导的、全社会的、潜在的自然运动。而且是自下而上，不分汉满，不分军民，不分官吏、商人、农夫、市民、书生，乃至九鼎之尊的皇帝，都在跟着变。

第三，发式的演变过程并非匀速，从 1644 年清兵入关到 1799 年以前，历时 155 年，占整个清代 267 年的多半时间，蓄发虽然也是沿著逐渐增多的趋势，但速度很慢，到 1799 年蓄发最多时也超不过全发的 1/3。

而 1799 年以后，其变化速度加快。在不过百年的时间里，蓄发已占全部头发中的大部分，超过了 2/3。

发式演变的速度正好与统治强弱相反，统治很强演变速度很慢，而统治能力减弱，则演变速度加快。

第四，清代发式的演变还与整个社会发展进步有关。清朝一代 267 年间，一直持续著蓄发越来越多的演变趋势。当这个趋势并没有达到蓄留全部头发的最终结果时，就断然地被剪辫子运动"截止"了。这个清朝贵族预想不到的形势，是由社会进步的新形势决定的。

所以说，整个清代男子发式的变化，是与政治形势的变化分不开的，也可以说取决于政治形势的变化。清朝贵族不能永远维护清前期那样的稳固统治，所以也没有把发式维护在前期的式样上。

第六章

小人物有大权力——太监的命运沉浮

李莲英缘何得宠

大太监的身世

李莲英原名李英泰，祖籍是直隶河间府大城县人，李英泰排行老二。其父李玉以修鞋为业，家境贫困。咸丰初年，全家跟随抬皇杠的进了京城，定居在海淀大有村，仍以修鞋度日。由于熟皮革最重要的工序是用硝来揉，李莲英后来便得名"皮硝李"。咸丰四年，由于生活所迫，李玉把年仅7岁的李英泰送到专门净身的地方净了身。两年后，李玉托熟人将李英泰引荐入宫，赐名莲英。

梳头梳出来的宠爱

由于李莲英相貌俊俏，心灵嘴甜，就被留在了当时还是懿贵妃的慈禧身边，在储秀宫做了一名小太监。懿贵妃十分喜爱梳妆打扮，讲究衣着和金银首饰，还很注重发型。当时，宫里从太后到宫女都是千篇一律、几十年不变的老式发型，这早已使她感到厌烦。当时京城里正流行一种新的发式，既新颖美观，又高雅脱俗，懿贵妃得知后，跃跃欲试。她让老太监给她梳了好几次都不满意，因此心中很是不高兴，也就不再提此事了。

一天，太监们在临时休息的房间内闲聊，偶然提起这件事。说者无心，听者有意。颇有心计的小太监李莲英心想，如果自己能够梳出这种新发式，也就可以长期留在懿贵妃身边，那今后的前途也就有希望了。功夫不负有心人，经过一段时间的模仿、苦练，他终于熟练地掌握了几种新的发式的梳理方法。

于是，李莲英主动找到当时储秀宫的总管太监刘印成，毛遂自荐给懿贵妃梳头。踌躇满志的李莲英忐忑不安地跪倒在懿贵妃的身后，从前面的大镜子里，仔细端详了一番贵妃的脸型，凭着前一阵子摸索出的经验，大胆地做起了一种新的发式。懿贵妃从镜子里看着身后这个年轻太监认真的模样，不由得产生了好感。很快，李莲英梳好了头，插戴好金银首饰，又别上一枝鲜艳夺目的牡丹花。懿贵妃坐在镜前，左右端详了半天，欣赏着新的发式，甚为满意。

巧借安德海登顶

有一天，李莲英奉慈禧太后之命，前去察看同治皇帝用功的情况。刚走到殿外，只听见两个小太监窃窃私语，走近一听，猛然听到安德海在外犯事被捕，吓得李莲英急忙跑回长春宫，报告慈禧。慈禧心中不免疑惑起来，命李莲英快去探明究竟。李莲英心想这事必定要经过恭亲王，于是，径直前往恭亲王府探问。奕䜣见李莲英奉命而来，知道无法隐瞒，只好以实相告。李莲英得知事情原委，就对恭亲王说："慈禧太后的性情，王爷也是晓得的，倘若太后得知全部过程，恐怕王爷的日子就不好过了。"奕䜣勉强应道："遵照祖制，理应这样办。""太后若是不依，您老人家又当如何？"恭亲王哑口无言，李莲英告辞转身要走。奕䜣急忙拦住："李安达慢走，本王一时没有主张，还请安达帮忙出个两全其美之计，也好渡过这一难关。"李莲英见此情景，微笑着说："大公主在内，很得太后的欢心，可以从中周旋。奴才见机行事，也可替王爷解围。或可就此大事化小，小事化无。"恭亲王这才安下心来。

对于安德海的事，李莲英如此热衷，其中秘密不言而喻。他可以周旋于慈禧、慈安两位太后，皇上与恭亲王之间，见机行事，左右逢源，讨得各方面的欢心。同时安德海死了，也意味着李莲英有出头之日。为安德海的事四处奔波，也落得个有仁有义的名声。不过，安德海被杀对他来说，也敲响了一个警钟，前车之鉴不可忘怀。聪明绝顶的李莲英学会了在这最高权力层中，如何保护自己，免受危害的生存之道。

李莲英回到长春宫，劝说慈禧，这都怪安德海太招摇。恰巧大公主前来拜见，替她父亲奕䜣求情，慈禧这才息怒，说这次饶过恭亲王。大公主走后，李莲英顺势说："太后恩德无量，已经施恩饶过恭亲王，难道还要去与东太后争个高低？况且安总管已不在人世了，就是与东宫吵翻，也是于事无补。不如从长计议，更显太后心胸宽大，若能这样，那东太后必会感恩不尽。"

慈禧太后见李莲英聪明伶俐，语语中意，比安德海更有心计，于是起了李代桃僵的意思。慈禧颁下懿旨，一一阵列安德海的罪状，并谕令各级官员整饬朝纲，博得满朝文武和天下百姓的一片喝彩。慈安太后、同治皇帝与恭亲王等人提心吊胆、苦心筹措的好事，就这样被慈禧的高姿态顺手牵羊地拿去了。在这个意义上，她把对手打得一败涂地，更加巩固了她的统治地位。

晚清权监之祸不但没有就此根除，反而愈演愈烈。在慈禧太后的支持下，李莲英很快就接替了安德海的位置，被晋升为总管太监，官至四品。在紫禁城中稳坐了近40年，占据了晚清权监史上的重要地位。

李莲英死亡之谜

史籍中记载的病死说

历史上对李莲英的死亡情况有较明确记载的是《清稗类钞·阉寺类》一书。该书记载说，李莲英在"孝钦后（即慈禧太后）殂死后，不意又为隆裕后所庇……迨其病卒，隆裕后特赏银2000两"，也就是说，慈禧太后死后，李莲英又受宠于隆裕太后。后来在李莲英病死之后，隆裕太后还特意赏赐2000两银子。李莲英的后人也一再宣称："我祖父是善终，享年64岁。"又说："我祖父因得急性痢疾，医治无效而病故。由得病到病终仅四天时间。"在《李莲英墓葬碑文》中也写道，李莲英"退居之时，年已衰老，公殒于宣统三年二月初四日"。正是据此，才有李莲英宣统三年（1911）病死的说法。

但是世人对此一直持怀疑的态度。李莲英果真是病死的吗？要确定他的死亡之因，必须确定其墓葬情况。只要能找到李莲英真墓，就能对李莲英是否善终作一个结论。

李莲英之墓现身，大太监并非善终

那么，李莲英到底葬在哪里呢？有人以为李莲英墓在北京海淀区恩济庄。这里本来就是清代太监的茔地，慈禧太后生前曾赐给李莲英一块高敞之地，因此，李莲英应该是葬在这里。民间还有传说认为李莲英墓是在清东陵慈禧墓旁，但是有人提出否定看法认为，清东陵是清代帝王嫔妃安葬的地方，李莲英再怎么红极一时，毕竟也只是个奴才，不可能有资格葬在这里。此外还有说其墓在永定门外大红门李家墓地。总之，众说纷纭。

1966 年，相传中李莲英的真墓被砸开。走进墓里，人们不意间发现了一个极大的秘密。人们发现，李莲英的墓极其考究，里面有很多的陪葬品，每一件都是稀世珍宝。棺材完整无缺，里边一具尸身盖着被子躺在那里，然而在整个尸体部位只有一颗已经腐烂干净的拖着三尺长辫子的骷髅头，还有一双鞋底，此外都是空荡荡的，连一节指骨都没有找到。

人们推测认为，既然李莲英墓里所有的宝物没有任何被盗的痕迹，并且从他1911年的死亡到1966年的掘墓，前后仅55年，尸骨怎么可能腐烂到"颗粒无存"？

李莲英墓的初见天日，使李莲英"得善终"的谎言就不攻自破了。但是真相又到底如何呢？于是关于其死亡的原因又有了多种说法。

被暗杀于河北说

民间有"李莲英被人暗杀于河北、山东交界之处"的说法，但是说法也各异。有人说李莲英手中有大量的财产，连他自己也说过"财大祸也大"，说明他早就预感到自己会因财产问题而招致祸害。最后果然是他身边的人密谋他的财产而杀了他。

另一说是说李莲英有个侄女，嫁在山东无棣县，李莲英偶然来了兴致前去探望她，途中经过山东和河北的交界处被人杀死。当时两个随从吓得魂飞魄散，只拾起一个血淋淋的人头，用包袱一裹，马不停蹄地逃回北京。等到再派人返回李莲英的尸身时，早已不见踪影。

被暗杀于回家路上说

也有人说李莲英是在回自己所住的南花园路上被人暗杀的。慈禧死后，李莲英退居南花园。他知道大势已去，因而终日郁郁寡欢。这一天他怀念故主，于是自己来到东陵拜谒慈禧陵寝，结果在回来的路上被人杀死。

说李莲英被暗杀，无论是为财还是为了其他，都是可以成立的。李莲英生前权倾朝野，与慈禧狼狈为奸，坑害了很多人，当然人人为之切齿。慈禧死后，李莲英尚受隆裕太后眷顾，退居南花园养老，再次让人们恨之入骨。所以一旦他失去靠山，成为众矢之的就是必然的了。

被小德张暗杀说

还有一种说法是认为李莲英被小德张所杀。小德张是隆裕的亲信，经常鼓动隆裕查办李莲英。李莲英为此急忙向袁世凯的亲信江朝宗求救，在江朝宗的周旋下，总算暂时转危为安。小德张不甘心，于是也去结交江朝宗。江朝宗见小德张是当今太后身边的红人，当然不会拒绝。一次，江朝宗下帖请李莲英在什刹海会贤堂吃晚饭，一向轻易不出门的李莲英因为对江朝宗感恩，破例准时来到会贤堂。席散后，李莲英路经后海时就被土匪杀害了。

至此，人们基本可以断言李莲英不得善终，死于非命。至于他为什么被杀、在何处被杀、为何人所杀，这仍然是一个未解之谜。

安德海被诛之谜

小人得志的大太监

安德海，直隶青县人（也有为直隶南皮人之说）。10岁入宫，充内廷太监。由于办事灵巧，颇有眼色，深得主子欢心，人称"小安子"。1861年，他遇到了一个一步登天机会。是年，咸丰帝临终密诏，由其独子载淳继位，肃顺等八臣摄政，并密令：如那拉氏弄权，可除之。安德海把遗诏密报那拉氏。咸丰死后，他充当那拉氏和恭亲王的密使，奔走于热河和北京间，使辛酉政变一举成功。"小安子"劳苦功高，极得慈禧信任，地位也扶摇直上，成了六品蓝翎总管大太监。但这位大太监过于小人得志，凡事都不知道要留有余地，他借着慈禧太后的光儿，将慈安太后、恭亲王，乃至小皇帝载淳都不放在眼里。慈安太后与慈禧太后之间的关系也因此逐渐紧张起来。恭亲王奕䜣更是对安德海痛恨之至，认为他一介太监时有干政，违背了祖制，早想除之而后快。

清宫向有制度，太监不得干政，更不得擅自出宫。然而年轻识浅得意忘形的安德海却打算借太后之威挑战祖制。同治八年（1869）七月，安德海觉得在皇宫内炫耀得还不够，想要到外头去威风威风，便向慈禧提出请求，想要亲自出马到江南去督办同治帝的龙衣。慈禧太后开始倒也对安德海做了些劝阻，但终于禁不住安德海的巧辩，答应了下来，征得了同治帝的口头应允之后，安德海便以"钦差大臣"的名义浩浩荡荡地顺水路出京了。安德海出得京城，顺运河南下。"旗缯殊异，称有密遣"，到处吹嘘他有慈禧的密旨。他自称钦差，身穿龙衣，船上挂有一日形三足乌旗，船旁有龙凤旗帜，并带有前站官、标兵、苏拉、僧人、妻妾、太监、女乐等数十人，乘两条大船，声势煊赫，气派非凡，一路之上品竹调丝，观者如堵。七月二十一日，据说是安德海的生日。他居然在船上悬挂龙旗，自己坐在前面，让一船男女顶礼膜拜。

丁宝桢先斩后奏

安德海前脚刚出京，同治帝后脚便将此事告诉了东太后慈安及恭亲王奕䜣，决定借此机会除掉安德海。遂将一道密诏发至与奕䜣关系密切的山东巡抚丁宝桢处。

丁宝桢（1820~1886年），字稚璜，贵州平远（今织金）人。咸丰三年（1853年）进士。同治二年（1863年）由陕西按察使改任山东按察使。他"严刚有威"。当时蒙古名将僧格林沁亲王正在山东一带剿杀捻军，十分傲慢。他会见司道官从来不给设座位。丁宝桢来投谒前,让人转告僧王:"坐则见,否则罢!"人们都吃惊丁宝桢的大胆,但"王服其强,为改容加礼"。山东巡抚阎敬铭"闻之,大称异,至是日,亲迓于郊"。后来阎敬铭很佩服丁宝桢的才能,请求退休,推举丁宝桢代替自己。这样,丁宝桢就升任为山东巡抚。

据说丁宝桢曾到北京去拜见同治帝,同治帝见他"遇事敢为",就同慈安太后密商,慈安也认为丁是有肝胆之人,可以信赖。他们便命丁宝桢等待机会杀掉安德海,丁慨然应诺便回去了。现在机会来了。

丁宝桢接到同治帝密谕后便加紧行动。他当即密嘱德州知州赵新:"传闻安德海将过山东,如见有不法事,可一面擒捕,一面禀闻。"而赵新是一个官场经验十分丰富的小官吏。他左思右想,瞻前顾后,如安德海过境时不报告,怕得罪丁宝桢;如明白禀报,又怕一旦不能除掉安德海,自己反而遭殃。真是左右为难。他便同幕僚商量,幕僚让他用夹单禀报。这样,如果丁宝桢不参奏,则夹单非例行公事,不能存卷,安德海就不会知道;如果参奏,则"为祸为福,丁宝桢自当之"。赵新就用夹单密报了安德海过德州的情况。

丁宝桢根据赵新的奏报,一面具折参奏安德海,一面派东昌府知府程绳武追赶。程尾随他们三日,但不敢动手。丁宝桢又命令总兵王正起率兵追赶,直追到泰安才将安德海等擒获,后解至济南。安德海傲慢无礼,口出大言:"我奉皇太后命,谁敢把我怎么样,你们找死啊!"在场的官员吓得不敢动他。而丁宝桢不信邪,认为等待谕旨不保靠,应该先把他杀掉。泰安知县何毓福一看真要动刀,感到非同小可,长跪力谏,请丁宝桢等待谕旨。丁宝桢说:"太监私自出京,是制度不准许的。况且,我们事先没有接到指示,必诈无疑。"

当天晚上,丁宝桢就在济南诛杀了二十六岁的安德海,并暴尸3天。其随从二十余人皆被斩,所带的辎重一律收缴,陆续解归内务府。

丁宝桢这边处死了安德海,那边奏疏上报朝廷,请旨定夺。慈禧得疏后,大为惶骇,"莫知所为"。但她很快就看清了形势,决定丢卒保车,遂与东太后、恭亲王及军机大臣们一起商议定了诛杀"安姓太监"的主张。对于处死安德海,慈禧太后是很不情愿的。谕旨拖了两天,才在醇亲王的当面请求下从宫中发出。

过了8天，即在八月十一日，慈禧又连发两道上谕，反复强调：我朝家法相承，整饬宦寺，有犯必惩，纲纪至严。每遇有在外招摇生事者，无不立治其罪。乃该太监安德海，竟敢如此胆大妄为，种种不法，实属罪有应得。经此次惩办后，各太监自当益加儆惧。

既然安德海已被诛杀，慈禧索性借此抬高自己，为下一步反攻做好准备。

安德海的后台是慈禧太后乃路人皆知之事，他的死震惊朝野，丁宝桢因此赢得一致好评，曾国藩说："吾目疾已数月，闻是事，积翳为之一开。稚璜（丁宝桢）真豪杰也！"李鸿章阅《邸抄》看到这条消息，高兴得跳了起来，拿《邸抄》给幕客看，并说："稚璜成名矣！"

丁宝桢杀掉了安德海，慈禧并没有怪罪他。从丁宝桢的仕宦履历看，他后来一路高升，并寿终正寝。光绪二年（1876年），丁宝桢入京觐见慈禧。赐他紫禁城骑马，代吴棠署理四川总督。丁宝桢在四川前后十年，严惩贪污，革除陋规，改革盐法，还田于民，每年增加税收一百余万两。光绪十二年（1886年）病逝，清廷特赠他为太子太保，赐谥"文诚"。

关于安德海之死的过程，野史、演义说法不一，主要有以下三种。

1. 安德海是假太监

安德海与慈禧太后关系非常并私自出京，在山东被丁宝桢发觉并上奏，同治帝及慈安太后、恭亲王则背着慈禧太后下了诛杀密旨，丁宝桢嗣后受到打击免官云云。这说法当然香艳惊险，但是细考却站不住脚。

第一，清宫对太监"验身"极其严苛，除入宫时要验证外，每年还要查察，安德海当初是咸丰帝身边的太监，有什么不同之处就更瞒不了人。

第二，慈禧太后非常清楚自己当时并非一头独大的情形，何况安德海在宫中红极一时，同治帝与慈安太后也与他日日可见，他离开宫廷之事也不可能背着同治帝去做。

第三，最重要的是，安德海被诛之后暴尸三日，让人们看到了安德海确实是个真太监。这正是丁宝桢为慈禧洗刷莫须有污名的聪明之处，也是慈禧没有对他进行报复，反而加以重用的重要原因。

2. 慈禧观戏说

《十叶野闻》说："方丁折文到京时，慈禧正观剧取乐。恭王乃立请见慈安，拟定谕旨。慈安画诺已，驰谕下山东。许丁宝桢速即就地正法，不必解京审讯。"《慈禧外纪》也持此说。又说上谕发出后，"慈禧方酣嬉于戏剧，未之知也。故丁文诚（丁宝桢）得行其志，慈禧不及援阻。"

慈禧喜欢观剧是真，但上谕不经慈禧同意便发出，即使贵如正宫的慈安也是没有这个胆量的。况且，作为政治家的奕䜣也不会干这等极易被揭穿的低级傻事。此说不能成立。

3. 慈禧设谋说

今人提出"杀安德海是慈禧的一大阴谋"。认为，杀安德海是慈禧设下的一个圈套。慈禧让安德海大张旗鼓地出京，是有意把安德海往刀刃上送。慈安和奕䜣中了她的"借刀杀人之计"。这样，她便探知了慈安、奕䜣和她明争暗斗的真面目，促使她下决心除掉这两个心腹之患。

这个说法也是不能成立的。因为，慈禧不设此圈套，她也明白，慈安和奕䜣是她实行独裁统治的绊脚石。她用不着费此周折来探明这个真面目。